El Mahdy · Tutanchamun

Christine El Mahdy

Tutanchamun

Leben und Sterben des jungen Pharao

Aus dem Englischen von
Christa Broermann

Karl Blessing Verlag

Titel der Originalausgabe:
Tutankhamen – Life and Death of the Boy King
Originalverlag: Curtis Brown, London

Umwelthinweis:
Dieses Buch und der Schutzumschlag wurden auf chlorfrei gebleichtem Papier gedruckt.
Die Einschrumpffolie (zum Schutz vor Verschmutzung) ist aus umweltfreundlicher und recyclingfähiger PE-Folie.

Der Karl Blessing Verlag ist ein Unternehmen der Verlagsgruppe Bertelsmann.

1. Auflage

Umschlaggestaltung: Design Team München
Satz: Dr. Ulrich Mihr GmbH, Tübingen
Druck und Bindung: GGP Media GmbH
Printed in Germany
ISBN 3-89667-072-7
www.blessing-verlag.de

Dieses Buch widme ich meinen wunderbaren Töchtern
Nadine und Yasmine.

Inhalt

Anhang

Vorwort

Die Archäologie hat zwei sehr unterschiedliche Gesichter. Ihr öffentliches Gesicht ist aufregend und blendet mit abenteuerlichen Ausgrabungen und Funden von glitzernden Goldschätzen, wofür die Entdeckung des Grabes von Tutanchamun im Jahr 1922 geradezu ein Paradebeispiel ist. Ihr privates Gesicht ist weit weniger glanzvoll – es besteht aus zeitraubenden, peinlich genauen Untersuchungen oft winziger und scheinbar bedeutungsloser Bröckchen staubigen Materials im Hinterzimmer irgendeines kleinen Museums. Aber gerade in diesen Hinterzimmern werden oft die aufregendsten Entdeckungen gemacht. Denn was sagt uns schließlich die Entdeckung eines Grabes voller Gold? Dass der Bestattete ein reicher König war? Das wissen wir schon. Andererseits kann uns die gründliche Untersuchung kleiner Fundstücke nach dem Verebben der ersten Aufregung bislang unbekannte Einzelheiten über den Leichnam verraten. Archäologie erfordert geduldige Detektivarbeit; aber sie kann uns über die Toten Dinge enthüllen, von denen sie einst vielleicht selbst kaum wussten, als sie noch lebten.

Mich hat immer das private Gesicht der Archäologie fasziniert. Mein Interesse an diesem Gebiet erwachte durch Zufall, als ich sieben Jahre alt war und in Bolton in Nordengland lebte. Damals kam ich zum ersten Mal in eine Bücherei für Erwachsene und zog zufällig ein Buch über das alte Ägypten aus einem Regal. Ich tauchte in eine Welt ein, die mir noch magischer erschien als die der Märchen, denn sie war zwar exotisch, aber von wirklichen Menschen bewohnt. Ich betrachtete die Reproduktionen ihrer Wandbilder und Skulpturen, und die Welt des alten Ägypten zog mich in ihren Bann und verzauberte mich. Am Tag darauf überredete ich meinen Vater, mit mir ins Museum unserer Stadt zu gehen. Dort konnte ich nur durch ein fächerförmiges Fenster in einer Tür ein solches Wandbild erspähen, denn die Abteilung war noch nicht fertig. In den darauf folgenden Monaten verschlang ich alles über das Thema Ägypten, was ich zu fassen bekam, und brachte mir sogar selbst die Bedeutung der wichtigsten Hieroglyphen bei, sodass ich einige ohne fremde Hilfe entziffern konnte. Im Alter von neun Jahren wusste ich, was ich einmal werden wollte – Ägyptologin.

Zu den ersten Geschichten aus Ägypten, die ich mit sieben Jahren las, gehörte die vom »Kindkönig« Tutanchamun. Die Entdeckung seines Grabes und der atemberaubenden Schätze darin hatten weltweit Staunen und Bewunderung ausgelöst. Mich interessierte jedoch das private Gesicht Tutanchamuns mehr als die Grabbeigaben. Seine Geschichte war die eines Knaben, der etwa so alt war wie ich damals und der zum mächtigsten Herrscher der Welt geworden war – heute würde das der Wahl eines Kindes zum Präsidenten der Vereinigten Staaten entsprechen. Aber diese Geschichte steckte voller Geheimnisse. Das Grab verriet uns, dass Tutanchamun ein König war, und ein sehr reicher dazu. Aber wer war er darüber hinaus? Wer waren seine Eltern? Was für eine Kindheit hatte er gehabt? Wie mochte er sich gefühlt haben in dem Wissen, dass er alles haben konnte, was er wollte, und dass jeder in seiner Umgebung genau das tun würde, was er wünschte? Und wie konnte ein so junger Mann so plötzlich sterben? Ich las alle verfügbaren Bücher über ihn und versuchte, der Wahrheit auf den Grund zu kommen – wenn es in der Geschichte überhaupt so etwas wie Wahrheit gibt. Aber die Dinge, die ich wissen wollte, fand ich nicht. Offenbar wusste niemand, wer Tutanchamun wirklich war. Die Geschichten, die mir in den Büchern über ihn erzählt wurden, überzeugten mich ganz und gar nicht.

Ich war entschlossen, mehr herauszufinden. So wurde ich zur

Detektivin, die die Tiefen der Zeit zu durchleuchten versuchte, und ich habe fast mein ganzes Leben damit verbracht, um zusammenzufügen, was ich fand. Manchmal beschäftigten mich monate- oder gar jahrelang Bereiche von Tutanchamuns Leben, die eine undurchdringliche Finsternis umgab, und dann tauchte ganz unerwartet, oft von völlig unvermuteter Seite her, ein winziges Stückchen neuer Information auf und warf ein wenig mehr Licht in das Dunkel.

Meine Suche nach dem wahren Tutanchamun lässt sich vielleicht mit der Suche nach dem Mörder in einem Fernsehkrimi vergleichen. Dort gibt es stets sehr auffällige »Spuren«, die unweigerlich auf die falsche Fährte führen, und man zeigt anklagend mit dem Finger auf die falschen Leute. Dann erscheint der Kommissar auf der Bildfläche, nimmt scheinbar bedeutungslose Gegenstände und Tatsachen unter die Lupe und fängt an, Fragen über Dinge zu stellen, die nicht zusammenpassen; und allmählich beginnt sich eine andere Geschichte herauszuschälen – und als Zuschauer fragt man sich: »Warum habe ich das nicht selbst gesehen? Es liegt doch auf der Hand!« Als ich über Tutanchamun las und las, beschlich mich das Gefühl, dass aus dem Gefundenen viel zu voreilig Schlüsse gezogen worden waren. Schließlich war ein fast intaktes Grab gefunden worden – also *mussten* die Antworten doch darin zu finden sein, wenn auf die forensischen Zweige der verschiedenen Wissenschaften Verlass war. Einige Menschen, die vor 3500 Jahren lebten, hatten gemeinsam wohlüberlegt die Gegenstände ausgesucht und zusammengestellt, von denen sie dachten, sie seien für Tutanchamun am wichtigsten, und in den von ihnen gewählten Objekten mussten die Informationen stecken, die wir brauchten.

Fast zwanzig Jahre, nachdem ich mich in die Erforschung des alten Ägypten gestürzt hatte, führte mich mein Weg wieder ins Museum von Bolton zurück. Inzwischen war ich Studentin der Ägyptologie geworden und arbeitete als Praktikantin in Bolton, um praktische Erfahrung mit der Identifizierung von Fundstücken zu gewinnen. Natürlich gab es in Bolton nichts aus Tutanchamuns Grab zu untersuchen. Aber ich wollte mich behutsam an den Kindkönig herantasten. Wenn ich herausfinden wollte, wer Tutanchamun war, musste ich mehr über die Menschen herausfinden, die in seinem Umkreis lebten, zum Beispiel über seinen Vorgänger Echnaton.

Tutanchamun war mit sechs oder sieben Jahren auf den Thron gekommen, also musste er in der Mitte der Regierungszeit Echnatons geboren worden sein. Echnaton, den viele Gelehrte den »Ketzerkönig« nennen, zählt zu den charismatischsten, rätselhaftesten und faszinierendsten Persönlichkeiten der Geschichte. Um seine eigenen Vorstellungen durchzusetzen, brach er mit jahrhundertealten Konventionen. Wie ein altägyptischer Hippie verließ er sein Zuhause und suchte sich einen eigenen Platz zum Leben, an dem er sich mit seinen Anhängern umgab. Er änderte jeden Aspekt des Lebens, den er ändern konnte, und lebte hinfort in Splendid isolation an dem Ort, den wir heute Tell el-Amarna nennen, etwa auf der Hälfte des Weges von Kairo nach Luxor gelegen. Zum Unglück für Ägypten und für die Geschichte war Echnaton zum König bestimmt. Wäre er ein normaler Sterblicher gewesen, vielleicht ein einflussreicher Mann der Religion, hätte die Nachwelt ihn wohlwollender betrachtet. Aber als König hatte er eine Verantwortung gegenüber seinem Land und seinem Volk, die er eindeutig vernachlässigte. Ob er das absichtlich tat, bleibt offen. Aber nach seiner Regierungszeit war Ägypten nie mehr das, was es vorher war. Und so wurde sein Nachfolger Tutanchamun mitten in eine Staatskrise hineingeboren.

Der einstige Standort von Tell el-Amarna ist, archäologisch gesprochen, eine Zeitkapsel. Die Stadt wurde im vierten Jahr der Regierungszeit Echnatons gegründet und war bewohnt, bis er dreizehn Jahre später starb. Inschriften bezeugen, dass Tutanchamun danach wahrscheinlich noch kurze Zeit dort lebte, dann wurde die Stadt verlassen. Höchstwahrscheinlich wurde Tutanchamun in Amarna geboren, verbrachte seine Kindheit dort und wurde auch noch dort zum König ernannt. In diesen Straßen hatte er einst gespielt. Welche Spuren konnte ich dort von ihm finden? Die Suche nach den Wurzeln Tutanchamuns veranlasste mich, Tell el-Amarna genauer zu erforschen.

Wo ehemals Tell el-Amarna lag, findet man heute eine leere, verlassene Wüstenebene vor. Sie ist aufgrund politischer Spannungen, verursacht durch den Auftrieb des islamischen Fundamentalismus in Ägypten in den letzten Jahren, für Touristen so gut wie unzugänglich. Rund zehn Jahre nach dem Tod Tutanchamuns riss ein unversöhnlicher Feind der alten Königsfamilie, der General und Oberbefehlshaber des ägyptischen Heeres Haremhab, den Thron an sich, vermutlich durch einen Militärputsch, und begann systematisch alle Erinnerungen an die gesamte Familie der mittleren 18. Dynastie zu vernichten. Haremhab und sein Freund und Nachfolger Paramses, der spätere Ramses I. der 19. Dynastie, nannten Echnaton von nun an den »großen Verbrecher«. Im alten Ägypten war die Erinnerung an den Namen eines Menschen die Voraussetzung für seine Unsterblichkeit. Wurde sein Name nach 3000 Jahren noch genannt, dann hatte dieser Mensch praktisch Unsterblichkeit erlangt, tilgte man den Namen, so erlosch auch die Existenz seines Trägers. Die Ramessiden-Herrscher der 19. Dynastie versuchten alle Spuren Echnatons und seiner Nachfolger auszumerzen. Sie zerschmetterten Statuen, rissen Bauwerke ab und kratzten Namen aus. Nur Tutanchamun ist uns dank einer Fügung des Schicksals in seinem Grab erhalten geblieben.

Um den wahren Tutanchamun aufzuspüren, begann ich eine minutiöse Untersuchung der Funde aus Tell el-Amarna. Im Sommer 1976 saß ich an einem Tisch in den Tiefen des Museums von Bolton und hatte einen Berg Bruchstücke vor mir liegen, von dem muffig riechender Staub aufstieg. Zwischen diesen Tonscherben und Steinfragmenten, die eher den Eindruck machten, als wären sie auf einer Müllhalde aufgelesen worden, und dem Bild vom goldstrotzenden Ägypten, das mich als Kind fasziniert hatte, lagen Welten, und ich dachte – nicht zum ersten Mal – darüber nach, wie fremd doch die Welt war, die ich da betreten hatte. Ich nahm die nächste der vielen kleinen Terrakottaformen mit dem Abdruck einer Traube in die Hand. Sie war vor 3500 Jahren in einem viel heißeren Klima als dem von Lancashire zur Herstellung einer glasierten Wandkachel verwendet worden. Die damit gefertigte Kachel, die vielleicht an einer bemalten Palastwand angebracht wurde, war wahrscheinlich hinreißend schön. Aber das Modell selbst glich hundert anderen, die ich bereits studiert hatte. Meine Aufgabe bestand darin, jedes Stück genau zu untersuchen, zu messen und so zu beschreiben, dass in künftigen Jahren andere, die sich an diesen Tisch setzten, genau erkennen konnten, welches Stück ich jeweils katalogisiert hatte. Aber selbst der reiche Wortschatz der englischen Sprache hatte, wie ich seufzend feststellte, seine Grenzen.

Fast mechanisch nahm ich das nächste Stück in die Hand. Ich starrte es an: Es sah anders aus als die vorigen. Es war ein Stück Quarzit, ein rötlicher Stein, der zu den härtesten zählt, die in Ägypten verarbeitet wurden. Das Stück lag ganz unten in einer Transportkiste, die per Schiff vor fast fünfzig Jahren von Tell el-Amarna nach Bolton geschickt worden war. Provinzmuseen haben in der Regel zu wenig Personal und zu wenig Geld, und im vergangenen halben Jahrhundert war vor mir noch niemand dazu gekommen, die Kiste auch nur zu öffnen. Das Fragment war vielleicht ein Stück von einer zertrümmerten Mauer, denn es trug auf einer Seite eine Hieroglypheninschrift. Mir fiel auf, dass die Inschrift über eine andere, frühere gemeißelt worden war, die man absichtlich ausgekratzt hatte. Man nennt so etwas ein Palimpsest. Jetzt hatte ich endlich etwas Interessanteres in der Hand. Das Stück war nicht mit einem Etikett versehen, das Aufschluss darüber gab, wo oder wann man es gefunden hatte. Es war nur das erste von einem Haufen ähnlicher Stücke, die nun meiner Aufmerksamkeit harrten. Wie gewöhnlich wandte ich mich den Grabungsaufzeichnungen zu, um zu sehen, ob ich aus ihnen Genaueres entnehmen konnte.

Die Grabungsberichte aus Tell el-Amarna über die Jahre 1921 bis 1935 sind keineswegs so vollständig, wie man eigentlich annehmen sollte. Nicht ganz zu Unrecht sagt man, dass sich ein Archäologe von einem Grabräuber nur dadurch unterscheidet, dass er veröffentlicht, was er gefunden hat. An einem Grabungsort ist die Arbeit oft hektisch, besonders, wenn der Sand so viele Schätze birgt wie in Ägypten. Normalerweise zeichneten die Ägyptologen zuerst den Fundort eines jeden Stückes in Karten von der Grabungsstätte ein und reichten es dann zur Registrierung an andere weiter. Einzelne wichtige Stücke wurden vielleicht fotografiert, aber in den zwanziger und dreißiger Jahren war es eher üblich, dass sie von Helfern, die meist kaum dafür qualifiziert waren, von Hand kopiert wurden. (Das heißt, sie zeichneten das Objekt so genau wie möglich nach dem Augenschein.) Wurden an dieser Stelle irgendwelche Fehler gemacht, korrigierte man sie theoretisch bald danach. Hatte man die Stücke markiert und registriert, wurden sie in die Zentrale der Grabungsexpedition geschickt – in diesem Fall nach London –, wo man sie auf die vorgesehenen Museen und Sammler verteilte. In den Museen wurden sie, wiederum theoretisch, von einem lächelnden und entspannten Experten sofort ausgepackt, noch einmal untersucht und die Fehler korrigiert, die möglicherweise am Grabungsort gemacht worden waren.

In der Praxis funktionierte das natürlich selten so. Viel wahrscheinlicher war, dass die Kisten an einem Ort eintrafen, an dem der Zuständige gerade mit einer Ausstellung oder einer anderen dringenden Arbeit beschäftigt war. Die Kisten wurden dann routinemäßig im Tagebuch als »Gemischte Objekte« eingetragen, mit dem Namen des Grabungsortes beschriftet und zur Seite gestellt, bis sich schließlich jemand ihrer annahm. Manchmal konnte das, wie in diesem Fall, eine ganze Weile dauern! Gab es mit einem Stück Probleme, studierte man die Grabungsberichte. Für diese sehr speziellen Berichte ist der Markt jedoch begrenzt, und die Veröffentlichungskosten sind hoch, daher verzeichnete man oft nur den genauen Fundort der größeren Stücke. Den Rest fasste man in allgemeineren Angaben zusammen, wie etwa: »Haus 12, Räume A-F, gemischte Fragmente, darunter…« Der Experte, der zu Hause im Museum die Stücke untersuchte, studierte die Berichte, um zu sehen, ob er darin etwas über die Fragmente fand, die sein Museum erhalten hatte. Wenn ja, konnten sie als Zugang eingetragen werden – sie bekamen eine neue Museumsnummer, wurden bei Bedarf untersucht und dann für zukünftige Forschungszwecke der Sammlung eingegliedert. Bei kleinen Stücken, die im Bericht nicht erwähnt wurden, vergab man neue Nummern, bis man Zeit fand, sich die Grabungskarten selbst anzuschauen, in der Hoffnung, die genaue Fundstelle der Stücke ermitteln zu können. Das Ganze war ein langwieriger Vorgang, und es konnte Jahre dauern, bis die Arbeit abgeschlossen war.

Im Falle der Quarzitfragmente hatte ich Glück. Da einige von ihnen Palimpsest-Inschriften trugen, hatte man ihnen große Aufmerksamkeit geschenkt. Ich stellte fest, dass sie 1923 im Süden der Ebene von Tell el-Amarna entdeckt worden waren, an einem Ort, an dem einst ein Palast namens Maruaton gestanden hatte. Sie stammten von Gebäuden, die Archäologen damals »Sonnenschatten« nannten. Die Fragmente waren an Ort und Stelle von Hand kopiert worden, und die Beschriftung vermerkte auch die ursprüngliche Inschrift, die einmal unter der gestanden hatte, die heute auf den ersten Blick sichtbar war. Offenkundig waren die Stücke von beträchtlicher Bedeutung.

Aber mit diesen Steinfragmenten hatte es noch etwas anderes, etwas Außergewöhnliches auf sich, wie ich feststellte, als ich mich der Verteilerliste zuwandte – diese Stücke sollten überhaupt nicht hier sein! Nach der Liste waren sie 1923 Boston in den Vereinigten Staaten zugeteilt worden! Es war nicht das erste Mal, dass so etwas vorkam. Die Stücke wurden verteilt, die Verteilerliste getippt, und dann tippte jemand auf den Addressaufkleber für die Transportkiste ein »l« anstelle eines »s« – und prompt landete die Kiste in Bolton statt in Boston – und das bedeutet, dass jeder, der in den letzten fünfzig Jahren diese Stücke untersuchen wollte, Kontakt mit Boston aufgenommen hatte, wo sie natürlich nicht zu finden waren! Durch eine Laune des Schicksals hatten sich diese Funde anscheinend in Luft aufgelöst. Wer hätte ahnen können, dass sie sich auf dem Boden einer Kiste im Keller eines kleinen Provinzmuseums in Lancashire verbargen?

Jetzt war ich aufgeregt und dachte, so ähnlich müsse sich Howard Carter gefühlt haben, als er 1922 den ersten Schlag gegen den zugemauerten Eingang des Grabes von Tutanchamun geführt hatte. Würde ich etwas von Bedeutung finden – oder nur Altbekanntes? Dies war das fesselnde private Gesicht der Archäologie. Als ich das Stück schräg unter das Licht einer starken Lampe hielt und die Inschriften las, durchlief mich eine Welle der Erregung. Die Inschriften waren falsch gelesen und falsch veröffentlicht worden: Sie hießen nicht das, was sie nach den Grabungsberichten heißen sollten. Durch einen außerordentlichen Zufall rutschten Teile des Puzzles, das ich zusammengesetzt hatte, nun an den richtigen Platz, und zum ersten Mal sah ich die Umrisse des wahren Tutanchamun Gestalt annehmen.

An jenem Nachmittag ging ich nicht nach Hause: Ich schwebte auf Wolken. Ich fühlte mich, als müsse man mir meine Entdeckung irgendwie ansehen, als müssten die Menschen auf mich zukommen und mich beglückwünschen. Natürlich geschah nichts dergleichen; für die Vorübereilenden war ich ein anonymer Mensch wie alle anderen. Aber innerlich jubelte ich, denn all meine Kindheitsträume hatten sich erfüllt. Für mich hatte sich fraglos das private Gesicht der Archäologie als aufregender erwiesen als das öffentliche, und in diesem Moment hätte ich nicht einmal für eine Sekunde mit Howard Carter tauschen wollen.

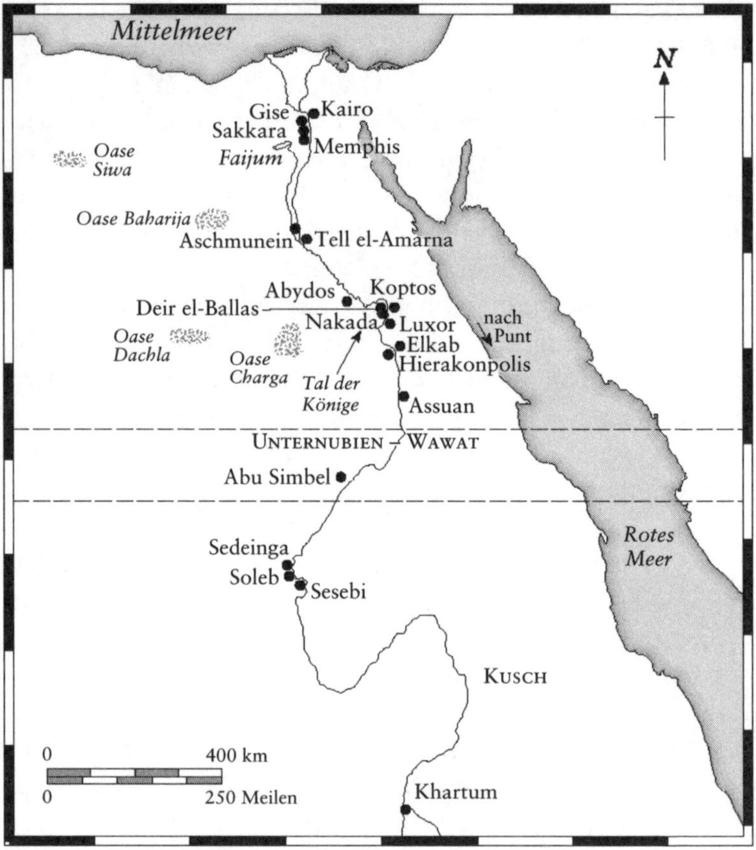

Ägypten und Nubien in der 18. Dynastie.

Teil Eins

DER ARCHÄOLOGISCHE TUTANCHAMUN

Einleitung

Das alte Ägypten ist zeitlich ein sehr fernes Land. Aber die seit dem Ende der dynastischen Ära vergangene Zeit ließ das, was von ihr geblieben ist, nahezu unberührt. Die Denkmäler des damaligen Volkes, die in leuchtenden Farben ausgemalten Gräber und die honiggelben Tempel locken täglich Besucher in diese alte Welt, als sei sie noch lebendig. Die von den Archäologen entdeckten Zeugnisse der Vergangenheit sind in anderen Ländern oft fragmentarisch und oft nur Fachleuten zugänglich, aber in Ägypten hat das warme, trockene Klima alles mehr oder minder intakt erhalten. Das Leinen liegt noch gefaltet dort, wo es jemand vor 3000 Jahren hingelegt hat, geschmorte Tauben füllen – eingetrocknet – noch immer Schüsseln, in denen sie ein Koch vor 4500 Jahren angerichtet hat, und die Farbe an den uralten Grabwänden wirkt so frisch, dass man sie zu verwischen fürchtet, wenn man sie aus Versehen berührt. Lässt man Kairo mit seiner Geschäftigkeit, seinen Menschenmassen, dem Lärm und Schmutz hinter sich, fühlt man sich in der Zeit zurückversetzt und betritt ein Land, in dem Jahrhunderte in einem Augenblick zu verschwinden scheinen. Man kann sogar noch die Gesichter der großen Pharaonen in denen der heutigen Ägypter erkennen. Ein Ebenbild von Ramses II. putzt einem vielleicht die Schuhe oder Sethos I. serviert einem Kaffee. Ich habe das selbst erlebt. Ägypten ist ein Land, in dem Altertum und Moderne sich begegnen und gleichermaßen um Aufmerksamkeit werben. Und der Zauber, den dieses Land ausübt, lässt den Besucher fast vergessen, wie weit die Zeit der Pharaonen schon zurückliegt.

In diesem Buch möchte ich Sie nicht einfach ins alte Ägypten führen, sondern in eine bestimmte Zeit und an einen bestimmten Ort. Diese Zeit ist das 14. Jahrhundert v. Chr. und der Ort ist Luxor. In seinen glühend heißen Straßen, auf den statuengesäumten Prozessionswegen zwischen den Tempeln, ging einst ein Knabe. Er wurde als Tutanchaton geboren, erbte den Thron von Ägypten und wurde im Tempel von Karnak gekrönt. Später änderte er seinen Geburtsnamen in Tutanchamun und starb neun Jahre nach seiner Krönung plötzlich und unter mysteriösen Umständen. Um 1325 v. Chr. fand Ende März in der Stille des Tals der Könige am Westufer des Nils bei Luxor eine Beisetzung statt. Lieder erklangen und man führte Tänze auf, dann wurde das Grab des Bestatteten versiegelt und vergessen. Erst 1922 wurde seine verschollene Ruhestätte wieder entdeckt.

Die Kräfte, die die versunkene Welt von damals und den Knaben von einst prägten, waren komplex. Sehen wir sie uns einmal näher an.

Das Leben im alten Ägypten: Philosophie und Glauben

Ägypten war als politisch geeintes Reich rund 1500 Jahre vor der Zeit Tutanchamuns entstanden. Seit damals herrschte eine Art kultureller Stillstand: Ägypten schien unwandelbar. In vielen Bereichen der ägyptischen Kultur – Kunst, Medizin, Architektur – wurde, wenn man erst einmal ein zufriedenstellendes Verfahren gefunden hatte, nichts mehr daran geändert. Die Ägypter sahen die materielle Welt in ihrer Gesamtheit als vollkommene Ordnung an, die aus dem Urchaos hervorgegangen war, wobei Ägypten im Mittelpunkt der Schöpfung stand und sich als erster Hügel aus den Meeren erhoben hatte. Sie nannten diesen Augenblick der Schöpfung das »Erste Mal«.

Nach dem ägyptischen Schöpfungsmythos war beim Ersten Mal, als der Mensch erschaffen worden war, alles vollkommen, in Harmonie und völlig im Gleichgewicht. Diesen Zustand personifizierte man in Gestalt einer Göttin namens Maat. Später gerieten die Dinge aus der Balance. Die Ägypter glaubten, wenn man eine Ordnung in der Welt aufrechterhalten wolle, müsse man sich an die Harmonie des Ersten Males erinnern, und zwar mit Hilfe bestimmter Worte in Zeremonien, durchgeführt von Menschen mit entsprechendem Wissen. Deshalb gab es einen immer währenden Kampf darum, zur Zeit der Vollkommenheit zurückzukehren. Man glaubte, für ein bestimmtes Problem gebe es jeweils nur eine einzige Lösung: Wandte man diese Lösung an, war die Ordnung wiederhergestellt. Warum sich also um eine andere Lösung bemühen?

Diese Lebensphilosophie wurde an den Ufern des Nils auf alle Wissensgebiete und Wissenschaften angewandt. Ein Mensch wurde krank: Man gab ihm bestimmte Heilmittel. Blieb der Mensch am Leben, wurde das Heilmittel aufgeschrieben und bei allen zukünftigen Fällen erneut verabreicht. Es gab kein Experimentieren, Forschung und Entwicklung waren verpönt. Fand jemand eine neue Methode und sie schlug fehl, hatte er sich schuldig gemacht, weil er die Verbindung zu Maat unterbrochen hatte.

Das Leben war ruhig, jeder kannte seinen Platz. Die ägyptische Gesellschaft war streng hierarchisch, einer Pyramide vergleichbar, gegliedert. An der Spitze stand der König, direkt nach ihm kam eine kleine Gruppe enger Vertrauter und Ratgeber, dann kamen die Hofbeamten und die Gaufürsten, anschließend die Bürgermeister und Handwerksmeister, danach die Vorarbeiter und Aufseher und zuunterst die größte Gruppe – die Arbeiter, die das Land bestellten und Steine für Bauarbeiten brachen und transportierten, um den Reichtum zu schaffen, durch den diejenigen an der Spitze der Pyramide reich und fett wurden. Aber die Menschen in der untersten Schicht verspürten offenbar wenig Neid. Schließlich bestimmte das Schicksal, welchen Stand man im Leben hatte, und nichts hinderte einen daran, in der Pyramide nach oben aufzusteigen – sogar bis hinauf an die Spitze.

Es gab Regeln, die besagten, wie man sich gegenüber anderen

Gruppen der Gesellschaft zu verhalten hatte. Von Zeit zu Zeit schrieben Menschen wie Ptahhotep, Hordjedef, Ani und Amenemope ihre Gedanken für die Nachwelt auf. Heute werden diese Schriften als »Weisheitslehren« zusammengefasst. In allen diesen Texten – es sind Ratschläge von Älteren an die jüngere Generation über das angemessene Verhalten in allen Lebensbereichen – spielt die Rücksicht auf die Bedürfnisse anderer eine Rolle. Ihre Philosophie beruhte nicht auf Missgunst, sondern auf Verständnis. Diese Weisheitslehrer sagten etwa: Heute bist du reich, morgen kannst du deinen Reichtum verlieren. Es ist deine Pflicht, dich um jene zu kümmern, die in weniger glücklichen Umständen leben als du und nicht schadenfroh zu sein. Morgen brauchst du vielleicht selbst Hilfe und willst dann auch nicht, dass dir jemand mit Schadenfreude begegnet.

Nach dem Ideal dieser Lehren sollten alle wohlwollend sein und an anderen Anteil nehmen. Laut einer Inschrift im Grab des Hofbeamten Rechmire am Westufer von Luxor über seine Ernennung zum Wesir (zur rechten Hand des Königs) musste sich jeder hohe Hofbeamte gefallen lassen, dass seine Worte und Taten durch andere berurteilt wurden. Er war nicht nur dem König Rechenschaft für sein Handeln schuldig, sondern auch denen, die unter ihm standen – jedem Armen im Lande. Jeder Mensch wurde geboren, um ein vorherbestimmtes Schicksal zu erfüllen, und das brachte nicht nur Rechte, sondern auch Pflichten mit sich. Niemand sollte auf seinen Nachbarn neidisch sein. Jeder Mensch, wie arm auch immer, hatte vielleicht Essen auf dem Tisch oder ein Kind unter seinem Dach, das ihn in den Augen eines anderen reich machte. Daher sollte der Hochgestellte sich nicht mit seiner Stellung brüsten, sondern musste sich anstrengen, der Verantwortung gerecht zu werden, die er trug; und das galt für jeden Menschen, ganz gleich, welchen Status er hatte. An der Spitze der sozialen Pyramide stand der König, und er hatte die größte Verantwortung von allen.

Die Pflichten eines Königs

Um die Rolle eines Königs im alten Ägypten zu verstehen, müssen wir uns genauer ansehen, wie man in der ägyptischen Gesellschaft das Leben selbst auffasste. Ordnung wurde höher geschätzt als alles andere. Jeden Tag schien die Sonne, jede Nacht standen die Sterne am Himmel, jedes Jahr stieg der Nil in seinem Bett an und trat über die Ufer, wodurch er dem Land das Leben spendende Wasser brachte, jedes Jahr wuchsen die Feldfrüchte. Im idealen Universum herrschte ein vollkommenes Gleichgewicht, alles geschah zur rechten Zeit, und es gab das, was notwendig war. Das war das Wesen der Maat. Diese Göttin wurde als junges Mädchen mit einer hohen Straußenfeder auf dem Kopf dargestellt oder manchmal auch einfach als Feder allein. Maat stand für die Ereignisse beim Ersten Mal und für die ideale Zeit, in der alles von Natur aus im Gleichgewicht war. Damit es eine Balance geben konnte, brauchte man das Böse ebenso wie das Gute; wenn alles nur gut war, dann gab es keine Balance, also kehrte Isfet, die Zwillingsschwester der Maat, die für Ungleichgewicht und Chaos stand, zurück.

Der König von Ägypten war in diesem Glaubenssystem nicht der am meisten vom Glück gesegnete Mensch, sondern der höchste Diener des Staates. Die größten sozialen Rechte brachten auch die größte Verantwortung mit sich. Der König musste in erster Linie für die Aufrechterhaltung von Maat sorgen, erst innerhalb Ägyptens, dann in der übrigen Welt und im Kosmos. *Wie* er das genau anstellen sollte, ist eine offene Frage und scheint sich im Laufe der Zeit auch geändert zu haben, je nach den Vorstellungen vom Königtum, die uns aus verschiedenen Epochen bezeugt sind. Um 2500 v. Chr., in der Zeit des Alten Reiches, in der die großen Pyramiden erbaut wurden, lässt sich aus den überlieferten Texten erkennen, dass der König als lebender Gott angesehen wurde. Vor sein Angesicht zu treten, war Furcht einflößend. Aber am Ende des Alten Reiches, als die Beamten ihre Heimatorte verließen, um sich dem Pharao zu Füßen zu werfen und eine Beförderung zu erlangen, fehlte es in den ländlichen Regionen an Organisation, und die Arbeit wurde chaotisch oder stand sogar gänzlich still. Wenn zum Beispiel die Fluten des Nils sich wieder in ihr Bett zurückzogen, war es die erste Aufgabe der Beamten vor Ort, die Ziehung von Gräben anzuordnen und zu organisieren, damit das Land zügig abtrocknen und die Feldfrüchte wachsen konnten. Das geschah nicht mehr, sodass das Wasser auf den Feldern stehen blieb und die Ernte verfaulte. Die Menschen hungerten. In den Gauen hinterließen Beamte in ihren Gräbern Texte, die bezeugen, dass es in manchen Gegenden sogar zu Kannibalismus kam, weil die Menschen nicht wussten, wie sie sonst überleben sollten.

Aus diesem Chaos ging ein gewandeltes Königsbild hervor. Im Mittleren Reich wurden die Könige nicht mehr als lebender Gott, sondern eher als Mittler zwischen den Menschen und dem Gott Amun angesehen. Ihre Aufgabe war es, die Götter um ihre Mithilfe zur Aufrechterhaltung von Maat zu bitten. Wie das genau geschah, ist nicht sicher überliefert. Klar ist nur, dass der König täglich Hilfe vom wichtigsten Gott seiner Zeit erbat. Dafür ging er allein in den Tempel und suchte das Heiligtum auf, einen geheimen und dunklen Ort, wo die Statue des Gottes »lebte«. Dort vollzog der König geheim gehaltene Zeremonien, die sicherstellten, dass Maat erhalten blieb, die Feldfrüchte wuchsen, die Nilschwemme pünktlich wiederkehrte, die Sonne stetig ihre Bahn zog – kurz gesagt, er sorgte durch die korrekt ausgeführten Zeremonien dafür, dass die Bevölkerung von Ägypten ihre ganze Aufmerksamkeit ihren eigenen Pflichten zuwenden konnte, wie immer diese aussehen mochten, um damit ebenfalls zur Sicherung von Maat beizutragen. Wurde dies unterlassen oder schlichen sich Fehler ein, so fürchtete man die Rückkehr des unkontrollierten Chaos der Isfet und die Vertreibung der Maat. Sollte das je eintreten, so war künftigen Königen ihre Aufgabe schon vorgegeben: Sie mussten die Mächte des Kosmos versöhnen, damit Maat wieder zurückkehrte.

In der Endphase der 18. Dynastie, um 1350 v. Chr., erwiesen

sich derartige Befürchtungen plötzlich und unerwartet als begründet. Echnaton bestieg den Thron, und dieser König führte die Zeremonien nicht fort, sondern brach mit der Tradition, kümmerte sich nicht mehr um das Erste Mal und versuchte stattdessen eine neue Ordnung einzuführen. Es waren nicht seine neuen Ideen, die das Land in Angst versetzten, sondern es war die Abkehr von Maat.

Nun müssen wir einen Blick auf eine ganz eigene Welt werfen, die Echnaton völlig durcheinander brachte – die der ägyptischen Königsfamilie.

Die ägyptische Königsfamilie

Zu Beginn der 18. Dynastie gab es keinerlei Vorboten für das, was kommen sollte. Um 1550 v. Chr. hatte Ägypten, das kurze Zeit von fremden Herrschern regiert worden war (s. S. 115), seine Unabhängigkeit zurückerobert. Die Familie aus Luxor, die die 18. Dynastie bildete, bestand zum einen aus kriegerischen Männern, die auf ihre Stärke und ihr militärisches Geschick stolz waren, zum anderen aus tüchtigen Frauen. Solange die Männer unterwegs waren und Schlachten schlugen, führten zu Hause in Oberägypten ihre Frauen das Regiment. Die Königsgemahlinnen Tetischeri, Ahhotep und Ahmose-Nefertari übernahmen nacheinander die politische Kontrolle und regierten, hoben Truppen aus und schickten ihren Ehemännern im Norden Nachschub.

Das Beispiel dieser drei großen Frauen am Anfang der Dynastie hinterließ offenbar bei der Königsfamilie einen tiefen Eindruck. Dabei hatte es auch in der Frühzeit der ägyptischen Geschichte keinen Mangel an mächtigen Frauen gegeben, die eine wichtige Rolle bei der Regierung des Reiches spielten. Damals gab es allem Anschein nach keinen erkennbaren Unterschied zwischen den Rollen, die Männer und Frauen übernehmen konnten. In den ersten fünfhundert Jahren nach der Einigung Ägyptens, in der Zeit des Alten Reiches, ermutigten und unterstützten die Frauen ihre

Männer, wurden in der Kunst in gleicher Größe dargestellt, hatten einen unabhängigen Status und häufig eigene Gräber und Güter. Auch hatten sie oft einen hohen Rang und erhielten prestigereiche Titel. Am Ende des Alten Reiches scheint sich diese Haltung grundlegend geändert zu haben, wie das ganze Wesen des Königtums. Die Frauen des Mittleren Reiches waren plötzlich relativ unbedeutend, machtlos und ohne historische Bedeutung.

Zu Beginn des Neuen Reiches änderten Tetischeri, Ahhotep und Ahmose-Nefertari das alles. Das heißt nun nicht, dass sie eine feministische Kraft darstellten und sich gezielt vornahmen, den Status der Frauen zu verändern. Vielmehr reagierten sie auf die Umstände. Nachdem Generationen von Frauen anonym und machtlos gewesen waren, hätte man sie leicht ihrer Keckheit wegen verurteilen können, aber sie ernteten große Bewunderung. Das Grab von Königsgemahlin Ahhotep, das 1859 von Auguste Mariette entdeckt wurde, enthielt drei riesige goldene Fliegen, so groß wie eine offene Hand, aus getriebenem Gold. Eine Inschrift erklärte, sie seien eine Belohnung des Königs für kriegerische Tapferkeit. Da diese Auszeichnung nur vom Pharao verliehen wurde und normalerweise an Männer, die mutig auf dem Schlachtfeld gekämpft hatten, muss Ahhotep die Fliegen entweder von ihrem Ehemann, Sekenenre Tao II., oder von ihrem Sohn, König Ahmose bekommen haben. Die Frage, ob sie sie erhielt, weil sie tatsächlich Männer in die Schlacht geführt hat, oder weil sie neue Soldaten und Materialnachschub ins Feld schickte, lässt sich derzeit nicht beantworten.

Wie sehr diese drei außergewöhnlichen Frauen geehrt wurden, unterstreicht auch die Inschrift auf einer Stele – einem Gedenkstein –, die in Abydos gefunden wurde und sich heute im Museum in Kairo befindet. Sie berichtet, dass König Ahmose zum Andenken an seine Großmutter, Königin Tetischeri, auf dem heiligen Boden von Abydos eine Pyramide und eine Gedächtniskapelle bauen und einen Garten anlegen lassen wollte. In Abydos waren zweitausend Jahre zuvor die ersten Könige Ägyptens bestattet worden.

Diese Inschrift war in Bildern geschrieben, die wir Hieroglyphen nennen. Was immer sie bedeuten, schon allein die Bilder selbst sind außerordentlich informativ. Im Anhang von Sir Alan Gardiners *Egyptian Grammar,* die 1957 in dritter Auflage erschien (erstmals 1927) und noch heute die wichtigste ägyptische Grammatik in englischer Sprache ist, findet sich eine umfassende Liste von Symbolen. Zu ihnen gehören achtundfünfzig Symbole, die Männer und ihre Tätigkeiten zeigen. Sie sind, wie nicht anders zu erwarten, sehr vielfältig und zum Teil voller Überraschungen; so gibt es einen »Mann, der sich hinter einer Mauer versteckt« und einen »Mann, der auf dem Kopf steht«. Von Frauen gibt es dagegen nur fünf Bilder, und zwar als Königsgemahlin, als »Herrin des Hauses«, als Schwangere, Gebärende oder als Stillende, wobei »Herrin des Hauses« eine ehrenvolle Position war, die verlangte, dass man die Frau bediente und ihr jede Arbeit abnahm, sodass sie mit versteckten Händen in einem alles umhüllenden Mantel dargestellt wurde. Diese eng begrenzte Liste ließe vermuten, dass Frauen von den Männern in jeder Hinsicht diskriminiert wurden. Das stimmt jedoch nicht. Frauen wurden respektiert und geschätzt und hatten gesellschaftlich und sogar juristisch eine gleichberechtigte Stellung; allerdings erwartete man von ihnen nur selten, dass sie außerhalb des Hauses arbeiteten. Aufgrund dieser Tradition gab man den Frauen der Königsfamilie im alten Ägypten oft rein nominelle Ämter, die ihnen zur Ehre gereichen sollten.

Zu diesem letzten Punkt ist auch noch anzumerken, dass es die Titel »Königin« und »Prinzessin« in der altägyptischen Sprache nicht gibt, obwohl man diese Wörter selbst in den solidesten Übersetzungen findet. Wo sie gebraucht werden, sind sie falsche Übersetzungen der Titel »Königsgemahlin« und »Königstochter«. Diese Titel waren zwar, zusammen mit »Königsschwester« und »Königsmutter«, die höchsten, die eine altägyptische Frau besitzen konnte, aber auch sie waren reine Ehrentitel. Sie brachten einer Frau weder den Anspruch auf ein Einkommen noch auf die Loyalität des Hofes ein; sie bekam nur, was der König selbst ihr gab.

Aber in jenen sehr frühen Jahren der 18. Dynastie tauchte ein neuer Titel für Frauen auf: »Gottesgemahlin« oder manchmal auch »Gottesgemahlin des Amun«. Über diesen Titel wird heute viel diskutiert. Er wurde nur einer sehr begrenzten Anzahl von Frauen der Königsfamilie verliehen, wurde aber häufig an ihre Töchter vererbt und war wohl nicht einfach ein Ehrentitel, sondern tatsächlich mit einem staatlichen Amt verbunden. Wenn einer Frau dieser Titel verliehen wurde, benutzte sie ihn bevorzugt vor allen anderen, die sie durch den König erhalten hatte. Das deutet darauf hin, dass er ein eigenes Amt bezeichnete und kein Titel war, den sie durch die Nähe zum König erwarb. Er brachte hohes Ansehen, ein ebensolches Einkommen und Dienstleistungen von ranghohen Hofbeamten mit sich.

Zu Beginn der 18. Dynastie kam auch noch ein anderer Titel für die Frauen der Königsfamilie auf: »Große Königsgemahlin«. Wenn eine Frau diesen Titel bekam, dann offenbar meist am Tag der Krönung des Königs, ob die beiden schon vorher »verheiratet« waren oder nicht. Im Augenblick deutet nichts darauf hin, dass die Frau tatsächlich mit ihm zusammen gekrönt wurde, obwohl man vermuten kann, dass es irgendeiner Zeremonie bedurfte, um sie in diesen hohen Rang zu erheben. In vielen Büchern kann man lesen, dass der Titel entweder allein der ersten Gemahlin gebührte, die ein König nahm, oder der Mutter seines ersten Kindes – dass der Titel also automatisch verliehen wurde. Das trifft nicht zu. Dieser Titel kommt nur einer bedeutenden »Ersten Dame im Staate« aus der Königsfamilie zu, einer Frau, deren königlicher Rang dem ihres Gemahls gleichkam. Wie man dem König eine göttliche Natur zusprach, so auch ihr. Wie er im Tempel und bei staatlichen Zeremonien als der Hauptrepräsentant des Gottes auftrat, so trat sie in ähnlicher Weise für die Göttin auf. Sie stand öffentlich an seiner Seite, als Göttin für seinen Gott. Wie der König das männliche Element in der Schöpfung vertrat, so vertrat sie das weibliche.

All das bedeutete, dass sie nicht unbedingt in erster Linie Ehefrau war, sondern vielmehr die Begleiterin für offizielle Anlässe.

Um an einem Beispiel aus England zu verdeutlichen, was ich meine, könnte man das vielleicht mit dem Amt eines *mayors* und einer *mayoress* vergleichen. Die Letztere hat ihre eigenen, klar definierten Pflichten. Die beiden amtierenden Personen können Mann und Frau sein, sie können aber auch privat gar nichts miteinander zu tun haben. Der Bürgermeister ist vielleicht mit einer Frau verheiratet, die kein öffentliches Amt bekleiden möchte und es deshalb einer anderen Frau überträgt. In einigen Fällen ist vielleicht sogar der *mayor* eine Frau, und dennoch wird eine *mayoress* ernannt, ohne das sie deshalb ein Paar sein müssen. Genau dieselbe Beziehung bestand zwischen einem König und seiner »Großen Königsgemahlin« – manchmal war sie vielleicht tatsächlich seine Ehefrau, manchmal aber auch nicht.

Weil die Große Königsgemahlin eine so entscheidende Rolle bei der Aufrechterhaltung von Maat spielte, war ihre Wahl eine der wichtigsten Entscheidungen, die ein neuer König bei seinem Amtsantritt treffen musste. Es war wichtig, dass sie »im Bilde war« – über die öffentliche Rolle Bescheid wusste, die sie zu spielen hatte. Häufig war sie eine enge Angehörige des Königs, oft seine Schwester oder seine Halbschwester. Das unterstrich ihren göttlichen Status. Obwohl viele annehmen, dass im alten Ägypten die Männer der Oberschicht stets ihre Schwestern heirateten, gab es die Geschwisterehe tatsächlich nur in der allerengsten Königsfamilie. Im ägyptischen Schöpfungsmythos heirateten Götter, die Bruder und Schwester waren, um die Stabilität des Kosmos erst zu erschaffen und dann zu erhalten. Daher zeigte die Heirat zwischen einem König und seiner Schwester an, dass die beiden nicht länger nur menschliche Wesen waren, sondern wahrhaftige Götter auf Erden, die auch eine entsprechend große Verantwortung für den Erhalt des Landes hatten. Diese Geschwisterehen wurden jedoch selten vollzogen.

Nichts hinderte jedoch einen König daran, eine Frau seiner eigenen Wahl zu heiraten und sie in den Rang der »Großen Königsgemahlin« zu erheben, und dann war es natürlich eine Ehe im umfassenden Sinne, und ein Sohn aus dieser Verbindung konnte in der Tat Nachfolger seines Vaters werden. Wenn ein König viele Jahre lang regierte, seine Große Königsgemahlin starb und er keine Schwester hatte, die an ihre Stelle treten konnte, erhob er manchmal eine seiner Töchter in diesen Rang und verlieh ihr diesen Titel. So regierte zum Beispiel der große König Ramses II. in der 19. Dynastie Ägypten siebenundsechzig Jahre lang. In einem solchen Fall beinhaltete die Beziehung ebenfalls nur das Amt und war keine inzestuöse.

Es gab aber nicht nur die offiziellen Königsgemahlinnen. Könige hatten gewöhnlich auch andere Frauen, die selten in der Öffentlichkeit zu sehen waren und keine Aufgabe im Staat hatten. Diese Frauen lebten zusammen in jeweils eigenen Wohnungen – ihr Wohnbereich wird häufig schlecht mit »der Harem« übersetzt – und gebaren dem König Kinder. Ein Sohn der ranghöchsten dieser Damen erbte häufig den Thron.

Das Leben war also für die ägyptische Königsfamilie eine komplexe Angelegenheit. Nicht weniger komplex waren die Vorgänge, Zeremonien und Überzeugungen, die mit dem Tod zusammenhingen.

Die Beisetzung eines Königs in der 18. Dynastie

Ungefähr tausend Jahre lang wurden die Könige von Ägypten in Pyramiden beigesetzt. Zwar wird derzeit heftig darüber gestritten, welchem Zweck die Pyramiden eigentlich dienten, aber Tatsache ist, dass man bis heute in Ägypten neunzig Pyramiden gefunden hat. Eine jede von ihnen hat eine andere Größe und Höhe, jede hat Seitenwände mit einem anderen Neigungswinkel, und häufig unterscheiden sie sich auch in der Bauweise. Aber in vielen Pyramiden befinden sich noch heute Sarkophage.

Diese Pyramiden stehen jeweils mitten in einem Feld von vielen kleineren Gräbern, in denen die Hofbeamten und Angehörigen der Könige bestattet wurden. Obwohl die meisten Pyramiden keine Inschriften tragen, finden sich in den Gräbern in ihrer Umgebung so viele Inschriften, dass wir aus ihnen vieles von dem erfahren, was wir über den in der Pyramide bestatteten Toten wissen müssen. Und wie strittig die Gründe für den Bau von Pyramiden auch immer sein mögen: Da sie Grabkammern enthalten, scheint mir die These unsinnig, dass diese nicht benutzt wurden.

Bis zum Jahr 1550 v. Chr. war jedoch die Ruhe der Toten in all diesen Pyramiden bereits gestört worden, und die Friedhöfe der früheren Könige von Ägypten wurden nicht mehr benutzt. Laut einer Inschrift war es Thutmosis I., Wesir und Schwager des letzten direkten Erben der vorhergehenden Königsfamilie, Amenophis I., der seinem Baumeister Ineni befahl, einen neuen geeigneten Ort für die Beisetzung von Königen zu suchen. Mit der Anweisung zur Geheimhaltung – in Übersetzungen heißt es meist »niemand sah es, niemand hörte es« – machte sich Ineni zum Westufer von Luxor auf und erforschte das weitläufige Kalksteingebirge, das dort die fruchtbare Ebene säumte. Tausend Jahre früher, als man für die Bestattung der Könige von Ägypten Pyramiden errichtete, hatte jede Pyramide auf einer Seite eine kleine Kapelle, in der die Menschen Speise- und Trankopfer für die Seele des toten Königs darbringen konnten. Man glaubte, das sei notwendig, damit die Seele des Königs weiterleben könne. Diese Zeremonien brachten die Menschen in unmittelbare Berührung mit eben dem Ort, den man jetzt geheim halten wollte, um die Gräber vor Räubern zu schützen. Ineni beschloss daher, die beiden Elemente zu trennen. Hinter den Berghängen, die zum Nil hin lagen, stießen Ineni und seine Männer auf eine Reihe versteckter Täler, an deren Eingang eine natürliche Pyramide aus Kalkstein aufragte. Die Einheimischen nannten diesen Gipfel el Kurn, »das Horn«, und er war der Schutzgöttin dieser Täler, »Meretseger«, geweiht, das heißt »die den Frieden und die Stille liebt«. Die Täler waren in der Tat still und abgeschieden. Die Felsen waren von zahlreichen natürlichen Spalten durchzogen, entstanden durch die gelegentlichen Wolkenbrüche, die die Täler in reißende Flüsse verwandelten. Der Kalkstein war weich und leicht zu bearbeiten. Es war ein idealer Ort. Von nun an wurden die Könige aus Sicherheitsgründen in dem verborgenen Tal bestattet, und für die Darbringung von Opfergaben wurden auf der anderen, dem Nil zugewandten Seite der Berge, Totentempel gebaut, sodass die beiden Stätten getrennt waren.

Zum Bau der Königsgräber holte man die besten Arbeitskräfte Ägyptens zusammen und siedelte sie in einem Dorf am Westufer des Nils an, gegenüber der heutigen Stadt Luxor, nicht weit vom Tal der Könige entfernt. Heute nennt man diesen Ort Deir el-Medina. Dort lebten nun fünfhundert Jahre lang Handwerker mit ihren Familien. Im Gegensatz zu den meisten anderen Siedlungen in Ägypten, in denen die Handwerker Hausgärten hatten, wo sie zur Ergänzung ihrer Grundnahrungsmittel Gemüse anpflanzen konnten, liegt dieses Arbeiterdorf in der Wüste. Hier gab es nicht einmal Pflanzen, die Schatten spendeten. Alles, was zum Leben unerlässlich war – sogar Trink- und Waschwasser – musste gebracht werden. Am ersten Tag ihrer zehntägigen Arbeitswoche gingen die Arbeiter ins Tal der Könige hinauf und erhielten, ehe sie aufbrachen, vom Dorfvorsteher ihre Ausrüstung. Die Pfade, die sie auf den felsigen Berghängen austraten, sind bis heute zu sehen. Wenn sie am Arbeitsort angekommen waren, teilten sie sich in zwei Gruppen auf – die der rechten Seite und die der linken Seite. Sie wohnten in kleinen, einfachen Behausungen, die gleich neben dem Grab errichtet wurden, in dem sie gerade arbeiteten, und ihre Verpflegung wurde ihnen aus dem Dorf heraufgebracht. Sie führten alle erforderlichen Arbeitsgänge aus: vom Herausschlagen des Gesteins über das Verputzen der Wände bis hin zur abschließenden Bemalung. Eine Inschrift aus dem Tal der Königinnen gibt die Zeit, die für die Dekoration eines großen Grabes benötigt wurde, mit ungefähr zwei Jahren an.

Das Tal der Könige, wie wir es heute nennen, hat einen irreführenden Namen. Tatsächlich handelt es sich um mehrere Täler, die voneinander abzweigen, und in alle sind Gräber hineingehauen. Die Wege vom Niltal zum Tal der Könige wurden Tag und Nacht von Medjai patroulliert. Sie bildeten eine Wüstenpolizei, die wohl ursprünglich aus Soldaten eines nubischen Regiments bestand, später jedoch aus ägyptischen Soldaten. Da sie das Gebiet so scharf bewachten, dass nichts und niemand an ihnen vorbeikam, wurden die Eingänge der Königsgräber, die gerade in Arbeit waren, selten verborgen, sondern nur mit Türen aus Lehmziegeln verschlossen. Die Behauptung, dass die Arbeiter, die die Königsgräber anlegten, nach Beendigung ihrer Aufgabe getötet wurden, damit niemand genau wusste, wo die Gräber lagen, ist ein Schauermärchen aus Hollywood. Zuständig für die Arbeiter war der Aufseher des Ortes der Ewigkeit, der zu Tutanchamuns Zeit Maja hieß.

In der Vergangenheit waren die Leichname der Könige meist in Grabkammern im Inneren der Pyramide verborgen worden, die man von außen her sorgsam versiegelte, damit niemand ihre ewige Ruhe stören konnte. Aufgrund der strengen Sicherheitsmaßnahmen in den Bergen rings um das Tal der Könige wurde erstmals beschlossen, den Leichnam in einer Grabkammer über der Erde zu belassen, da jetzt das ganze Grab als erweitertes Grabgewölbe fungierte. Pyramiden baute man nicht mehr: Es scheint, als habe der natürliche Gipfel des el-Kurn über dem Tal als Pyramide für all die toten Könige gedient, die in den Tälern darunter bestattet waren. Gänge, die mit den Inschriften und Bildern geschmückt waren, die die Könige brauchten, um ein jenseitiges Leben bei den Göttern zu erlangen, führten bis tief ins Gestein hinein. Diese Gänge wurden an mehreren Stellen zu Räumen erweitert, die jeweils einen eigenen Namen trugen – z. B. Halle des Wagens – und offenbar anlässlich der Beisetzung mit Gegenständen ausgestattet wurden. Tief im Inneren des Grabes, nahe dem unteren Ende, lag die Grabkammer selbst.

Nach dem Tod eines Königs bereitete man seinen Leichnam für die Beisetzung vor. Zuerst brachte man ihn zum Per-Wabet, zum Haus der Reinigung, wo die Eingeweide herausgenommen und der Körper getrocknet wurde. Das »Haus«, in dem diese unangenehme und übel riechende Prozedur stattfand, war offenbar häufig eine transportable Konstruktion, die man an einen Ort bringen konnte, an dem keine Störung durch ungebetene Gäste drohte – vielleicht eine Art Zelt. Waren Eingeweide und Gehirn entfernt, legte man den Leichnam in Natron (ein Salz, das aus dem nordwestlichen Delta kam), um ihm die Feuchtigkeit zu entziehen. Nach einiger Zeit wurde er zum Per-Nefret, dem Haus der Verschönerung, gebracht, wo er mit Duftstoffen, Ölen und Harzen behandelt und anschließend auf komplizierte Weise mit vielen Schichten von Binden umwickelt wurde, zwischen die man an zahlreichen Stellen genau vorgeschriebene Amulette und Schmuck steckte. Schließlich bedeckte man das Gesicht des Königs mit einer goldenen Maske und bettete die Mumie in einen Sarg, der häufig ebenfalls aus Gold war. Dann wurde der Körper noch einmal mit Duftstoffen, Ölen und Harzen übergossen. Der innere Sarg wurde nun in eine Reihe weiterer Särge gesetzt. Schließlich wurde der Tote, begleitet von einem riesigen Trauerzug, ins Tal der Könige gebracht. Aus Inschriften und Bildern wissen wir, dass Tänzerinnen, Musikantinnen und Klagefrauen, die laut weinten und schrien, ebenso dazugehörten, wie Männer, die schwer beladene Schlitten mit den Gegenständen zogen, die den Toten ins Grab mitgegeben wurden – Möbel, Kleidung und all die Dinge, an die sich der König zu Lebzeiten gewöhnt hatte und die er folglich auch im Tode brauchte.

Abschließend fand dann im Tal eine Zeremonie statt, die man als »Mundöffnung« bezeichnet (s. S. 135). Sie wurde vom Nachfolger des Königs vollzogen. Die Einzelheiten der Zeremonie kennen wir nicht, aber wir wissen, dass der Nachfolger dazu ein rituelles Zimmermannswerkzeug, einen Dächsel, benutzte, der theoretisch aus Eisen war, um symbolisch die Sinneswahrnehmung des Königs wieder herzustellen und seinen Körper zu verwandeln, damit er seine Reise ins Jenseits antreten konnte. Nach Plutarchs Erzählung der Geschichte von Osiris wickelte die Göttin Isis den Leichnam des Osiris in Tücher und schuf so die erste Mumie. Anschließend vollzog ihr gemeinsamer Sohn Horus das Mundöffnungsritual und wurde dann nächster König. Aufgrund dieses Beispiels wurde es Sitte, dass der Mann, der dieses Ritual vollzog, als nächster zum König gekrönt wurde. Dann wurde der

Tote über eine abfallende Rampe in das Grab gebracht und in die Grabkammer gezogen, wo ein Sarkophag, ein riesiger, rechteckiger Steinkasten, auf ihn wartete. Die Särge mit dem Toten wurden vorsichtig in den Sarkophag gehoben und der Deckel geschlossen. Der Sarkophagdeckel von Ramses III., der sich heute im Fitzwilliam-Museum in Cambridge befindet, ist einer der wenigen, die von einem König erhalten geblieben sind. Er ist über vier Meter hoch und auf der Oberseite mit einem Relief des liegenden Königs in Gestalt des mumifizierten und eingewickelten Osiris geschmückt. Er ist ein wahres Meisterwerk der Bildhauerkunst.

In vielen Königsgräbern stand der Sarkophag in einer in den Boden der Grabkammer eingelassenen tiefen Grube. Das ermöglichte es, die schweren Särge und den Deckel mehr in Position gleiten zu lassen als zu heben. War der Tote im Sarkophag, baute man über diesem einen Satz ineinander passender »Häuser« oder vergoldeter Schreine auf. Die hölzernen Wände, die dick mit Gold bedeckt waren, verzierte man mit Bildnissen des toten Königs. Jeder fertige Schrein hatte auf einer Seite eine Tür und alle Türen zeigten in dieselbe Richtung. War alles vollendet, schloss man die Türen der Schreine und jede einzelne wurde mit einem verknoteten Seil gesichert und mit einem Lehmsiegel versehen, in das das Siegel des Königs gedrückt wurde. Wenn die Schreine über dem Sarkophag aufgestellt waren, war meistens die Grube im Boden der Grabkammer so weit aufgefüllt, dass der Boden der Grabkammer wieder eben war. Dann verließen die Trauernden das Grab, damit die Schätze gebracht werden konnten. Zuletzt wurde die äußere Tür versiegelt. Auf ihre Außenseite wurde zum allerletzten Mal das Siegel des toten Königs aufgedrückt.

Der Tod eines Königs brachte für Ägypten eine Zeit der Staatstrauer mit sich. Zwar kennen wir nur wenige Einzelheiten, aber wir wissen aus Bildern und Inschriften, dass Adelige auf dem Weg zur Bestattung von langen Prozessionen aus Hinterbliebenen, professionellen Klagefrauen, Musikantinnen und Tänzerinnen begleitet wurden, außerdem von Menschen, die Grabbeigaben trugen. Der Weg zur Grabstätte war gesäumt von Freunden und Bekannten der Verstorbenen. Beim Tod eines Königs muss das zumindest ebenso gewesen sein. Ein Staatsbegräbnis hat mit Sicherheit jeden betroffen, der in der Umgebung lebte. Am Weg zum Tal der Könige drängten sich vermutlich die Menschen, die einen Blick auf den Trauerzug werfen wollten, wenn er vorbeikam. Nur das Tal der Könige selbst war still und leer, als die Särge und die Schreine zusammen mit den sonstigen Grabbeigaben in aller Heimlichkeit ins Grab gebracht wurden.

Und erst, wenn das Grab gefüllt und die Tür versiegelt war, konnte der nächste König gekrönt werden.

Die Wahl eines Königs

Es wurde häufig behauptet, dass sich der Anspruch auf den Thron von Ägypten über die weibliche Linie vererbte. Ein wesentlicher Grund dafür war das Wissen, dass Tutanchamun die letzte noch lebende Tochter des vorigen Königs, Echnaton, heiratete. Da er kein Anrecht auf den Thron hatte, sie aber wohl, liegt die Vermutung nahe, dass er nur deshalb auf den Thron kam, weil er sie heiratete. Diese Theorie steht jedoch auf schwachen Füßen. Wir wissen, dass Frauen und Männer im alten Ägypten rechtlich gleichgestellt waren, mit der Ausnahme, dass der Besitz eines Mannes nach seinem Tod an seinen Sohn überging. Hatte er keinen Sohn, fiel das Erbe an seinen Bruder oder den nächsten männlichen Verwandten. Das veranlasste einen Mann im Neuen Reich dazu, mit Hilfe eines offiziellen Dokumentes seine kinderlose Frau als »Sohn« zu adoptieren, damit sie sein Vermögen erben konnte. Angesichts dieser Tatsache kann man schwerlich gute Gründe für die Behauptung ins Feld führen, dass das bedeutendste Erbe im Land, das Königsamt, über die weibliche Linie weitergegeben wurde, wenn das nicht einmal bei kleinen Vermögen möglich war, ohne dass man ausdrücklich das Recht änderte.

Wäre der Thronanspruch über die Frauen vererbt worden,

hätte jeder König von Ägypten der Sohn der vorherigen Erbprinzessin sein müssen, aber das war nur selten der Fall. In vielen Fällen nahm der König als Hauptgemahlin eine bürgerliche Frau. Das weist darauf hin, dass der Thron, wie alles andere im alten Ägypten, vom Vater auf den Sohn vererbt wurde.

Aber wer den Thron erbte, war keineswegs eine von vorn herein klare Sache. Die Könige von Ägypten hatten, wie wir gesehen haben, viele Frauen und Kinder. Bis 1998 hatte man bei den Ausgrabungen des Grabes der Kinder von Ramses II. 115 Kammern gefunden, und noch immer erstreckten sich Korridore in alle Richtungen bis in weite Ferne. Daher war es zwar recht und gut, wenn ein König beim Herannahen seines Todes den Thron einem bestimmten Sohn versprach, aber zwischen dem Tod des Königs und der Versiegelung der Tür zu seinem Grab konnte ein Zeitraum von mehreren Monaten liegen. In dieser Zeit konnte sich vieles ändern.

Die Zeitspanne zwischen dem Tod eines Königs und der Krönung seines Nachfolgers war für die Ägypter die Phase, in der Isfet die größte Macht hatte. In dieser Zeit war Ägypten wie ein Schiff ohne Steuermann, und die Götter hielten den Atem an und warteten gespannt, ob die gewohnten Gottesdienste bald wieder einsetzen würden. Im Palast kämpfte man in dieser Zeit um Positionen. Hauptrivalen waren dabei nicht allein die Söhne des Königs, sondern auch die Witwen hielten mit. Eine der höchsten Positionen, die eine Frau überhaupt erreichen konnte, war die einer Königsmutter. Schließlich konnte ein König Hunderte von Frauen haben, aber nur eine Mutter. Die meisten prächtigen Bestattungen von Frauen des Königshauses wurden nicht von deren Ehegatten, sondern von einem Sohn ausgerichtet. Die Mütter der Prinzen konnten daher alles gewinnen und hatten wenig zu verlieren, wenn ihre Gatten starben.

Die Geschichte hat gezeigt, dass die größten Konkurrenzkämpfe in den Harems oder Frauenpalästen stattfanden, und zwar während der verstorbene König mumifiziert wurde. Das ist nicht sehr überraschend. In manchen Fällen stellte nicht einmal die Krönung eines Königs sicher, dass ein anderer Thronanwärter ihn nicht von seinem Platz verdrängte. Das geschah beispielsweise, als Radjedef nach dem Tod von Cheops oder Chnum-Chufu in der 4. Dynastie den Thron erbte und von Chefren abgesetzt wurde. Ein weiterer solcher Fall war der von Thutmosis III., der für rund 20 Jahre nur Mitregent seiner Stiefmutter Hatschepsut war. Manchmal warteten ehrgeizige Frauen nicht einmal ab, bis ihr edler Gemahl eines natürlichen Todes starb. Höchstwahrscheinlich wurden sowohl Amenemhet I. in der 12. Dynastie als auch Ramses III. in der 20. Dynastie von ihren eigenen Gemahlinnen ermordet.

Wenn der alte König schließlich in sein Grab eingesiegelt war, konnte die Krönung des nächsten stattfinden. Ursprünglich fanden die Krönungen stets in Memphis, der alten Hauptstadt Ägyptens, im Tempel des Ptah statt. In der 18. Dynastie wurden, wie wir aus Namen und Inschriften wissen, viele Könige im Tempel von Karnak in Luxor gekrönt, denn das war die Stadt ihrer Vorfahren.

Ein wesentlicher Bestandteil der Krönung war die Deklamation der Namen des Königs, die wir uns jetzt näher ansehen wollen.

Die Namen

Jeder König von Ägypten erhielt insgesamt fünf Namen, die erstmals bei seiner Krönung deklamiert wurden. Drei dieser Namen wurden nur auf den bedeutendsten offiziellen Denkmälern angegeben, aber die beiden anderen wurden regelmäßig gebraucht. Einen von ihnen, den 𓅭𓇳, hatte er bei seiner Geburt bekommen. Nach der Tradition erhielt der erste Sohn bei der Geburt den Namen seines Großvaters, der zweite den seines Vaters. In der 18. Dynastie waren die häufigsten Königsnamen Thutmosis und Amenophis. Erbte der erste Sohn des Königs den Thron, wechselten sich die Namen ab. Wenn jedoch der ältere Sohn starb und der jüngere den Thron erbte, hatten aufeinander folgende Könige denselben Namen, sodass auf Amenophis III. Amenophis IV. folgte.

Aber dieser Name wurde abgelegt und vergessen, wenn der König gekrönt wurde. Bei der Krönung bekam er einen neuen Namen, den in der ganzen Geschichte nur er allein hatte. Unter diesem Namen kannten die Ägypter ihre Könige. So sprechen wir heute zwar von Amenophis III., aber streng genommen ist das falsch. Die Könige von Ägypten hängten nie eine Zahl an ihren Namen an. Bei der Krönung erhielt Amenophis III. den Namen Nebmaatre, und unter diesem Namen kannte ihn von da an für alle Zeit die Öffentlichkeit. Leider haben wir uns angewöhnt, die Könige von Ägypten mit ihren Geburtsnamen zu bezeichnen. Das hat nicht wenige Fehler zur Folge gehabt.

Einige Verwirrung entsteht auch immer wieder darüber, wie man die Namen der altägyptischen Könige schreiben soll, und in Fachkreisen gibt es viele Meinungen zu diesem Thema. Der Grund dafür ist, dass wir nur lückenhafte Kenntnisse darüber haben, wie altägyptische Wörter und Namen ausgesprochen wurden. Die altägyptische Sprache wurde ja in Hieroglyphen geschrieben, und bei diesen fehlen innerhalb Wörter die meisten »trennenden« Vokale zwischen den Konsonanten. Wo ein betonter Vokal stand, wie etwa in »an« oder »in«, erhielt er ein eigenes Zeichen. Wo nur ein unbetonter Vokal stand, wie das »e« in »habe«, ist er längst verloren gegangen. Die Folge ist, dass wir keine Vorstellung davon haben, wie die Namen der altägyptischen Könige tatsächlich klangen. Als sich vom 5. Jahrhundert v. Chr. an die Griechen in Ägypten ansiedelten, schrieben sie die Geschichte der ägyptischen Könige auf, schrieben aber ihre Namen auf Griechisch. Nehmen wir zum Beispiel den Namen eines Königs der 18. Dynastie, Amenhotep oder Amenophis. Eine buchstabengetreue Umsetzung der äyptischen Schreibweise dieses Namens in lateinische Schrift ist »Imn-htp«. Zwar wissen wir nicht, wie das ausgesprochen wurde, aber der erste Bestandteil ist der Name des Gottes, der heute entweder Amen oder

Amun geschrieben wird. Der zweite Teil, »htp«, wird entweder »hetep« oder »hotep« geschrieben. Der Name findet sich daher in englischen Büchern als Amenhotep, Amunhotep, Amenhetep oder Amunhetep. Um die Sache noch komplizierter zu machen, verwenden manche Autoren die griechische Version des Namens, Amenophis.

Jeder Ägyptologe hat bei den Königsnamen seine persönlichen Vorlieben. Meine Devise ist, wo immer möglich die Form zu benutzen, die dem Ägyptischen am nächsten kommt, aber wenn die griechische Form für den Leser leichter zu erkennen ist, benutze ich diese. Da die Könige sowieso nicht bei diesem Namen gerufen wurden, sondern bei ihrem Thronnamen, und da wir von keinem der Namen wissen, wie er ausgesprochen wurde, handelt es sich dabei für mich um nicht mehr als eine akademische Spitzfindigkeit.

Das Alltagsleben in Ägypten: Städte und Gesellschaft

Es ist merkwürdig, dass sich unter allen Monumenten, die in Ägypten erhalten geblieben sind, kein Palast befindet, der uns genauen Aufschluss darüber gibt, wie ein König der 18. Dynastie gelebt hat. Die Hauptstadt des alten Ägypten war Memphis. Sie liegt gut zwanzig Kilometer südlich des heutigen Kairo, aber alles, was von der einstigen Metropole geblieben ist, sind ein paar unbedeutende Ruinen, die zwischen Palmen und Feldern in der Nähe des heutigen Dorfes Mitrahina liegen. In früheren Zeiten lebten dort viele tausend Menschen. Der ursprüngliche Name der Siedlung bedeutete »Weiße Mauer«, was zweifellos ein Hinweis auf den ersten Königspalast ist, der dort errichtet wurde und vermutlich von weiß getünchten Mauern umgeben war. Einst lag er am Ufer des Nils, aber mit der Zeit verlagerte sich der Fluss nach Osten und der Ort verlor seine Bedeutung. Wahrscheinlich am Ende des Alten Reiches oder zu Beginn des Mittleren Reiches erforderte die Zunahme des Außenhandels den Bau neuer größerer Hafenanlagen, und die Gebäude in deren Umgebung bekamen den Namen Men-nefer, nach einer der Pyramiden in der Gegend. Die Griechen hörten diesen Namen als »Memphis«.

Memphis war Sitz der ägyptischen Regierung, der Verwaltung, des Gerichts- und Finanzwesens. Der größte Tempel der Stadt war der von »Ptah, der südlich seiner Mauer ist« und vermutlich so hieß, weil er außerhalb der ursprünglichen weißen Palastmauer lag. Ausgrabungen brachten die Anlage des Königspalastes von Merenptah ans Licht, Sohn und Nachfolger von Ramses II. in der 19. Dynastie. Offenbar folgte er weitgehend der Anlage eines Standardtempels.

Wie schon erwähnt, kam die Familie, die in der 18. Dynastie herrschte, aus Luxor, rund 600 Kilometer südlich von Memphis. Es gibt nur spärliche Überreste der dortigen Königspaläste, aber an den Wänden und Decken der Tempel am Ost- und Westufer des Nils blieb noch so viel Farbe erhalten, dass klar erkennbar ist, wie verschwenderisch hier mit Farben umgegangen wurde. Die Wände wurden zunächst weiß getüncht, dann malte man auf diese Grundierung Bilder in zahlreichen nebeneinander gesetzten Primärfarben, vor allem mit viel leuchtendem Rot und Blau, die äußerst beliebt waren. Aus verschiedenen Texten und aus dem Alten Testament geht hervor, dass Luxor offenbar unter dem Namen »No« bekannt war, der vom altägyptischen Wort *niwt* abstammt, was einfach »Stadt« bedeutet. Noch heute sagen in vielen Kulturen die Menschen, dass sie »in die Stadt« fahren, wenn sie in die Hauptstadt reisen. Wie Memphis hatte auch Luxor große Hafenanlagen, in denen Schiffe mit Luxusgutern anlegten. Die Bewohner der Stadt wurden durch die Verbindung zum König reich und mächtig. Viele Beamte wollten sich lieber dort als in den Hügeln rund um die Königsgräber in Sakkara bei Memphis bestatten lassen. Ihre relativ kleinen Grabkammern sind mit Bildern aus ihrem Leben ausgemalt, die etwas von den zahlreichen rauschenden Festen ahnen lassen, die am Königshof gefeiert wurden.

Aber von den Königspalästen in dieser Gegend fand sich keine Spur. Wir wissen, dass sich Amenophis III. am Westufer, direkt gegenüber dem Tempel von Luxor, eine Palaststadt erbauen ließ. Für die Zeit vor ihm haben wir aber keinerlei Hinweis darauf, wo die Könige wohnten.

Während der 18. Dynastie kontrollierte Ägypten einen Großteil des Nahen Ostens. Die frühen Könige, vor allem Thutmosis III., hatten diese Gebiete (Palästina und Syrien bis zum Euphrat) militärisch unterworfen. Noch zu Beginn dieser Dynastie bestand das ägyptische Heer vorwiegend aus Söldnertruppen oder aus Regimentern von zwangsverpflichteten ägyptischen Fußsoldaten. Weder die einen noch die anderen taugten für eine dauerhafte Besetzung neu eroberter Gebiete. Man begann Berufssoldaten anzuwerben, die im Namen des Königs die Kontrolle aufrechterhalten sollten, und etwa ab der Mitte der 18. Dynastie bezeugen Grabinschriften in Luxor und in Sakkara, wie stolz viele Ägypter auf ihre militärischen Titel waren.

Als Offiziere rekrutierte man junge Männer mit Schulbildung. Jungen aller sozialen Schichten konnten eine Schule besuchen, sie befand sich allerdings oft nicht am Wohnort. Eine Schulbildung stand jedem offen, der sie sich leisten konnte. Dafür musste eine Familie aber nicht nur so gut gestellt sein, dass sie auf die wertvolle Arbeitskraft und das Einkommen eines gesunden Sohnes verzichten konnte, sondern sie musste auch für alle seine Bedürfnisse aufkommen, während er fern von zu Hause lebte – Nahrung, Kleidung und Handwerkszeug. Hatte ein Junge die Schule abgeschlossen, konnte er rasch die soziale Leiter hinaufklettern und das Vielfache von dem verdienen, was ein Junge ohne Schulbildung verdiente. Aber zuerst musste die Familie ihn freigeben – und es wird geschätzt, dass nicht mehr als ein oder zwei Prozent der Jungen je schreiben lernten. Viele konnten von Glück sagen, wenn sie überhaupt Gelegenheit zum Besuch einer Schule bekamen. Sie lernten vier oder fünf Jahre lang die hieratische Schrift, eine Kursivschrift des Altägyptischen, und kehrten dann einfach nach Hause zurück. Die begabten Jungen erhielten eine Berufsausbildung und gleichzeitig eine höhere Allgemeinbildung, sodass sie einen Beruf ergreifen konnten. Zu den beruflichen Möglichkeiten zählten etwa Konstruktionszeichnen, Astronomie/ Astrologie, Bauwesen, Mathematik und Finanzwesen; nun kam neu die militärische Laufbahn hinzu. Viele Jungen stiegen in der Armee zu höchsten Ehren auf. So war ein Offizier namens Juja für die Pferde des Königs verantwortlich. Später wurde seine Tochter die Große Königsgemahlin von Amenophis III. und sein Sohn Eje, der den militärischen Titel des Vaters geerbt hatte, wurde nach dem Tod Tutanchamuns Pharao. Zwei Befehlshabern des Heeres, die in Memphis stationiert waren, gelang der Aufstieg vom Stand eines Bauern zum ranghöchsten Militär. Der eine von ihnen, Haremhab, riss die Macht an sich, als Eje starb, und errichtete in Ägypten eine Militärherrschaft; sein Freund Ramses wurde der Begründer der 19. Dynastie.

Zum Militär kamen Jungen aus allen Schichten. Sie lernten Waffen handhaben, Streitwagen fahren und – eine der wichtigsten Aufgaben der Armee in der 18. Dynastie – mit Pferden umgehen. Das Pferd war damals für die Armee von allergrößter Bedeutung. Es ermöglichte den Ägyptern Schnelligkeit bei ihren Angriffen und erlaubte ihnen, sich im freien Gelände rasch zu bewegen. Pferde waren erst ab etwa 1650 v. Chr. in Ägypten bekannt, aber die Ägypter entwickelten ein so großes Geschick bei der Pferdezucht, dass sie schon hundert Jahre später eines der besten Reiterheere im Nahen Osten besaßen. Und das war noch nicht alles: Die Ägypter brachten das Kunststück fertig, ihre Pferde wieder in Gegenden zu verkaufen, aus denen sie sie ursprünglich bezogen hatten.

1360 v. Chr. war Ägypten so gut gerüstet, dass es Angriffe planen, sie mit erfahrenen Berufssoldaten durchführen und anschließend, wo immer es nötig war, kleine Einheiten als Besatzung stationieren konnte. Es hatte einen Großteil der Gebiete unter Kontrolle, die heute Syrien, Libanon, Israel und Jordanien heißen, allerdings behielten sie alle ein gewisses Maß an Selbständigkeit. Ägypten hatte in seiner Eroberungsphase die Söhne von Fürsten aus den eroberten Palästen geholt, die Jungen in Ägypten erzogen und nach Hause zurückgeschickt, wenn sie alt genug waren, und diese jungen Männer waren Ägypten meist treu ergeben.

Die große Trennlinie, die den Machtbereich Ägyptens im Norden begrenzte, war der Euphrat. Westlich des Flusses hatte es bis zum Mittelmeer alles fest im Griff, aber östlich davon konnte es nur schwer Fuß fassen. Deshalb unternahm Thutmosis III. einen Feldzug in den Libanon, wo er Schiffe bauen ließ, die dann auf Ochsenkarren über die Berge gezogen wurden, damit das ägyptische Heer den Euphrat überqueren konnte, um das Ostufer zu erobern. In seinen Inschriften behauptet Thutmosis III., das sei ihm auch gelungen, aber in Wahrheit wurde er zurückgeschlagen. Östlich des Flusses lag das Mitanni-Reich, westlich von ihm das Land Naharina. Heute ist das, grob gesagt, Syrien und ein Teil des Irak. Zur Zeit von Amenophis III. operierten die beiden Länder anscheinend als Einheit. Nördlich von ihnen lag das Land der Hethiter. In den Anfangsjahren der 18. Dynastie stellten diese keine Bedrohung für die Vorherrschaft Ägyptens dar. Aber in den ersten Regierungsjahren von Amenophis III. begannen sie ägyptisch besetztes Territorium anzugreifen. Naharina und Mitanni wurden von zwei Großmächten in die Zange genommen. Der Vater von Amenophis III., Thutmosis IV., schickte in seiner Regierungszeit viele Abordnungen nach Naharina/Mitanni, die um die Hand einer Prinzessin anhielten, damit man ein Bündnis schließen konnte. Zwar wurde tatsächlich eine Ehe arrangiert, aber das Verhältnis zwischen den beiden Reichen blieb gespannt. Amenophis III. folgte dem Beispiel seines Vaters – mit welchem Ergebnis, werden wir später sehen.

Jüngste Ausgrabungen in Ägypten aus der Zeit der 18. Dynastie haben einen enormen künstlerischen Einfluss Kretas in dieser Zeit ans Licht gebracht. Die minoische Kultur hatte damals ihre Blütezeit und viele Objekte minoischer Herkunft wurden in Ägypten gefunden. Bis vor kurzem glaubte man, das sei vorwiegend dem ägyptischen Handel zu verdanken, aber inzwischen

Ägypten und seine Nachbarländer in der 18. Dynastie.

wissen wir, dass zahlreiche Häuser und Paläste in Ägypten aus dieser Zeit im minoischen Stil geschmückt waren. Man könnte natürlich vermuten, die kretische Kunst sei damals Mode gewesen, aber Ägypten hatte im Laufe der Jahrhunderte stets die Tendenz gehabt, seine Kunst an andere weiterzugeben, statt die der anderen anzunehmen. Es sieht daher so aus, als hätte es damals zum ersten Mal größere Wanderungen im östlichen Mittelmeerraum gegeben, die unter anderem durch ägyptisch besetztes Gebiet führten. In der 18. Dynastie muss es in Ägypten viele Ausländer gegeben haben. Ägyptischer Einfluss wird um diese Zeit auch erstmals auf Zypern deutlich sichtbar: Offenkundig war diese Insel in den ägyptischen Seehandel im Mittelmeer eingebunden.

Wann immer das ägyptische Königreich Schwäche zeigte, nutzten sowohl Nubien als auch Libyen die Gelegenheit, zuerst zu rebellieren und dann in Ägypten einzufallen. Die starken Könige am Anfang der 18. Dynastie hatten damit kaum Probleme. Ihre westliche Grenze zu Libyen hin war sicher, auch wenn, wie schon immer, öfters Siedler in das westliche Delta kamen. Sie waren zunächst nur friedliche Einwanderer – allerdings sollten sie während der folgenden beiden Dynastien erheblich an Macht gewinnen. Im Süden übertrug der Pharao einem Königssohn aus Kusch, d. h. einem nubischen Prinzen, die Regierung. Dieses System scheint gut funktioniert zu haben. Aus der Regierungszeit Tutanchamuns gibt es Darstellungen vom kuschitischen Prinzen Huja, der in Luxor bestattet ist; auf ihnen ist zu sehen, wie er dem jungen König Gaben in verschwenderischer Fülle darbringt.

Um die Mitte der 18. Dynastie war daher ein Großteil des östlichen Mittelmeerraumes friedlich und geordnet, lediglich die Hethiter warteten schon hinter den Kulissen auf den richtigen Moment zum Handeln.

In diese Szenerie können wir nun die Figuren unseres Dramas hineinstellen, und zunächst sieht es so aus, als gehe es um eine Geschichte von Mord und Intrigen in der Königsfamilie an den Ufern des Nils. Angesichts der Romantik dieses exotischen Schauplatzes ist es verlockend, aus den Ereignissen von vor 3500 Jahren einen Roman zu machen. Aber wie so oft ist die Wirklichkeit spannender als jeder Roman.

KAPITEL EINS

Die ersten Spuren von Tutanchamun

Viele Bücher über Tutanchamun beginnen mit der Entdeckung seines Grabes im Jahr 1922. Aber diese Entdeckung war nur der krönende Höhepunkt im Leben eines Mannes, der davon lange geträumt hatte. Die eigentliche Entdeckungsgeschichte hatte schon viele Jahre früher begonnen.

Um 1906 zog Luxor jedes Jahr Hunderte von Besuchern an, darunter immer größer werdende Gruppen von Engländern, die mit »Cook's Reisebüro« auf organisierte Fahrt gingen und rasch von einem Ort zum nächsten gelotst wurden. Daneben gab es den wohlhabenden Gentleman, der geruhsamer reiste und noch dem Ideal der umfassenden Bildungsreise huldigte. Auf dem Nil wimmelte es von Schiffen aller Art, von großen Kreuzfahrtschiffen bis hin zu *dahabijas,* den meist von kleineren, privaten Gruppen gemieteten Holzbooten, und er wurde zu einer dicht befahrenen Wasserstraße.

In Europa hatte die Veröffentlichung von Charles Darwins revolutionären Theorien über den Ursprung des Menschen das Bedürfnis geweckt, mehr über die eigenen Wurzeln zu erfahren, und zugleich einen methodisch durchdachteren und gezielteren Ansatz zur Ergründung der Vergangenheit angeregt: Die Archäologie wurde geboren. Da archäologisch interessante Stätten und Artefakte in den kühlen und feuchten Ländern des Nordens so schlecht erhalten waren, mussten die Altertumsforscher, wie man die ersten Archäologen nannte, langwierige und sorgfältige Methoden entwickeln, konzipiert von Spezialisten unterschiedlicher Gebiete. Alles wurde peinlich genau vermessen und aufgezeichnet. Aber in Ägypten, wo das Zeitalter der Archäologie eben erst anbrach, waren aufgrund des heißen, trockenen Klimas unvorstellbare Reichtümer erhalten geblieben. Der Sand war, so weit das Auge reichte, mit Objekten übersät, die viele tausend Jahre alt waren. Hier musste man einen Grabungsort nicht in metergroße Quadrate einteilen und langsam in der feuchten Erde Schichten abtragen. Hier brauchte man sich nur zu bücken und die Gegenstände aufzuheben.

Luxor war bereits in mehreren archäologischen Veröffentlichungen als reichhaltige Stätte vermerkt worden, da am Ostufer des Nils die Tempel von Luxor und Karnak lagen und sich am Westufer eine weite, von Tempeln gesäumte Ebene ausbreitete. Die Tempel stammten alle aus dem Neuen Reich – aus der Zeit der 18. bis 20. Dynastie, als Reichtum und Macht des alten Ägypten am größten waren. Die die fruchtbare Ebene begrenzenden Hügel am Westufer bargen eine riesige Anzahl von Gräbern, die unvorstellbare Reichtümer beherbergen konnten.

Die Spekulationen über Schätze in den Gräbern dieser Berge waren durch einen Fund angeheizt worden, der fünfundzwanzig Jahre früher gemacht wurde. 1881 hatten Archäologen in einem verborgenen Felsengrab in Deir el-Bahari am Westufer dreiundfünfzig Mumien von Königen und ihren Angehörigen gefunden, die vor rund 3000 Jahren in diesem geräumigen Versteck verborgen worden waren. Zu diesen Mumien zählten einige der größten Pharaonen des Neuen Reiches, die man aus Sicherheitsgründen an diesen Ort gebracht hatte, nachdem die Gräber im Tal der Könige von einem plündernden nubischen Heer zerstört worden waren. Im Jahr 1906 lagen diese Mumien nackt in Glaskästen im Ägyptischen Museum in Kairo am Tahrir-Platz, den neugierigen Blicken schaulustiger Touristen preisgegeben. Ausgestellt waren auch sechzehn neu hinzugekommene Mumien, vierzehn davon ebenfalls von Königen; damit waren einige der Könige gefunden worden, die man in der ursprünglichen Gruppe noch vermisst hatte. Diese Mumien waren erst acht Jahre zuvor in einem zweiten Versteck im Tal der Könige selbst gefunden worden. Aber noch immer fehlten die Mumien zahlreicher Könige. Viele Archäologen gingen damals stillschweigend davon aus, dass sie schon vor langer Zeit zerstört worden waren, aber die Touristen waren 1906 noch voller Erwartung und viele hofften, dass die Berge und Täler von Luxor noch weitere Schätze bargen.

Europa war von Ägypten fasziniert, seit zu Beginn des 19. Jahrhunderts unter dem Titel *Description de l'Égypte* die Arbeitsberichte der Gelehrten veröffentlicht worden waren, die Napoleon nach Ägypten begleitet hatten. Ab 1830 hatte der Tourismus ständig zugenommen und bald ein solches Ausmaß erreicht, dass illegaler Antiquitätenhandel selbstverständlich wurde. Die Nilreisenden jener Jahre hatten das Gefühl, es fehle etwas, wenn sie auf der Heimreise nicht eine Mumie, einen Sarg, einen Papyrus oder ein bemaltes Keramikgefäß im Gepäck hatten. Skrupellose Europäer feilschten mit den Ägyptern um Artefakte, deren Preis für europäische Verhältnisse geradezu lächerlich gering war, für die Einheimischen jedoch ein kleines Vermögen darstellte. Bis zur Mitte des 19. Jahrhunderts war aus dem tröpfelnden Tourismus ein Strom geworden, und die ägyptischen Altertümer, die einmal zahllos schienen, waren inzwischen durch den Handel beträchtlich ausgedünnt. 1857 hatte Auguste Mariette, Ägyptologe am Louvre in Paris, den Vizekönig von Ägypten dazu bewogen, gleichzeitig zwei Einrichtungen ins Leben zu rufen: das erste Ägyptische Museum im Stadtteil Bulak in Kairo, damit ein Teil der Schätze ausgestellt werden konnte, und eine Altertümerverwaltung, die, unter Leitung eines französischen Direktoriums, Grabungslizenzen oder -konzessionen ausstellen sollte.

Heute erscheint es unglaublich, aber bis 1857 gab es keinerlei Kontrolle über die Ausgrabungen in Ägypten. Häufig gab es zwischen Möchtegern-Archäologen handfeste Auseinandersetzungen darüber, wer an einer besonders interessanten Stelle graben durfte. Die neuen Konzessionen verlangten, dass nach der Entdeckung eines potentiellen Grabungsortes ein Inspektor bei der ersten Untersuchung anwesend sein musste und dass bei einem bereits geplünderten Fundort die noch gefundenen Gegenstände dem Museum vorgelegt werden mussten. Es konnte sich dann aussuchen, welche es behalten wollte und den Rest an den Inhaber der Konzession zurückgeben. Bei einer noch intakten Fundstelle sollten alle Objekte geschlossen an Ägypten gehen, wobei es im Ermessen der Altertümerverwaltung und der ägyptischen Regierung lag, dem Konzessionsinhaber einige Stücke zu überlassen. Dieses System brachte Ordnung in eine vorher chaotische Situation, und die massenhafte Ausfuhr von Altertümern ließ nach, auch wenn der Export mit einer Lizenz noch erlaubt war.

In der post-napoleonischen Ära des Misstrauens zwischen Engländern und Franzosen wurde die Einrichtung der Altertümerverwaltung begrüßt. Aber eine Abmachung führte zu ständigen Auseinandersetzungen – nämlich die prinzipielle Ernennung von Franzosen zu Direktoren. Bis zum Beginn des 20. Jahrhunderts hatte man sich jedoch darauf geeinigt, jeweils zwei britische Generalinspekteure zu ernennen, einen für Luxor und einen für Sakkara, die riesige Nekropole der alten Hauptstadt Memphis.

1906 war Arthur Weigall Generalinspekteur für die Altertümer in Oberägypten mit Sitz in Luxor. Auf Fotografien sieht er gepflegt und glatt rasiert aus. Seine Bücher – von denen einige noch immer nachgedruckt werden – zeigen, dass er die Fundorte Oberägyptens, südlich von Kairo, wie kein anderer kannte. Im *Who is Who in Egyptology* heißt es jedoch, sein Lebenswerk sei beeinträchtigt durch die exzentrische Haltung des Verfassers gegenüber bestimmten philologischen und historischen Fragen und offenbare eine beträchtliche Arroganz gegenüber anderen zeitgenössischen Ägyptologen. Weigall war für die Beaufsichtigung aller Ausgrabungen in Luxor verantwortlich. Seine Geduld muss von den Leuten, die in die Gegend strömten und mit Grabungen in den westlichen Bergen ihr Glück versuchen wollten, auf eine harte Probe gestellt worden sein.

Weigalls unmittelbarer Vorgänger hieß Howard Carter, ein junger Mann aus Norfolk, der zunächst als Zeichner und Maler

Howard Carter, ca. 1925.

mit dem Auftrag nach Ägypten gekommen war, die Grabmalereien in Mittelägypten, zwischen Kairo und Luxor, zu kopieren. 1895 war er in Luxor eingetroffen, um die Bilder des Totentempels der Hatschepsut in Deir el-Bahari am Westufer zu kopieren. Carters Lehrer war der große Ägyptologe Flinders Petrie gewesen, und unter seiner Anleitung hatte er sich zu einem Archäologen mit einer gewissen Reputation entwickelt. Wie bei den Engländern der damaligen Zeit üblich, war Carter recht nationalistisch und häufig intolerant, insbesondere Ausländern gegenüber. Er war ein Einzelgänger, der schwer Freundschaften schloss und andere Menschen häufig irritierend fand. Als Inspektor schrieb er einmal über die Amateurausgräber in Luxor, sie seien von den bescheideneren Abenteuern des Lebens gelangweilt und spielten mit Altertümern herum, weil sie hofften, darin einen Reiz zu finden, der ihre träge Phantasie anrege. Wie auch andere seiner Zunft damals, kleidete er sich in Ägypten wie in England und war gewöhnlich selbst bei heißestem Wetter in einem schweren, dreiteiligen Tweedanzug anzutreffen, samt Fliege, Spazierstock und einem eleganten Hut.

Seit 1903 hatte die Konzession für Grabungen im Tal der Könige ein reicher amerikanischer Anwalt im Ruhestand, Theodore M. Davis, inne, der riesige Summen seines Vermögens für den Versuch aufgewendet hatte, die noch vermissten Könige und ihre Gräber zu finden. Er hatte dem Ägyptischen Museum eine ganze Abteilung für seine Funde gestiftet und war daher bei der mittellosen Altertümerverwaltung hoch angesehen. Aber nicht alle teilten deren Wertschätzung. Der Generaldirektor der Altertümerverwaltung von 1881 bis 1914, Gaston Maspéro, hatte Howard Carter damit beauftragt, alle Ausgrabungen in Luxor zu beaufsichtigen und ebenso die im Tal der Könige. Carter mochte und respektierte Maspéro, von dem er schrieb, es gebe keinen charmanteren Gentleman oder freundlicheren Vorgesetzten, aber seine Beziehung zu Davis war eher aggressiv. Carter sah seine Aufgabe als ausgebildeter Archäologe darin, den ungelernten »Gentleman-Ausgräber« anzuleiten, während der aufbrausende Davis der Meinung war, da er die Rechnung für die Arbeiten bezahle, habe er einen Anspruch auf die Gesamtleitung. So kam es zwischen den beiden Männern zu einem Zusammenstoß. Die Folge war, dass Carter im Januar 1905 von seinem geliebten Luxor in den Norden nach Sakkara versetzt wurde. Seine bisherige Stelle erhielt der verbindlichere Weigall.

Allem Anschein nach erreichten Weigall und Davis eine annehmbare Verständigung. Mit Davis zu arbeiten, war zweifellos schwierig, da er oft keinerlei Verständnis für die Vorstellungen anderer aufbrachte. Die Ergebnisse seiner Arbeit im Tal der Könige wurden meist aufwendig publiziert, aber den Grabungsberichten, die er selbst verfasste, mangelte es oft an den Details, die ein fundierter archäologischer Bericht enthält, und häufig fehlten die elementarsten Maßangaben, Pläne und Darstellungen. Im Allgemeinen ignorierte Davis die Vorschläge der Archäologen, die mit ihm arbeiteten. So schrieb etwa Nicholas Reeves, dass Davis nur ein minimales Interesse an sorgfältiger Räumung habe, oft nicht einmal grundlegende Konservierungsmethoden anwende und dass er es in seiner glorreichen Serie von Veröffentlichungen fertig bringe, alles aufzuzeichnen, außer den Fakten.

Carter war der Umzug nach Sakkara verhasst, sodass er schon gereizt dort eintraf. Am 8. Januar 1905 wurde er in der alten Nekropole in eine öffentliche tätliche Auseinandersetzung verwickelt. Carter schickte noch am gleichen Abend ein Telegramm an den britischen Generalkonsul, Lord Cromer, in dem er den Vorfall erläuterte: »Fünfzehn französische Touristen kamen heute in betrunkenem Zustand hier an. Die Ursache der Rauferei war die grobe Behandlung meines Inspektors und der *Gaffirs* [einheimische ägyptische Inspektoren], bei der beide Seiten geschlagen und gestoßen wurden.« Die Franzosen behaupteten, dass sie angegriffen wurden, als sie Eintrittskarten kaufen wollten. Die Sache gelangte rasch an die Öffentlichkeit. In den Zeitungen wurde behauptet, Carter habe – wie immer der Streit ursprünglich begonnen haben mag – seinen Männern befohlen, von ihren Schlagstöcken Gebrauch zu machen, um die Auseinandersetzung zu beenden. Die Lokalpresse veröffentlichte Schauergeschichten über französische Frauen und Kinder, die wegrannten, um der Gefahr zu entfliehen, während ihre tapferen Ehemänner attackiert wurden. Unabhängig davon, was sich nun in Wahrheit zugetragen hatte, ermahnte Maspéro im Februar 1905 Carter, nicht beleidigt zu sein, sondern sich mit den empörten Franzosen zu treffen und sich zu entschuldigen, zumindest für den Einsatz der Schlagstöcke. Maspéro unterstrich, die Altertümerverwaltung würde einen Teil der Schuld auf sich nehmen. Aber am vereinbarten Tag weigerte sich Carter, zu erscheinen, und verlangte, zuerst sollten sich die Franzosen entschuldigen. Maspéro tat, was er konnte, um die Wogen zu glätten, aber schließlich schlug er vor, Carter solle, um des Friedens willen, ab 14. März dreieinhalb Monate Urlaub nehmen. Bei diesem Vorschlag flammte Carters Zorn noch einmal auf und er reichte seine sofortige Kündigung ein.

Ohne Anstellung und mit wenig Geld zog Carter wieder in sein geliebtes Luxor, wo er ein kleines Geschäft eröffnete, in dem er Aquarelle anbot und Antiquitäten verkaufte, ein damals üblicher und einträglicher Nebenverdienst. In dieser Rolle fiel er nicht weiter auf. Alfred Lythgoe vom Metropolitan Museum of Art in New York schrieb damals über ihn, es gebe niemanden, der den ägyptischen Markt besser kenne.

So kam Carter 1905 wieder mit Theodore Davis in Kontakt. Diesmal jedoch unter veränderten Vorzeichen. Carter hatte keinen Einfluss mehr auf die archäologische Arbeit in der Region. Außerdem hatte Davis inzwischen einen willigen Helfer gefunden, nämlich den Ägyptologen Edward Ayrton, einen fügsamen jungen Mann von dreiundzwanzig Jahren.

Im Frühjahr 1906 ruhte sich Davis einmal mit Ayrton im Tal der Könige aus und machte dabei eine große Entdeckung. Er notierte dazu: »Meine Aufmerksamkeit wurde von einem großen Stein angezogen, der ein wenig zur Seite geneigt war, und aus irgendeinem geheimnisvollen Grund weckte er mein Interesse; als ihn mein Assistent, Mr. Ayrton, sorgfältig untersuchte und ein wenig mit den Händen im Sand grub, fand er den wunderschönen blauen Becher.« Dieser Becher war ein kleines, glasiertes Gefäß aus Fayence, ein Becher des Typs, der im alten Ägypten bei Bestattungen benutzt wurde, und trug den Namen »Nebcheprure«. Das war der Thronname Tutanchamuns, und dieser Becher war das erste Stück mit seinem Namen, das je im Tal der Könige gefunden wurde. Zum ersten Mal schien es möglich, dass Tutanchamun, der zu den Königen zählte, die Davis noch suchte, irgendwo in der Nähe bestattet sein könnte.

Zu dieser Zeit wusste man praktisch nichts über Tutanchamun, außer dass es ihn gegeben hatte. Das lag großenteils an den Besonderheiten der Königsgeschichte im alten Ägypten und an der Art und Weise ihrer Aufzeichnung. Selbst heute ist es noch kompliziert, die Reihenfolge der ägyptischen Könige und die Länge ihrer Regierungszeit zu bestimmen. Die Ägypter selbst hatten keine systematische Methode, ihre eigene Geschichte aufzuschreiben. Alle Ereignisse wurden nach dem jeweiligen Regierungsjahr des gerade herrschenden Königs datiert (z.B. Jahr 1 des Amenophis Nebmaatre). Das heißt, unser Wissen darüber, wie lange ein König regiert hat, hängt stets von der höchsten Jahreszahl ab, die zusammen mit seinem Namen gefunden wurde. Sie könnte sich aber jederzeit durch die Entdeckung eines Objektes mit einer höheren Zahl ändern. Manchmal regierten einzelne Könige oder sogar ganze Familien gleichzeitig in verschiedenen Teilen Ägyptens. Hofbeamte konnten aber nur einem König dienen, deshalb vermerkten sie vielleicht in ihren autobiographischen Texten das Jahr eines bestimmten Königs, in dem sie eine große Tat vollbracht hatten, ohne hinzuzufügen, dass gleichzeitig noch ein zweiter König irgendwo anders in Ägypten regierte. Königslisten, die in die Wände mehrerer Tempel in Oberägypten eingemeißelt wurden, führten angeblich jeden König von Ägypten auf, von Menes am Anfang bis zum Zeitpunkt der Auflistung. Aber tatsächlich ließen die Listen alle aus, die die Ramessiden nicht billigten, darunter sämtliche weiblichen Könige und alle Herrscher der turbulenten mittleren 18. Dynastie, einschließlich Tutanchamun. Da man von Tutanchamun kein Grab gefunden hatte, besaß man nur wenige Objekte aus seiner Regierungszeit, und die Königslisten unterschlugen ihn ganz. Auch nur herauszufinden, an welcher Stelle der Königsabfolge er stand, war problematisch, und es gab keinerlei Hinweise darauf, wie lange er regiert hatte.

1906 wusste man über die grundlegenden Geschichtsdaten des frühen Neuen Reiches schon recht gut Bescheid. Es war bekannt, dass um 1650 v. Chr. Ägypten von Fremden besetzt worden war, die man Hyksos nannte. Die Hyksos wurden etwa 1550 v. Chr. von der Familie aus Luxor vertrieben, die dann die 18. Dynastie begründete. Die ersten Könige dieser Dynastie waren tüchtige Krieger und schufen die erste Großmacht der Welt. Viele Jahrzehnte lang blühte Ägypten, bis zur Regierung des berüchtigten Königs Echnaton, den viele den »Ketzerkönig« nannten. In seiner Regierungszeit wurden die Tempel geschlossen und die Schatzkammern leerten sich, weil manche Länder sich weigerten, Tribut zu zahlen oder es einfach nicht taten; und die Großmacht begann zu bröckeln. Nach Echnatons Tod war der Thron zuerst für kurze Zeit an Semenchkare gefallen, dann an Tutanchamun und schließlich an Eje. Die Namen all dieser Könige fehlten in den Königslisten. Wie bereits erwähnt, putschte nach Ejes Tod der Oberbefehlshaber des ägyptischen Heeres, Haremhab, und begann jede Erinnerung an die vorherige Königsfamilie schonungslos zu tilgen. Er hatte keinen Erben, und vor seinem Tod bestimmte er einen Waffenbruder beim Heer, Paramses, zum nächsten König. Dieser wurde der erste Herrscher der 19. Dynastie. Ramses I., sein Sohn Sethos I. und sein Enkel Ramses II. setzten Haremhabs Bemühungen fort, alle Erinnerungen an die Familie der 18. Dynastie auszulöschen. So gut es ging, entfernten sie jede Spur der Namen ihrer Mitglieder, zerstörten ihre Bauwerke, überschrieben ihre Inschriften und unterschlugen sie in den Königslisten. Es war, als hätte es Echnaton, Semenchkare, Tutanchamun und Eje nie gegeben. Und die Tilgung all ihrer Spuren durch die Ramessiden wäre beinahe gelungen. Aber es blieben dann doch noch Reste, die uns von ihrer Existenz kündeten, auch wenn man sonst nichts über sie wusste. Der englische Ägyptologe Sir John Gardner Wilkinson hatte schon 1837 den Namen Tutanchamuns auf einer Statue entdeckt, aber der blaue Becher, den Davis fand, war der erste Hinweis darauf, dass sich Tutanchamun im Tal der Könige befinden könnte. Von diesem Moment an stand Tutanchamuns Name auf der Liste der fehlenden Könige, die Davis noch im Tal zu finden hoffte.

Irgendwann in den ersten Monaten des Jahres 1906 trat Davis mit der Bitte an Carter heran, als freiberuflicher Zeichner für ihn zu arbeiten. Angesichts der vorangegangenen Spannungen zwischen den beiden Männern und Carters Stolz kann man annehmen, dass Carter das Angebot vielleicht abgelehnt hätte, wäre nicht im Februar jenes Jahres das unversehrte Grab von Juja und Tuja im Tal der Könige entdeckt worden. Das beschäftigte die Phantasie der Öffentlichkeit wie nichts je zuvor. Juja und Tuja waren die Großeltern von Echnaton mütterlicherseits und ihre Mumien waren vielleicht die besterhaltenen, die bisher in Ägypten gefunden wurden. Daher ließ sich Carter überreden, die Aufgabe zu übernehmen. Aber diese Entscheidung söhnte die beiden Männer nicht miteinander aus. Im September schrieb Carter in einem Brief, Davis habe sich in letzter Zeit ihm gegenüber »wie ein Brummbär« verhalten.

Zur selben Zeit wurden die Weichen für die Ankunft des letzten Mitspielers gestellt. George Edward Stanhope Molyneux Herbert, 5. Earl von Carnarvon, war damals vierzig Jahre alt. Er wurde in eine reiche britische Adelsfamilie hineingeboren und machte eine ausgezeichnete Partie, als er an seinem zwanzigsten Geburtstag Almina, Tochter des Bankiers Baron de Rothschild, heiratete und von seinem Schwiegervater als Hochzeitsgeschenk 250 000 £ bekam. Carnarvon hatte eine Leidenschaft für schnelle Autos, der er ausgiebig frönte. Er machte sogar bei einigen Grand Prix-Rennen mit. 1903 hatte er auf einer Ferienreise in Deutschland einen Autounfall. Sein Chauffeur, der ihn begleitete, zum Zeitpunkt des Unglücks jedoch Beifahrer war, sagte später, Carnarvons Herzschlag habe in den ersten Minuten nach dem Unfall mehrfach ausgesetzt, sodass er ihn habe wieder beleben müssen.

Nach seiner Rückkehr nach England erholte sich Carnarvon nur langsam. Schließlich rieten ihm seine Ärzte, er solle zur weiteren Genesung den Winter in einem wärmeren Klima verbringen. So kam er im Winter 1903 erstmals nach Kairo, zusammen mit seiner Frau, seinem fünfjährigen Sohn und Erben und seiner Tochter, Lady Evelyn, die damals erst zwei Jahre alt war. Carnarvon war offenbar sogleich von dem Land und seiner Vergangenheit fasziniert, aber seine Frau teilte seine Begeisterung nicht. Vor seinem Tod notierte Carnarvon, dass ihm der Gedanke, selbst in Ägypten zu graben, bereits 1889 im Alter von dreiundzwanzig Jahren gekommen sei. In jenem Jahr war sein Vater gestorben und er hatte sein Erbe angetreten. So war der erste Aufenthalt in Ägypten 1903 offenbar die Erfüllung eines lang gehegten Wunsches, und das Land enttäuschte ihn nicht. Er zog in Kairo Erkundigungen ein und Ende 1906 erhielt er schließlich die Erlaubnis, in Luxor zu graben. In seinen Aufzeichnungen vermerkte er, man habe ihm dafür ein Gebiet oberhalb von Scheich Abd el-Kurna zugeteilt, weil man dachte, dort sei er beschäftigt und könne nicht viel Unheil anrichten. Wie es der Zufall wollte, baute sich Carter damals gerade in diesem Dorf am Westufer ein Haus, das heute »Castle Carter« genannt wird. Wahrscheinlich trafen sich die beiden Herren schon bald nach Carnarvons Ankunft bei gesellschaftlichen Anlässen. Carnarvons erste enthusiastische, aber dilettantische Ausgrabungsversuche müssen die Ortsansässigen mit Entsetzen erfüllt haben, denn sie meldeten ihn der Altertümerverwaltung. Daraufhin schrieb ihm Maspéro und schlug ihm vor, er solle doch jemanden in seinen Dienst nehmen, der eine gute archäologische Ausbildung besitze und empfahl ihm ausdrücklich Howard Carter. Die beiden wurden offiziell miteinander bekannt gemacht und empfanden sogleich Sympathie füreinander. Die beiden einzelgängerischen, ziemlich intoleranten Männer schlossen fast augenblicklich eine Freundschaft, die auf gegenseitiger Achtung beruhte und bis zum Tod Carnarvons im Jahr 1923 andauerte.

Im Winter 1906/1907 fand die erste gemeinsame Grabung der beiden statt. Die Entdeckung des blauen Bechers und des Grabes von Juja und Tuja zog Carter ins Tal der Könige. Carter erklärte Carnarvon, dass er gern die Konzession dafür hätte, aber Davis war keineswegs bereit, sie abzugeben.

Im Januar 1907 machte man im Tal der Könige innerhalb einer Woche plötzlich zwei Entdeckungen, die für die Geschichte Tutanchamuns außerordentlich wichtig waren und Carter und auch anderen Anhaltspunkte für die wahrscheinliche Lage des Grabes des gesuchten Pharaos lieferten.

Das Grubenversteck

Am 3. Januar 1907 fand man im Tal der Könige eine Grube (registriert unter der Bezeichnung KV 54), die acht große, unglasierte Tongefäße auf einer Unterlage aus zusammengewickeltem, verschmutztem Leinen und allerhand Schutt enthielt. Die Gefäße trugen die Aufschrift »Nebcheprure« – den Thronnamen Tutanchamuns – und Daten aus den Jahren 6 bis 8 seiner Regierungszeit. Davis ließ sie sofort herausheben und in sein Grabungshaus bringen. Als man die Gefäße öffnete, fand man in allen Reste, die vermutlich von einer Mahlzeit stammten, außerdem je einen breiten Blütenkragen – einen Halsschmuck aus Papyrus, auf den Blütenblätter, Blätter und Beeren so aufgenäht waren, dass sie wie kunstvoller Schmuck aussahen. Spätere Untersuchungen bewiesen, dass die Blütenblätter des Kragens aus dem Todesjahr Tutanchamuns stammten und zu Blumen gehörten, die zwischen März und April blühen. Diese Halskragen wurden später von Davis sehr grober Behandlung ausgesetzt, denn er reichte sie gerne Gästen mit der Aufforderung, sie zu zerreißen, damit sie sehen konnten, wie stabil sie gearbeitet waren.

Davis war überzeugt, dass er Tutanchamuns Grab gefunden

hatte, obwohl ihm andere Archäologen klarzumachen suchten, dass das nicht stimmte. Dennoch veröffentlichte er 1912 seinen »Grabungsbericht« unter dem Titel *The Tomb of Harmhabi and Toutankhamanou*. Das löste den energischen Protest vieler Fachleute aus. Herbert E. Winlock vom Metropolitan Museum in New York vertrat später in einem Artikel die Auffassung, dass es sich bei dem Fund um Reste einer Einbalsamierung und eines Totenmahles handle und dass das Grab Tutanchamuns an einer anderen, noch unentdeckten Stelle liege.

Drei Tage später, am 6. Januar, entdeckten Ayrton und Davis eine verborgene, versiegelte Tür, die zu einem Grab führte, dessen Entdeckung und Auswertung Archäologen bis zum heutigen Tag fasziniert und beschäftigt.

Grab 55

Das Grab lag in der Nähe des öffentlichen Zugangs zum Tal der Könige am Rande einer Talsohle. Hinter einer Mauer aus rohen Kalksteinblöcken trug eine versiegelte Lehmziegeltür das offizielle Siegel der Wächter der Nekropole – einen liegenden Schakal über neun gefesselten Gefangenen – und, wie Davis behauptete, das Siegel von Nebcheprure. Bald stieß Weigall zu Ayrton und Davis. Die Einzelheiten der Entdeckung sind jedoch bis zum heutigen Tag ungeklärt. In seinem Buch *Echnaton* schreibt der große britische Ägyptologe Cyril Aldred:

> Leider aber sieht man nur zu deutlich, dass die Männer, die hier am Werk waren, obwohl von ihnen wenigstens zwei ihrer Ausbildung und Erfahrung nach die Bezeichnung Sachkenner verdienten, keineswegs mit der nötigen Sorgsamkeit und dem unerlässlichen Einfühlungsvermögen vorgingen. Sie brachten daher eine der beanstandenswertesten Grabungen zuwege, über die je ein Bericht vorgelegt wurde – wobei es noch recht großzügig ist, von einem »Bericht« zu spre-

chen, denn die betreffende Publikation ist geradezu ein Muster an Nachlässigkeit. Man vermisst Pläne sowie die Angabe von Maßverhältnissen, die Beschreibungen verdienen das Prädikat lieblos, und die zahlreichen nachträglich gelieferten Augenzeugenberichte, erst nach langer Zeit festgehalten, nachdem die Erinnerung längst das Bild der Ereignisse verzerrt hatte und sie in einem anderen Licht erscheinen ließ, sind dermaßen widerspruchsvoll und vage, dass ihr Wert gleich Null ist.*

Die Tür war von Ayrton und Davis aufgebrochen worden, und dahinter lag ein abfallender Korridor, der mit Geröll übersät war. Darauf lag etwas, das man damals für eine Holztür mit Angeln hielt, und eine vergoldete Holzplatte. Auf ihr erblickte Ayrton das Bildnis von Teje, Tochter von Juja und Tuja und Mutter Echnatons, und kopierte es. Davis war entzückt. Wieder hatte er jemanden gefunden, der auf seiner Vermisstenliste stand und obendrein noch eine Königsmutter! Harold Jones, ein freiberuflicher Ausgräber und Aquarellmaler, der häufig im Tal der Könige arbeitete, kopierte die Bilder auf der Holzplatte zusammen mit den Hieroglyphen, aber erstaunlicherweise wurde weder bei dem einen noch bei dem anderen Objekt der Versuch unternommen, es zu erhalten. Man legte einfach ein Holzbrett über die Tür und die Platte, um das Betreten des Grabes zu erleichtern. Danach begannen die Stücke, die wahrscheinlich aufgrund der Wolkenbrüche vieler Jahrhunderte bereits brüchig waren, rasch zu zerbröckeln. Ein amerikanischer Ägyptologe, Charles Connolly, der den Fundort besuchte, schrieb, dort fliege überall Blattgold durch die Luft. Ein Tourist berichtete, er sei später zufällig dort vorbeigekommen und eingeladen worden, ganze Hände voll von dem goldhaltigen Staub zusammenzuklauben. Jedenfalls wurden die Holzplatten völlig zerstört.

---

* Mit Sternchen gekennzeichnete Zitate entstammen deutschen Übersetzungen; die Quellenangaben finden sich auf S. 439, A. d. Ü.

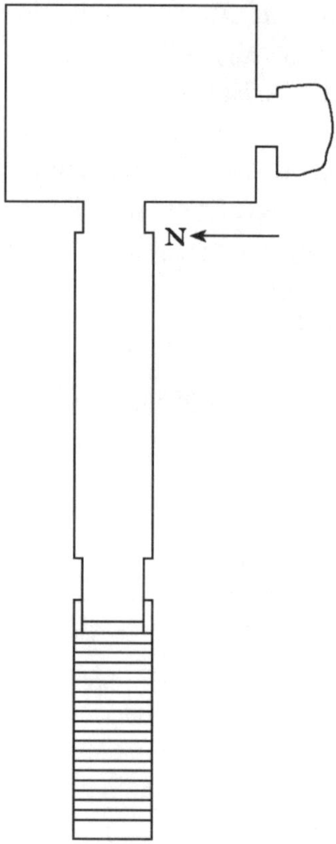

Grab KV 55 (Plan).

Der Korridor führte in eine Kammer, die durch Wasserschäden im Laufe der Jahrhunderte stark gelitten hatte. Überall in der Kammer waren die Siegel Tutanchamuns zu sehen, und auf der rechten Seite, nahe einer offenen Nische in der Wand, standen die Reste einer niedrigen Bahre, die einmal einen Sarg getragen hatte. Die Bahre war zusammengebrochen, wobei der Sarg heruntergefallen und sein Deckel zur Seite gerutscht war, sodass die Mumie darin zu sehen war. Diese Mumie wurde sofort herausgenommen und von Davis ins Freie getragen. Er war überzeugt, er habe die Mumie einer seiner geliebten Königinnen gefunden. Er sprach einen zufällig vorbeikommenden praktischen Arzt an und berichtete ihm von seiner Vermutung. Der verblüffte Arzt erklärte sich bereit, sich die Mumie anzusehen, und die »Untersuchung« wurde später in eine eindeutige medizinische Identifizierung der Leiche Tejes umgewandelt. Davis »untersuchte« die Mumie dann später auch und schrieb in seinem Bericht, sie sei in einem schlechten Zustand gewesen, »da sich die Haare leicht vom Kopf lösten, wenn man an ihnen zog«. Die Zähne wurden derselben Prüfung unterzogen, lösten sich offenbar ebenfalls leicht und bestätigten damit Davis' Verdacht, dass die Mumie schlecht erhalten sei. Dann wurde der Leichnam zur Untersuchung nach Kairo geschickt und Ayrton wurde angewiesen, das Grab so schnell wie möglich auszuräumen, damit man woanders weitergraben konnte. Die wenigen erhalten gebliebenen Fotos des mumienförmigen Sarges im Grab zeigen, dass das Gesicht zur Zeit der Entdeckung mit Gold überzogen war. Der Kopfteil des Sarges war jedoch offensichtlich von einem anderen Sarg abgetrennt und hier angesetzt worden. Außerdem hatte man an der Vorderseite des Sargdeckels und an seinem Fußende den Namen des Bestatteten schon vor langer Zeit absichtlich und gründlich getilgt, um die Identität der hier bestatteten Person zu verschleiern. Später, als der Sargdeckel in Kairo eintraf, fehlten das vergoldete Gesicht und ebenso ein goldener Geierkragen. Beides war offenbar entwendet und wahrscheinlich an Ort und Stelle verkauft worden, um die Kosten der Ausgrabung zu bestreiten.

Davis veröffentlichte diese Entdeckung 1910 mit der Erklärung, es handle sich um das Grab der Königin Teje.

Die Verwirrung um das Grubenversteck und das Grab KV 55 hat damals anscheinend bei der Öffentlichkeit wenig Interesse geweckt. In Weigalls Anfang 1909 veröffentlichtem *Guide to the Antiquities of Upper Egypt* heißt es, dass Davis zwar davon überzeugt sei, das Grubenversteck sei das Grab Tutanchamuns, aber dessen Grab habe man in Wirklichkeit noch nicht gefunden. Im selben Buch listet er die Gräber Nr. 49–54 als inschriftenlos auf. Diese Gräber seien in den vergangenen Jahren entdeckt worden, jedoch so gut wie leer gewesen. Für Touristen seien sie uninteressant. Interessanterweise verzeichnet er auch das Grab 55 als das Grab von Königin Teje, erklärt aber: »Ihr Leichnam wurde daraus entfernt, um für den des ›Ketzerkönigs‹ Echnaton Platz zu machen, der aus Tell el-Amarna nach Theben gebracht wurde, wahrscheinlich von Tutanchamun. Der Leichnam des Letzteren wurde in dem Grab gefunden, als man es 1907 fand.« Weigalls Kommentar ist ein erster vorsichtiger Versuch, den Leichnam als den Tutanchamuns einzuordnen, aber er stieß damals auf kein besonderes Interesse.

Aus Weigalls Text geht hervor, dass die ungesicherte Identität der Mumie in Grab KV 55 ein offenes Geheimnis war, und zwar schon lange bevor Davis seine umstrittenen Ergebnisse veröffentlichte und dabei medizinische Befunde, die seiner These widersprachen, einfach ignorierte. Schon 1907 hatte der Pathologe Elliot Smith in einem Brief an Arthur Weigall geschrieben: »Sind Sie sicher, dass die Gebeine, die Sie mir geschickt haben, tatsächlich die sind, die Sie in dem Grab gefunden haben? Sie haben mir nämlich nicht die Gebeine einer alten Frau, sondern die eines jungen Mannes geschickt. Da liegt doch sicherlich irgendwo ein Irrtum vor?«

Wessen Gebeine waren es also, wenn es nicht die von Teje waren? Zuerst glaubte man, es seien die von Echnaton selbst, bis Smiths Untersuchung ergab, dass es die eines jungen Mannes von Anfang zwanzig waren. Da Echnaton siebzehn Jahre regiert hatte und schon zu Beginn seiner Regierungszeit Vater wurde, schied er aus. Vielleicht stand die Identität der Mumie auf ihren Leinenbinden geschrieben, denn Elliot Smith sagte, auf einigen von ihnen seien hieratische Schriftzeichen gefunden worden. Diese Binden verschwanden jedoch, ehe sie untersucht werden konnten; angeblich wurden sie von einem jungen Laborassistenten gestohlen. Die Untersuchung der Mumie hat offenbar zur Entfernung jeglichen Fleisches geführt, denn heute sind nur noch ihr Schädel und einige vereinzelte Knochen übrig. Wo das mumifizierte Körpergewebe geblieben ist, ist nirgendwo vermerkt. Bedenkt man jedoch das grobe Vorgehen von Davis bei der »Untersuchung« der Mumie und die Aussage von Smith, er habe nicht die Gebeine einer alten Frau erhalten, kann man wohl davon ausgehen, dass außer den Knochen sowieso nicht mehr viel von dem Leichnam übrig war, als er in Kairo eintraf. Das Problem dieses Grabes und die Identität seines Inhabers werden noch genauer in Kapitel neun besprochen, aber für den Augenblick bleibt festzuhalten, dass ein Ereignis, das für die Entdeckung der Geschichte Tutanchamuns von höchster Bedeutung hätte sein sollen, zu einer Posse geworden war.

Während Davis solche potentiell aufregenden Entdeckungen im Tal der Könige machte – und sowohl bei der Ausgrabung als auch bei der Veröffentlichung katastrophal schlampte – gruben Carter und Carnarvon außerhalb und waren frustriert, weil ihnen die einzige Konzession, die sie wirklich haben wollten, verwehrt wurde. Die beiden Männer fanden ein offenes Ohr bei den Mitgliedern eines Grabungsteams vom Metropolitan Museum of Art, das ebenfalls außerhalb des Tales arbeitete, und der Grabungsleiter Herbert Winlock wurde ein guter Freund Carters. Carter kam zu der Überzeugung, dass die Fundorte der drei Entdeckungen von Davis – des Bechers, der Grube und des Grabes –, wenn man sie zu einem Dreieck verband, zeigen würden, wo Tutanchamuns Grab lag – irgendwo in der Mitte. Das Gebiet zwischen diesen drei Punkten war unerforscht und bedeckt mit dem hoch aufgetürmten Schutt von der Räumung des Grabes von Ramses VI. Schon damals war dieses Grab eines der meistbesuchten im Tal der Könige. Im Augenblick blieb den beiden Männern jedoch nichts anderes übrig, als stillzusitzen und geduldig abzuwarten, bis Davis endlich die Grabungskonzession freigab und ihnen die Chance gab, Carters Theorien zu überprüfen.

Zu Beginn des Jahres 1907 wusste noch niemand mehr über Tutanchamun als seinen Namen und dass er in der 18. Dynastie nach dem umstrittenen König Echnaton regiert hatte. Am Ende jenes Jahres wusste man von den Daten auf den Gefäßen in der

Grube, dass er mindestens acht Jahre regiert hatte, dass er im Tal der Könige mumifiziert und wahrscheinlich ganz in der Nähe bestattet worden war und dass er etwas mit der Beisetzung eines schwer bestimmbaren, namenlosen Individuums (Grab KV 55) zu tun hatte, das mit ihm verwandt gewesen sein konnte oder auch nicht. Für Davis war die Suche nach Tutanchamun vorbei. Für Carter wurde die Sache gerade erst spannend.

KAPITEL ZWEI

Die Entdeckung des Grabes

Zu den wenigen Dingen, die man über die späteren Jahre der 18. Dynastie schon sicher wusste, gehörte, dass Tutanchamun bald nach Echnaton auf den Thron kam. Über Echnaton ist wahrscheinlich mehr geschrieben worden als über irgendeine andere Persönlichkeit des alten Ägypten. Auf Bildern, Reliefs und Statuen ist Echnaton mit grotesk verzerrter Figur dargestellt, manche sagen sogar missgebildet. Ein Archäologe bezeichnete ihn als »ausgesprochen hässlich«. Sicherlich ist es schwierig, ihn zu übersehen, aber was es mit dieser Form der Darstellung auf sich hat, werden wir später untersuchen.

Im Jahr 1907, als die ersten Fakten über Tutanchamun selbst ans Licht kamen, gewann allmählich auch das Bild Echnatons schärfere Konturen. Da Tutanchamun den Thron von ihm erbte, müssen wir uns zur Beantwortung der Frage, wer Tutanchamun wirklich war, auch mit Echnatons Regierungszeit beschäftigen.

Bekannt war damals bereits, dass er ein großer Ketzer war, dass er Luxor schon nach wenigen Regierungsjahren verlassen hatte und mit seiner schönen Frau Nofretete und den gemeinsamen Töchtern in eine ganz neue Stadt gezogen war, die er in einer Wüstenebene am Ostufer des Nils in Mittelägypten hatte bauen lassen. Er weihte seine Stadt seinem neuen Gott, dem Aton, und nannte sie Achetaton, heute nennt man den Ort Tell el-Amarna.

Echnaton war der Sohn von Amenophis III. und Teje. Bei der Geburt erhielt er den Namen Amenophis, aber als er in seine neue Stadt umzog, änderte er seinen Namen in Echnaton um und weihte den Rest seines Lebens dem Dienst an Aton, der als

Sonnenscheibe dargestellt wird. Er entzog sich der Gesellschaft und führte anscheinend ein Leben zwanghafter Einschränkung, bis er nach siebzehn Regierungsjahren starb. Auf Echnaton folgte für kurze Zeit ein junger Mann namens Semenchkare, über den wir sogar noch weniger wissen als über Tutanchamun, und nach Semenchkares Tod ging der Thron an Tutanchaton, der später seinen Namen in Tutanchamun änderte.

In Luxor schien sich seine Spur jedoch verloren zu haben. Zwar glaubten die meisten Fachleute, Davis habe Unrecht und das Grubenversteck sei nicht das Grab Tutanchamuns, aber andererseits waren sie doch überzeugt, dass die Gegenstände, die er dort gefunden hatte, tatsächlich aus Tutanchamuns Grab stammten und dass es folglich, falls man es je fände, völlig leer sein würde. Weigall war auch nicht der Einzige, der glaubte, die in Grab KV 55 gefundene Mumie sei die Tutanchamuns, das wurde damals allgemein diskutiert. Die Indizien deuteten alle auf die übliche Geschichte hin – dass das Grab Tutanchamuns in der Antike geplündert worden war, wobei ein paar Einzelstücke verstreut irgendwo im Abseits gelandet waren. Wollte man mehr über Tutanchamun wissen, fand man vielleicht nicht im Tal der Könige, sondern eher in Tell el-Amarna Antwort auf seine Fragen. Dort hatte Tutanchamun auf alle Fälle als Kind gelebt. Höchstwahrscheinlich war er auch dort geboren worden. Vielleicht waren dort Spuren von ihm zu finden.

Ausgrabungen in Tell el-Amarna

Das einstige Achetaton liegt ungefähr auf halber Strecke zwischen Kairo und Luxor in Mittelägypten. Der moderne Name »Tell el-Amarna« ist im Grunde irreführend. Im Nahen Osten bezeichnet man mit dem Wort »Tell« einen Hügel aus den Trümmern von Lehmziegelbauten. Wenn eine Stadt durch irgendein Ereignis Schaden nahm oder durch einen Angriff zerstört wurde, rissen die Bewohner die Ruinen vollends ab, ebneten die Trümmer ein und bauten neu. Dadurch stand die Stadt nach und nach auf immer höherem Gelände und nach mehreren hundert Jahren schließlich auf einem richtigen Hügel, der aus den Trümmern früherer Häuser bestand. Wer in Tell el-Amarna einen solchen Hügel erwartet, wird enttäuscht. Er findet nur eine kahle Wüstenebene, die von hohen Kalksteinfelsen umgeben ist. Schaut er nicht genau hin, dann erkennt er nicht einmal die Reste der Stadtmauer.

Der Name Tell el-Amarna ist ein Kunstprodukt, das um die Jahrhundertwende von Unbekannten geschaffen wurde. Die ersten Besucher der Stätte trafen auf Dörfer mit den Namen Hawata, Et-Till und El-Amra im einstigen Stammesgebiet der Beni Amran. Aus den drei letztgenannten Namen prägten sie den Namen Tell el-Amarna. Heute bezeichnet man mit »Amarna« nicht allein die einstige Stadt, sondern die gesamte Epoche der Regierungszeit Echnatons und der ersten Regierungsjahre Tutanchamuns. Man spricht unter anderem von Amarnakönigen, Amarnakunst, Amarnakeramik.

Die Reste der Stadt und der Gräber liegen am Ostufer der Nils, fast genau gegenüber dem heutigen Aschmunein, das einst dem Gott Thot geweiht war, und dessen nahe gelegener Nekropole Tuna el-Gebel. Als 1798 Napoleons Heer und seine Gelehrten als erste Europäer nach vielen Jahrhunderten durch dieses Gebiet nach Süden zogen, scheinen sie Tell el-Amarna überhaupt nicht bemerkt zu haben, obwohl die Gelehrten einige Ruinen aus pharaonischer Zeit, die in Aschmunein verstreut waren, in ihrer *Description de L'Égypte* erwähnten. Der erste, der das einstige Achetaton besuchte und dort befristete Ausgrabungen vornahm, war offenbar Karl Richard Lepsius (1810–1884), der 1843 mit einer preußischen Expedition dorthin kam. Sie war die erste im eigentlichen Sinn archäologische Expedition nach Ägypten.

Rund vierzig Jahre später kam Urbain Bouriant dorthin, der unter dem großen Maspéro in Paris studiert hatte, und veröffentlichte 1884 ein Buch mit dem Titel *Deux jours de fouilles à Tell el Amarna*. Der Anspruch, es handle sich dabei um einen Grabungsbericht, ist erstaunlich, denn der britische Ägyptologe Flinders Petrie erklärte später, der Ort könne unmöglich systematisch ausgegraben werden, denn er sei ungefähr so groß wie Brighton. Petrie entwickelte 1886, gestützt auf Lepsius' Karten und Pläne, erste Vorstellungen davon, wie der Ort wissenschaftlich ausgegraben werden könnte und vermerkte eine Reihe erhöhter Stellen, die er später untersuchen wollte.

Das Erscheinen einer ganzen Reihe von Archäologen in einer so abgelegenen Gegend in so kurzer Zeit erregte die Aufmerksamkeit der Einheimischen. Es sprach sich herum, dass diese Ausländer bereit waren, für alte Stücke gutes Geld zu bezahlen. Im Jahr nach Petries Besuch in Tell el-Amarna zeigte ein Dorfbewohner einem verblüfften Archäologen Körbe voller sonnengetrockneter Tontafeln, die die Bauern gefunden hatten. Als man sie untersuchte, stellte man fest, dass sie in Akkadisch beschrieben waren, der Sprache des syrischen Stadtstaates Akkad. Man übersetzte die Texte und fand heraus, dass es sich um Briefe in andere Länder und aus anderen Ländern handelte, die geschrieben wurden, als Achetaton Hauptstadt war. Offensichtlich war man auf das Archiv des Außenministeriums gestoßen. Aus diesen Briefen wurde ein Stück weit ersichtlich, in was für ein Chaos Echnaton das ägyptische Reich in seiner Regierungszeit gestürzt hatte – sie gewährten einen beispiellos direkten Einblick in die Diplomatie auf höchster Ebene. Wo genau die Dorfbewohner ihren Fund gemacht haben, ist bis heute ungeklärt, und ebenso ist noch immer unklar, ob sie alle Tafeln ausgegraben und weitergegeben haben.

Kurz darauf kursierten Gerüchte über die Entdeckung goldener Gegenstände in einem »Königsgrab«, das in den Felsen hinter der Ebene in einem ausgetrockneten Flussbett, einem Wadi, liege. Zwar fand man dieses Grab auch tatsächlich, aber es enthielt kein Gold, und die fragmentierten Wandbilder und der Schutt darin weckten zunächst wenig Interesse. Kurz zuvor hatte der britische Archäologe A. H. Sayce Tell el-Amarna besucht und aufgeschrieben, er habe eines Nachts Dorfbewohner in einem Fackelzug das Wadi hinaufgehen und dann mit Gegenständen beladen wieder zurückkommen sehen, die sie anschließend verbrannten. Sollten das Grab und einige der Beigaben darin tatsächlich der Plünderung in der Antike entgangen sein, haben die einheimischen Bauern diese Gegenstände später vielleicht selbst zerstört, damit sie nicht in Museen ausgestellt werden konnten. Sie empfanden diese Praxis als menschenunwürdig und respektlos gegenüber dem Toten und ebenso gegenüber den ägyptischen Sitten.

Ende 1891 kehrte Petrie nach Tell el-Amarna zurück und gab genau an, auf welchem Gelände man graben sollte, weil dort vermutlich der Königspalast gestanden hatte.

Im Dezember 1891 traf Howard Carter, der damals erst siebzehn Jahre alt war, erstmals in Ägypten ein. Wie schon erwähnt, kam er, um Wandbilder zu kopieren. Er arbeitete unter dem Archäologen Percy Newberry am *Archaeological Survey* mit, und seine erste Aufgabe bestand darin, Wandbilder aus dem Mittleren Reich in den Gräbern von Beni Hasan und Deir el-Berscha zu kopieren. An Weihnachten machte er zusammen mit Newberry einen Ausflug in Petries etwas weiter südlich gelegenen Grabungsort Tell el-Amarna, wo Carter Flinders Petrie kennen lernte, aber keinen besonderen Eindruck auf ihn machte. Carter kehrte nach Beni Hasan zurück, blieb aber nur noch kurze Zeit dort. Als eine Auseinandersetzung unter den Mitarbeitern am *Archaeological Survey* Newberry unerwartet dazu veranlasste, nach England zurückzukehren, ging Carter nach Tell el-Amarna, wo er mit erst achtzehn Jahren begann, unter Petries Anleitung als Ausgräber zu arbeiten. Schwerpunkt seiner Arbeit war damals der Tempel in der Mitte der Hauptstadt. Diese Erfahrung weckte wahrscheinlich Carters Interesse an der äußerst komplexen Amarnazeit. Im Jahr darauf erhielt Petrie am University College in London den ersten Lehrstuhl für Ägyptologie, der je in England eingerichtet wurde, was zur Folge hatte, dass er nicht nach Tell el-Amarna zurückkehrte und Carter wieder nach Beni Hasan gehen musste.

Von 1911 bis 1914 führte die Deutsche Orient-Gesellschaft in Tell el-Amarna unter der Leitung von Ludwig Borchardt Grabungen durch, dann setzte der Erste Weltkrieg den Arbeiten ein Ende. Nach dem Krieg begann ein britisches Team der Egypt Exploration Society mit systematischen Grabungen und arbeitete von 1921 bis 1936. Später nahm sie ihre Arbeit wieder auf und leistete von 1977 bis 1986 weitere Feldarbeit in der Stadt und in den Gräbern.

Entdeckungen in Tell el-Amarna

Das Bild, das bei den jahrelangen Ausgrabungen entstand, war befremdlich. Die Fläche von Achetaton ist durch vierzehn Grenzstelen markiert, die teils am Ostufer, teils am Westufer des Nils in die Felswände eingemeißelt sind. Die riesigen Inschriften und Reliefs an den Felswänden, die die Grenzen der neuen Stadt festlegten, waren im ersten Jahr angefertigt worden, in dem Echnaton den Ort besucht und ausgesucht hatte und belegten eindeutig, dass er und seine Familie nur zwölf Monate später dorthin umgezogen waren. Von den Mauern der meisten Gebäude war bis zur Neuzeit nichts mehr zu sehen, aber dennoch ließ sich noch feststellen, dass die Mörtelfundamente der Häuser hastig auf Sand gelegt wurden, statt auf den steinigen Grund darunter. Wesentlich mehr Informationen gewann man aus den Gräbern der hohen Würdenträger, die man in die Kalksteinfelsen im Osten der Ebene gehauen hatte. In die Grabwände eingemeißelte Reliefs zeigten, obwohl sie schwer beschädigt waren, noch sehr genau, wie die Stadt in ihrer Blütezeit ausgesehen hatte. Viele Fragmente von Objekten aus der Stadt trugen erwartungsgemäß Inschriften mit den Namen der Königsfamilie, am häufigsten den Namen des Königs, der seinen Namen von Amenophis IV. in Echnaton geändert hatte. Dabei ist interessant, dass er seinen Geburtsnamen änderte, obwohl er in seiner Regierungszeit überwiegend bei seinem Thronnamen, Nefercheprure Waenre, genannt wurde. Aus dem Tontafelarchiv des Außenministeriums lässt sich entnehmen, dass dieser ägyptische Name »Niphuria« ausgesprochen wurde. Auch die Namen seiner Großen Königsgemahlin, Nofretete, erschienen in zahlreichen Inschriften. Als ihr Gemahl seinen Namen änderte, änderte sie den ihren ebenfalls, in Neferneferuaton Meri Waenre, und unter diesem Namen war sie in der Stadt bekannt. Man stellte auch bald fest, dass Echnaton und Nofretete sechs Töchter hatten: Meritaton, Maketaton, Anchesenpaaton, Neferneferuaton Tascherit, Neferneferure und Setpenre, die in Inschriften allesamt als »leibliche Tochter des Königs, die er liebt« bezeichnet werden. Mit der Zeit fand man auch Steine von Gebäuden der Stadt. Sie waren für Fundamente und als Füllmaterial in den Bauten Haremhabs auf der gegenüberliegenden Seite des Nils, im heutigen Aschmunein, verwendet worden. Auf diesen Steinen waren überall sechs Mädchen zu sehen, die ihre Eltern begleiteten, aber von einem Sohn keine Spur. Konnte dann Tutanchamun, der Nachfolger Echnatons, sein Kind gewesen sein?

In der von Borchardt geleiteten Grabungssaison 1912/13 hatte man die Werkstatt des Bildhauers Thutmosis gefunden, der für die Königsfamilie von Achetaton Statuen angefertigt hatte. Offenbar war sie irgendwann verlassen worden, der Bildhauer war sichtlich einfach weggegangen und hatte mehrere Meisterwerke zurückgelassen, darunter zwei wunderbare Büsten. Obwohl sie nicht mit Namen versehen waren, wurden sie als Bildnisse der Nofretete identifiziert, weil eine von ihnen die charakteristische hohe, oben flache Krone trug, mit der Nofretete meist dargestellt wurde. Als sie später öffentlich ausgestellt wurde, waren die Menschen hingerissen von der großen Schönheit dieser Königin. Sie wurde sogar mit der Schönen Helena der Griechen verglichen. Andererseits verglich man sie auch mit ihrem Gemahl, der stets missgebildet dargestellt wurde, mit einem lang gezogenen Kopf, einem langen Kinn, fleischigen Lippen, einem Hängebauch, dicken Oberschenkeln und dürren Armen und Unterschenkeln. Fachleute und die Allgemeinheit spekulierten gleichermaßen darüber, welche Macht wohl eine so schöne Frau und einen so hässlichen Ehemann zusammengebracht haben mochte, selbst wenn er König von Ägypten war.

Außerdem fand man auch weitere Hinweise auf Semenchkare, die ebenfalls befremdlich waren. Der Name dieses jungen Mannes tauchte in den späteren Regierungsjahren Echnatons immer wieder auf. Die Entdeckung einer Gruppe von Inschriften bewies, dass Nofretete in Echnatons Regierungsjahr 12 aus dem Zentrum von Achetaton verschwand. Über dieses Verschwinden der Großen Königsgemahlin waren sogar die Archäologen vor Ort entsetzt. In den Jahren davor hatte Nofretete eine so prominente Stellung in der Öffentlichkeit innegehabt wie keine Königsgemahlin vor ihr. Wandbilder in den Gräbern von Tell el-Amarna zeigen das junge Königspaar in freimütiger, offener Umarmung, sogar eng umschlungen in den Straßen der Stadt, ganz anders als ihre steifen und förmlichen Vorfahren, die so Schrecken erregend waren, dass selbst die Mitglieder des Hofstaates zitterten, wenn sie vor ihr Angesicht gerufen wurden. Die Inschriften schienen auch anzudeuten, dass Nofretete nicht einfach gegangen, sondern aus dem Palast verstoßen worden war. Da ihr Name im Nordpalast gefunden wurde (s. Karte S. 263), vermutete man, dass sie dorthin geflüchtet und dort auch gestorben war. Dafür erschien nun überall das Bildnis des dubiosen Semenchkare. Man fand Darstellungen von einem Paar in enger Umarmung aus der Zeit nach dem Jahr 12, in dem Nofretete verschwunden war. Ein beunruhigendes Bild begann sich abzuzeichnen: Es sah so aus, als habe Echnaton Nofretete zugunsten eines Liebhabers verstoßen – der kein anderer war als Semenchkare. Da Tutanchamun auf keiner Abbildung von den Kindern Echnatons und Nofretetes erschien, war man rasch bereit, eine Verbindung zwischen Semenchkare und Tutanchamun herzustellen. Ohne greifbare Belege für diese These nahm man an, sie seien Brüder.

Im Königsgrab von Tell el-Amarna entdeckte man zwei Hauptkorridore, wobei der zweite vom ersten abzweigt. Nebenräume und Kammern waren mit Reliefs geschmückt, von denen viele ganz oder teilweise ausgehackt worden waren. Eine Szene zeigte ein sehr trauriges Ereignis. Sie stammt wohl aus dem Jahr 12 der Regierungszeit Echnatons und zeigt eine Bahre, auf der der Leichnam der zweiten Königstochter, Maketaton, liegt und an deren Fußende ihre Eltern stehen, die einander außer sich vor Kummer und Schmerz festhalten und über ihren Verlust weinen. Die übrigen Anwesenden sind nicht minder schockiert und nehmen einander in die Arme. Eine so intime Szene war in Ägypten noch nie zuvor dargestellt worden.

Aber auch die Suche nach Tutanchamun begann erste Früchte zu tragen. Man fand Fragmente mit dem Thronnamen Nebcheprure oder mit dem Geburtsnamen Tutanchaton, datiert auf die ersten beiden Jahre seiner Regierung. Aber aus späteren Jahren war nichts vorhanden. Nach dem Auszug Tutanchamuns aus Achetaton in seinem zweiten Regierungsjahr muss die Stadt einfach aufgehört haben zu existieren.

Inzwischen hatte man so viel einschlägiges Material gefunden, dass selbst gelehrte Ägyptologen fürchteten, es könnten sich damals düstere Ereignisse abgespielt haben. Der Prozess und die Verurteilung Oscar Wildes im Jahr 1895 zu zwei Jahren Zuchthaus hatten das Thema Homosexualität ein Stück weit der Öffentlichkeit zu Bewusstsein gebracht. Daher erschienen einige der aufgetauchten Details nicht mehr gar so verwirrend und es entspannen sich Phantasien von einer Geschichte finsterer Leidenschaften an den Ufern des Nils, pikant gewürzt mit Andeutungen eines Mordes, ausgelöst durch Homosexualität und Wahnsinn – und der junge Tutanchaton stand mitten im Zentrum dieses Geschehens.

Weitere Spuren in Luxor

Im Tempel von Karnak, neben dem dritten Pylon, der das große Tor zu den Tempeln bildete und von Amenophis III. erbaut worden war, fand man eine zerbrochene Stele, auf der von den traurigen Zuständen in Ägypten zur Zeit der Krönung Tutanchamuns erzählt wird. Sie wird heute als »Restaurationsstele« bezeichnet und steht kaum beachtet in einer Ecke des Ägyptischen Museums in Kairo. Als Haremhab am Ende der 18. Dynastie auf den Thron kam, ließ er den ursprünglich in die Stele gemeißelten Namen Tutanchamuns durch seinen eigenen ersetzen. Der Text lautet:

> Es bestieg aber Seine Majestät den Thron als König, als die Tempel der Götter und Göttinnen von Elephantine bis zu den Marschen des Deltas im Begriffe waren, vergessen zu werden, und ihre Heiligtümer anfingen zu vergehen, indem sie Schutthügel wurden, mit Kraut bewachsen, und ihre Allerheiligsten waren, als seien sie nie gewesen, und ihre Gebäude ein Fußweg. So machte das Land eine Krankheit durch, und die Götter vernachlässigten dieses Land ... Wenn man einen Gott anflehte, um von ihm etwas zu erbitten, so kam er nicht her ... Nachdem nun die Tage darüber vergangen waren, da erschien Seine Majestät auf dem Thron des Vaters. Er beherrschte die Ufer des Horus, indem Ägypten und die Wüste unter seiner Gewalt waren.*

Auf der Stele wird offen erklärt, Tutanchamun habe die alten Götter nach dem Chaos der Amarnazeit wieder eingesetzt. Inschriften im Tempel von Luxor bestätigen das. Flachreliefs an den Wänden des hohen Säulenganges bilden Tutanchamun bei der Wiedereinführung des Opetfestes ab.

Dieses Fest war in Luxor äußerst beliebt und galt dem Gott Amun und der Göttin Mut. Im Norden der Stadt, tief im Inneren des Tempels von Karnak, wohnte die Statue Amuns, des Ortsgottes von Luxor. Knapp einen Kilometer südlich der Außenmauer von Karnak stand ein zweiter Tempel, in dem Amuns göttliche Gemahlin Mut zu Hause war. Sie stand dort den Großteil des Jahres in Dunkelheit und Stille, die nur von den täglichen Gottesdiensten der Priester ihres Kultes unterbrochen wurden. Das

Götterpaar hatte auch ein Kind, den Mondgott Chons. Aber wie konnte es, fragten sich die logisch denkenden Ägypter, überhaupt zur Existenz von Chons kommen, wenn seine Eltern sich niemals begegneten? Also wurden einmal im Jahr die Statuen der beiden Gottheiten, verborgen in Schreinen, die die Form einer Barke hatten, nach Süden in den Tempel von Luxor getragen, wo sie ihre Hochzeit feierten. Das war begleitet von großen Feierlichkeiten und der Tempel von Karnak spendierte mehrere Tage lang großzügig Essen und Trinken für die Bevölkerung. Hatte das Götterpaar einige gemeinsame Tage in der Abgeschiedenheit des Heiligtums verbracht, holte man es wieder ab und brachte Amun und Mut »nach Hause«. Neun Monate später verließ die Statue der Mut erneut ihren Tempel und wurde in ihr nahe gelegenes »Geburtshaus« oder *mammisi* gebracht, um dort symbolisch Chons zu gebären.

Das Opetfest war für die Einwohner von Luxor der festliche Höhepunkt des Jahres. Dass es in der Amarnazeit nicht mehr stattfand, muss für die Menschen dort ein herber Verlust gewesen sein. Die Erneuerung des Festes durch den jungen Tutanchamun wurde sicherlich mit großer Freude aufgenommen und als umfassende Rückkehr zur alten Religion des Amun sowie als Absage an den Atonkult verstanden.

Bis zum Jahr 1922 hatte die Forschung weitere Fortschritte gemacht und die Funde hatten noch mehr Daten über Tutanchamun geliefert. Aber wer war er wirklich? Warum gab es keine Bilder von ihm als Kind? Das Interesse an diesem König wuchs, obwohl damals gerade Echnaton in den Mittelpunkt der Aufmerksamkeit rückte. Mehr als alle anderen war Howard Carter davon überzeugt, dass man das Grab Tutanchamuns vielleicht doch noch finden konnte und dass es, selbst falls es ausgeraubt war, weitere Informationen liefern würde. Man nahm ja damals an, dass es gar keine unversehrten Gräber gebe.

Carters Zusammenarbeit mit Carnarvon seit 1907 war archäologisch durchaus erfolgreich gewesen, aber nicht unbedingt dazu angetan, der Arbeit der beiden Männer in den Augen der

Öffentlichkeit Glanz zu verleihen. 1912 hatten sie unter dem Titel *Five Years' Exploration at Thebes* eine Darstellung ihrer bisherigen gemeinsamen Arbeit veröffentlicht. Im August jenes Jahres machten sie in Europa zusammen Urlaub und erhielten bei ihrer Rückkehr nach Ägypten das Angebot einer Grabungskonzession für das Nildelta. Sie fuhren an den vorgesehenen Ort, fanden ihn jedoch nur wenig attraktiv. Carters Hoffnungen konzentrierten sich nach wie vor auf das Tal der Könige. Er scheint Carnarvon damals überredet zu haben, noch einmal um eine Konzession nachzusuchen. Aber es sollte nicht sein, denn 1913 erneuerte Davis seine Konzession noch einmal. Doch überraschenderweise überlegte er es sich bald darauf anders und gab die Konzession mit der Begründung zurück, seiner Meinung nach sei im Tal der Könige nichts mehr zu finden.

Wie wir wissen, glaubte Carter fest, dass Davis Unrecht hatte. Obwohl andere Carnarvon davon zu überzeugen suchten, dass diese Arbeit Geldverschwendung sei, blieb Carter hartnäckig. Im Juli 1914 erfuhren die beiden Männer, dass sie endlich die so lange ersehnte Lizenz bekommen sollten. Carter machte sich sofort an die Planung der Arbeit – und fast zur selben Zeit, nämlich am 4. August, trat Großbritannien in den Krieg ein. Carnarvon fuhr eiligst nach Hause auf seinen Familiensitz Highclere Castle, den seine Frau in ein Erholungsheim für verwundete Offiziere umgewandelt hatte. Für seine Zusammenarbeit mit Carter sah es schlecht aus. Carter war jedoch, vorwiegend durch seinen Handel mit Antiquitäten, wenigstens finanziell abgesichert und hatte keine Neigung, nach England zurückzukehren. Stattdessen meldete er sich freiwillig für den Kriegsdienst in Nordafrika. Bis heute ist unklar, welche Rolle er dabei spielte. Wenn er gefragt wurde, erklärte er, er sei ein *King's Messenger,* ein offizieller Mitarbeiter des Kriegsministeriums, der mit der Überbringung geheimster Botschaften betraut wurde. In Wirklichkeit gehörte er mit Sicherheit nie zu dieser Elitegruppe. Wahrscheinlich wurde er für kurze Zeit dazu eingesetzt, Botschaften weiterzuleiten, was angesichts seiner Kenntnis der Menschen, des Landes und

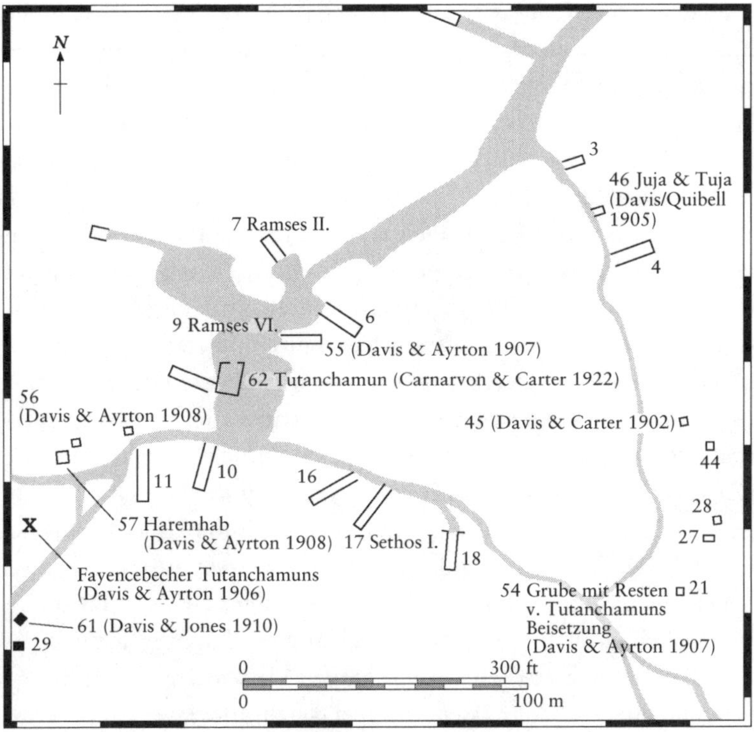

Das Tal der Könige.

der Sprache plausibel ist. Aber wieder kam ihm sein hitziges Temperament in die Quere, und 1915 wurde er aus jeglichem Kriegsdienst entlassen.

In der folgenden Saison kehrte Carter in das Tal der Könige zuruck, um dort zu graben. Er machte eine Reihe von Entdeckungen, die erst viel versprechend aussahen und dann im Sande verliefen. Da ein Großteil der Welt in den Krieg verstrickt war und keine Touristen mehr nach Luxor kamen, nahm die Grabräuberei wieder zu, und wieder wurde Carter in Streitereien um Fundorte verwickelt. Einmal intervenierte er zwischen zwei rivalisierenden Gruppen von Grabräubern. Eine davon führte ihn auf einen Berg im Tal der Könige, wo ihm ein neu entdecktes Grab gezeigt wurde. Er übernahm die Sichtung und schickte Männer hinein, die es weiter erkunden sollten, aber weiter unten herrschte ein solcher Mangel an Luft, dass die Tiefen des Grabes nicht erforscht werden konnten. Später zeigte sich, dass es für Hatschepsut angelegt worden war, denn die Grabkammer enthielt ihren Sarkophag.

Was immer man sonst über Carter sagen kann, auf alle Fälle war er ein Mensch mit einer überdurchschnittlichen Intelligenz – manche würden sogar sagen, ein Genie – und ausgeprägten intuitiven Fähigkeiten. Er betrachtete die Ägyptologie in erster Linie als forensische Detektivarbeit und war überzeugt, wenn man die Funde nur sorgfältig genug prüfte und seinen Verstand walten ließ, würde man stets zu einer einzigen, schlüssigen Antwort auf seine Fragen gelangen. Deshalb prüfte er die Karten und Pläne vom Tal der Könige sehr genau, sah sich die Lage der bisher entdeckten Gräber an und kam immer wieder auf ein kleines, dreieckiges Gelände auf der Talsohle vor dem Grab von Ramses VI. zurück (s. Plan S. 81). Schon Anfang 1913 hatte Carter in einem Brief an Carnarvon vorgeschlagen, dieses Dreieck zu untersuchen, da er absolut sicher sei, dass es an dieser Stelle gute Chancen gebe, das Grab Tutanchamuns zu finden. Seine Argumentation war logisch und vernünftig und stützte sich allein auf seine Forschung. Im November 1917 hatte Carter endlich freie Hand und machte sich an die Untersuchung des unerforschten Geländes.

Nichts in der gesamten Geschichte Tutanchamuns ist genau so, wie es auf den ersten Blick aussieht. Die Räumung des eingekreisten Bereiches dauerte viele Monate und brachte magere Ergebnisse, bis 1919, als man sich weiter in die Tiefe vorgearbeitet hatte, ein kleines Versteck mit Alabastergefäßen aus der Ramessidenzeit gefunden wurde. Schon zuvor war Carter nahe am Fuß des Grabes von Ramses VI. auf eine Reihe Arbeiterhütten gestoßen, in denen die Männer gewohnt hatten, die dieses Grab angelegt und ausgeschmückt hatten. Damals hatte Carter aus unerklärlichen Gründen die Arbeit an dieser Stelle unterbrochen und an einem anderen Ort weitergegraben. Verschiedene Autoren haben diesen plötzlichen Sinneswandel der Tatsache zugeschrieben, dass Carter enttäuscht war, weil er bisher so wenig gefunden hatte, oder dass vielleicht Carnarvon darauf gedrängt hatte, irgendwo anders zu graben. In seinem Buch *Tut-ench-Amun* schrieb Carter selbst: »Noch hatte ich Hoffnung; doch entschlossen wir uns, diesen bestimmten Teil jetzt unberührt zu lassen, bis wir durch eine sehr frühe Wiederaufnahme im nächsten Herbst unsere Arbeit dort beenden konnten, ohne den Besuchern im Wege zu sein.«*

Diese Begründung führte er auch gegenüber anderen an; er erklärte, die Arbeiten hätten die Besucher daran gehindert, das beliebte Grab von Ramses VI. zu besichtigen. Die Altertümerverwaltung hat jedoch stets bestritten, dass sie Carter aufgefordert habe, die Stelle zu verlassen. Tatsächlich hatte Carter den Touristenstrom zum Grab keineswegs ernstlich beeinträchtigt und auch die Hütten nicht wieder zugeschüttet, sondern weitergearbeitet. Fotos, die 1920 an dieser Stelle gemacht wurden, zeigen eine im Bau befindliche rund vier Meter hohe Stützmauer, die verhindern sollte, dass der Sand vor dem Eingang zum Grab von Ramses VI. abrutschte. Wahrscheinlich wurde sie 1921 fertig gestellt.

Die Sache mit der Mauer ist interessant (s. Foto S. 85). Carter wusste, dass er allem Anschein nach kaum Chancen hatte, an irgendeiner Stelle im Tal der Könige einen Erfolg zu erzielen. Aber bei seinen bisherigen Grabungen hatten sich zwei Dinge gezeigt: Der Fund der Gefäße aus der Ramessidenzeit hatte bewiesen, dass dieser Bereich noch bei keiner Grabung in moderner Zeit berührt worden war, vermutlich sogar seit pharaonischer Zeit nicht mehr. Außerdem war klar, dass der Boden *unter* den Arbeiterhütten seit der 20. Dynastie unberührt geblieben sein musste – also seit einer Zeit rund zweihundert Jahre nach Tutanchamuns Tod. Befand sich dort irgendetwas, das mit Tutanchamun zu tun hatte, musste es *unter* den Hütten liegen. Carter war ein hervorragender Ausgräber. Man kann nur schwer glauben, dass er auf eine so exzellente Chance, etwas zu finden, einfach verzichtete und irgendwo anders hinging, es sei denn, es wurde ihm befohlen – und darauf gibt es keinerlei Hinweis. Die Logik hätte verlangt, dass er unter diesen Hütten suchte. Carter deutete nie irgendwo an, dass er das getan hatte, aber es gibt deutliche Anhaltspunkte dafür, dass er es vielleicht trotzdem tat.

Hat Carter unter den Hütten geforscht, erkannt, dass da etwas *war,* die Stelle absichtlich wieder zugedeckt und ist weggegangen? Die Position der Mauer gibt zu denken. Sie wurde errichtet, noch ehe die Existenz des Grabes auch nur vermutet wurde, um ein Abrutschen des Sandes zu verhindern und um zu gewährleisten, dass die Besucher, die das Grab Ramses VI. betraten, ungefährdet hineingehen konnten. Alte Wochenschauen und Fotografien zeigen jedoch, dass bei der Entdeckung des berühmten Grabes 1922 die Stützmauer haargenau parallel zu zwei Seiten des Grabeingangs und der in die Tiefe führenden Treppe errichtet worden war. Die mathematischen Chancen, dass eine Mauer durch bloßen Zufall so gezogen wird, dass sie nachher genau an der richtigen Stelle steht, sind absolut minimal. Aber just dieses ist offenbar geschehen. Die Stützmauer wurde weder mehrere Meter seitlich des Grabeingangs gebaut, noch mitten darüber, sondern genau an der Stelle, die das Betreten des Grabes zwei Jahre später erlaubte.

Also hat Carter ja vielleicht doch unter den Arbeiterhütten gegraben und erkannt, dass dort etwas war. Aber wenn das zutrifft, warum hat er die Stelle dann wieder verlassen? 1919 waren die Beziehungen zwischen Carter und der Familie Carnarvon nicht ganz so harmonisch, wie man hätte denken sollen. Lady Evelyn, die Tochter Lord Carnarvons, die ihn auf seiner ersten Reise nach Ägypten begleitet hatte, war inzwischen ein hübsches junges Mädchen von achtzehn Jahren und liebte Ägypten ebenso leidenschaftlich wie der Vater. Evelyn begleitete ihren Vater regelmäßig auf seinen Reisen, und es ist verständlich, dass Carter das Mädchen gern sah, wie auch sie vermutlich diesen älteren Herrn, der ihr interessant erschien. Bei vielen Gelegenheiten ermutigte

Der Eingang zum Grab Tutanchamuns, fotografiert unmittelbar nach der Entdeckung im Jahr 1922, zeigt deutlich die Stützmauern, die Carter schon früher errichtet hatte, um den Sand am Eingang des Grabes von Ramses VI. an Ort und Stelle zu halten. Können sie wirklich rein zufällig in dieser Anordnung gebaut worden sein?

Carter sie, Gegenstände, die er aufgespürt hatte, »eigenhändig auszugraben«. Aber ihre Familie konnte auf keinen Fall das Risiko eingehen, dass sich die Beziehung zwischen den beiden zu etwas Ernsthaftem entwickelte. Lady Evelyn zählte zu den prominentesten Debütantinnen Englands, und als solche würde sie ohne Zweifel eine gute Partie machen und einen vermögenden, einflussreichen Mann heiraten. Das ständige Zusammensein ihres Vaters mit Carter bedeutete, dass auch Evelyn häufig in Carters Gesellschaft war und es war offenkundig, dass sie das genoss. Die Familie hätte die beiden gern auf größerer Distanz gehalten. Gleichzeitig verschlang die Arbeit in Ägypten riesige Summen, die Carnarvon bezahlte. Dennoch trifft nicht zu, was in vielen Büchern berichtet wird, nämlich dass der Familie das Geld ausging. Vielmehr bereitete die ganze Situation allen Beteiligten Kopfzerbrechen. Carter spürte das deutlich, und als intelligenter Mensch sah er voraus, dass es wohl nicht mehr lange dauern würde, bis sein Gönner die Zusammenarbeit beenden würde. Aber wenn er ihm nun etwas Handfestes zu bieten hatte, wenn es so weit war...?

Wenn Carter wusste, dass unter den Arbeiterhütten etwas zu finden war, worauf manches hindeutet, dann wäre das die logische Erklärung für die nachfolgenden Ereignisse. Im Oktober 1922 wurde Carter nach Highclere gebeten, wo Carnarvon ihm schweren Herzens erklärte, dass er die Finanzierung der Arbeit einstellen wolle. J. H. Breasted, erster Professor für Ägyptologie in Chicago und ein Freund Carters, erzählt, dass Carter ihm berichtet habe, was bei der Begegnung mit Carnarvon geschah. Laut Breasted bat Carter Carnarvon, die Grabung nur noch diese eine kommende Saison fortzusetzen. Carter war so sicher, etwas zu finden, dass er sogar auf eigene Kosten arbeiten wollte, wenn Carnarvon bereit war, die Konzession noch für kurze Zeit zu behalten. Fand Carter bis zum Ende der Saison nichts, war er damit einverstanden, dass die Konzession zurückgegeben wurde. Fand er etwas, dann würde Carnarvon ihm seine Auslagen bis zu diesem Zeitpunkt ersetzen. Carnarvon erklärte sich bereit, die Finanzierung noch für eine Saison zu übernehmen. Aber wie mag es Carter gelungen sein, den von Sorgen geplagten Earl davon zu überzeugen, dass nach so langer Zeit doch noch ein lohnender Fund möglich war?

Carter kehrte Ende Oktober 1922 nach Ägypten zurück und ließ seine Arbeiter Anfang November genau an der Stelle weitergraben, an der er vor drei Jahren aufgehört hatte. Damals hatte er erklärt, er verlasse die Stelle, um den Besuchern nicht im Wege zu sein, und in dieser Hinsicht hatte sich inzwischen nichts Wesentliches geändert. Aber jetzt war der richtige Zeitpunkt für ihn gekommen. Und nur zwei Tage nach Beginn der Grabung, am Morgen des 4. November, empfing Carter an der Arbeitsstätte eine ungewöhnliche Ruhe und ein Vorarbeiter kam zu Carter geeilt und sagte ihm, in der Schicht unter den Arbeiterhütten sei eine Stufe gefunden worden.

Die nun folgende Geschichte hat seitdem schon Millionen von Lesern verzaubert, aber sie verliert nichts, wenn sie noch einmal erzählt wird. Es läuft einem noch immer ein Schauer der Erregung den Rücken hinunter und man wartet gespannt, wie es weitergeht. Die erste Stufe im Sand führte zu fünfzehn weiteren Stufen, und an deren Fuß war eine Tür.

Aber wie hoch stehen die Chancen, ein Grab einfach so zu finden – zwei Tage nach Arbeitsbeginn und gerade in dem Augenblick, in dem die Hoffnung, überhaupt etwas zu finden, fast völlig geschwunden war, und nachdem Davis seine Konzession abgegeben hatte, weil er glaubte, im Tal der Könige gebe es keine Schätze mehr? War es einfach – Glück? Die harte Wahrheit ist, dass die Archäologie ihre Geheimnisse nicht so leicht preisgibt, einfach, weil man sich das wünscht, sondern dass sie jahrelange und geduldige Hingabe erfordert. Auch wenn diese Geschichte den Anschein erweckt, als könne man in Ägypten einfach einen Spaten in die Hand nehmen und zwei Tage später ein Grab finden, stimmt das nicht. Es steckte viel mehr dahinter. In den späteren Jahren, in denen Carter herumreiste und Vorträge hielt, variierte er sogar seine eigene Darstellung davon, wie es gewesen war, von Mal zu Mal ein wenig. Wahrscheinlich kommt die ganze Wahrheit nie ans Licht.

Damit Carters finanzielle Unterstützung weiterhin gesichert war, genügte es, dass er irgendein Grab fand. Der endgültige Beweis dafür, dass er bereits von der Existenz des Grabes wusste, liegt in den Geschehnissen, die nun folgten. Carter befahl, die erste Stufe freizulegen und fand eine weitere. Zwei Tage später war der Schutt bis zur zwölften von sechzehn Stufen weggeräumt und der obere Teil einer mit Mörtel bestrichenen und versiegelten Tür wurde sichtbar. Die obere linke Ecke der Tür war irgendwann in der Vergangenheit aufgebrochen und wieder versiegelt worden. Das waren schlechte Vorzeichen. Jeder Ägyptologe hätte sofort angenommen, dass es sich um ein geplündertes Grab handelte, so auch Carter. Dass es wieder versiegelt worden war, besagte nichts. Jenseits der Tür konnte er nur Chaos und wenige Funde erwarten. Aber seltsamerweise gab Carter seinen Männern nicht die Anweisung, die Stufen vollends freizuräumen, um ans untere Ende der Tür zu gelangen. Er arbeitete im Allgemeinen sehr sorgfältig, und diese scheinbare Nachlässigkeit muss Absicht gewesen sein. Die Siegel auf dem unteren Teil der Tür verrieten den Namen des Grabinhabers. Es sieht ganz danach aus, als hätte er weder wissen wollen, wessen Grab er vor sich hatte, noch, ob auch der untere Teil der Tür aufgebrochen worden war. Er wollte lediglich ein Grab – und er wollte, dass Carnarvon dabei war, wenn er den Eingang freilegte, damit seine Begeisterung wieder erwachte und er ihn als Gönner behielt. Wiederum seltsamerweise ließ er die Treppe wieder zuschütten und schickte sein berühmtes Telegramm: »HABE ENDLICH WUNDERBARE ENTDECKUNG IM ›TAL‹ GEMACHT; EIN GROSSARTIGES GRAB MIT UNBESCHÄDIGTEN SIEGELN; BIS ZU IHRER ANKUNFT ALLES WIEDER ZUGEDECKT. GRATULIERE.«*

Diese Worte verraten deutlich Carters Absicht. Aufgrund der aufgebrochenen und wieder versiegelten Tür wusste Carter ganz genau, dass es vielleicht gar kein »großartiges Grab« war; aber sein Telegramm implizierte eindeutig, dass er ein unbeschädigtes Königsgrab gefunden hatte. Carter wusste aber, dass das Grab irgendwann betreten worden war. Da er jedoch noch nicht wusste, wem es gehörte, war es ja vielleicht gar kein Königsgrab. Aber was konnte das Interesse eines lustlos gewordenen Partners leichter wieder entfachen, als eine möglicherweise »wunderbare Entdeckung«? Selbst wenn sich später herausgestellt hätte, dass das Grab bis auf ein paar armselige und zerbrochene Gegenstände leer war, und selbst wenn es kein Königsgrab war – die dramatische Ankunft des Telegramms in Highclere, sein aufregender Inhalt, das Kofferpacken für Lord Carnarvon und Lady Evelyn in fliegender Hast, die schlaflosen Nächte auf der langen Reise nach Ägypten, die man mit erregten Diskussionen darüber zubrachte, was das Grab wohl enthalten mochte – nichts von alledem würden sie je wieder vergessen. Und der intelligente Carter konnte sicher sein, dass ihm die finanzielle Unterstützung noch viele Jahre erhalten blieb. Sein Vorgehen war in jedem Falle ein äußerst geschickter Schachzug.

Lord Carnarvon und seine Tochter trafen am 23. November 1922 am Bahnhof von Luxor ein und wurden dort feierlich von Carter und dem Gouverneur der Provinz Kena abgeholt. Carter hatte inzwischen einige Anschaffungen für die Räumung des Grabes nach der Ankunft von Carnarvon und Lady Evelyn gemacht und anliefern lassen, obwohl er zu diesem Zeitpunkt noch keine Ahnung hatte, ob er überhaupt etwas finden würde. Aber all das trug zur Atmosphäre der gespannten Erwartung bei.

Nachdem das Gepäck in Carters Haus am Westufer gebracht worden war, brach die Gruppe sofort ins Tal der Könige auf und man begann erneut zu graben, und diesmal im Ernst. Am Nachmittag des 24. wurde der untere Teil der Tür freigelegt, und jetzt konnte man zum ersten Mal das Königssiegel mit dem Namen Nebcheprure sehen. Es sei hier daran erinnert, dass auch die Tür zu Grab KV 55 das Siegel Tutanchamuns trug, sodass der Fund dieses Siegels noch kein Beweis dafür war, dass es sich um ein Königsgrab handelte, sondern nur auf eine Verbindung zwischen dem Bestatteten und Tutanchamun hinwies. Schließlich wurde die äußere, mörtelbestrichene Tür aus Steinen geöffnet. Dahinter tauchte ein mit Schutt angefüllter Gang auf. Aber dort, wo das Loch in der Tür wieder geschlossen worden war, zeigte sich ein enger Tunnel, gerade groß genug, dass ein Mensch hindurchkriechen konnte. Offensichtlich waren also die Räuber bis ins Grab selbst vorgedrungen. In dem Schutt fanden sich Tonscherben und Bruchstücke aus verschiedenen Materialien, auf denen die Namen mehrerer Könige aus dieser Zeit standen, von Thutmosis III. bis zu Semenchkare und Tutanchamun selbst. Alle Zeichen deuteten darauf hin, dass man wieder ein ausgeraubtes Grab gefunden hatte. Carter verriet wenig von seinen Gefühlen oder Erwartungen, aber ab dem 24. November übernachtete er beim Grab, um sicherzustellen, dass niemand durch den Räubertunnel hineinkriechen würde. Das lässt vermuten, dass er trotz aller negativen Vorzeichen noch immer die Hoffnung hatte, etwas Wichtiges zu finden.

Bis zum Mittag des 26. November, einem Sonntag, war der abfallende Gang von allen Geröllresten geräumt und eine zweite, versiegelte Lehmziegeltür lag frei. Von der äußeren Tür hatte man bereits die Maße genommen und dort ein neues Holzgitter angebracht. Am Spätnachmittag, der genaue Zeitpunkt wurde nicht aufgezeichnet, war der Augenblick endlich gekommen. Carter brach langsam und vorsichtig ein Loch in die Tür und hielt dann eine Kerze in die Öffnung. Zuerst konnte er nichts sehen, weil sie flackerte, als die Luft aus dem Raum dahinter entwich. Auch danach war erst nicht viel zu erkennen. »Als Lord Carnarvon die Ungewissheit nicht länger ertragen konnte und ängstlich fragte: ›Können Sie etwas sehen?‹ war alles, was ich herausbringen konnte: ›Ja, wunderbare Dinge!‹«* (Die genaue Formulierung variiert, je nachdem, wessen Darstellung man liest.) Nach den offiziellen Dokumenten sieht es so aus, als hätten nur Carter, Carnarvon, Lady Evelyn und Carters Mitarbeiter A. R. Callender das Grab gesehen, nach anderen Quellen waren noch weitere Personen mit von der Partie. Am Abend notierte Carter: »Ich benachrichtigte den Generalinspekteur der Altertü-

Lord Carnarvon und Lady Evelyn Herbert wurden mit einem Wagen der ägyptischen Regierung vom Bahnhof Luxor abgeholt und zu ihrem Treffen mit Carter gebracht, als sie 1922 nach Ägypten kamen, weil Carter ihnen in seinem dramatischen Telegramm den Fund eines Grabes mitgeteilt hatte.

merverwaltung, der bei Beginn der Öffnung der ersten Tür anwesend war, und bat ihn, so bald wie möglich zu kommen... um die ungewöhnliche und erfreuliche Entdeckung ausführlich zu besichtigen.«

Vom Ort des Geschehens berichtete Carter weiter: »Als meine Augen sich aber an das Licht gewöhnten, tauchten bald Einzelheiten im Innern der Kammer aus dem Nebel auf, seltsame Tiere, Statuen und Gold – überall glänzendes, schimmerndes Gold.«* Man erweiterte behutsam das Loch und holte eine elektrische Lampe. Nun stand die kleine Gruppe in einem Raum, den man später als »Vorkammer« bezeichnete (s. Plan S. 140) und der vom Boden bis zur Decke mit Gegenständen angefüllt war, von denen niemand in seinen kühnsten Träumen erhofft haben konnte, sie je zu Gesicht zu bekommen. Hier standen umgestürzte

Wagen, Möbelstücke, die man bisher nur von Wandbildern in Gräbern kannte – und überall waren Unheil verkündende Spuren von Chaos und Durcheinander. Auf dem staubigen Boden waren noch die Fußabdrücke der letzten Menschen zu ahnen, die vor immerhin 3500 Jahren diese Luft geatmet hatten. Carter hält fest:

> Und doch bemerken wir die Spuren frischen Lebens rundumher – das halb gefüllte Gefäß mit Mörtel für die Tür, die geschwärzte Lampe, den Fingerabdruck auf der frisch gemalten Fläche, das auf der Schwelle zum Abschiedsgruß niedergelegte Blumengewinde; wir fühlen, es hätte erst gestern sein können … Der Begriff der Zeit verschwindet durch solche kleine intime Einzelheiten, und wir fühlen uns als Eindringlinge.*

Dieser feierliche Augenblick muss den drei Menschen wie eine Ewigkeit vorgekommen sein, die Zeit stand still und ihre Wahrnehmung geriet ins Wanken. Aber die Wirklichkeit hat es an sich, dass sie einen bald wieder einholt, und als die Sonne unterging und die Nacht anbrach, muss sich die vom Glanz geblendete und benommene Gruppe gefragt haben: »Was nun?«

Die offizielle Darstellung dessen, was nun folgte, stellt eine Vertuschung der wirklichen Vorgänge dar, was inzwischen ein offenes Geheimnis ist. Nach Carters Bericht schlossen die drei das neue Holzgitter, kehrten nach Hause zurück und warteten, wie es die Konzession verlangte, auf die Ankunft des Generalinspekteurs am folgenden Tag, ehe sie sich in der Kammer umschauten. Dennoch gab es einen Faktor, der stark gegen ein solches Szenario sprach. Aufgrund des Durchschlupfes der Räuber und des Chaos in der Kammer war ihnen klar, dass sie ein durchsuchtes Grab vor sich hatten – eines, in dem die Räuber nur kurz und wahrscheinlich sehr bald nach der Bestattung waren und das dann notdürftig aufgeräumt und wieder versiegelt worden war, aber eben trotzdem ein beraubtes Grab. Nach den Regeln der

Konzession hieß das, dass die Hälfte der Gegenstände dem Museum in Kairo ausgehändigt wurde, das sich aussuchen konnte, was es wollte, der Rest aber den Entdeckern des Grabes gehörte.

Daher wirkt die offizielle Darstellung unglaubwürdig. Schließlich hatten diese drei Menschen zehn Jahre lang nach etwas gesucht, es jetzt gefunden und gesehen, was nur wenigen Sterblichen je zu sehen beschieden war. War es nach der Entdeckung dieser umwerfenden Schätze überhaupt möglich, in der Nacht zu schlafen? Tatsächlich sollten die weiteren Ereignisse das Gegenteil beweisen. Carter, Carnarvon, Lady Evelyn und Callender kehrten in der Nacht heimlich in das Grab zurück und erforschten es genauer. Sie durchbrachen sogar das untere Ende der verputzten Steinwand zwischen zwei Wächterstatuen, die beim Betreten der Vorkammer rechter Hand standen, und kletterten hinunter in die hinter der Wand gelegene Sargkammer. Auf dem Rückweg nahmen sie ein paar Gegenstände an sich, die sie leicht tragen konnten. Warum auch nicht? Andere berichteten später, sie hätten diese Gegenstände offen in Carters Haus stehen sehen. Angesichts des guten Verhältnisses zwischen Carter und Lady Evelyn erwies er ihr zweifellos bei diesem heimlichen Ausflug besondere Gunst. Manche meinten, sie sei als erste in die Sargkammer geschlüpft – und da sie schlank und feingliedrig war, ist das sehr gut möglich. In der Sargkammer zogen die drei die Riegel der äußeren Tür des ersten vergoldeten Schreins zurück, der den Leichnam des toten Königs schützte, und sahen, dass die Siegel aus alter Zeit weiter innen unversehrt waren. Daher wusste Carnarvon, entgegen allen anders lautenden Aussagen, zweifellos, dass er endlich den König unangetastet gefunden hatte, und selbst, wenn er ihn nie von Angesicht zu Angesicht gesehen hat, so wusste er doch, dass er ihm in jener ersten Nacht auf Zentimeter nahe gekommen war.

Bedeutung gewannen die Ereignisse jener Nacht erst später. Damals machten sich die drei nicht schuldig, es gab kein Gefühl der Unehrlichkeit oder der Vertuschung von etwas, das sie zu Unrecht getan hatten. Im Hinblick auf die Konzession hätten sie vielleicht auf den Generalinspekteur warten sollen, aber das war nur ein kleiner Regelverstoß, verursacht durch verständliche menschliche Schwäche. Außerdem waren die Dinge, die sie mitgenommen hatten, nur ein winziger Bruchteil dessen, was noch blieb. Erst später, als die Gesetze geändert worden waren, wurden die Gegenstände wichtig, die sie entfernt hatten.

Nur wenige Tage später brach die Hölle los, als die Nachricht von der Entdeckung um die Welt ging. Der erste Artikel, geschrieben von Carter, erschien in der Londoner *Times* am 30. November 1922 und füllte zwei Spalten mit Nachrichten über »die sensationellste Entdeckung des Jahrhunderts«. Angesichts einer wahren Invasion von Journalisten schloss Carter das Grab für einige Tage und fuhr nach Kairo, um dort Ausrüs-

Das Grab des Königs Sethos II. im Tal der Könige wurde von Carter und Carnarvon (in der Mitte und links) dazu genutzt, die aus dem Grab Tutanchamuns geborgenen Objekte zu untersuchen, zu konservieren und für den Transport ins Museum von Kairo zu verpacken.

tung zu besorgen, die er nun brauchte. Dort erreichte ihn ein Glückwunschtelegramm von Lythgoe, dem Kurator der ägyptischen Abteilung des Metropolitan Museum of Art, und er fragte daraufhin bei ihm an, ob er ihm kurzfristig seinen Fotografen Harry Burton ausleihen könne. Dieser war gerade in Luxor, wo ein Grabungsteam des Metropolitan Museum unter der Leitung von Winlock arbeitete. Lythgoe sagte jede Hilfe zu und Carter nahm Verbindung zu seinem Freund Winlock auf, der ihm einige seiner Leute überließ.

Später wurde immer wieder bemängelt, dass Carter sich mit seiner Bitte um Hilfe an ein amerikanisches Museum wandte und nicht an das Britische Museum. Der Ägyptologe Thomas Hoving hat in seiner umstrittenen Darstellung der Ereignisse in seinem Buch *Der Goldene Pharao, Tut-ench-Amun* die Meinung vertreten, dass zwischen den Ausgräbern und dem New Yorker Museum eine Abmachung getroffen wurde. Diese habe vorgesehen, dass das Museum später den Großteil der Schätze erhalten solle. Das könnte durchaus zutreffen, war aber wohl kaum ein solcher »Handel unter der Hand«, wie Hoving andeutet. Schließlich mussten die Schätze ja irgendwo dauerhaft untergebracht werden. Die Kosten der Konservierung, der Aufbewahrung und der Ausstellung waren astronomisch hoch. Es war vorhersehbar, dass die Öffentlichkeit heftig protestieren würde, wenn die Stücke in einer privaten Sammlung »verschwanden« und Zugang zu diesen einzigartigen Schätzen fordern würde. Und die Familie Carnarvon war gewiss nicht gewillt, Highclere Castle in ein öffentliches Museum von gewaltiger Größenordnung zu verwandeln. Eine große Institution wie das Metropolitan Museum, das über ausreichende Mittel und über die sehr gut ausgebildeten Fachleute verfügte, die man für die Aufgabe brauchte, war sicherlich eine ausgezeichnete Wahl.

Infolge des Abkommens zwischen dem Museum und dem Inhaber der Konzession standen Carnarvon und Carter je nach Bedarf die Dienste hervorragender Fachleute zur Verfügung – von Konservatoren über Pathologen, Chemiker, Zeichner bis hin zu

Verpackungs- und Transportspezialisten. Inzwischen schickten Ägyptologen aus aller Welt Glückwünsche und boten ihre Hilfe an, darunter auch die führenden britischen Gelehrten jener Zeit. Die Behauptungen Hovings, man sei in England darüber erzürnt gewesen, dass Carter amerikanische statt britische Hilfe suchte, entbehren jeder Grundlage. Vielmehr war dieser Entschluss angesichts der ungeheuren Probleme, vor denen Carter nun stand, wahrscheinlich sehr vernünftig.

Menschen, die wenig über das ruhige akademische Leben von Archäologen im Allgemeinen und Ägyptologen im Besonderen wissen, stellen sich vielleicht vor, dass Carter jetzt auf einer Woge von Freude und Glückseligkeit darüber schwamm, dass nun die Unsterblichkeit seines Namens gesichert war. Sie meinen vielleicht, die Entdeckung einer derart großen Menge von Gold hätte seine Gedanken beherrscht und ihm eine materiell gesicherte Zukunft garantiert. Allein der Verkauf von ein oder zwei Stücken aus dem Grab Tutanchamuns hätte ihm schließlich ermöglicht, sich zur Ruhe zu setzen. Aber diese Vorstellung ist weit von der Wahrheit entfernt. Carter empfand seine Lage als Alptraum und schrieb in einem Brief:

> Im Postamt von Luxor kam in dieser Saison die doppelte und dreifache Menge an Post an. Das Telegrafenamt wurde überschwemmt von einer Sintflut von Zeitungsmeldungen. Die Geschäfte für die Touristen hatten schnell ihren Vorrat an Kameras, Filmen und Büchern über die Geschichte Ägyptens ausverkauft. Die beiden führenden Hotels in Luxor stellten im Garten Zelte auf, und viele Gäste waren froh, dort unterzukommen und für eine Nacht in Feldbetten schlafen zu dürfen.

Unter diesem Druck wurde die Stimmung bald gereizt.

Stellen Sie sich vor, Sie finden einen 3500 Jahre alten Gegenstand – beispielsweise ein Leinengewand oder ein Möbelstück. Versuchen Sie sich zuerst in die Freude hineinzuversetzen – und dann in das Zittern und Zagen, das gleich darauf folgen würde. Stellen Sie sich vor, die ägyptische Regierung gibt das Stück in Ihre Obhut. Das ist kein Geschenk, sondern eine gewaltige Verantwortung. Ist das Stück so stabil, dass Sie es überhaupt berühren dürfen? Gibt es die Techniken, die nötig sind, um es zu konservieren? Und wenn ja, wo? Und wie soll es dorthin gelangen? Mit welchen Mitteln kann man es für alle Zeit retten? Und, nicht zu vergessen, wer bezahlt für das alles? Die Konservierung eines einzigen derart alten Stückes verlangt viele Stunden fachkundiger Arbeit von hoch qualifizierten Konservatoren, und die sind nicht billig. Tausend Probleme kommen Ihnen in den Sinn. Jetzt multiplizieren Sie diese – wenn das überhaupt noch möglich ist – um ein Vieltausendfaches, dann haben Sie andeutungsweise eine Vorstellung von den Problemen Carters. Die Entdeckung selbst hatte nur wenige Minuten gedauert; die Aufgabe, die nun vor ihm lag, war selbst für ein ganzes Leben fast zu groß, und die Kosten für ihre Erfüllung waren nicht kalkulierbar. Und all diese Arbeit musste in der Hitze Ägyptens bewerkstelligt werden und noch dazu im Rampenlicht der Presse aus aller Welt. Die Pathé-Nachrichten, die damals in allen Kinos liefen, zeigten, wie die Menschen herbeiströmten, um das Grab zu sehen. Nach manchen Berichten war es »wie beim Derby«: Charleston-Melodien erklangen aus tragbaren Grammophonen und Damen flanierten mit Sonnenschirmen in der Hitze. Hunderte dieser Touristen

Ein farbenfrohes Zelt, das im Tal der Könige aufgestellt wurde, bot offiziellen Besuchern des Grabes von Tutanchamun Schutz vor der Sonne.

schickten dem geplagten Carter Botschaften in das Grab hinunter und baten, schmeichelten, bettelten oder warben mit Bestechung um die Erlaubnis, nur einen einzigen kurzen Blick hineinwerfen zu dürfen.

Was sich da abspielte, war für die sorgfältige Arbeit eines Archäologen verheerend. Heute sind Public Relations ein eigenes Fachgebiet. Ende des zwanzigsten Jahrhunderts hätte man innerhalb von Stunden ein professionelles Medienteam an den Ort des Geschehens gebracht, das alles organisiert hätte – jemand hätte sich um Material und Arbeitskräfte gekümmert, andere hätten für Speisen und Getränke gesorgt, Ansichtskarten und Souvenirs verkauft, aber vor allem wäre die weltweite Berichterstattung in den Medien durch professionelle Pressearbeit gesteuert worden. Eine derartige Unterstützung hätte Carter ein wenig Ruhe verschafft, Ägypten zum Mittelpunkt weltweiter Aufmerksamkeit gemacht und dadurch Tourismus und Geld in bisher unbekannter Größenordnung ins Land gebracht. Aber 1922 gab es noch kaum so etwas wie professionelle Öffentlichkeitsarbeit. Außerdem stand das ägyptische Volk kurz vor einem Aufstand gegen die Besatzungsmacht – die Briten, die Carter repräsentierte. Carters Fund wurde keineswegs als Triumph für Ägypten betrachtet, sondern wirkte wie ein weiteres Beispiel der Ausbeutung durch die Briten. Die Ägypter waren nicht gesonnen, Carnarvon und Carter zu helfen. Nach Meinung der ägyptischen Öffentlichkeit sollte die Regierung die Kontrolle über das Grab übernehmen. Während der ersten Wochen nach der Entdeckung der Grabes hatten Menschen in großer Zahl auf den Straßen demonstriert, und es waren starke militärische Kontrollen eingerichtet worden.

Es war entschieden nicht der geeignete Augenblick, sich in dieser Angelegenheit für irgendwelche Rechte der Briten einzusetzen. Gebraucht wurde jetzt ein flexibler, diplomatischer Ansatz. Aber der wurde leider nicht gefunden, und eine Konfrontation schien immer unausweichlicher. Von der Presse der ganzen Welt verfolgt, unterzeichnete Carnarvon im Januar 1923 in London eine Abmachung mit der *Times*, in der er dieser Zeitung die exklusiven Presserechte für die Berichterstattung über Tutanchamun übertrug. Vermutlich war dem Earl nicht ganz klar, was er da getan hatte, und zuerst war ihm und Carter dadurch auch eine große Last von den Schultern genommen. In Zukunft brauchten sie sich nur noch mit einer einzigen Zeitung auseinandersetzen und ihr berichten. Die Folge dieses Exklusivvertrags war jedoch, dass zum Beispiel eine ägyptische Zeitung in Kairo, die herausfinden und veröffentlichen wollte, was in ihrem eigenen Land vorging, dafür den Umweg über London nehmen musste. Das weckte natürlich großen Unmut.

Innerhalb von zwei Wochen nach der Abmachung mit der *Times* flammte in Ägypten der Zorn auf, und es verbreitete sich wie ein Lauffeuer das Gerücht, wenn man die Mumie Tutanchamuns fände, würde man sie nach England bringen und sie in Highclere Castle öffentlich ausstellen. Carnarvons Bemühungen, diese Gerüchte durch einen Artikel in der führenden ägyptischen Zeitung *El Ahram* zu zerstreuen, verschlechterten die Sache noch. Als er in einem Brief erklärte, »er habe Vorkehrungen getroffen«, dass der Leichnam in Ägypten bleibe, gab es empörte Reaktionen – wer war Carnarvon, dass es ihm zustand, Vorkehrungen für den Verbleib eines ägyptischen Königs zu treffen? Auch die Beziehung zwischen Carter und Carnarvon litt unter dem Druck der zahlreichen Belastungen. Kollegen berichteten von erbitterten Auseinandersetzungen zwischen den beiden, denen Phasen eisigen Schweigens folgten. Auch mit der ägyptischen Regierung kam es zu Konflikten, denn diese schien sich nun der öffentlichen Meinung anzuschließen und erklärte, das Grab sei so gut wie unversehrt und es entspreche dem Geist, wenn auch nicht dem Buchstaben der Konzession, dass alles in Ägypten bleiben müsse. Einige Kollegen rieten Carnarvon und Carter, stillschweigend einzulenken und die Funde dem Staat zu überschreiben, ehe die Emotionen außer Kontrolle gerieten. Viele waren der Ansicht, in diesem Kampf könnten die beiden Männer auf keinen Fall gewinnen – aber sie waren anderer Meinung und die Auseinandersetzung ging weiter und eskalierte.

Anfang März 1923 warf Carter nach einem gewaltigen Krach Carnarvon aus seinem Haus und untersagte ihm, es je wieder zu betreten. Menschen, die ihnen nahe standen, glaubten, dass es bei dem Streit um Lady Evelyns Gefühle für Carter gegangen sei. Auf jeden Fall wurde Carnarvon am folgenden Tag, nachdem er ins Winterpalast-Hotel am Ostufer von Luxor umgezogen war, von einem Moskito in die Wange gestochen. Kurz darauf schnitt er beim Rasieren versehentlich den Stich auf und die Wunde entzündete sich sofort. Carnarvon war nach seinem Verkehrsunfall nie mehr richtig gesund geworden und war eigentlich als Rekonvaleszent nach Ägypten gekommen. Die Probleme und Auseinandersetzungen der letzten Zeit hatten ihn körperlich so geschwächt, dass sich die Infektion rasch ausbreitete und bald eine Lungenentzündung diagnostiziert wurde.

Als Carter hörte, wie es um Carnarvon stand, ging er zu ihm, und die beiden söhnten sich aus. Carnarvon war inzwischen schwer krank. Er siedelte, begleitet von seiner Tochter, ins Hotel Continental in Kairo um, und die übrige Familie wurde aus England gerufen. Zu dieser Zeit gab es noch keine Antibiotika und sein Zustand verschlechterte sich rasch. Am 5. April 1923 starb Lord Carnarvon um zwei Uhr morgens im Beisein seiner Frau, seiner Tochter und seines Sohnes.

Am nächsten Morgen gab es zahlreiche Gerüchte über mysteriöse »Zeichen«, die das Hinscheiden des Earls begleitet haben sollten. Zum Zeitpunkt seines Todes fiel in Kairo der Strom aus, was Weigall, der stets zu mystischen und spiritistischen Erklärungen neigte, in typischer Übertreibung als »unerklärlich« bezeichnete. Für Kairokenner sind Stromausfälle selbst heute – über fünfundsiebzig Jahre später – nie eine große Überraschung. Und es war auch nichts Wahres an dem Gerücht, dass sich auf dem Gesicht Tutanchamuns, als es schließlich enthüllt wurde, ein ähnlicher Stich fand.

Die Probleme, die Carter vor Carnarvons Tod hatte, waren Kleinigkeiten im Vergleich zu denen, die jetzt auf ihn warteten. Wie man bald feststellte, hatte Carnarvon in seinem Testament die Konzession nicht erwähnt. Da diese jedoch Carnarvon erteilt worden war und Carter nur sein Angestellter war, schien die Konzession auf den ersten Blick beim Tod Carnarvons an die ägyptische Regierung zurückzufallen. Das hätte bedeutet, dass Carter ab sofort arbeitslos gewesen wäre und offenbar keinerlei Recht hatte, in dieser Angelegenheit für sich einzutreten. Lady Almina Carnarvon, die Haupterbin des Vermögens ihres Mannes, versicherte jedoch Carter, dass sie die Konzession behalten wolle. Aber das war keineswegs sicher, denn erstens musste die Altertümerverwaltung zustimmen, wenn die Konzession auf einen anderen Namen übertragen wurde, und zweitens waren die Spannungen zwischen Carter und der Familie wegen Lady Evelyn zu bedenken. Doch nach dem Tod ihres Vaters verließ Lady Evelyn Ägypten für immer und heiratete bald nach ihrer Ankunft in England Bograve Beauchamp, ein prominentes Mitglied des Parlaments, und da ihr Ruf jetzt gewahrt und gesichert war, empfingen sie und ihr Mann in späteren Jahren Carter häufig als Gast in ihrem Haus.

Carter selbst nahm die Arbeit im Laufe des Jahres 1923 wieder auf, aber inzwischen beschränkte die ägyptische Regierung den Zugang zum Grab und schickte Carter Listen mit den Namen von Personen, die das Grab besuchen durften und solchen, die es nicht besuchen durften. Carter, schon immer von aufbrausendem Temperament, wurde jetzt fast unerträglich reizbar, aber wer ihn kannte, bewunderte ihn für seinen unermüdlichen Einsatz trotz der Probleme, die von allen Seiten auf ihn einstürmten. Im Februar 1924 verlangten die ägyptischen Behörden von ihm, ihren Anweisungen in allen Einzelheiten Folge zu leisten, wie lästig sie ihm auch sein mochten.

Noch vor dem Tod Carnarvons hatte Carter im Februar 1923 im Beisein vieler Gäste die Wand zur Sargkammer abgebaut. Für diese offizielle Öffnung der Sargkammer organisierte Carter eine Beleuchtung, die dramatische Effekte hervorrief, und hörte mit Befriedigung, wie die Zuschauer vor Staunen und Erregung die Luft anhielten, als die goldene Wand zum ersten Mal sichtbar wurde. Er selbst war ja heimlich schon einmal in der Kammer gewesen, sodass er wusste, dass sie einen großen hölzernen Schrein enthielt, eine Art rechteckigen Holzkasten, der dick mit Gold verkleidet war. Auf einer Seite hatte er große Flügeltüren, die verriegelt, aber nicht versiegelt waren. Bald darauf wurde das Grab wieder geschlossen und erst in der nächsten Saison gingen die Arbeiten weiter.

Als man an den Abbau des Schreins ging, fand man darin einen weiteren Schrein, der von einem blauen, mit goldenen Rosetten besetzten Bahrtuch bedeckt war. Bald stellte sich heraus, dass man insgesamt vier ineinander geschachtelte Schreine vor sich hatte. Die Flügeltüren des zweiten, dritten und vierten Schreins waren mit verknoteten Seilen verschlossen, die noch intakte Lehmsiegel trugen. Erst jetzt war sicher, dass Tutanchamuns Mumie unversehrt im Sarg lag. Im vierten und kleinsten Schrein stand ein Quarzitsarkophag, einer der rechteckigen Steinsärge, die stets den mumiengestaltigen Sarg enthielten, in dem dann der Leichnam des Königs ruhte. Am 12. Februar 1924 wurde endlich der Deckel des Sarkophages gehoben und gab, nachdem man einige feine Leinentücher weggezogen hatte, den Blick auf einen vergoldeten Sarg frei. Alle, die Zeugen dieses Ereignisses waren, bekundeten später, dass ihnen bei diesem Anblick der Atem stockte. Als der Deckel des Sarges im Oktober 1925 geöffnet wurde, zeigte sich, dass darin ein zweiter Sarg war. Dieser war von einem schwärzlichen Leinentuch bedeckt, auf dem Girlanden aus Blumen lagen, die beinahe so frisch aussahen, wie an dem Tag, an dem man sie vor Tausenden von Jahren auf den Sarg gelegt hatte. Der zweite Sarg schloss dicht an den äußeren an – so dicht, dass man kaum eine Fingerspitze dazwischenschieben konnte. Die Särge waren sehr tief. Beide konnten nur zusammen herausgehoben werden, was mit Hilfe eines Flaschenzuges auch gelang. Die Särge wurden bis über den Rand des Sarkophags emporgewunden, dann schob man Bretter darunter, die auf dem Sarkophagrand auflagen. Um die beiden Särge zu trennen, wollte Carter den äußeren absenken und den inneren aufhängen, da die

Decke des Grabes für ein weiteres Emporwinden des zweiten Sarges zu niedrig war. Dazu benutzte er die silbernen Stifte, die den Deckel geschlossen hielten. Sie ließen sich sechs Millimeter weit herausziehen, was genügte, um starke Kupferdrähte an ihnen zu befestigen, die dann in das Gerüst über dem Sarkophag eingehängt wurden. In den breiten oberen Rand des äußeren Sarges wurden darauf starke Metallösen eingeschraubt, sodass er unter dem zweiten Sarg an über Rollen laufenden Seilen herabgelassen werden konnte. Als es so weit war, dass der zweite Sarg einen Augenblick an zehn starken Drahtschlingen in der Luft hing, waren Carters Nerven zum Zerreißen gespannt. Würden die alten Stifte halten oder würden sie ausreißen und der einzigartige Fund wäre zerstört? Glücklicherweise hielten sie trotz des gewaltigen Gewichtes, das an ihnen hing. Als der erste Sarg in den Sarkophag herabgelassen war, schob man Bretter unter den zweiten, sodass er auf einer festen Unterlage stand, frei und leicht erreichbar. Da es das erste Mal war, dass man einen bestatteten König unversehrt gefunden hatte, wusste niemand, wie viele weitere Särge noch in dem zweiten zu finden sein würden.

Ehe diese schwierige Aktion möglich war, hatte es jedoch ein politisches Zwischenspiel gegeben. Nach der Öffnung des Sarkophags im Februar 1924 hatte Carter Zeitungsreporter und die Frauen seiner Mitarbeiter zu einer Besichtigung des Grabes eingeladen, damit sie den nun enthüllten vergoldeten Sarg sehen konnten. Aber am Morgen jenes Tages erhielt Carter ein Telegramm, das allen Frauen den Zugang zum Grab strikt untersagte. Das war eine verständliche Anordnung der ägyptischen Behörden. Nach dem islamischen Gesetz ist es Frauen und Kindern verboten, die Grabkammer eines Mannes zu betreten. Bis zum heutigen Tag ist es in Ägypten Sitte, dass Männer und Frauen, selbst in den vielen noch gebräuchlichen Familiengräbern, stets in getrennten Grabkammern beigesetzt werden, und auch der Beisetzung eines Verstorbenen in der Grabkammer dürfen nur Erwachsene des gleichen Geschlechts beiwohnen. Daher verstanden die ägyptischen Behörden diese Anordnung als eine sanfte Erinnerung an eine bei ihnen übliche Praxis. Aber für Carter war sie der Tropfen, der das Fass zum Überlaufen brachte. Sein lang unterdrückter Ärger machte sich Luft, und innerhalb von Stunden nach Erhalt der Anordnung befestigte er eine Notiz am Grab, es sei ab sofort bis auf weiteres geschlossen. An die *Times* schickte er ein Telegramm, in dem er darum bat, »die ägyptischen Behörden heftig anzugreifen«.

Dann fuhr Carter nach Kairo, wo er Klage einreichte, um ein für alle Mal seinen Anspruch auf das Grab und alle Objekte darin durchzusetzen. Kollegen rieten ihm, die Klage fallen zu lassen, aber er hörte nicht auf sie. Am 22. Februar 1924 trafen Vertreter der ägyptischen Regierung am Grab ein, verlasen Carters Presseerklärung mit der Mitteilung, dass er vorerst alle Arbeiten am Grab eingestellt habe, brachen Carters Schlösser und Riegel auf und ersetzten sie durch eigene. Jetzt übernahm die ägyptische Regierung offiziell die Zuständigkeit für das Grab. Sie war der Meinung, Carter habe nun alle Rechte auf zukünftige Arbeiten im Grab verwirkt, und versuchte, andere Ägyptologen für die Fortführung der Arbeit zu gewinnen. Diese weigerten sich geschlossen, aber nicht unbedingt, um Carter zu unterstützen, sondern weil diese Arbeit einen großen Teil ihres zukünftigen Berufslebens beanspruchen, aber kaum Früchte des Ruhmes tragen würde, da die Entdeckung des Grabes stets als die von Carter und Carnarvon in Erinnerung bleiben würde. Vom Standpunkt der Behörden aus war aber jetzt die Konzession endgültig abgelaufen. Sollte Carter je zurückkommen, würde die Regierung eine neue Vereinbarung zu ihren eigenen Bedingungen diktieren.

Carter sah die Dinge anders. Seiner Meinung nach galt die Konzession noch, aber er erklärte, ehe er sich wieder an die Arbeit mache, brauche er eine Zusicherung der ägyptischen Regierung, dass sie sich nicht weiter in diese Angelegenheit einmischen, sondern ihn in Ruhe seine Arbeit fortführen lassen würde, wie er es für richtig hielt. Aufgrund dieser Haltung ersuchte er die ägyptische Regierung, das Grab zwei Tage später wieder zu verlassen.

Der Fall wurde in Kairo ab dem 8. März 1924 in mehreren Sitzungen verhandelt. Er war chaotisch, und der Richter war nicht um seine Aufgabe zu beneiden. Recht und Verwaltung Ägyptens waren noch immer weitgehend von den Engländern kontrolliert, sodass eine Entscheidung des Richters zugunsten von Carter sehr verständlich gewesen wäre. Aber der ägyptische Nationalismus hatte sich des Falles bemächtigt und ihn zur Prestigefrage gemacht, sodass eine Entscheidung des Richters für Carter wie eine öffentliche Ohrfeige gegen Ägypten gewirkt hätte. Der Richter konnte nicht gewinnen, ganz gleich, wie er entschied. Er hatte offenkundig beschlossen, sich so sorgfältig um Fairness zu bemühen, wie nur irgend möglich, und scheute keine Mühe, um allen Zuhörern jede Kleinigkeit klar verständlich zu machen. Vor dem Gerichtsgebäude hatte sich eine Menge versammelt, die auf das Urteil wartete und den Fall als einen weiteren Versuch der Briten ansah, die Ägypter zu demütigen und sie ihres Besitzes zu berauben – nämlich des Leichnams und der Grabbeigaben eines Königs, der ihnen gehörte. Zeugen des Prozesses berichteten später, etwa in der Mitte der Verhandlungen habe es so ausgesehen, als würde der Richter zu Carters Gunsten entscheiden, dann habe er ihn aber auf einen offensichtlichen Fehler seinerseits hingewiesen. Hatte Carter nicht seine Rechte an dem Grab freiwillig aufgegeben, als er es verlassen und seine Notiz an die Tür geheftet hatte? Carters Anwalt meinte, das sei nicht der Fall, sondern Carter sei zum Verlassen des Grabes gezwungen worden, weil sich die Ägypter wie Gangster und Banditen benommen hätten.

Diese Aussage war unverzeihlich. Der Richter befand gegen Carter und Lady Carnarvon. Im September 1924 wurde die Familie Carnarvon aufgefordert, ein Dokument zu unterzeichnen, mit dem sie auf alle Ansprüche auf Gegenstände aus dem Grab unter den Bedingungen der bisherigen Konzession verzichtete. Im Stillen hoffte die Familie aber, dass sich im Laufe der Zeit Vermittler dafür einsetzen würden, die Situation noch einmal zu überdenken, und dass sie als Ausgleich für die Ausgaben im Zusammenhang mit der Entdeckung des Grabes einige wenige

Stücke als Geschenk erhalten würde. Die verwitwete Lady Almina Carnarvon war über die ganze Angelegenheit so empört, dass sie, nachdem sie dem letzten Willen ihres Mannes entsprechend, seine ägyptische Sammlung für einen Bruchteil ihres tatsächlichen Wertes an das Metropolitan Museum verkauft hatte, nicht mehr duldete, dass in ihrer Familie das Wort »Ägypten« auch nur ausgesprochen wurde. Sowohl ihr Sohn als auch ihr Enkel wussten genau, was sie zu erwarten hatten, sollten sie es je wagen, in ihrer Gegenwart nach den Unternehmungen des fünften Earls zu fragen.

Im Januar 1925 wurde schließlich nach langen Verhandlungen ein erschöpfter und enttäuschter Carter eingeladen, in das Grab zurückzukehren und es vollends auszuräumen. Aber ehe er wieder zugelassen wurde, ließ die ägyptische Regierung eine umfassende und gründliche Inspektion aller gefundenen Gegenstände und aller Karteikarten Carters vornehmen, um sicherzustellen, dass alles in Ordnung und jedes Stück registriert war. Zunächst sah es so aus, als sei alles bestens, bis jemand den persönlichen Besitz Carters durchsah. Zum Erstaunen aller wurde in einer leeren Weinkiste ein schöner, bemalter, hölzerner Kopf Tutanchamuns gefunden, der aus einer Lotusblüte aufragt, ohne dass man eine Karteikarte dazu fand. Die Behörden wandten sich an Carter. Er entschuldigte sich und sagte, es handle sich um ein Versehen. Wie immer sich die Sache in Wahrheit verhielt, da die Behörden nun darauf erpicht waren, dass Carter zurückkehrte und die Arbeit zu Ende brachte, wurde dieser Vorfall rasch unter den Teppich gekehrt.

Am 25. Januar 1925 nahm Carter die Arbeit im Grab wieder auf. Aber jetzt war alles anders. Der Traum war schal geworden. Vor Carter lagen viele Jahre anstrengender Arbeit in dem Wissen, dass es am Ende keine Belohnung geben würde. Als endlich das letzte Stück ins Museum nach Kairo gebracht und das Grab gründlich gesäubert wurde, ehe man es für die Touristen öffnete, verließ Carter Ägypten und kehrte nie mehr zurück. Bis zu seinem Tod blieb er verbittert und war überzeugt, er sei irgendwie

Die neuzeitliche Prozession mit den Grabbeigaben des Königs Tutanchamun windet sich durch das Tal der Könige zum Nil und den Schiffen hinunter, die die Schätze nach Kairo bringen sollen. Die Prozession spiegelt ungewollt wider, was vor 3500 Jahren zu sehen gewesen sein muss, als die Beigaben für die Bestattung ins Tal der Könige hinaufgetragen wurden.

betrogen worden. Wie es heißt, soll er in seinen letzten Tagen guten Bekannten geschworen haben, er wisse, wo das Grab Alexanders liege – aber er werde die Augen schließen, ohne sein Geheimnis preiszugeben.

Als Carter 1922 sein Abenteuer begann, hätte er niemals die Größenordnung dessen ahnen können, was er fand, und auch nicht den Preis, den der Fund von ihm persönlich forderte. Als Ägyptologe hatte Carter seinen »Tag der Tage« erlebt, als er die Tür zur Vorkammer öffnete, und den konnte ihm niemand mehr nehmen. Trotz der vielen Probleme, mit denen er sich auf der persönlichen Ebene herumschlagen musste, bedeutete das damals sehr geringe Wissen über Tutanchamun, dass Carters Grabfund auch vom wissenschaftlichen Standpunkt aus äußerst aufregend gewesen sein muss. Carter hat sicher gehofft, er könne aufgrund des im Grab gefundenen Materials den bekannten Ereignissen der Epoche um Echnatons Regierungszeit mit Hilfe eines königlichen Augenzeugen wesentliche Erkenntnisse hinzufügen. Er hat vielleicht geglaubt, er werde mehr über die ungeordneten Zustände Ägyptens während jener Zeit herausfinden, die die Restaurationsstele schildert. Beispielsweise hätten bestimmte Geschenke im Grab zeigen können, wie dankbar die Menschen Tutanchamun waren, dass er die alte Religion des Amun wieder eingesetzt und sie von der »Ketzerei« Echnatons befreit hatte. Vor allem aber war jetzt sicherlich mehr über die geheimnisvollen Vorgänge zu Lebzeiten Tutanchamuns zu erfahren. Bestimmt würde man Einzelheiten seiner Abstammung herausfinden und die Untersuchung seiner Mumie würde endlich Aufschluss über die genauen Umstände seines Todes geben.

Für Carter lag die Tragödie letztlich nicht im langen und erbitterten Kampf um das Grab und auch nicht in den jahrelangen Widrigkeiten, mit denen er fertig werden musste, erst im Zusammenhang mit den politischen Problemen, dann mit der Räumung des Grabes. Die wirkliche Tragödie war, dass das Grab keinerlei Antworten zu enthalten schien. Als das letzte Staubkorn weggefegt worden war, hatte man keine greifbare Antwort auf irgendeine der Fragen gefunden. Tutanchamun blieb so rätselhaft wie zuvor. Carter schrieb später: »Vielleicht war das Bemerkenswerteste an Tutanchamun sein Tod.« Fünfundsiebzig Jahre später geht die Suche unvermindert weiter.

KAPITEL DREI

Die gängige Geschichte

Wie in jeder Wissenschaft ist es auch in der Archäologie entscheidend, so objektiv wie möglich zu sein. Theoretisch sollte ein Archäologe beim Ausgraben einer Stätte nicht nur mit entsprechendem Wissen gerüstet sein, sondern sich gleichzeitig von Erwartungen freihalten. Aber in der Praxis ist das schwer. Das Problem bei Idealen ist die menschliche Natur. Archäologen zieht nicht in erster Linie die Liebe zum Geld zu ihrer Arbeit hin – denn da ist auf ihrem Gebiet nicht viel zu holen – und auch nicht die Hoffnung auf Ruhm oder Unsterblichkeit, sondern eher eine Liebe zu Romantik und Abenteuern. Heute können viel mehr Menschen als früher mit Hilfe von Computerspielen oder Hollywoodfilmen an diesen Gefühlen teilhaben. Die Abenteuer berühmter fiktiver Figuren wie Indiana Jones oder Lara Croft in *Tomb Raider* ermöglichen es, sich in eine aufregende Welt zu versetzen, die von der eigenen grauen Umgebung weit entfernt ist. Diese Figuren beeinflussen das Bild der Öffentlichkeit davon, was ein Archäologe oder Ägyptologe tatsächlich macht. Sehr häufig fragten mich schon kleine Kinder, denen ich das alte Ägypten nahe zu bringen suchte, wie oft ich schon rennen musste, um mich in Grabkorridoren vor rollenden Steinkugeln zu retten.

Archäologen müssen eine jahrelange, anspruchsvolle Ausbildung durchlaufen, ehe sie kompetent auf ihrem Gebiet arbeiten können, und diese Ausbildung erscheint Außenstehenden oft einfach langweilig. Aber Archäologen sind auch nur Menschen, und was sie in ihrem Fachgebiet lockt, sind Romantik und Aufregung. Damit meine ich nicht die Erwartung, eine Kammer voll Gold zu finden. Vielmehr gibt es einen stilleren Zauber, der etwa darin liegt, einen Fingerabdruck auf einem Tongefäß zu finden und zu wissen, dass der Mensch, der dieses Gefäß zuletzt berührt hat, schon 3000 Jahre tot ist. Oder einen Fußabdruck im Sand auf dem Boden einer Kammer zu entdecken, die seit Jahrtausenden niemand mehr betreten hat. Stellen Sie sich vor, Sie betreten einen solchen Raum und atmen die Luft ein, die seit längst vergangener Zeit dort eingeschlossen war!

Wir alle tragen den Wunsch nach Wissen in uns, nach Antworten auf die ewigen Fragen nach unserem Ursprung und unserer Bestimmung. Unterschiedliche Menschen suchen an unterschiedlichen Stellen nach diesen Antworten. Die Archäologen hoffen Antworten in der fernen Vergangenheit zu finden, indem sie das Leben von Menschen näher betrachten, die lange vor ihrer Zeit gelebt haben. Das Beispiel derer, die vor uns da waren, fasziniert uns. Die Neugier treibt uns zuerst in unser Fachgebiet und führt uns dann in die stille und einsame Welt des Studiums, durch die wir im Geiste eine andere Welt, eine andere Zeit und einen anderen Ort betreten, wo es keinen Stress gibt und wo sich nie etwas ändert. Nach einiger Zeit beginnen wir, uns mit den schattenhaften Spuren der Menschen zu identifizieren, denen wir nachforschen. Von dort aus ist es nur noch ein kleiner Schritt bis zu dem Gefühl, dass wir diese Menschen wirklich »kennen« und dass wir sogar ihre Gefühle nachempfinden können. Das ist eine gefährliche Haltung, denn dadurch verlieren wir unsere Objektivität.

Um einigermaßen zu verstehen, was vor langer Zeit an einem bestimmten Ort geschah, müssen wir uns vor vorgefassten Meinungen hüten. Wie beispielsweise ein Pathologe, der eine Leiche untersucht, müssen wir zuerst genau auflisten, was wir feststellen, und dann, aber erst dann, unsere Feststellungen interpretieren. Ein Pathologe, der von Anfang an glaubt, dass der Untersuchte ermordet wurde, neigt – wenn vielleicht nur unbewusst – dazu, nach den erforderlichen Beweisen zu suchen. Und wenn er danach sucht, wird er sie auch unweigerlich finden, aber dabei vielleicht Dinge übersehen, die nicht dazu passen. Das geschieht nicht mit Absicht, es liegt einfach in der Natur des Menschen, dass er zu beweisen versucht, was er glaubt.

Ein Archäologe ist wie ein »Pathologe« der Zeit. Zuerst muss er sein Material finden, entweder im Gelände oder auch in der Sammlung eines Museums. Dann muss er es gründlich untersuchen und umfassend begutachten. Erst dann sollten die Ergebnisse veröffentlicht werden. Eine sorgfältige Publikation ist von größter Bedeutung, denn nur sie ist jedermann zugänglich und kann von allen studiert werden. Dieser Bericht des Experten kann dann dem schon bekannten Fundus an Wissen hinzugefügt werden und zu neuen Ideen und Theorien führen. Wichtig ist dabei, dass die neue Theorie, wie immer sie aussehen mag, eine solide professionelle Basis hat. Die Publikation ist ein Eckpfeiler der Archäologie und die einzige und unentbehrliche Möglichkeit, ausgegrabene Stätten verfügbar zu halten. Denn die Archäologie ist per definitionem destruktiv. Bei Grabungen werden die vorhandenen Schichten abgetragen, und wenn das zum Zwecke der Untersuchung geschehen ist, sind sie für immer verloren. Wie heißt es so treffend? Der Ausgräber unterscheidet sich vom Grabräuber nur dadurch, dass er seine Entdeckungen publiziert.

Auf einer Grabung geht es hektisch zu, und die Beteiligten werden stark beansprucht. Dem leitenden Archäologen assistieren vielleicht mehrere Studenten, die angeleitet werden müssen und von der Sachkenntnis des Leiters profitieren wollen. Vielleicht sind noch mehrere Kollegen auf dem Gelände, deren Spezialgebiet es verlangt, dass die Arbeit anders fortgeführt wird als es der Leiter gern hätte. Ständig beanspruchen mehrere Arbeiter an verschiedenen Stellen gleichzeitig die Aufmerksamkeit des Archäologen. Eine sofortige Begutachtung des Materials an Ort und Stelle ist unmöglich. Aus welcher Zeit stammt dieses Gefäß? Was bedeutet diese Inschrift? Es ist dem Ausgräber einfach nicht möglich, die Stücke sofort zu interpretieren, dafür braucht er

Zeit und Ruhe. Deshalb ist es so wichtig, dass alles präzise dokumentiert und fotografiert wird und dass der genaue Fundort selbst des kleinsten Fragments festgehalten wird. Auch eine winzige, absolut bedeutungslos aussehende Topfscherbe kann einige Jahre später, wenn man schon mehr weiß, von großer Aussagekraft sein. Und dann ist es unverzichtbar, dass exakt festgehalten wurde, in welcher Position und in welchem Kontext das Fragment gefunden wurde, und man braucht Karten, Pläne und Fotografien aus der Zeit der Ausgrabung, die alles enthalten, was man wissen muss.

Erst später, wenn die Probleme der Grabung vergessen und wieder Frieden und Stille eingekehrt sind, kann eine ruhige, überlegte Analyse des ausgegrabenen Materials stattfinden. Der Grabungsbericht, der den Stein ins Rollen bringt, dokumentiert nur, er analysiert nicht. Aber jedes kleine Fundstück erzählt eine Geschichte. Erst später können Historiker alle Berichte zusammenfügen und dann zu begreifen versuchen, was wirklich geschah. Aussagen von Augenzeugen oder Primärquellen können sehr voreingenommen sein. Sekundärquellen, die die ruhige, überlegte Analyse der Ereignisse durch einen Menschen enthalten, der alle Fakten zur Verfügung hatte, können der Wahrheit – sofern es sie in der Geschichte überhaupt geben kann – wesentlich näher kommen.

Je weiter wir in der Zeit zurückgehen, desto problematischer werden die Zeugnisse und desto komplexer ihre Analyse. Im Falle Tutanchamuns brauchen Sie nur zwei Bücher über das Thema kaufen, und sie werden sich in großen Teilen widersprechen. Ich werde oft von völlig verunsicherten Menschen gefragt, welcher Darstellung sie denn nun glauben sollen. Es ist schwer, ihnen zu erklären, dass es auf dem Gebiet der Geschichte – die eine Übersicht über tatsächliche Ereignisse sein soll – große Unterschiede in der Art und Weise geben kann, in der diese Ereignisse dargestellt werden. Es ist jedoch wichtig, dass alle Fakten bekannt und korrekt sind, ehe eine Diskussion oder eine Interpretation stattfinden kann. Der Reiz der Ägyptologie im Allgemeinen und des

Goldes von Tutanchamun im Besonderen hat viele auf dieses Gebiet gelockt, die wenig über seinen Hintergrund wissen und die das Originalmaterial weder selbst lesen noch verstehen können. Sie müssen sich oft auf die Übersetzungen anderer verlassen.

Ich betrachte mein Fachgebiet als Wissenschaft. An einem bestimmten Tag wurde der erste Stein einer Pyramide gelegt. An einem bestimmten Tag wurde der letzte gelegt. Wenn ich das Material korrekt prüfe und interpretiere, sollte ich in der Lage sein, diese Daten festzustellen, wenn ich das Material falsch deute, werde ich eines Tages auf etwas stoßen, das mir beweist, dass ich mit meiner These falsch liege – die »Fakten« passen nicht dazu. Als Wissenschaftlerin sollte ich dann in der Lage sein, meine Hypothese zu überprüfen. Das ist die Grundlage aller Wissenschaft. Aber während in anderen Fachgebieten niemand die Ansichten von Nichtfachleuten ernst nehmen würde, werden in der Ägyptologie aus unerklärlichen Gründen sämtlichen Meinungen gleiche Bedeutung eingeräumt. Es wäre völlig inakzeptabel, wenn jemand etwa im Fernsehen auftreten und sagen würde: »Ich bin zwar kein Neurochirurg, aber ich glaube, bei Hirnoperationen sollte so und so verfahren werden.« Warum sollte dann jemand sagen dürfen: »Ich bin zwar kein Ägyptologe, aber ich glaube, so und so hat man Mumien gemacht.«?

Das Gold des Tutanchamun hat jeden überwältigt, der sich damit befasst hat. Viele haben den aussichtslosen Traum, wie einst Carter ein unversehrtes Grab zu finden. Aber für den Wissenschaftler ist das Gold selbst relativ uninteressant. Wichtiger als alles Gold Tutanchamuns wäre ein Papyrus, der die Wahrheit darüber verraten würde, was im Leben und beim Tod dieses Königs geschah. Aber das Gold und das es umgebende Geheimnis regen zu Spekulationen an. Manche davon sind wild. Man hat den zentralen Personen der Epoche eine fremde Herkunft angedichtet – manche Quellen erklären, Echnaton sei Mose und der Vater seiner Mutter Teje, Juja, sei Josef aus dem Buch Genesis; dann heißt es wieder, die Große Königsgemahlin Nofretete sei eine ausländische Prinzessin gewesen und habe eine fremde Religion mitgebracht, die die Menschen in ihrer Umgebung verdarb; Tutanchamuns Grab sei durch Inschriften mit einem Fluch belegt worden und die Ausgräber hätten das zu »vertuschen« versucht; Tutanchamun sei in irgendeiner Weise »merkwürdig«, weil er mit so viel Gold beigesetzt wurde, und habe daher ein »Geheimnis«; sein Körper sei durch Magie, Radioaktivität, Kraftfelder und so weiter »geschützt« und Tutanchamun sei auf rätselhafte Weise ermordet worden. All dieses hat nur dazu beigetragen, die Wahrheit zu verschleiern, statt sie ans Licht zu bringen. Dennoch erscheinen diese Thesen manchen aufregender als die Wirklichkeit. Der Stapel von Büchern mit solchen »Verschwörungstheorien« wächst, während die historischen Tatsachen unbeachtet bleiben.

Für die Räumung von Tutanchamuns Grab brauchte Carter ab dem Zeitpunkt seiner Entdeckung mehr als zehn Jahre. Nach scheinbar endlosen politischen Querelen betrat er das Grab 1925 erneut und hatte es 1932 leer geräumt. Sobald die im Grab gefundenen Stücke ausgestellt wurden, fragte auch die Öffentlichkeit, wie vorher vorwiegend die Spezialisten, wer Tutanchamun denn gewesen sei, wie er gelebt habe, wie er starb und warum sein Grab vergessen worden war. Die Archäologen suchten ihre Fragen aufgrund der wenigen damals verfügbaren Daten so umfassend wie möglich zu beantworten. Und durch Zufall schienen 1923 Ausgrabungen in Tell el-Amarna das letzte Stück des Puzzles zu liefern.

Unter dem Druck des Wunsches nach Antworten wurde eine offizielle Geschichte veröffentlicht, und obwohl sie im Laufe der Jahre umgeschrieben wurde, wird diese Version noch immer weithin als die gängige Wahrheit akzeptiert. Die veröffentlichte Geschichte war sehr schockierend. Im zweiten Teil meines Buches werde ich sie Stück für Stück unter die Lupe nehmen und unter Verwendung der historischen Zeugnisse darlegen, was ich von der Interpretation des darin verwendeten Materials halte. Aber zunächst möchte ich Ihnen diese Geschichte so erzählen, wie sie meist erzählt wird, mit all ihren merkwürdigen Widersprüchen.

Tutanchamun wurde um 1334 v. Chr. auf dem Höhepunkt der 18. Dynastie (siehe Kapitel eins) König von Ägypten. Sein Vorgänger auf dem Thron war Semenchkare, ein Herrscher ungewisser Abkunft, der nur sehr kurz regierte, möglicherweise nur ein paar Monate. Vor ihm hatte siebzehn Jahre lang Echnaton den Thron inne, der als »Amenophis« geboren wurde und einer der merkwürdigsten Charaktere in der gesamten ägyptischen Geschichte war. Um zu verstehen, wer Tutanchamun war und warum er handelte, wie er es tat, müssen wir uns zunächst seiner Geburt und seiner Kindheit zuwenden.

Echnaton war der zweite Sohn von Amenophis III. Dieser regierte Ägypten, als dessen Status in der Welt des östlichen Mittelmeers so hoch war wie nie zuvor in den vorhergegangenen Jahrhunderten. Zweihundert Jahre vorher mussten Amenophis' Vorfahren mit einer Gruppe von Eindringlingen fertig werden, die uns unter dem Namen Hyksos bekannt sind. Diese mächtigen Fremdlinge kamen nach Ägypten und stießen offenbar auf wenig Widerstand seitens der Ägypter. Anscheinend kamen sie aus dem Norden und dem Osten. Das Wort »Hyksos« ist vom ägyptischen  abgeleitet und bedeutet »Prinzen aus fremden Landen«. Ihre einzelnen Namen belegen, dass sie nicht von einem einzigen Ort stammten, und der Name eines ihrer Könige, Khyan, lässt vermuten, dass zumindest er aus dem fernen Osten kam, vielleicht aus den Steppengebieten Asiens. Es wird vermutet, dass plündernde Horden erst in den Nahen Osten einfielen, auf leichtgefederten Wagen mit Speichenrädern, gezogen von kleinen, kräftigen Pferden, die bis dahin in Ägypten unbekannt waren. Als sie in zügigem Tempo das Land durchquerten, bewaffnet mit mächtigen Kompositbogen und Kriegswaffen aus Bronze, müssen sie für die Bewohner der Orte, die an ihrem Weg lagen, ein Furcht einflößender Anblick gewesen sein: Die Technik ihrer militärischen Ausrüstung war der ihrer Gegner um Lichtjahre voraus. Manche schlossen sich ihnen angesichts ihrer Stärke freiwillig an und vermehrten ihre Zahl. Andere wollten das nicht und zogen als Flüchtlinge vor ihnen her.

So überquerte schließlich eine sehr gemischte Gesellschaft die nordöstliche Grenze Ägyptens und brauchte allem Anschein nach nur wenig Gewalt anzuwenden. Die Ankömmlinge ließen sich unweit der Grenze in einem Gebiet nieder, das wir heute unter dem Namen Tell ed-Daba kennen. Diese Gegend war bei den Ägyptern nicht sehr beliebt, weil sie oft von Grenzstreitigkeiten betroffen war. Bald hatten die Hyksos dort eine von Mauern umgebene Stadt namens Hutwaret erbaut (die Griechen nannten sie später Auaris). Die meisten Ägypter akzeptierten sie, und als sie Anspruch auf den ägyptischen Königsthron erhoben, hatten die meisten auch dagegen nichts einzuwenden. Aber eine Familie gab es doch, die den Hyksos Widerstand leistete, und sie war in Luxor in Oberägypten ansässig. Eine oberägyptische Streitmacht, angeführt von dem Schrecken erregenden Sekenenre Tao II. und nach seinem Tod von seinen beiden Söhnen Kamose und Ahmose, stürmte die Städte der Hyksos und vertrieb sie aus Ägypten. Während die Männer aus Luxor gegen die Eindringlinge kämpften, sorgten zu Hause mehrere starke Königsgemahlinnen nacheinander, nämlich Tetischeri, Ahhotep und Ahmose-Nefertari, dafür, dass neue Truppen ausgehoben wurden, der Nachschub funktionierte und die Lage im Land stabil blieb.

Nachdem die Hyksos vertrieben waren, bildeten die Könige aus Luxor die mächtige 18. Dynastie und schoben die Grenzen Ägyptens sowohl im Norden als auch im Süden weiter vor als alle ihre Vorgänger, denn sie wollten sicherstellen, dass keine weiteren Eindringlinge je wieder dem Beispiel der Hyksos folgen konnten. König Ahmose, der schließlich endgültig über die Hyksos siegte, hinterließ einen Sohn und Erben, Amenophis I. Amenophis hatte aber offenbar keinen Erben, und alles deutet darauf hin, dass nach seinem Tod der Thron an seinen Wesir Thutmosis überging. Als Thutmosis I. heiratete er die Schwester Amenophis' I., damit die Thronfolge reibungslos verlief. Er führte seine Armee weit in den Norden und ging auf einem seiner Feldzüge sogar so weit, den Euphrat zu überqueren und in das Gebiet des heutigen Irak vorzudringen, um dort die Feinde Ägyptens zu schlagen. Als er starb, hinterließ er eine Tochter von seiner Großen Königsgemahlin und einen jüngeren Sohn von einer Nebenfrau. Nichts deutet darauf hin, dass es nach seinem Tod einen Interessenkonflikt zwischen seinen beiden Kindern gab, vielmehr wurde seine Tochter Hatschepsut die Große Königsgemahlin Thutmosis' II., ihres Halbbruders. Thutmosis II. war politisch gesehen erheblich weniger erfolgreich als sein Vater und musste offenbar nicht im Ausland Krieg führen. Vermutlich war er von schwacher Gesundheit, denn er starb nach einer kurzen und relativ unspektakulären Regierungszeit. Als Thronerben hinterließ er einen kleinen Sohn von einer Nebenfrau. Dieser Sohn wurde wohl schon als Baby im Tempel von Karnak zum König Thutmosis III. Mencheperre gekrönt, und seine Stiefmutter und Tante Hatschepsut übernahm die Regentschaft, um seine Interessen zu vertreten. Ihr Altruismus hielt sich nur kurz. Innerhalb von zwei Jahren, nach einem Besuch des Tempels von Karnak, der sie tief beeindruckte, riss sie den Thron an sich und ließ sich zum König von Ägypten krönen. Laut späterer Inschriften hatte Amun ihr in Karnak offenbart, dass er selbst, nicht Thutmosis I., ihr wahrer Vater sei.

Für die Frauen der 18. Dynastie gab es bisher nicht gekannte Möglichkeiten, unabhängig zu sein und ihre eigenen Interessen zu verfechten. Angefangen bei den thebanischen Königsgemahlinnen, die die Herrschaft über Ägypten aufrechterhalten hatten, solange ihre Männer gegen die Hyksos kämpften, erwiesen sich diese Frauen als energische Naturen. Die Neigung zur Unabhängigkeit zeigt sich am deutlichsten am Werdegang Hatschepsuts. Im Gegensatz zu allen anderen regierenden Frauen vor ihr – und es hatten schon einige vor ihr das Amt des Königs innegehabt, was auch immer darüber in manchen Büchern steht – ließ sie sich häufig als Mann in männlicher Kleidung abbilden. Hatschepsut schuf, wie wir noch sehen werden, für ihre weiblichen Nachkommen einen gefährlichen Präzedenzfall.

Thutmosis III. war vielleicht der größte König von Ägypten, auch wenn er uns keine großartigen Denkmäler hinterließ. Als er endlich die Krone von Hatschepsut geerbt hatte, verbrachte er den Großteil seiner Königsjahre damit, Feldzüge nach Norden und Süden durchzuführen. Er schob die Grenzen Ägyptens in alle Richtungen weiter vor als jeder andere König. Oft verfolgte er eine Politik der verbrannten Erde, wies seine Truppen an, besiegte Städte zu zerstören, fruchtbares Ackerland unbrauchbar zu machen und Tiere zu töten, damit sich die Feinde nicht erneut gegen Ägypten erheben konnten. Er war ein großer Taktiker und bildete ein Korps von Berufsoffizieren aus, die in Kriegführung und Waffengebrauch ausgebildet waren, und in Schlachten griff er oft zu Überraschungsmanövern, bei denen seinen Gegnern der Mund offen blieb. Ausgrabungen in Syrien und Israel zeigen die Spur der Zerstörung, die er hinterließ. Während er jedoch alles vernichtete, was sich ihm in den Weg stellte, erwies er denen Gnade, die sich ihm unterwarfen.

Er zeigte sich auch als tüchtiger Administrator. Nachdem er Ägypten zu einem Großreich gemacht hatte, hielt er es nicht mit militärischen Mitteln zusammen, sondern viel wirksamer dadurch, dass er die Söhne ausländischer Fürsten und Könige gefangen nahm. Er ließ sie nach Ägypten bringen, wo er sie in der  oder königlichen Schule unterbrachte. Dort wurden sie wie Ägypter erzogen. Wenn sie erwachsen waren, schickte er sie wieder nach Hause. Sie waren nun von Grund auf loyal und standen auf vertrautem Fuß mit dem Pharao und den Prinzen. Diese umsichtige und intelligente Politik hatte zur Folge, dass Ägypten auf Jahrzehnte hinaus starke Verbündete hatte. Thutmosis sicherte sein Territorium nicht allein durch Bruderschaft statt durch Gewalt, sondern sorgte auch dafür, dass seine Nachfolger die Kontrolle mit geringen Mitteln aufrechterhalten konnten und hohe Tributzahlungen und Steuern erhielten.

Dank der erfolgreichen Außenpolitik von Thutmosis III. mussten die folgenden Könige nur noch gelegentlich militärische Präsenz im Ausland zeigen, und das ägyptische Großreich war weitgehend sicher und blühte. Da Ägypten den gesamten Handel des östlichen Mittelmeers unter seiner Kontrolle hatte, füllten sich die königlichen Schatzkammern schnell bis zum Überlaufen. Es gab praktisch keine Opposition. Die Stadtstaaten nördlich von Ägypten hatten wenig Zeit und Geld für einen Wiederaufbau und waren zunächst völlig auf Ägypten angewiesen.

Zuerst erntete der Sohn Thutmosis' III., Amenophis II., danach sein Enkel Thutmosis IV. die Früchte, die Thutmosis III. gesät hatte, ohne dass sie sich große Mühe geben mussten. Bis der Sohn Thutmosis' IV. als Amenophis III. Nebmaatre den Thron bestieg, waren die Kriege an Ägyptens Grenzen gänzlich vorüber und das Land genoss den Luxus beispiellosen Reichtums und Friedens. Loyalitätsbeweise trafen, zusammen mit Schätzen, von allen Seiten her ein. Ganz Ägypten gedieh aufs Schönste. In Luxor, einem der Orte, der am meisten davon profitierte, stand der kleine, ländliche Tempel des Amun in Karnak, der jetzt umgebaut und zum größten und reichsten des Landes wurde. Auch Könige früherer Zeiten waren immer wieder zum Tempel von Karnak gepilgert, um Amun um Hilfe in der Schlacht zu bitten, und wenn er half, überschütteten sie den Gott mit unermesslich vielen Geschenken. Die Priester dort wurden reicher, als man es sich in seinen kühnsten Träumen vorstellen kann. Da das Amt des Hohen Priesters vom Vater auf den Sohn vererbt wurde, wurden einige Familien so mächtig, dass sie selbst für den Thron zu einer Gefahr werden konnten.

Dann erfuhr dieses System eine Erschütterung. Statt eine Frau aus seiner eigenen Familie zu heiraten und sie, wie üblich, zur Großen Königsgemahlin zu machen, verliebte sich Amenophis III. Nebmaatre, der mächtigste und reichste Herrscher der damaligen Welt, in eine Bürgerliche. Seine Leidenschaft für Teje war so glühend, dass er sie unter Missachtung der Tradition zur Großen Königsgemahlin machte. Seinen gewaltigen Reichtum nutzte er für umfangreiche Baumaßnahmen. Tempel und Paläste schossen in ganz Ägypten aus dem Boden, aber vor allem Luxor mauserte sich von einer kleinen Provinzstadt zu einer der größten, geschäftigsten und kosmopolitischsten Städte der Alten Welt. Ausländer brachten neue Kleidermoden und Architekturstile mit, und neue Philosophien, Gottheiten und Ideale erzeugten in Ägypten einen raschen Wandel. Zwar blieb Memphis die Hauptstadt, in der Regierungsbehörden und Staatsarchiv angesiedelt waren, aber in der Zeit von Amenophis III. und Teje war Luxor der Ort, an dem man lebte.

Im Laufe der Jahre hatten die beiden zahlreiche Kinder, sowohl Jungen als auch Mädchen, die die gefahrvollen Jahre der frühen Kindheit überstanden. Der älteste Sohn, der, wie es Sitte war, nach seinem Großvater Thutmosis genannt wurde, schien dazu bestimmt, den Thron zu erben und wurde daher als Kronprinz erzogen. Der zweite Sohn war vermutlich für alle eine Enttäuschung. Prinz Amenophis war missgestaltet, hässlich, sah mehr weiblich als männlich aus, war psychisch labil und ein Träumer. Dann ereignete sich eine Katastrophe. Prinz Thutmosis wurde in den Norden geschickt, in den Sonnentempel des Re in Heliopolis – das war üblich bei den Kronprinzen in der 18. Dynastie, die die Weisheit zu erwerben suchten, die sie als König brauchten –, dann verschwand er plötzlich von der Bildfläche. Es besteht kein Zweifel daran, dass er vorzeitig starb, auch wenn man sein Grab niemals gefunden hat. Damit war Prinz Amenophis der einzige noch lebende Sohn und damit der in jeder Hinsicht äußerst ungeeignete Thronerbe. Als Amenophis III. nach neununddreißig Regierungsjahren starb, wurde sein jüngerer Sohn als Amenophis IV. Nefercheprure auf den Thron von Ägypten katapultiert.

Die noch verborgene Geisteskrankheit des neuen Königs verschlimmerte sich und kam bald nach seiner Krönung zum Ausbruch. Trotz seiner abstoßenden Hässlichkeit heiratete er eine der schönsten Frauen der alten Welt, Nofretete, die er zu seiner Großen Königsgemahlin machte. Zweifellos unter Überwindung einer natürlichen Aversion wurde sie rasch schwanger und in den folgenden Monaten und Jahren gebar sie ihm nacheinander sechs Töchter. Amenophis IV. ignorierte alle staatlichen Aufgaben, in Wahrheit war er vermutlich gar nicht in der Lage, sich mit ihnen zu befassen. Stattdessen hing er seinen Träumen nach und gab bald bekannt, dass er leidenschaftlich einen neuen Gott verehrte, den er den Aton nannte. Zwar beteten die Ägypter zu vielen Göttern, wie wir aufgrund der zahlreichen Statuen wissen, die sie uns hinterlassen haben und die seltsame Säugetier-, Vogel-, Reptilien- oder sogar Insektenköpfe tragen, aber der Aton war insofern eine Ausnahme, als er kein solches Bildnis hatte, sondern für jedermann als Sonnenscheibe am Himmel sichtbar war. Das war für die konservativen Ägypter vollkommen unannehmbar. In einem Zeitalter des Heidentums erwies sich dieser König als Ketzer. Er erklärte den Aton zum einzigen Gott, den er in Gestalt der Sonnenscheibe verehrte, während er die Existenz aller übrigen Götter leugnete.

Die Häresie des neuen Königs erschreckte und befremdete die Menschen. Schwerwiegender war, dass er durch sie die mächtige Priesterschaft des Amun in Karnak gegen sich aufbrachte, da er ihre Lebensgrundlage bedrohte. Innerhalb kurzer Zeit machten ihm die Priester das Leben so unerträglich, dass sie ihn zwangen, Luxor zu verlassen. Sie forderten ihn auf, einen anderen Ort zu finden, an dem er seinen befremdlichen Zwang ausleben konnte. Öffentlich gedemütigt und unter Racheschwüren gegen den Tempel segelte er nach Norden. Rund dreihundert Kilometer weiter nördlich fand er einen idealen Ort – eine verlassene Wüstenebene am Ostufer des Nils. Dort gründete er eine Stadt für sich und seinen Gott, die er Achetaton nannte – das heutige Tell el-Amarna.

Der König befahl den Beginn von Bauarbeiten und ein Jahr später zogen er und seine Familie ein. Er änderte seinen Namen in Echnaton und Königin Nofretete nahm den Namen Neferneferuaton Meri Waenre an (geliebt von Waenre; das war einer der Namen Echnatons). Sobald die Stadt fertig gestellt war, betrachtete Echnaton sie als sein Exil und schwor, sie nicht mehr zu verlassen, so lange er lebte. Hier waren alle alten Götter verboten. Dann schickte er Gruppen von Bilderstürmern aus, übereifrige Konvertiten, denen er seinen eigenen Hass gegen die Götzenbilder der alten Religion eingeimpft hatte. Sie zogen durch Ägypten, schlossen Tempel und zerstörten die Namen Amuns und der alten Götter, wo immer sie konnten.

Zu den in Tell el-Amarna verbotenen Praktiken zählten die alten Bestattungsriten unter dem Zeichen des Osiris. Die Bewohner der neuen Stadt waren verwirrt und bestürzt und schickten ihre Toten nach Hause, damit sie in herkömmlicher Weise bestattet werden konnten. In dem Maße, in dem Echnatons Paranoia zunahm, wurde das nationale Selbstbewusstsein Ägyptens zerstört, und eine Familie kämpfte gegen die andere.

Inzwischen geriet außerhalb Ägyptens sogar das Weltreich ins Wanken. Viele Jahre lang hatten die Hethiter in Anatolien untereinander um den Thron gestritten. Die Ägypter nutzten das aus und beförderten riesige Mengen von Handelsgütern über die Seidenstraße, die mitten durch ihr Territorium lief, ohne auf Widerstand zu stoßen. Jetzt, zum ungünstigsten Zeitpunkt für Ägypten, legten die Hethiter ihre Streitigkeiten bei, stellten sich gemeinsam hinter einen einzigen König und richteten all ihre Kräfte auf das Ziel, die Ägypter aus ihrem Land zu vertreiben. Manche Städte schlossen sich, von Ägypten im Stich gelassen, freiwillig den Hethitern an, andere leisteten heftigen Widerstand. Ägypten treue Städte schrieben Briefe an Echnaton und baten um militärische Hilfe. Aber Echnaton, der ganz von seinem fundamentalistischen Eifer besessen war, unternahm nichts. Die Städte schrieben ein zweites, ein drittes Mal, und ihre Bitten wurden immer dringlicher. Aber er ignorierte sie noch immer. Tell el-Amarna genoss die schläfrig machende Hitze eines ägyptischen Sommers, Echnaton blieb untätig und das Reich entglitt ihm Stück für Stück, als die Armee der Hethiter den Grenzen Ägyptens immer näher rückte.

Echnaton hatte inzwischen zwölf Jahre regiert. Als es schon so aussah, als könnten die Zustände in Ägypten nicht mehr schlimmer werden, brach das völlige Chaos aus. Die zweite Tochter Echnatons und Nofretetes, Prinzessin Maketaton, starb plötzlich und unerwartet. War es diese Tragödie, die den König vollends um den Verstand brachte? Bald nach der Beisetzung der Prinzessin wurde Königin Nofretete aus dem Palast verjagt und der jetzt wahnsinnige König Echnaton verkündete zum ersten Mal öffentlich, dass er homosexuell sei. Nofretete wurde öffentlich gedemütigt. Sie zog sich in den Nordpalast von Tell el-Amarna zurück, wo sie verstoßen und isoliert in Trauer lebte. Schließlich starb sie an gebrochenem Herzen.

Im Königspalast wurde ihr Platz sofort vom Lustknaben des Königs, Semenchkare, eingenommen. Wer dieser junge Mann genau war, ist unbekannt, man weiß nur, dass er einen kleinen Bruder hatte, Tutanchaton. Um den Widerstand der Öffentlichkeit zu überwinden, zwang Echnaton seinen Liebhaber, seine älteste Tochter, Prinzession Meritaton, zu heiraten. Semenchkare wurde zum Mitregenten gekrönt, was sicherstellen sollte, dass er beim Tode Echnatons ohne Streit den Thron erben würde.

Nach siebzehn Jahren als König starb Echnaton schließlich, und Semenchkare und Meritaton übernahmen den Thron. Sie hatten erst sehr kurze Zeit regiert – vielleicht nur wenige Monate –, da verschwanden mysteriöserweise beide gleichzeitig von der Bildfläche.

Die einzigen Mitglieder dieser ruchlosen Familie, die nun einen Anspruch auf den Thron von Ägypten erheben konnten, waren Semenchkares jüngerer Bruder Tutanchaton und die drittälteste Tocher Echnatons und Nofretetes, Prinzessin Anchesenpaaton. Echnatons Anhänger zwangen die beiden zur Heirat, damit Semenchkares Bruder der nächste König von Ägypten werden konnte. Zu ihrem Entsetzen löste sich der neue König schon nach kürzester Zeit völlig von Echnatons Ketzerei, verließ Tell el-Amarna und kehrte mit seiner Gemahlin nach Luxor zurück. Dort setzte er den Amunskult wieder ein, änderte seinen Namen in Tutanchamun und den seiner Gemahlin in Anchesenamun. Er fand den Tempel von Karnak geschlossen und seine Hallen von Unkraut überwachsen vor. Bald darauf verbot er die

Verehrung des Aton und ordnete an, das Fest des Amun müsse wieder gefeiert werden.

Tutanchamun war nur eine kurze Regierungszeit beschieden, ungefähr neun Jahre, dann starb er ebenfalls. Die verwitwete Königsgemahlin Anchesenamun, die letzte Überlebende der Königsfamilie, konnte zwar den Anspruch auf den Thron weitergeben, ihn aber nicht selbst besteigen. Da setzte sie ein alter Mann, Eje, Bruder von Echnatons Mutter Teje, unter Druck. Er überhäufte die trostlose Witwe mit unerwünschten Aufmerksamkeiten, und diese schrieb daraufhin voller Angst und Schrecken an den König der Hethiter und bat um Hilfe. Sie schrieb, wenn er einen Sohn nach Ägypten schicke, würde sie ihn heiraten und ihn zum nächsten König machen. Der König der Hethiter glaubte ihr nicht, was niemanden überraschen dürfte, schrieb aber zurück und tat seine Zweifel kund. Verärgert schrieb sie ein zweites Mal: »Einen Sohn habe ich nicht. Niemals werde ich einen meiner Diener zum Gemahl nehmen!...Es heißt, du habest viele Söhne, also gib mir einen von deinen! Mir wird er Gemahl sein, aber in Ägypten König.«*

Nach einigem Hin und Her wurde ein Sohn des Hethiterkönigs, Prinz Zannanza, auf den Weg geschickt. Aber er kam niemals an. Er und seine Begleiter wurden von einem ägyptischen Stoßtrupp in einen Hinterhalt gelockt und an der Nordgrenze Ägyptens ermordet. Jetzt blieb Anchesenamun nichts mehr anderes übrig, als Eje zu heiraten, der dadurch auf den Thron kam und sie nach einigen Versionen des Geschehens wahrscheinlich bald darauf ermorden ließ.

Danach regierte Eje nur vier Jahre. Er war schon ein alter Mann und starb ohne Erben. Alle Mitglieder der Königsfamilie waren inzwischen gestorben, und der Thron fiel an Haremhab, Oberbefehlshaber des ägyptischen Heeres, der in dem aufgewühlten und chaotischen Ägypten sofort eine eiserne Militärherrschaft einrichtete. Zu seinen ersten Taten zählte der Erlass eines Dekrets, in dem von der allgemeinen Gesetzlosigkeit im Land die Rede war. Er schrieb drakonische Strafen für viele Arten von Verbrechen vor und versuchte, Recht und Ordnung mit Härte wieder herzustellen. Um seine Position zu sichern, hatte er schon vorher Mutnedjemet, die Schwester Nofretetes, geheiratet. Trotz seiner Versuche, sie zur Mutter zu machen, hatte er, wie Eje, keine Nachkommen. Folglich blieb ihm nichts anderes übrig, als den Thron an eine andere Familie weiterzugeben. In seinem letzten Lebensjahr erwählte er seinen besten Freund bei der Armee zum nächsten König. Paramses war ein Bauernsohn aus dem Delta, aber wie Haremhab war er in der Armee durch alle Ränge bis zum Oberbefehlshaber emporgestiegen. Wie Haremhab war er bereits ein sehr alter Mann, von dem keine lange Regierungszeit zu erwarten war. Aber dieser alte Mann, der später als Ramses I. gekrönt wurde, hatte zwei große Vorteile: einen lebenden Sohn, Sethos, und einen lebhaften, gesunden Enkel namens Ramses. Haremhab war sicher, dass der Thron für mindestens drei Generationen in festen Händen war, wenn Paramses König wurde, und so gründete er durch dessen Ernennung die nächste, die 19. Dynastie.

Nun wandte Haremhab seine ganze Aufmerksamkeit der Tilgung aller Erinnerungen an die unglückselige Vergangenheit und der Wiederherstellung von Maat zu. Er riss alle Monumente Echnatons ab, ließ die Gebäude von Tell el-Amarna Stein um Stein abtragen und verwendete sie als Füllmaterial für seine eigenen Bauwerke. Und er ließ überall den Namen des großen Ketzerkönigs auslöschen, der die Existenz Ägyptens gefährdet hatte. Von nun an ignorierten er und seine Nachfolger Echnaton entweder völlig oder sie sprachen, wenn es denn sein musste, indirekt von ihm als »der große Verbrecher« oder »der große Feind«.

Die Pläne der Ramessidenherrscher der 19. Dynastie hätten beinahe Erfolg gehabt. Um 1920 wusste man so gut wie nichts über die späten Könige der 18. Dynastie. Dann wurde, gegen alle Wahrscheinlichkeit, das Grab Tutanchamuns nahezu unversehrt gefunden. Damit war zum ersten Mal die Möglichkeit gegeben, Genaueres über die Geschehnisse um ihn herauszufinden. Die meisten Archäologen der damaligen Zeit kannten die Geschichte jener Periode gut, daher hielten sie ganze Listen von Fragen bereit, die sie gerne beantwortet haben wollten. Wer waren die Eltern von Tutanchamun und Semenchkare? Wie hatte sich Tutanchaton gefühlt, als sein Bruder so viel Macht bekam und Nofretete verjagt wurde? Wie hatte das Leben in Ägypten unter dem großen Ketzer ausgesehen? Wurde Tutanchaton gezwungen, Prinzessin Anchesenpaaton zu heiraten, oder hatten sie aus Liebe geheiratet? Wie hatte Ägypten ihn als König aufgenommen? Wie hatte er die Ketzer, die dem Aton anhingen, ihrer Macht beraubt? Und wie war er gestorben? Welche Zeugnisse hinterließen der machthungrige Eje und die verschreckte Königinwitwe bei Tutanchamuns Beisetzung? Würde man auch diese arme Frau im Grab ihres Gemahls finden, ermordet vom ehrgeizigen Eje?

Diese Fragen und tausend andere, die sich aus der gängigen Geschichte ergaben, spukten in den Köpfen derer herum, die die Räumung des Grabes beobachteten. Aber wie ich schon zu Beginn dieses Kapitels sagte, ist es gefährlich, wenn Archäologen vorgefasste Meinungen haben. In diesem Fall hatte man, als die Fundstücke schließlich öffentlich ausgestellt wurden und das Material über das Grab nach und nach publiziert wurde, seltsamerweise auf keine der Fragen irgendwelche Antworten erhalten, wie Carter vermerkt. Kein einziger Gegenstand sagte irgendetwas über Tutanchamuns Eltern, seine Kindheit oder den kometenhaften Aufstieg seines Bruders aus, und nicht einmal etwas über seine plötzliche Bekehrung vom Aton zu Amun. Als das geräumte Grab 1932 sauber gefegt wurde, wusste man nicht mehr über Tutanchamun als an dem Tag, an dem man das Grab gefunden hatte. Dieser rätselhafte Umstand hat zweifellos den wilden Spekulationen Nahrung gegeben, die bis zum heutigen Tag kursieren.

Die vorgefassten Meinungen, von denen wir ausgingen, sind in der Tat äußerst gefährlich – vor allem, weil sie falsch sind. Denn wie ich zeigen werde, ist die gesamte gängige Geschichte, so wie ich sie gerade erzählt habe, nicht wahr. Es gab keine Antworten im Grab, weil man die falschen Fragen gestellt hatte.

Um die richtigen Fragen zu entdecken, müssen wir zum archäologischen Anfang zurückkehren – zum Grab. Werfen wir noch einmal einen prüfenden Blick auf das, was dort gefunden wurde, dann kommen wir endlich auf den richtigen Weg.

KAPITEL VIER

Die Aussagekraft der Gegenstände in Tutanchamuns Grab

Was würden Sie ins Grab mitnehmen, wenn Ihre Religion es Ihnen erlauben würde?

Wie wir schon gesehen haben, hat sich in den meisten Bereichen der altägyptischen Kultur im Laufe der Zeit wenig geändert. In der Kunst, der Medizin und der Mathematik kamen selten neue Ideen zum Tragen. Offenbar änderten sich jedoch von Zeit zu Zeit die religiösen Überzeugungen. Die Religion zählt zu den komplexesten Aspekten der langen Entwicklung der altägyptischen Kultur.

An Pyramiden, Gräbern und Artefakten können wir zwar oft ablesen, wie sie zustande kamen, aber wir begreifen nur selten, warum sie so und nicht anders aussehen. Ein Aspekt der Archäologie ist ihr Hang zur Romantisierung der Vergangenheit, und häufig werden ihr dabei Ideen untergeschoben, die es zur fraglichen Zeit gar nicht gab. Es ist schon unmöglich, sich in das Denken eines Zeitgenossen hineinzuversetzen. Wie soll es dann bei einem Menschen möglich sein, der vor Jahrhunderten oder Jahrtausenden in einem anderen Teil der Welt gelebt hat?

Stellen wir uns einmal vor, dass in ferner Zukunft, vielleicht in 3000 Jahren oder mehr, unsere gegenwärtige Zivilisation verschwunden und längst in Vergessenheit geraten ist. Die einzigen Erinnerungen an unsere Zeit sind fragmentarische Inschriften und ein paar mit Figuren geschmückte Steine von den verschiedensten religiösen Gebäuden, die völlig widersprüchlich sind. Stellen Sie sich die Szenerie vor: Unsere Städte sind bis auf ein paar Reste und Grundmauern verschwunden, und die einzigen

Statue von Amenophis III. mit dem krokodilköpfigen Gott Sobek.

Ein »Nachrichten-Skarabäus«, den als Einziger Amenophis III. dazu benutzte, politische Informationen im ägyptischen Reich zu verbreiten.

Drei goldene Fliegen, die höchste Auszeichnung für Tapferkeit im Krieg, die Königin Ahhotep verliehen und in ihrem Grab gefunden wurden.

Das Gesicht dieser Kolossalstatue von Echnaton zeigt die »Verzerrung« der Züge, die Künstler und Handwerker nach dem Umzug nach Tell el-Amarna vornahmem, wahrscheinlich auf Anweisung des Königs.

Ein Talatat-Block mit einem Relief des Königs mit Chat-Kopftuch unter den Strahlen des Aton.

Diese mit einem schönen Relief geschmückte Stele zeigt den König mit seiner Großen Königsgemahlin Nofretete und drei ihrer Töchter. Die kleinste, die Nofretete an der Schulter hält, ist Anchesenpaaton, die spätere Gemahlin von Tutanchamun.

Echnaton, Nofretete und ihre Tochter Meritaton bringen dem Aton Trankopfer dar.

Heute sind von Tell el-Amarna nur noch wenige Reste sichtbar. Diese Treppe führte einst auf das Dach der königlichen Privatgemächer des Nordpalastes, der wahrscheinlich Nofretetes eigener Wohnpalast war.

Eje ist schwer beladen mit »Ehrengold«, der Belohnung des Königs für Loyalität, überreicht von seinem Schwiegersohn Echnaton.

Traditionell hielt man diese beiden Figuren für Semenchkare und Meritaton, aber tatsächlich ist die männliche Figur Tutanchamun.

Auf einem der Talatat-Blöcke, die man aus den Pylonen Haremhabs in Karnak herausgeholt hat, ist dieses fein gemeißelte Relief. Die Figur steht unter den Strahlen des Aton, und diese Position ist normalerweise den Mitgliedern der Königsfamilie vorbehalten. Die Gesichtszüge lassen vermuten, dass es sich um die älteste Prinzessin, Meritaton, handelt.

Dieser exquisite Quarzitkopf, den Borchardt in der Werkstatt des Bildhauers Thutmosis in Tell el-Amarna fand, stellt wahrscheinlich eine der Königstöchter dar, auch wenn sie keinen Namen trägt. Trotz der stilisierten Form ist sie atemberaubend schön.

Texte, die noch vollständig erhalten sind und über das Leben im 20. Jahrhundert Auskunft geben können, sind ein Stoß Abiturarbeiten von Schülern unterschiedlicher Begabung. Jetzt stellen Sie sich einen zukünftigen Archäologen vor, der versucht, sich auf all das einen Reim zu machen. Um mehr Informationen zu erhalten, würde er das Gelände ausgraben, auf dem einst Ihre Stadt lag. Dabei fände er in einem ehemaligen privaten Garten in einem Blumenbeet in der Mitte, umgeben von den Resten verrottender Blumenwurzeln, zufällig eine Kollektion Gartenzwerge. Sein Fund würde sofort freudig als »wichtig und bedeutsam« begrüßt, weil man so etwas noch nie gesehen hat. Bei der Interpretation verwandeln sich die Zwerge in »Lokalgötter«, das Haus dahinter wird zum »Tempel«, und der größte Zwerg – der mit der Angel an einem Brunnen – wird zum »König der Götter« und für »Speise- und Trankopfer« zuständig erklärt, die ihm die »Gläubigen« einst darbrachten und in seinen Brunnen versenkten.

Das kommt Ihnen vielleicht amüsant und weit hergeholt vor. Aber genau das geschieht in der Archäologie oft. Aus dem alten Ägypten haben wir genau diese Art von Zeugnissen. Sie erkennen, vor welchen Problemen wir stehen, wenn wir versuchen, die Welt alter Religionen zu betreten. In der Vergangenheit neigten Archäologen dazu, Fundobjekte als »religiös, symbolisch oder kultisch« anzusehen, nur weil sie sie nicht verstanden. Heute versuchen wir objektiver zu sein, aber das ist oft außerordentlich schwierig. Wahrscheinlich dienten viele der Gegenstände, die wir finden, praktischen Zwecken, aber da wir nicht einmal im Entferntesten ahnen können, welche Bedürfnisse die alten Ägypter hatten und welche Lösungen sie für Schwierigkeiten fanden, können wir einfach nicht erkennen, was wir finden – und *wenn* wir es erkennen könnten, würde das wahrscheinlich unsere Ansicht über diese Dinge grundlegend ändern. Manchmal rettet es uns aus allerhand Nöten, ein Objekt kurzerhand als »religiös« zu bezeichnen.

Genauso ist es mit den Überresten aus dem alten Ägypten. Es ist nach so vielen Jahrhunderten nicht möglich, die Motive der alten Ägypter nachzuvollziehen, und für Archäologen ist es nur allzu verlockend, Bedeutungen in deren Gegenstände und Denkmäler hineinzulesen. Aber obwohl wir nicht mit Sicherheit sagen können, was sie glaubten oder wie sie ihren Glauben in die Praxis umsetzten, ist uns von ihren Bestattungen und ihren Gräbern so viel erhalten geblieben, dass wir wenigstens einen Einblick in ihre Vorstellung davon gewinnen, was nach dem Tod mit ihnen geschehen würde.

Der Glaube an ein Leben nach dem Tod ist Bestandteil vieler Kulte. Aber im Fall des alten Ägypten ist er eine sehr komplexe Angelegenheit, die häufig falsch dargestellt wurde. Die Ägyptologie wurde seit der Zeit der Griechen und Römer mit dem Mystischen und dem Okkulten gleichgesetzt. In den ersten christlichen Jahrhunderten war man in Ägypten geradezu versessen darauf, die religiösen Überzeugungen der alten Ägypter als die schlimmste Art von Heidentum hinzustellen und scheute nicht einmal vor Anspielungen auf Geheimkulte zurück, in denen vorgeblich Menschenopfer gebracht wurden. Keine dieser Anschuldigungen fußte auf der Wirklichkeit – aber sie trugen viel dazu bei, die Bekehrung der Menschen zum Christentum zu fördern.

Die erste Gruppe, die eindeutig zur Mystifizierung des alten Ägypten beigetragen hat, waren die arabischen Siedler. Als sie 641 n. Chr. nach Ägypten kamen, nahmen sie ein Land in Besitz, dessen Bewohner äußerst verschlossen waren. Die neuen arabischen Herrscher waren verblüfft über den Mangel an Kommunikation und verstanden nichts; sie konnten weder die Hieroglyphen entziffern noch die Denkmäler deuten, die sie vorfanden, und so schufen sie ihre eigenen Geschichten über Ägypten. Es entstanden die *Erzählungen aus Tausendundeiner Nacht* mit Aladins Wunderlampe, Ali Baba, verlorenen Schätzen, Geheimtüren, Dämonen und Zaubertränken – und fast all diese Elemente zeigen die Reaktion der Araber auf die altägyptischen Denkmäler, von denen sie sich umgeben sahen. Vom Mittelalter bis zur Gegenwart wurden Bücher über diese versunkene Welt geschrieben, und sie versuchten den Mangel an Wissen mit Hilfe der Mystik zu kompensieren. Die Autoren solcher Bücher erklärten, wenn man in Gräbern Gold finden wolle, brauche man nur die richtigen Zauberworte zu sagen (z.B. »Sesam, öffne dich!«), zur rechten Zeit die richtigen Substanzen verbrennen und die korrekten Handlungen vornehmen. Dann würde das Gold aus dem Nichts auftauchen. Diese Geheimnisse wurden mit dem volkstümlichen Namen des alten Ägypten bezeichnet: Kemet, das schwarze Land. Das arabische Wort dafür war *al-Keme* oder Alchimie, die Transmutation von Metallen.

Auf diese Weise und durch viele weitere Missverständnisse und Fehldeutungen, die später hinzukamen, wurde unser Verständnis des altägyptischen Denkens gefärbt. Bis zum heutigen Tag hat sich die Vorstellung gehalten, dass die alten Ägypter heidnische Polytheisten waren, da sie ja sogar Säugetiere, Vögel, Reptilien und Insekten anbeteten, während sie unsägliche geheime Riten vollzogen. In einem Buch, das die Grundlinien der altägyptischen Religion untersucht, bestätigt Henri Frankfort diese Vorstellung sogar in dessen Titel: *Before Philosophy.* Vor den Griechen, so meinen er und andere, gab es keine Philosophie, keine logischen Denkprozesse – einfach nur einen Sumpf heidnischen Irrglaubens, gegründet auf Ursache und Wirkung.

Die Wahrheit sieht ganz anders aus. Unser Verständnis der altägyptischen Philosophie ist derzeit Gegenstand wissenschaftlicher Untersuchungen, aber über die Einstellung der alten Ägypter zum Tod und zum Jenseits können wir schon eine ganze Menge sagen, wenn wir dafür Informationen aus den Texten und Inschriften in Gräbern und Pyramiden zu Hilfe nehmen.

Im Gegensatz zu abendländischen Theologien, die die Menschen mit Leib und Seele ausstatten und damit Diskussionen und Debatten aller Art heraufbeschwören, sahen die alten Ägypter Menschen als komplexes Gefüge physischer und spiritueller Aspekte an. Zuerst kam, zum Zeitpunkt der Empfängnis, der materielle Leib. Mehrere unterschiedliche Bilder und Inschriften zeigen, dass die Ägypter glaubten, der Leib werde von Chnum, einem »Lokalgott« aus Assuan, an der Töpferscheibe geformt – tatsächlich war er mehr eine Art Heiliger oder Fürsprecher. Er wird häufig mit einem Widderkopf mit waagrechten, gedrehten Hörnern dargestellt. Dann wurde der Leib in den Körper der Mutter eingepflanzt. Im selben Augenblick schuf Chnum auch den *ka*. Diese spirituelle Entität war ein Doppelgänger, der in jeder Hinsicht genau wie ein Mensch aussah. Er wurde in den Leib des Fötus eingepflanzt und wuchs und entwickelte sich mit ihm zusammen. Er war die leitende Kraft des Leibes, sodass sich, wie in den Weisheitslehren (s. S. 24) erläutert wird, gelegentlich der *ka* schlecht benehmen und einen zu Handlungen verleiten konnte, die einem sonst nie in den Sinn gekommen wären.

Offenbar konnte man mehr als einen *ka* bekommen, wenn Chnum das für richtig hielt. Hatschepsut, der weibliche Pharao, hält in ihrem Totentempel am Westufer von Luxor in Deir el-Bahari fest, dass sie neun *kas* hatte, von denen acht männlich waren. Damit hatte man eine Erklärung für jedes Vergehen. Wenn man beispielsweise zu viel aß oder sich zu einer bösen Tat hinreißen ließ, legte man das dem *ka* zur Last. In einigen Texten heißt es, der Samen komme aus dem *ka,* sodass ein Kind, wenn es geboren wird, das Kind des *ka* und nicht des Leibes ist. So ist zu erklären, dass manche Ägypter glaubten, sie seien buchstäblich das Kind eines »Gottes«, denn im Augenblick der Zeugung eines Kindes habe für kurze Zeit ein anderer *ka* ihren Leib in Besitz genommen. In unserer heutigen Zeit ließe sich ein Transsexueller im Lichte dieser Philosophie leicht verstehen; es gibt einfach Menschen, in deren Körper ein *ka* des anderen Geschlechts eingepflanzt wurde.

Ein *ka* konnte sowohl im Wachzustand als auch im Schlaf aus dem Leib befreit werden. Eine Inschrift aus der Spätzeit berichtet von einem König, dessen *ka* in der Nacht nach Nubien reiste, wo er öffentlich ausgepeitscht wurde. Am nächsten Morgen erwachte der König mit Narben auf dem Rücken, die sein *ka* mitgebracht hatte. Diese Geschichte hat eine moderne Parallele in der Erfahrung, dass jemand aus seinem Körper heraustritt.

Da der *ka* vom Augenblick der Empfängnis an mit dem Leib verknüpft ist, erlebt er den Augenblick des Todes als schrecklich, denn zu diesem Zeitpunkt wird er unter Schmerzen vom Leib getrennt. Zu Lebzeiten eines Menschen wurde für den *ka* ein Grab als »Haus der Ewigkeit« vorbereitet, in dem alle seine Bedürfnisse erfüllt wurden. Der *ka* blieb für immer an die Erde gebunden, und die Fortdauer seiner Existenz hing vollständig von den Speiseopfern ab, die Freunde und Verwandte ihm brachten, erstmals bei der Bestattung und dann bei regelmäßigen Besuchen der Hinterbliebenen am Grab. Im Laufe der Zeit, wenn die Erinnerung an den Verstorbenen verblasste, konnten Essen und Trinken auch »spirituell« durch Bilder und Inschriften an den Grabwänden dargebracht werden. Man glaubte, die Gegenstände und Bilder in einem Grab trügen wesentlich dazu bei, für den *ka* und seine Bedürfnisse zu sorgen, von deren Erfüllung seine Unsterblichkeit abhing. Der Leib wurde in einer ungeschmückten, versiegelten Kammer unter der Erde beigesetzt, die oberen Räume standen für Besucher offen, die entweder tatsächlich Essen mitbrachten oder Worte sagten, die einer spirituellen Darreichung gleichkamen.

Es ist höchst zweifelhaft, ob vor dem Vorhandensein eines Ortes wie dem Tal der Könige einem König von Ägypten mehr in das Grab mitgegeben wurde, als die Grundbedürfnisse des *ka* erforderten, die in Form von Wandbildern, Modellen oder Reliefs befriedigt wurden. Da Besucher in der Kapelle über dem Grabschacht ungehindert ein und aus gingen, wäre es unklug gewesen, dort wertvolle Schätze zu deponieren. Außerdem wurden die Menschen auch ermuntert, die Gräber zu betreten. In mehreren Inschriften auf Grabwänden heißt es, Wanderer seien eingeladen, »hereinzuschauen«. »Oh du, der du noch auf Erden lebst und auf deiner Reise nach Norden oder Süden an den Eingang dieses Grabes kommst, tritt ein und sage: ›Tausend Laibe Brot, tausend Krüge Bier, tausend Krüge Wein für den *ka* von…‹«, dann folgte der Name der Person. Auf diese Weise wurden nach ihrer Vorstellung die Bedürfnisse des *ka* zur Erlangung der Unsterblichkeit befriedigt. Es gab nie einen Fluch, der das Betreten eines Grabes verbot (s. S. 175), ganz im Gegenteil, das Betreten war notwendig, um den *ka* am Leben zu erhalten. Erst als der Bestattungsort als absolut sicher galt, wie im Tal der Könige, hielt man es für angebracht, Gegenstände in die Grabkammern zu bringen.

Das zweite spirituelle Element eines Menschen war der *ba*, der, wie wir sehen werden, eine Art Zündmechanismus war. Normalerweise wird er als Vogel mit einem anonymen menschlichen Gesicht dargestellt. Wir könnten vielleicht sagen, er sei das Äquivalent für »Lebenskraft« gewesen. In Inschriften heißt es, er verlasse im Augenblick des Todes den Leib durch das linke Ohr. Er wird als ziellos geschildert und soll nach dem Tod im Grab herumflattern und nach einem anderen Leib suchen, auf dem er sich »niederlassen« kann. Er versucht also, in einen neuen Leib einzuziehen. Das bedeutet nicht, wie viele Menschen behaupten, einen Glauben an die Reinkarnation. Die Ägypter sahen das Erdenleben als kurz, mühsam und leidvoll an – mit anderen Worten, als möglichst einmalige Angelegenheit, die sie nicht freiwillig wiederholen wollten. Wenn der *ba* in einen anderen Menschen einging, brachte er kein Gefühl der Identität mit, sondern fungierte, um eine moderne Analogie heranzuziehen, nur als Zündkerze. Wenn ein Motor »stirbt«, können die Zündkerzen herausgenommen und in einen anderen Motor eingesetzt werden, der dann »lebendig wird«. Aber die Zündkerze hat ebenso wenig eine Erinnerung an den Motor, in dem sie vorher war, wie der *ba* an den vorigen Leib, wenn er in einen anderen einzieht. Ein tot geborenes Kind war in den Augen der alten Ägypter einfach ein Kind, für das zum Zeitpunkt der Geburt kein *ba* zur Verfügung stand – vielleicht ein tröstlicher Gedanke, vor allem in einer Zeit, in der die Säuglingssterblichkeit hoch war.

Wenn also der *ka* der erdengebundene »Geist« war, der im Grab wohnte, und der *ba* einfach der »Atem des Lebens«, was blieb dann nach dem Tod von einem übrig? Ganz bestimmt weder der *ka* noch der *ba*. Wie wir gesehen haben, wurde der Leichnam eines Verstorbenen im alten Ägypten kurz vor der Bestattung zu seinem Grab gebracht, wo die letzten Riten an ihm vollzogen wurden – die so genannte Mundöffnung. Dazu wurde ein Dächsel, ein einfaches Zimmermannswerkzeug, in ritueller Weise – niemand weiß genau wie – mit Augen, Nase, Mund, Ohren, Händen, Genitalien und Füßen des Toten in Berührung gebracht. Die Umhüllung des Toten – ob eine Matte, die um den Körper eines armen Mannes gewickelt war, oder der goldene Sarg um die Mumie des Königs – wurde symbolisch »gehoben«, um dem Körper alle seine Sinne »wiederzugeben«. Nach der letzten Berührung des Körpers, verwandelte sich dieser nach Textaussagen in einen *ach*. Dieser wird als »leuchtendes« oder »vollkommenes« Wesen beschrieben. Der Leib wurde also auf wunderbare Weise in ein geistiges Wesen »verwandelt«, das sich in unserer Zeit am besten mit einem Engel vergleichen lässt. Im Matthäusevangelium wird berichtet, dass Jesus eine ähnliche Verwandlung durchmachte: »Seine Gestalt leuchtete wie ein Blitz, und sein Gewand war weiß wie Schnee.« Der *ach* war der auferstandene Leib, der jetzt nicht mehr nur ein lebloses Stück Fleisch war, sondern eine wiederbelebte Form mit neuen Kräften, die sofort bestattet werden musste. Denn er war nicht länger Teil der Welt der Lebenden, sondern dazu bestimmt, sich ähnlichen Wesen in einer anderen, parallelen Existenz anzuschließen. Der *ach* begleitete, gut gerüstet für seinen Weg, die untergehende Sonne über den westlichen Horizont, reiste in das Reich des Osiris zu Totengericht, Freispruch und einem ewigen Leben im Paradies – in einem Land, das eine genaue Kopie Ägyptens darstellte, nur ohne alle irdischen Probleme. Die altägyptische Philosophie vom Leben, dem Jenseits und der Natur des Menschen ist also komplex, faszinierend und intellektuell sehr anspruchsvoll. Die Zeit der alten Ägypter verdient es ganz gewiß nicht, als eine Zeit »vor der Philosophie« bezeichnet zu werden. Die spirituellen Konzepte beantworten viele der ewigen Fragen, deren Beantwortung man auch heute von einer Religion erwartet, denn es geht um Sünde,

Vergebung, Gericht, Unsterblichkeit, das Wesen von Leben und Tod und sogar um die Natur von Geistern.

Nach ägyptischen Vorstellungen wäre man also nach dem Tod Tutanchamuns davon ausgegangen, dass die Mundöffnungszeremonie den König für seine Reise ins Jenseits in die Gestalt eines *ach* verwandelte, während sein Grab für alle Zeiten von seinem *ka* bewohnt blieb. Der *ka* brauchte alle die Dinge, die er im Leben immer gebraucht hatte. So brauchte also der Bauer seine Geräte und sein Saatgut, der Maler seine Farben und Pinsel, der Schreiber seine Schreibausrüstung, der König Erinnerungen an seinen irdischen Glanz in Form von Schmuck, Kleidung und Insignien. Außerdem benötigte er einige Dinge, die ihn an die Menschen erinnerten, mit denen er sein Leben geteilt hatte – an seine Familie und die engen Freunde.

Wenn Sie diesen Glauben teilen würden und wüssten, dass Sie buchstäblich alles mitnehmen könnten, was Sie im Grab gerne bei sich hätten, was würden Sie dann mitnehmen? Würden Sie das Auto an die Grabwände malen lassen, das Sie jahrelang gefahren haben – oder lieber das, das Sie immer gerne besessen hätten? Würden Sie sich in Ihrer bequemen Gartenkluft malen lassen oder mit Kleidern, die Sie immer gern gehabt hätten? Im Allgemeinen entscheiden sich die Menschen eher für die Träume als für die harte Wirklichkeit. Aufgrund des natürlichen Wunsches, im Jenseits das Ideal zu verkörpern, sind viele altägyptische Grabmalereien zwar einerseits autobiographisch, aber dennoch sehr idealisiert und müssen daher mit Vorsicht interpretiert werden. Aber bei den Gegenständen, die jemandem ins Grab mitgegeben wurden, sieht es anders aus. Sie können kein echtes Kleid von Dior oder Christian Lacroix mitnehmen, wenn Sie nie eines besessen haben und es sich nicht leisten konnten, auch wenn Sie es noch so gerne gehabt hätten. Wahrscheinlich würden sogar alles Wertvolle, das Sie besessen haben, Ihre Verwandten erben, während Sie die ungeliebten abgelegten Sachen mitbekämen. Die Ägypter waren vielleicht Idealisten und oft auch Träumer – aber dumm waren sie nicht. Die Bedürfnisse der Lebenden hatten Vorrang vor denen der Toten. Viele von den Dingen, die jemand ins Grab mitbekam, waren bestimmt Lieblingsstücke. Auch Frank Sinatra ließ sich mit Dingen zur letzten Ruhe betten, die ihm etwas bedeuteten – mit einer Flasche Whisky, einem Päckchen Zigaretten, seinem Lieblingsfeuerzeug und einer Hand voll Zehn-Cent-Münzen zum Telefonieren, damit er nie ohne Kleingeld dastand. Ebenso könnten Sie vielleicht Ihr Lieblingsbuch, ihre Kleider oder etwas aus Ihrer Kindheit mitnehmen wollen.

Die Gegenstände im Grab Tutanchamuns könnten also alles Mögliche repräsentieren: seine Kindheit (Lieblingssachen); Geschenke von Menschen, die ihn gern hatten; Dinge, die er im Leben benutzte (und die die Lebenden vielleicht nicht haben wollten), und schließlich Dinge, die eigens dafür gemacht worden waren, seinen *ka* für die Ewigkeit zu rüsten. In diesen Kategorien wäre etwa mit Lieblingsspielzeug zu rechnen, mit Geschenken von namentlich genannten Trauernden, mit Möbeln und Kleidern, aus denen er herausgewachsen war, und mit Essen und Trinken für den *ka*. Aber man muss bedenken, dass Tutanchamun etwas Besonderes war und nicht einfach ein gewöhnlicher Sterblicher. Er hatte nicht nur persönliche Erinnerungen, sondern er hatte auch Pflichten zu erfüllen. Schließlich war er ein gekrönter König Ägyptens. Nach seinem Tod würde sein *ach* nicht einfach ins Jenseits hinübergehen und mit den Seelen gewöhnlicher Verstorbener zusammenleben, sondern man rechnete damit, dass er sich unter die Geister lang verstorbener Könige und Helden mischen würde, die die Ägypter *netjeru* nannten, was wir als »Götter« übersetzen. Die Ausstattung, die er »mitnahm«, musste diesen Status auch widerspiegeln.

Tutanchamuns Grab ist einzigartig. Bis heute ist es das einzige Königsgrab, das praktisch unversehrt gefunden wurde. Zwar fand man 1939 in Tanis einige andere Königsgräber aus der 21. und 22. Dynastie, aber sie repräsentierten die ägyptische Kultur auf einem Tiefpunkt und waren daher vergleichsweise armselig ausgestattet. Obwohl relativ kurz nach Tutanchamuns Bestattung zweimal Räuber seine ewige Ruhe gestört hatten, waren die meisten Grabbeigaben, die man ihm mitgegeben hatte, noch vorhanden, wenn auch nicht an ihrem ursprünglichen Platz. Die meisten Truhen waren einmal mit Stricken zugebunden worden, an denen hölzerne Etikette hingen, auf denen der Inhalt der Truhe verzeichnet war. Ein späterer Vergleich dieser Etikette mit einer Zusammenstellung der Stücke, die man gefunden hatte, offenbarte genau, was fehlte. Zur Überraschung der meisten Fachleute war die Menge des fehlenden Goldes nach diesen Listen relativ gering. Größere Verluste gab es an Ölen, Parfums und Leinen. Wahrscheinlich konnten die Diebe diese Dinge besser losschlagen als Gold, dessen Spur sich leicht zu ihnen hätte zurückverfolgen lassen.

Aber gerade weil dieses Grab einzigartig ist, ist es gefährlich, allgemeine Aussagen über die Natur und den Status der Gegenstände darin zu machen. Viele der Möbelstücke im Grab waren zum Zeitpunkt seines Todes zu klein für den König, zerbrochen oder von schlechterer Qualität, als man sie im Besitz eines Pharaos erwarten würde. Das hat manche glauben lassen, dass einige Dinge beim Eindringen der Räuber oder auch bei den späteren Aufräumarbeiten der Nekropolenwächter zu Bruch gingen, oder dass man Tutanchamun schlecht behandelt habe – dass ihm von Menschen, die ihn nicht respektierten, minderwertige Dinge mitgegeben wurden. Möglicherweise stimmt beides nicht. Vielleicht wurden Gräber üblicherweise mit Dingen minderer Qualität ausgestattet. Vielleicht sind die Gegenstände in Tutanchamuns Grab ganz typisch und in keiner Weise ungewöhnlich. Zahlreiche Beamtengräber aus der 18. Dynastie wurden seit 1976 von einem britisch-niederländischen Team in Sakkara ausgegraben, und sie hielten viele Überraschungen bereit. Eine Reihe von Särgen, die unversehrt in Schächten gefunden wurden, sind von so schlechter Qualität und mit so unsinnigen Hieroglyphen beschriftet, dass sie dann, wenn man sie illegal ausgegraben und einem Museum oder einem privaten Sammler zum Kauf angeboten hätte, sofort zu sehr schlechten Fälschungen erklärt worden wären. Außerdem wurden in den Gräbern von Sakkara auch einige Uschebti-Figuren gefunden, die Experten ohne weiteres als Fälschung bezeichnet hätten, wäre ihre Herkunft nicht gesichert gewesen. Das sollte uns eine Mahnung sein, zukünftig große Vorsicht walten zu lassen, wenn wir Stücke aus Ägypten begutachten. Da die meisten alten Ägypter nicht lesen und schreiben konnten, könnte es durchaus sein, dass selbst die elementarsten »Inschriften«, wie falsch sie in unseren Augen auch sein mögen, für ihre Bedürfnisse ausreichend waren. Mit anderen Worten könnte man uns, wenn wir neue oder unbeschädigte Gegenstände in einem Grab erwarten, den Vorwurf machen, wir seien puristischer als die alten Ägypter selbst.

Wir könnten also mit zwei Hauptgruppen von Gegenständen rechnen. Erstens sollte es persönliche Dinge geben, die für Tutanchamun hergestellt und zu Lebzeiten auch von ihm benutzt wurden. Sie sollten uns eine Menge über seine Vorlieben und Abneigungen, über seine Hobbies und seine Familie verraten. Zweitens sollte es Dinge geben, die für seinen Tod, seine Beisetzung und das Leben im Jenseits gemacht wurden. Wenn wir diese beiden Gruppen untersuchen, müsste sich ein Bild ergeben, das uns verrät, wie Tutanchamun wirklich war. Schließlich sind das die Dinge, die er selbst auswählte oder die seine Angehörigen für ihn aussuchten.

Die Gegenstände im Grab können auf zwei Ebenen untersucht werden. Man kann sie, der Aufgabe des Archäologen entsprechend, dokumentieren, Stück für Stück registrieren, messen und beschreiben. Das hat niemand besser gemacht als Nicholas Reeves in seinem Buch *The Complete Tutanchamun,* und es besteht absolut kein Grund, sein Werk hier in irgendeiner Weise nachzuahmen. Will man sich jedoch auf eine detektivische Suche nach Leben und Tod des Pharaos Tutanchamun begeben, genügt es nicht, die vorhandenen Gegenstände zu dokumentieren, man muss auch verstehen, was sie bedeuten. Nur dann können wir darauf hoffen, die Spuren in einer Weise zu werten, die uns zu eindeutigen Schlüssen gelangen lässt.

Knapp fünf Meter unter der Sohle des Tales der Könige, vor dem Eingang zum Grab von Ramses VI., sind sechzehn Stufen in den Felsen geschlagen, die zu einer mit Mörtel bestrichenen Tür aus Steinen führten, die in der oberen, linken Ecke aufgebrochen und später mit dem Siegel der Nekropolenwächter wieder versiegelt worden war – mit einem Schakal, der über neun gefesselten Gefangenen liegt. Außerdem trug die Tür den Thronnamen des Königs, Nebcheprure. Dahinter führt ein abfallender Gang zu einer zweiten Tür, die Carter im Beisein von Carnarvon, Lady Evelyn und Callender öffnete und die den Blick auf eine Kammer mit viel Gold freigab. Das war die quer liegende Vorkammer, in der zur Linken zerlegte Wagen, gegenüber Totenbahren und zur Rechten zwei schwarze, teilweise vergoldete Wächterstatuen standen, die ein verputztes Stück Wand beschützten. Als diese Wand abgerissen wurde, zeigte sich dahinter die Sargkammer, die beinahe vollständig von vergoldeten hölzernen Schreinen

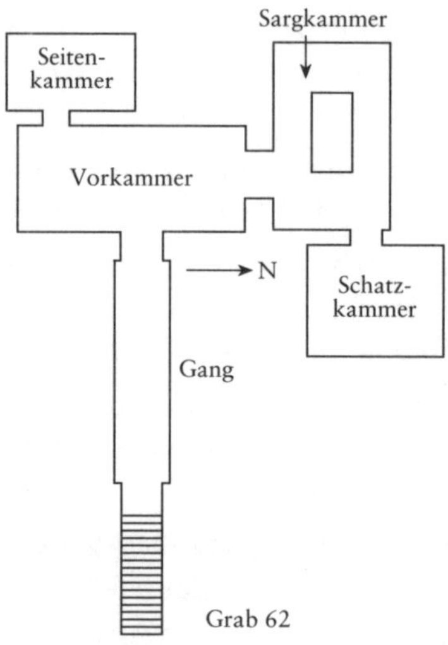

Das Grab Tutanchamuns.

In einer kleinen Kammer, die Carter »Seitenkammer« nannte, lagen in einem völligen Durcheinander Gegenstände, die Tutanchamun im Alltagsleben benutzt hatte.

ausgefüllt war. In der rechten Wand der Sargkammer war der Eingang zur Schatzkammer, bewacht von der liegenden Figur des Schakalgottes Anubis, hinter dem ein Schrein mit dem Kanopenkasten stand, der die Eingeweide des einbalsamierten Königs und viele seiner kostbarsten Schätze barg. Von der Vorkammer aus führte ein Loch in der Wand unter einer der Totenbahren in die vollgestopfte und chaotische Seitenkammer, in der die Mehrzahl der persönlichen Gegenstände des Königs lagerte.

Von den vier Kammern im Grab war nur eine, die Sargkammer, dekoriert, und ihre Wände waren einfach und etwas hastig bemalt worden. Der Boden der Sargkammer liegt knapp einen Meter tiefer als die Vorkammer und die Schatzkammer. Heute steht das Unterteil des Sarkophags noch immer in der Mitte der Sargkammer. In ihm ruhen unter einer Glasplatte und bedeckt vom Deckel des äußeren vergoldeten Holzsarges die sterblichen Überreste des Königs. Wegen der unterschiedlichen Höhe des Bodens steht der heutige Besucher des Grabes am Rand der Vorkammer und schaut über Geländer auf den Sarkophag hinunter. Dieses Grab ist bis heute das Einzige im Tal der Könige, das noch den Leichnam des Menschen enthält, für den es gedacht war, und Besucher werden beim Hereinkommen darauf hingewiesen, dass sie kein Museum, sondern ein Grab betreten.

Zu Lebzeiten benutzte Gegenstände

Möbel

Insgesamt sechs Stühle, zwölf Hocker oder Schemel, sechs Betten für den täglichen Gebrauch und neunundsechzig Truhen oder Kästen (bzw. Teile von Truhen) wurden in den verschiedenen Kammern des Grabes gefunden.

Die Stühle

Sämtliche Stühle und Hocker, die unterschiedlicher Größe sind, gehörten schon zu Lebzeiten dem König, und die meisten wurden viel benutzt. Fünf der sechs Stühle waren in der Form und im Stil praktisch identisch, während einer, der so genannte »goldene Thron«, vollkommen verschieden vom Rest war, wie wir noch sehen werden. Zwei der Stühle wurden offenkundig für ein kleines Kind gemacht, denn sie sind klein und ihre Sitzfläche würde heute nur einem Kind von etwa fünf Jahren genügen. Ein weiterer Stuhl, der aufwendige Muster aus schätzungsweise 45 000 eingelegten winzigen Stücken Elfenbein, Fayence, Glas und echten Steinen besitzt, wurde von Christiane Desroches-Noblecourt, der inzwischen pensionierten Konservatorin der ägyptischen Abteilung im Louvre in Paris, irreführend als »Priesterthron« bezeichnet, und dieser Name ist ihm seither geblieben. Sie schrieb, er sei der Prototyp des mittelalterlichen Bischofsstuhls der christlichen Kirche, obwohl er in das Grab eingeschlossen und somit bis 1922 unbekannt war. Die unregelmäßigen Elfenbeineinlagen im Ebenholz des gebogenen Sitzes imitieren ein Leopardenfell; die durch einen Rahmen verstärkten Beine des Stuhls sind gekreuzt und haben die Form von Entenköpfen mit Schnäbeln aus Ebenholz, deren Details mit Elfenbein oder Beschlägen aus dünnem Goldblech herausgearbeitet sind. Die Vorderseite der Rückenlehne des Stuhls trägt den Namen des Königs zum Zeitpunkt seiner Krönung – Tutanchaton.

Die Grundform aller fünf Stühle ist beinahe identisch mit der Art von Intarsienstühlen, die noch heute in Ägypten hergestellt werden. Intarsienarbeiten gibt es bei einem breiten Spektrum von Möbeln, und oft heißt es, sie seien türkischen Ursprungs, aber tatsächlich sind sie eine direkte Kopie von Möbeln, die im alten Ägypten hergestellt wurden. Damals hatten solche Stücke häufig einen Rahmen aus Rotholz, in das Ebenholzstreifen und goldene oder weiße Einlagen eingearbeitet wurden. Streifen waren das Geläufigste, aber manchmal kamen auch geometrische Muster oder sogar Hieroglyphen-Inschriften vor.

Eine Ausnahme in dieser Gruppe bildet der »goldene Thron«. Als man ihn fand, war er teilweise in schwarzes Leinen gehüllt. Der Stuhl ist stabil, schwer und ähnelt von der Form her einem Würfel. Sein Sitz ist völlig flach, nicht wie die übrigen Sitze geschwungen. Der ganze Stuhl ist dick mit Gold verkleidet und trägt auf der geraden Rückenlehne Abbildungen des Königs und der Königsgemahlin. Am vorderen Ende der Armstützen sind Löwenköpfe angebracht, während die Armstützen selbst, wie die Seitenansicht zeigt, von gekrönten und geflügelten Kobras gebildet werden, die große Kartuschen – Seilschleifen mit einem Knoten und der Inschrift »Tutanchaton« – tragen. In dem Bild auf der Rückenlehne hat der junge König einen Arm auf die Rückenlehne seines Stuhles gelegt, während seine Frau Anchesenamun sanft eine schützende Hand nach ihm ausstreckt. Sie trägt ein Diadem mit zwei hohen Federn – die Atefkrone, die norma-

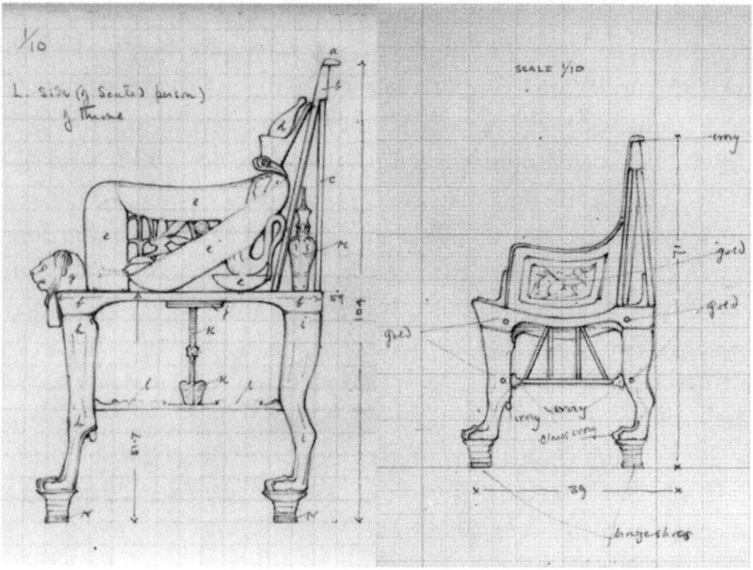

Carters Zeichnungen von zwei Stühlen Tutanchamuns zeigen seine peinliche Genauigkeit in der Darstellung. Beachten Sie, dass der Name auf der Armstütze des so genannten »goldenen Throns« der Geburtsname des Königs – Tutanchaton – ist, während auf der Vorderseite der Rückenlehne der Name in Tutanchamun geändert wurde, was nur *ein* Beispiel für die Widersprüche auf den in seinem Grab gefundenen Gegenständen ist.

lerweise mit Amun, dem Gott von Karnak, in Verbindung gebracht wird und bei einer Frau meist darauf hinweist, dass sie Gottesgemahlin des Amun ist. Zwischen und über ihren Figuren sieht man, ausgehend von einer Sonnenscheibe in der Mitte des obersten Frieses, die Leben spendenden Strahlen des Aton.

Dieser Stuhl wirft viele Fragen auf. Wenn Tutanchamun, wie bereits erläutert, den Aton geächtet hat, alle Atontempel schloss und die Religion des Amun wieder einsetzte, warum ist dann auf der Rückenlehne dieses Stuhles der Aton abgebildet? Man könnte vermuten, dass der Stuhl hergestellt wurde, ehe der junge König die Ketzerreligion verbot – aber auf der Vorderseite der Rückenlehne endet sowohl sein Name als auch der seiner Frau auf

»-amun«, also auf den Namen, den beide nach der Wiedereinsetzung der alten Religion angenommen hatten. Wenn der Stuhl geändert wurde, wie Reeves und andere meinen, dann ist schwer zu begreifen, warum man dann das deutliche Abbild des Aton in der Mitte der Rückenlehne unangetastet ließ und ebenso die gut sichtbaren Kartuschen mit dem Namen »Tutanchaton« auf den Armstützen. Es wäre doch gewiss möglich gewesen, sie entweder herauszunehmen oder unkenntlich zu machen. Andernfalls wäre damit zu rechnen gewesen, dass der Stuhl zerstört wurde, ebenso wie alle Gebäude mit dem Namen des Aton. Dass ein Stuhl mit den alten, ketzerischen Bildern und Namen des Königs und der Königsgemahlin in Luxor, dem Zentrum der Gegner des Atonkultes, während der neun Jahre der Regierungszeit des Königs erhalten bleiben durfte und ihm dann noch ins Grab mitgegeben wurde, ist nur schwer zu begreifen.

Verbreitet ist die Meinung, dieser Stuhl sei der Krönungsthron des Königs gewesen. Aber diese Annahme wirft sogar noch mehr Fragen auf. Konnte der König, der Amun wieder zu Ehren gebracht hatte, auf einem Thronsessel gekrönt werden, der den Namen und das Bild des Aton trug? Interessanterweise ist dieser Stuhl wesentlich größer als die anderen im Grab. Wenn man bedenkt, dass Tutanchamun gekrönt wurde, als er noch ein kleiner Junge war, wäre zu erwarten, dass ein Stuhl, den er zu Beginn seiner Regierungszeit benutzte, erheblich kleiner gewesen wäre – etwa von ähnlicher Größe wie die anderen kleinen Stühle, die man in seinem Grab fand. Auch die Überlegung, der Krönungsthron sei vielleicht geerbt und deshalb größer, ist nicht stichhaltig – Bild und Namen sind die des Kindkönigs.

Zwar wissen wir noch nicht viel über die Möbel der 18. Dynastie (so gibt es zum Beispiel noch keine detaillierte Untersuchung der verwendeten Hölzer, Verfugungen oder Schnitzereien, mit deren Hilfe man eine bestimmte Werkstatt oder einen bestimmten Kunsthandwerker identifizieren könnte), aber man kann dennoch mit ziemlicher Sicherheit behaupten, dass nur fünf der sechs Stühle im Grab einen gemeinsamen Herkunftsort haben. Die fünf sich ähnelnden Stühle haben vieles mit den meisten Kästen im Grab gemeinsam. Kästen und Stühle identischen Designs sind auch auf mehreren Grabgemälden am Westufer von Luxor zu sehen, wie etwa beim Leichenzug im Grab des Sennefer, Bürgermeister von Theben, im thebanischen Grab TT 96. Deshalb kann man wohl annehmen, dass diese fünf Stühle aus Luxor stammen, der sechste jedoch nicht. Die Elemente des Designs des »goldenen Throns«, der Stil und die Namen zeigen, dass er aus Tell el-Amarna kam, wo Tutanchamun, wie wir wissen, einen Teil seiner Kindheit verbracht hatte.

Beinahe Gleiches gilt für die in dem Grab gefundenen sechs Betten. Vier Betten sind im Design ganz ähnlich, nämlich aus Elfenbein mit den eingelegten Streifen, die auf Luxor als Herkunftsort deuten. Alle Betten haben eine Länge von rund 2,10 Meter und die für Ägypten typische, geflochtene, zum Fußende hin abfallende Liegefläche. Eines der Betten ist ein einzigartiges zusammenklappbares Modell aus drei Teilen, die durch Bronzescharniere miteinander verbunden sind, sodass es auf eine handliche Größe zusammengelegt werden kann. Das sechste Bett unterscheidet sich wiederum von allen anderen. Es hat einen sehr schweren Rahmen, ist ganz und gar vergoldet und viel kürzer als die übrigen. Es sieht stark abgenutzt und vom ständigen Gebrauch zerkratzt aus, was darauf hindeutet, dass es zu Lebzeiten des Königs sein Lieblingsbett war. Wiederum lassen sein Design, die Vergoldung und die Größe darauf schließen, dass es, wie der »goldene Thron«, aus Tell el-Amarna stammt.

Bei den Betten wurden acht Kopfstützen gefunden, von denen drei offenbar zusammengehören und aus verputztem, vergoldetem Holz sind. Sie gehörten wahrscheinlich zu den Totenbahren (siehe unten). Die übrigen fünf benutzte der König vermutlich in seinen fünf Betten, und sie sind bemerkenswert in Form und Herstellung. Eine ist aus türkisfarbenem Glas, eine aus tief dunkelblauem, glasiertem Ton (Fayence), eine aus rotbraunem Holz mit blau bemalten Bes-Figuren und zwei aus Elfenbein. In den letzten Jahren hat es viele Diskussionen über die Bequemlichkeit solcher Kopfstützen beim Schlafen gegeben. Altägyptische Betten waren so konzipiert, dass sie zum Fußende hin stark abfielen, sodass ein Fußbrett notwendig war, das verhinderte, dass der Schläfer aus dem Bett rutschte. Die Kopfstütze wurde auf das Bett gestellt und der Schläfer lag nicht, wie viele meinen, mit dem Hinterkopf auf der Stütze, sondern mit der Wange auf dem nach oben gebogenen Querteil. Die senkrechte »Säule« der Kopfstütze musste genau der Schulterbreite des seitlich liegenden Schläfers entsprechen, sodass eine Kopfstütze ein ganz persönlicher Gegenstand war, den nicht jeder benutzen konnte. Da die Wange in genau der richtigen Höhe über dem Bett gestützt wurde, blieb die Wirbelsäule gerade, der Kopf lag höher als die Füße und die Säule der Kopfstütze ermöglichte, dass Luft um den Hals zirkulierte. Alles in allem waren die Kopfstützen außerordentlich bequem und gesund.

Persönliche Gegenstände

Fünfzehn Schreibpaletten wurden in dem Grab gefunden, dazu ein kunstvoller, vergoldeter Schreibrohrbehälter und ein Papyrusglätter sowie mehrere Stücke der festen schwarzen und roten Tusche, die zum Schreiben benutzt wurden. Eine Palette, die man zwischen den Pfoten von Anubis in der Schatzkammer fand, trug die Namen und Titel der Prinzessin Meritaton. Sie hat sechs Vertiefungen für Farbe und könnte daher eine Malpalette gewesen sein. Eine weitere Elfenbeinpalette, die unter Carters Fundstücken nicht verzeichnet ist, obwohl man weiß, dass sie aus dem Grab stammt, trug den Namen von Prinzessin Maketaton.

Zwei hölzerne Kästen bargen, laut Angabe auf dem jeweiligen Etikett, persönliche Gegenstände aus der Kindheit des Königs. In einem war für ein Kind geeignete Kleidung und im weiß bemalten anderen laut hieratischer Aufschrift »die Ausstattung seiner Majestät (Leben, Heil, Gesundheit), als er ein Kind war – Rasiermesser, Gefäße, Leinen«.

Das Grab enthielt zahlreiche Kleidungsstücke, von Tuniken, Hemden, Schärpen, Schurzen, dreieckigen Lendentüchern bis zu Kappen, Kopfbedeckungen und Handschuhen. Viele von ihnen müssen erst noch genauer untersucht werden. Es wurden auch einige dreieckige Leinentücher gefunden. Schlang man zwei Zipfel davon um die Taille und verknotete sie, führte dann den dritten von hinten her zwischen den Beinen durch nach vorn und zog ihn oben durch den vorderen Knoten, bildete das Stück Leinen die charakteristische Form des vorn dreieckigen Schurzes, die man von den Soldaten des Neuen Reiches her kennt. Wahrscheinlich waren sie eher Schurze als »Unterwäsche«, wie Nicholas Reeves meinte, aber die Tücher waren so klein, dass sie nur einem kleinen Kind gepasst hätten.

Man fand siebenundzwanzig Handschuhe, die meisten paarweise, von exquisitem Design. Jeder war in der richtigen Form gewebt, einschließlich Finger und Daumen, nicht aus einem Stück Tuch ausgeschnitten, bei dem die Finger dann nachträglich zugenäht wurden, wie man es heute wohl im Allgemeinen macht. Ein Paar sah Panzerhandschuhen ähnlich, war im Schuppen- oder Federmuster gewebt und hatte zur Befestigung Bänder am Handgelenk. Es ist unsicher, warum und wann im alten Ägypten Handschuhe getragen wurden. Wer Ägypten nicht kennt, könnte annehmen, es sei dort ständig sengend heiß, aber das stimmt nicht. In den Wintermonaten ist es häufig kalt und im Januar gibt es gelegentlich sogar Frost. Manche haben die Meinung vertreten, die Handschuhe seien für den »zeremoniellen« Gebrauch gewesen, aber angesichts des Klimas dienten sie wohl eher praktischen Zwecken und wurden entweder bei kaltem Wetter oder beim Wagen lenken getragen.

Zu den Schuppenmuster-Handschuhen passend fand man ein kunstvolles Mieder, das wahrscheinlich zusammen mit ihnen getragen wurde. Es bestand aus einem breiten Band um Brust und Rücken aus kleinen, schuppenförmigen Gliedern von Glas und Gold, einem breiten Halskragen mit farbigen Einlagen, verbunden durch ein Pektoral vorn und dessen Gegengewicht auf dem

Rücken, und hatte Schulterbänder. Scharnierbänder mit Stiften auf beiden Seiten und auf den Schultern dienten als Verschluss. Dieser Panzer war eindeutig dazu gedacht, in der Schlacht getragen zu werden.

Dem König wurden bei der Bestattung auch viele Waffen mitgegeben. Dazu gehörten sechsundvierzig Bogen unterschiedlicher Länge, manche für das Schießen vom Boden, andere von seinen Wagen aus. Es gab auch 427 Pfeile, alle mit Ansatzstück für die Pfeilspitze und manche mit Widerhaken, sowie zwei Köcher für ihre Aufbewahrung. Es gab vier Handgelenkschützer, die beim Bogenschießen getragen wurden, um vor Verletzungen durch die zurückschnellende Bogensehne nach dem Abschießen des Pfeils zu schützen. Es gab auch zwei Krummschwerter aus Bronze und zwei prachtvolle, juwelenbesetzte Dolche, beide in Scheiden. Einer der Dolche hat eine Klinge aus Eisen und gehört somit zu den ganz wenigen eisernen Gegenständen, die man in Ägypten fand. Sie wies kaum Rostspuren auf. Manche meinen, sie sei aus einem Meteor geschmiedet worden. Der Griff des anderen, dessen Klinge aus gehärtetem Gold ist, hat ein Dekor aus farbigen Bändern und geometrischen Mustern aus Goldgranulat, das man in Ägypten nicht zu verarbeiten verstand. Auch die Scheide, die auf einer Seite mit Jagdszenen in Goldrelief mit Hunden und Wildtieren geschmückt ist, deutet auf eine fremdländische Herkunft hin. Der König hatte auch insgesamt acht Schilde. Diese Gegenstände zeigen, ebenso wie die Wagen (siehe unten), dass Tutanchamun ein sportlicher junger Mann war, der sehr der Jagd und dem Bogenschießen zugetan war – den sportlichen Äquivalenten des Fußballs von heute. Diese Gegenstände weisen alle mehr Gebrauchsspuren auf als seine Schreibausrüstung, was zeigt, dass er den Sport akademischen Beschäftigungen vorzog.

Es gab auch eine substanzielle Sammlung von Stöcken, die häufig als »Spazierstöcke« bezeichnet werden, obwohl es kaum Anhaltspunkte dafür gibt, dass im alten Ägypten Spazierstöcke benutzt wurden. Tutanchamun gebrauchte sie höchstwahrscheinlich nicht als Stütze beim Gehen. Vielmehr trugen viele Beamte und Würdenträger Stäbe als Zeichen ihres Amtes und tun das auch heute noch; und Stöcke wurden auch für den Sport benutzt, etwa so wie ein Degen heute zum Fechten. Einer der einfachsten Stäbe, ein Rohrstock, war mit einer breiten goldenen Fassung versehen, deren Hieroglypheninschrift lautete: »Ein Rohr, das Seine Majestät mit eigener Hand schnitt.« Dieser Gegenstand ist einer der anrührendsten im Grab. Die meisten Mütter würden einen kleinen Jungen, der einen Rohrstock ins Haus bringt, wie Kinder das ja gern tun, auffordern, ihn draußen wegzuwerfen. Aber Tutanchamun hatte keine Mutter, die ihn dazu auffordern konnte, und außerdem war er König von Ägypten.

Die mörtelverputzte Steinmauer zur Sargkammer war von zwei Wächterstatuen flankiert, die den eigenartigen *schendit*-Schurz trugen. Versuche haben gezeigt, dass dieser Schurz nur durch das Einziehen von Stäbchen so weit vorstehen kann.

Man kann sich lebhaft vorstellen, wie speichelleckerische Höflinge um den kleinen Jungen herumscharwenzelten und darauf erpicht waren, ihm sein Stöckchen in Gold zu fassen!

Man stieß auch auf einige Bündel Schilfrohr, für die es nie eine Erklärung gab. Aber ich glaube, ich habe des Rätsels Lösung gefunden. Der König wird, wie auch viele Beamte der 18. Dynastie, häufig mit einem ziemlich eigenartigen Schurz abgebildet, der im Ägyptischen *schendit* heißt. Diese Schurze sind am deutlichsten an den Wächterstatuen zu sehen, die zu beiden Seiten des mörtelverputzten Eingangs zur Sargkammer standen, und stehen weit vom Körper ab. Sie springen von der Taille aus schräg nach vorne zum Saum hin vor, sie stehen seitlich ab und sie stehen vom Unterrock des Trägers ab. Der Schurz bildet vorn an den beiden unteren Ecken scharfe Spitzen, von denen Linien zur Mitte hin laufen. In der Mitte ist, wie üblich, eine Schärpe. Es wird im Allgemeinen behauptet, diese Schurze seien »plissiert«, wobei das Leinen an den unteren Ecken des Schurzes gerafft wurde und die Falten nach oben liefen. Da ich leidenschaftlich gern nähe, habe ich viele Jahre lang versucht, ein Exemplar eines solchen Schurzes zu reproduzieren – ohne Erfolg. Plissieren ist nicht die Antwort – es funktioniert einfach nicht. Die einzige Art, einen solchen Schurz herzustellen, besteht im Einziehen von Stäbchen – mit anderen Worten müssen dafür Leinenstücke mit Nähten versehen werden, zwischen die versteifende Stäbchen hineingeschoben werden. Die Rohre in dem Bündel, das im Grab gefunden wurde, sind von einer Dicke und Länge, die sie für eine Verwendung als Versteifung für diese eigenartigen Schurze ideal geeignet machen.

Es gab zwei Steinschleudern aus Leinen und eine Sammlung von vierunddreißig Wurfhölzern unterschiedlicher Form, manche gebogen und manche abgewinkelt, von denen allerdings keines dazu gedacht war, zum Werfer zurückzukehren wie ein Bumerang. Die Hölzer wurden dazu benutzt Vögel »herunterzuholen« – die Wucht des Aufpralls ließ sie auf die Erde stürzen. Diese Wurfhölzer sind verschieden groß und viele von ihnen haben Umhüllungen aus birkenähnlicher Rinde, auf denen noch schmutzige Fingerabdrücke zu sehen sind – wahrscheinlich, wo der König selbst sie einst gehalten hat.

In einem heißen Klima wie dem von Ägypten ist es kaum überraschend, dass zu den Gegenständen aus den Lebzeiten des Königs auch acht Fächer gehörten, die lange Stäbe und vergoldete halbrunde Halterungen für die Federn hatten. Als die Fächer gefunden wurden, waren an allen intakte Straußenfedern, die auf Fotos zu sehen sind und als »braunweiß in der Farbe« beschrieben werden, das heißt, die Federn waren ungefärbt. Leider zerfielen sie bald, nachdem sie der Luft ausgesetzt wurden. Auf einem der Fächer ist Tutanchamun auf der Straußenjagd dargestellt.

Bestätigt wird dieses Bild von der großen Jagdliebe von sechs Wagen, die alle zerlegt vorgefunden wurden. Vier waren in der Vorkammer (der Halle der Wagen) und zwei in der Schatzkammer. Zwei der Wagen besitzen ein ähnliches Design: vergoldete und farbig bemalte Wagenkörper aus gebogenem Holz mit einem Boden aus Ledergeflecht waren auf zwei leichte Räder mit sechs Speichen montiert. Der Wagenboden ist groß genug, dass zwei Personen darauf stehen konnten. Einer der Wagen, der reich mit Gold verziert ist, hat innen auf beiden Seiten Darstellungen gefesselter Gefangener, denen jeweils der König in Gestalt eines Sphinx gegenübersteht.

Vermutlich zusammen mit diesen Wagen wurden vier Peitschen benutzt, von denen eine die Inschrift »Der Sohn des Königs, Thutmosis« trägt; aller Wahrscheinlichkeit nach ist damit der ältere Bruder Echnatons gemeint.

Zu seiner Unterhaltung hatte der König auch vier Spielbretter im Grab, zusammen mit sechsundfünfzig Spielsteinen und zwei Paar Wurfstäbchen, die gebraucht wurden, wie wir Würfel gebrauchen, nämlich um die Anzahl der Züge zu bestimmen, die die Spieler im Wechsel machen durften. Man fand auch mehrere Musikinstrumente. Die meisten Grabmalereien von Musikinstrumenten zeigen, dass diese entweder von Frauen oder von professionellen Musikern gespielt wurden (wie etwa den Harfnern). Es ist daher nicht überraschend, dass zwei der Instrumente, Trompeten, für den offiziellen Gebrauch waren, wahrscheinlich, um das Kommen des Königs anzukündigen. Angesichts der Tatsache, dass Musikinstrumente insgesamt eher mit Frauen assoziiert waren, ist es jedoch überraschend, dass das Grab ein Paar Elfenbeinklappern und zwei Sistren enthielt. Ein Sistrum bestand aus einem vergoldeten hölzernen Griff, in den die Enden einer großen Metallschlaufe eingelassen waren, durch die quer drei schmale, s-förmige Metallstäbe liefen, an denen je drei quadratische Metallplättchen hingen, die ein rasselndes Geräusch erzeugten. Sistren wurden von Damen getragen und bei freudigen Anlässen oder staatlichen oder religiösen Zeremonien geschüttelt. Eine Szene auf einer Wand des kleinen goldenen Schreins zeigt, wie Königin Anchesenamun gerade ein solches Instrument vor ihrem Gatten spielt. Während die Sistren ziemlich grob und ohne Inschrift sind, tragen die Klappern, die wie Kastagnetten gebraucht wurden, die Inschrift: »Die Große Königsgemahlin Teje, sie lebe; die Königstochter Meritaton.« Es wäre vernünftig, anzunehmen, dass alle diese Instrumente Prinzessinnen und Königinnen gehörten und nicht Tutanchamun, obwohl die Verknüpfung der Namen von Teje und ihrer Enkelin Meritaton faszinierend ist.

Schmuck

Zwar fehlten viele Schmuckstücke, die auf den Listen der verschiedenen Truhen und Kästen im Grab aufgeführt waren – vermutlich, weil sie von den Räubern mitgenommen wurden, die in der Antike in das Grab einbrachen und ertappt wurden –, aber es ist doch so viel übrig, dass die verbliebene Kollektion die größte ist, die je in Ägypten fast intakt gefunden wurde. Manche Stücke waren speziell für den Tod und die Bestattung des Königs hergestellt worden, manche für den Gebrauch zu seinen Lebzeiten bestimmt. Von besonderem Interesse sind diejenigen, die für die Krönung angefertigt wurden.

In der Schatzkammer fanden sich eine ganze Anzahl der Stücke, die eigens für die Krönung des Königs gemacht wurden. Zu ihnen gehört eine Sammlung von Brustschmuck, so genannten »Pektoralen«. Diesen Schmuckstücken, die generell groß, rechteckig und schwer sind, haftet etwas von einem Rätsel an. Zwar fand man ein oder zwei, die an dazu passend gearbeiteten Bändern hingen, aber die meisten wurden lose gefunden. Ein »Pektoral«, also ein sehr großer Anhänger an einer Kette oder einem Band, wurde selten auf Grabmalereien abgebildet, denn die meisten Menschen bevorzugten breite Halskragen. Eine genaue Betrachtung derselben Bilder und besonders der Schurze, die im Neuen Reich von den Königen getragen wurden, offenbart, dass die Schurze mit einer oft aufwendig verzierten Schärpe an Ort und Stelle gehalten wurden. Diese Schärpen bedeckten auch die Schamgegend des Trägers dort, wo der Stoff vorne zusammenkam. Eine solche Schärpe, die Ramses III. gehörte, ist erhalten geblieben und befindet sich im Stadtmuseum von Liverpool. Sie ist ein extrem langes, konisches Stück gewebten Stoffes mit einem vielfarbigen Federmuster *(rishi)*. Diese gewebte Schärpe, wahrscheinlich aus Wolle hergestellt, ist fest und schwer und wäre äußerst sperrig zu tragen gewesen. Sie hätte viele Male um die Taille gewickelt werden müssen, wie eine sehr kunstvolle und lange Fliege, und wäre vorne ganz besonders sperrig gewesen. Die besten Bilder von solchen Schärpen bieten die Porträts von Sethos I. in seinem großen Tempel in Abydos. Am unteren Rand dieser Schärpen kann man ein rechteckiges Schmuckstück erkennen, an dessen oberem Rand oft ein Fries von aufgerichteten Kobras mit der Sonnenscheibe auf dem Kopf verläuft. Ich vermute, dass viele der »Pektorale« tatsächlich Schmuckstücke oder Gewichte für Schärpen sind und so getragen wurden.

Unter den Halsketten, die vom König getragen wurden (sie sind definitiv »Pektorale«, da sie an Bändern befestigt waren), war ein auffallendes Stück, das als Mittelpunkt einen geflügelten Skarabäus aus durchscheinendem grünem Feldspat hat, der auf einem Lotus- und Papyrusfries ruht und eine große Barke aus Gold und Lapislazuli über sich stützt. In ihr befindet sich ein Udjat-Auge (das geheilte, magische Auge des Horus) und darüber eine Mondsichel und -scheibe mit dem König, der von den Göttern die Krone und die Insignien erhält. Auf einem anderen Pektoral mit Band ist Tutanchamun in einen kurzen Mantel mit Rautenmuster gehüllt, der normalerweise mit Jubiläumsfesten assoziiert wird, und empfängt die Krone und die Insignien von Ptah, dem Schutzgott von Memphis, und seiner Gemahlin Sachmet. Eine wundervoll gearbeitete kleine Goldfigur zeigt den König bei seiner Krönung mit der Krone und einer winzigen Perlenkette um den Hals sowie mit Krummstab und Wedel in den Händen, von denen gleich die Rede sein wird. Ein Paar Ohrringe, viel getragen und eindeutig Lieblingsstücke des Königs, besteht aus je einem goldenen, von einem Kranz farbiger Steinperlen umgebenen Ring, von dem sechs winzige Perlenschnüre herabhängen. Im Inneren des Rings steht eine Miniaturfigur des Königs bei der Krönung, wieder mit Krone und Insignien, flankiert von zwei Uräusschlangen. Die perfekt gearbeiteten Königsfiguren sind aus Karneol geschnitten und poliert. Zwei Stäbe, einer aus Gold und der andere aus Silber, haben als oberen Abschluss je eine Rundplastik des Königs bei seiner Krönung.

Neben diesen Stücken waren die aufregendsten der Juwelenfunde echte Beispiele der Insignien, die dem König bei der Krönung überreicht wurden: der sogenannte »Krummstab« und der »Wedel« (auch »Geißel« genannt). Es wurden drei Krummstäbe und zwei Wedel gefunden, wobei zwei der Krummstäbe und Wedel zusammenpassende Paare bildeten. Das kleinere Paar trägt die Inschrift »Tutanchaton«, das größere Paar »Tutanchamun«. Zu den Insignien gehört auch ein Zepter, , das aus Holz gefertigt, vergoldet und interessanterweise mit der Inschrift versehen ist: »Der gute Gott, der Geliebte, dessen Antlitz leuchtet wie der Aton, wenn er aufgeht, Sohn des Amun, Nebcheprure.« Die Erwähnung der Namen beider Götter – Amun und Aton – auf demselben Stück sowie die Tatsache, dass das Zepter vom König bei Staatsakten getragen wurde, wirft wie der »goldene Thron« Fragen bezüglich der Meinung auf, Tutanchamun habe die Religion des Aton geächtet und die des Amun wieder eingesetzt.

Erinnerungsstücke: Geschenke an Tutanchamun

Viele Stücke im Grab gehörten gar nicht Tutanchamun, sondern stammten von anderen Beisetzungen und wurden wieder verwendet, oder sie waren nicht für eine bestimmte Person hergestellt, dann aber für Tutanchamun benutzt worden. Einige Stücke hatte er jedoch eindeutig entweder geerbt oder als persönliche Grabbeigabe erhalten.

Von diesen sind besonders die bereits erwähnte Schreibpalette und die Elfenbeinklappern interessant, die beide den Namen von Prinzessin Meritaton, der ältesten Tochter Echnatons und Nofretetes, tragen, wobei auf den Klappern noch der Name von Königin Teje, der Gemahlin von Amenophis III. erscheint. Zu dieser Gruppe könnten noch die Leinentücher gerechnet werden, mit denen die Statuen umhüllt waren, denn die meisten haben mit der Feder geschriebene Aufschriften, die zeigen, dass sie aus der Regierungszeit Echnatons stammen. Ebenso der Kasten, von dem nur ein Stück des Deckels erhalten ist, der die Namen von Nefercheprure Waenre (Echnaton), Neferneferuaton Nofretete und der »Großen Königsgemahlin Meritaton« trägt. Von den wieder verwendeten Stücken trugen viele ursprünglich die Titel von Anch(et)cheprure, so zum Beispiel auch die Bänder über der Vorderseite der Mumie des Königs, ein Bogen und Dekorationsstücke unbekannten Verwendungszweckes, die von Carter und dann Nicholas Reeves »Rosetten« genannt wurden.

Andere Stücke sind noch faszinierender. In der Schatzkammer fand man vier kleine, ineinander geschachtelte Särge. Der kleinste trug den Namen der Großen Königsgemahlin Teje und enthielt einen geflochtenen Strang rotgoldenes Haar. Von den Uschebti-Figuren (s. S. 163) waren fünf dem König vom General Nachtmin geschenkt worden (manchmal auch Minnacht genannt).

Dieser Mann, wahrscheinlich ein Verwandter von Eje und Teje, stand dem König offenkundig sehr nahe. Der untere Teil einer Statue (die wahrscheinlich ihn abbildet) im Museum in Kairo zeigt ihn sitzend, mit Frau und Sohn im Relief hinter ihm. Er wird beschrieben als  oder »Gottesvater«, ein Titel, der noch weitere Nachforschungen erfordert (siehe unten).

Eine einfache Holzstatue stellt den verstorbenen König dar, der als Mumie auf einer Bahre mit Löwenköpfen ruht und einen *ba*-Vogel neben sich sitzen hat. Diese Figur wurde in einem eigens für sie angefertigten Sarg gefunden, der dick mit klebrigem, schwarzem Harz überzogen war – vielleicht mit einem Rest des Harzes, das nach der Mumifizierung über den Leichnam gegossen wurde. Die Inschriften an der Seite der Bahre hielten fest, dass dies ein Geschenk vom »Aufseher der Arbeiten am Ort der Ewigkeit, Aufseher der Schatzkammer, Maja« war. Der »Ort der Ewigkeit« war das Tal der Könige, und es war Majas Aufgabe, die Ausschachtung der Gräber dort zu beaufsichtigen. Ein Teil eines Krugständers, der in der Seitenkammer gefunden wurde, war hieratisch mit dem Namen und Titel Majas und seines Gehilfen Thutmosis beschriftet. Dieselben beiden Männer schufen später, in der Regierungszeit Haremhabs, im von Räubern heimgesuchten Grab von Thutmosis IV. Ordnung und hinterließen ihre Namen an den Wänden. Das Grab Majas, das ursprünglich von Karl Lepsius während seiner Expedition von 1843 bis 1846 in Sakkara identifiziert worden war, wurde 1978 von einem britisch-niederländischen Grabungsteam wieder entdeckt. Es enthält einige prachtvolle bemalte Reliefs, die den sehr hohen Status Majas zeigen.

Essen und Trinken

Wie wir gesehen haben, brauchte jeder *ka* Proviant für das jenseitige Leben, und Tutanchamun war keine Ausnahme. Essen wurde über das ganze Grab verteilt gefunden, wahrscheinlich hatten es die Räuber verstreut. Das häufigste Nahrungsmittel, im Leben wie im Tod, waren Brote verschiedenster Form und

Größe. Man fand eiförmige hölzerne Behälter mit konserviertem Fleisch und Geflügel sowie Körbe mit Gewürzen – Knoblauch, Bockshornklee, Koriander, Kumin und Sesam –, die in der ägyptischen Küche auch heute noch häufig verwendet werden. Außerdem gab man Tutanchamun auch zwei Töpfe Honig mit, der offensichtlich eine Rarität war, sowie eine Auswahl von Früchten und Nüssen.

Überraschenderweise wurden keine Krüge mit Bier gefunden, obwohl über dreißig Weinkrüge da waren, versiegelt und auf der oberen Wölbung beschriftet, gelagert in der Sargkammer und der Seitenkammer. Sechsundzwanzig Krüge trugen den Namen des Weingutes und des Winzers und vermerkten manchmal die Kategorie des Weines. Von ihnen war die Mehrzahl (siebzehn) entweder auf das Jahr 4 oder 5 Tutanchamuns datiert und stammte verblüffenderweise zum Teil von Gütern des Aton, während sechs mit Jahr 9 datiert waren, wieder mit denselben Namen. Ein Krug trug das Datum Jahr 10 und ein anderer, der eine Ausnahme bildete, Jahr 31. Der sechsundzwanzigste Krug war undatiert, aber als Geschenk des Penthu ausgewiesen, von dem man weiß, dass er ein Wesir Tutanchamuns war. Die Krüge mit den frühen Daten sind wahrscheinlich von Tutanchamun, aber der Name des Aton auf ihnen bleibt ein Rätsel. Er deutet, wie auf so vielen anderen Stücken, darauf hin, dass der Aton von Tutanchamun nicht gänzlich geächtet wurde. Der Krug mit dem Datum Jahr 10 ist ein Problem. Entweder stammt er aus der Regierungszeit Echnatons, sodass der Krug etwa achtzehn Jahre alt war, als er in das Grab gestellt wurde, oder er zeigt, dass der König gerade sein zehntes Jahr auf dem Thron begonnen hatte, als er starb, was die wahrscheinlichere Erklärung ist. Der Krug mit dem Datum Jahr 31 kann nur aus der Regierungszeit von Amenophis III. stammen.

Da alle ägyptischen Tongefäße unglasiert waren, verdunstete die Flüssigkeit in ihnen langsam durch die porösen Wände. Experten kalkulieren, dass drei Jahre nach Füllung der Gefäße von ihrem Inhalt nur noch ein klebriger Bodensatz übrig war. Das bedeutet, dass die meisten der Weinkrüge Tutanchamuns schon leer waren, als sie in das Grab gestellt wurden.

Gegenstände, die für des Königs Tod angefertigt wurden

Totenbahren

Zu den ersten Dingen, die Carter, Carnarvon, Lady Evelyn und Callender ins Auge fielen, als sie das Grab Tutanchamuns betraten, gehörten die drei riesigen vergoldeten Bahren, die an der Wand gegenüber der Eingangstür standen. Offenbar hatte man sie auseinander nehmen müssen, um sie ins Grab bringen zu können, und sie dann wieder zusammengesetzt, denn Carter bekam sie nicht anders heraus. Zwei der Bahren, die der Kuh Mehetweret und die des Leoparden Isismehtet, waren bei der Herstellung durcheinander gebracht worden, sodass die Köpfe jeweils auf der falschen Bahre landeten. Wahrscheinlich wurde der Fehler bemerkt, aber statt ihren Irrtum zu korrigieren, arbeiteten die Handwerker unverdrossen weiter und versahen die ganze Bahre mit den Kuhköpfen mit leopardenartigen Flecken, während sie den Leoparden ungefleckt ließen.

Die drei Bahren waren eindeutig nicht dazu gedacht, zu Lebzeiten des Königs verwendet zu werden, denn sie sind sehr groß, haben die Liegefläche knapp einen Meter über dem Boden und sind prunkvoll verziert. Ihre Beine sind unten in ein Gestell aus vier Balken eingefügt, nach Art eines Schlittens. Zwar meinen viele Quellen, die Bahren seien bei der Mumifizierung des Königs verwendet worden, wie einige Grabgemälde und Reliefs anderswo andeuten, aber das ist unwahrscheinlich. Das Schlittengestell weist darauf hin, dass die Bahren dazu gedacht waren, bewegt zu werden, sodass sie wahrscheinlich eher Teil des Leichenzuges waren und benutzt wurden, um Gegenstände in das Grab zu transportieren.

Die mumifizierten Kinder

In einem kleinen Holzkasten in der Schatzkammer wurden nebeneinander zwei kleine Särge in Menschengestalt gefunden, der eine mit dem Fußende am Kopfende des anderen. Als Carter sie öffnete und einer ersten Untersuchung unterzog, stellte er fest, dass die Särge die winzigen mumifizierten Überreste von zwei Kindern enthielten. 1932 wurden sie von dem britischen Pathologen Douglas Derry untersucht. Er erklärte, es handle sich um zwei Mädchen, von denen eines ein fünf Monate alter, offensichtlich fehlgeborener Fötus war, und das andere ein nach etwa sieben Monaten tot geborenes Kind. Als Professor R. G. Harrison die Mumien röntgte, stellte er fest, dass bei beiden die gleichen Krankheiten vorlagen, nämlich Skoliose (seitlich verkrümmte Wirbelsäule) und alle Anzeichen von Spina bifida (Spaltbildung in Teilen der Wirbelsäule). Beide Mumien hatten die ungewöhnliche Schädelform Tutanchamuns (siehe unten).

Die Sargkammer

Innerhalb der Sargkammer war der Sarg des Königs, wie wir schon gesehen haben, von vier ineinander geschachtelten vergoldeten Holzschreinen geschützt. Über dem zweiten Schrein hing ein großes, blaues Bahrtuch, das mit goldenen Rosetten besetzt war. Im letzten, innersten Schrein war ein rechteckiger Steinsarkophag. Als der Deckel dieses Sarkophags gehoben wurde, zeigte sich der äußerste von drei ineinander gesetzten Särgen.

Die Schreine waren in Einzelteilen angefertigt worden und so groß, dass sie im Grab zusammengesetzt werden mussten; ebenso musste man sie auch im Grab auseinander nehmen, um sie wieder herausholen zu können. Jeder Teil war bei der Anfertigung mit einem Symbol in schwarzer Tinte markiert worden, das angab, in welcher Richtung es anzubringen war – beispielsweise Norden. Diese Anweisungen hatte man nicht befolgt, sondern die Teile waren hastig in der falschen Anordnung zusammengefügt und mit solcher Gewalt ineinander gerammt worden, dass der Abbau für Carter und sein Team zum Alptraum wurde.

Der Sarkophag in den Schreinen war aus einem einzigen Block aus gelbem Quarzit, dem härtesten Stein in Ägypten. Er gehörte offenkundig nicht dem König – er war zu klein für die Särge, sodass man beim äußersten am Fußende ein Stück abhacken musste, damit er hineinpasste. Der Deckel war aus rötlichem Granit und passte nicht zum Sarg, zudem war er an einer Stelle quer von einer Seite zur anderen gesprungen. Dieser Deckel war, vermutlich zum Zeitpunkt der Beisetzung, mit gelber Farbe bemalt worden, damit er besser zum Sarkophag passte. Da Farbe in den Sprung im Deckel hineingelaufen ist, war dieser vermutlich schon angebrochen, als er ins Grab gebracht wurde und sprang nicht erst, wie manche Forscher vermutet haben, als er auf den Sarkophag gelegt wurde.

Die beiden äußeren Särge waren aus vergoldetem Holz. Unter dem Deckel des äußeren Sarges zeigte sich beim Öffnen ein dunkel gewordenes Leinentuch, auf dem mehrere Blumengirlanden lagen. Außerdem umgab ein winziger Blumenkranz die Uräusschlange auf der Stirn des Königs. An dem Kranz war kein Namen, dennoch erklärte Carter später in einem Anflug von Romantik, er hätte im ganzen Grab nichts rührender gefunden als diesen Kranz, und er hielt ihn für ein letztes Geschenk der sehr jungen Königinwitwe Anchesenamun an ihren toten Gemahl. Das ist zwar durch nichts zu belegen, ist aber ein bewegender Gedanke.

Der innerste Sarg, den ebenfalls Leinentücher bedeckten, war aus reinem Gold und wog 110,4 Kilogramm. Nicholas Reeves schätzt seinen reinen Goldwert auf rund eine Million Pfund Sterling, aber mir sagte ein Juwelier, der Wert liege bei mehr als 4,5 Millionen Pfund.

Die Statuen

Dreißig vergoldete Holzstatuen wurden im Grab gefunden, manche stellen den König mit Krone und Insignien oder bei einer rituellen Jagd dar, bei der er als Horus, der Bringer des Guten, Seth, den Träger des Bösen, jagt. Die übrigen sind eine Mischung verschiedener »Gottheiten« oder schützender Amulettfiguren.

Beide Gruppen sind in gewisser Weise merkwürdig. Viele der Figuren, von denen man annimmt, dass sie Tutanchamun darstellen, sind ohne Namen, während Statuen, die vom Typ her eindeutig nach Amarna gehören (s. S. 296), oft ganz und gar nicht wie der König aussehen. Viele von ihnen stellen sogar, wie Nicholas Reeves erklärt, eindeutig Frauen dar. Die Statuen der »Götter« sind ein merkwürdiges, unzusammenhängendes und unvollständiges Sammelsurium, und viele stellen eigenartige, praktisch unbekannte Figuren dar, während vertraute Figuren, wie etwa Thot, fehlen. Einige der Statuen, die man für Bildnisse Tutanchamuns hält, fand man in Leinenumhänge gehüllt, die in hieratischer Schrift mit Daten aus der Regierungszeit Echnatons versehen sind.

Der äußere und innere Kanopenschrein

In der Schatzkammer stand, den Raum beherrschend, ein weiterer großer, vergoldeter Schrein. Auf jedem seiner Seitenwände befand sich ein Goldrelief mit dem Bild einer Schutzgöttin. Außerdem standen vier Statuen dieser Göttinnen rund um den Schrein, eine an jeder Wand, mit ausgestreckten Armen. Zwei dieser Figuren, Nephthys und Selket, waren verwechselt worden, sie standen auf der falschen Seite, sodass sie nicht die zu ihnen gehörende Schreinwand anblickten.

In dem Schrein war ein weiterer kastenförmiger Schrein aus ägyptischem Alabaster (Kalzit) mit vier Deckeln in Form von Menschenköpfen, die vier abgeteilte, senkrechte Fächer im Inneren bedeckten. In jedem dieser Fächer wurde ein kleiner, goldener Sarg gefunden, und jeder enthielt eingewickelt einen Teil der inneren Organe des Königs. Die Gesichter der Deckel haben keine Ähnlichkeit mit Tutanchamun und wurden daher wohl entweder von jemand anders geborgt oder aus dem Vorrat genommen. Ähnlich waren auch die Miniatursärge nicht für Tutanchamun gedacht gewesen, sondern wieder verwendet, wofür die Kartuschen von Anch(et)cheprure in die von Nebcheprure geändert wurden.

Die Uschebti-Figuren

Das altägyptische Wort *wesheb* heißt »antworten«. Zu den Dingen, die die Ägypter im Leben am schwersten akzeptieren konnten, zählte die schwere Arbeitslast, die auf ihren Schultern lag. Es war eindeutig nicht wünschenswert, sich der Ewigkeit mit dem Wissen zu nähern, dass man dort auf ewig schwer arbeiten musste. Daher nahmen ab dem Mittleren Reich die Ägypter kleine »Arbeiterfiguren« in ihre Gräber mit, die »antworten« sollten, wenn der Verstorbene im Jenseits zur Arbeit aufgerufen wurde. Heute nennt man diese Stellvertreter *Uschebti*.

Der König hatte insgesamt 413 solcher Figuren in seinem Grab. Es gab 365 Arbeiter (einen für jeden Tag des Jahres, damit sich niemand zu überarbeiten brauchte), 36 Aufseher (einen für je zehn Arbeiter – das heißt, einen Vorarbeiter für jede Zehntagewoche) und 12 Oberaufseher – einen für jeden Monat des Jahres. Auf den meisten Figuren stand nur der Name des Königs, aber andere trugen Inschriften, von denen man glaubte, sie würden die Figuren mit Kraft beleben, wenn sie aufgerufen wurden. Fünf waren Geschenke des Generals Nachtmin (s. S. 156).

Die Mumie

Die Mumie des Königs lag im dritten, innersten Sarg aus solidem Gold, Kopf und Gesicht waren von einer goldenen Maske bedeckt. Die Kopfbedeckung dieser Maske war mit Streifen aus Glas eingelegt, der Bart und ein Teil des breiten Halskragens mit Lapislazuli, die Augäpfel mit Quarz, Teile der Uräusschlange an der Kopfbedeckung mit Türkis, ein Teil des Halskragens mit Karneol, die Augenumrandung, die Pupillen und die Augenbrauen mit Obsidian. Unterhalb der Maske war der Körper mit Leinen bedeckt, das schwarz und rußartig in der Konsistenz war. Hände aus poliertem Gold hielten das größere Paar von Krummstab und Wedel. Um den Hals des Königs lag ein breiter Kragen aus Blüten und Beeren, die auf ein Stück kragenförmig geschnittenen Papyrus aufgenäht waren. Über der Brust hing an einem goldenen Band ein Skarabäus aus Harz. Unterhalb der Hände lag ein weiteres, breites Goldband, das bis zu den Füßen reichte und an drei Stellen von schmalen horizontalen Goldbändern gekreuzt wurde. Keines dieser Bänder gehörte ursprünglich Tutanchamun, sondern stammte von der früheren Beisetzung Anch(et)cheprures. Der Körper selbst klebte aufgrund der verschwenderischen Mengen von Salbölen, die bei der Beisetzung über die Mumie gegossen wurden (schätzungsweise 18 Liter) und die inzwischen zäh und hart geworden waren, fest in dem goldenen Sarg. Da Carter, wusste dass Hitze die schwarze Masse erweichen konnte, hoffte er auf die starke Mittagssonne. Aber auch eine mehrstündige Erhitzung durch die sengende Sonne blieb ohne Erfolg.

Daher fasste man im November 1925 den Entschluss, die Mumie des Königs im Sarg zu untersuchen. Nachdem man einige frustrierende Versuche unternommen hatte, die äußeren Leinenbinden durch Bestreichen mit Paraffinwachs zu erhalten, was eine der wenigen damals möglichen Konservierungsmethoden war, wurden die Binden vertikal durchschnitten und die Mumie so gut wie möglich untersucht. Zwischen den Binden fand man 143 Amulette und Schmuckstücke, die meisten davon am Hals und an den Armen. Aufgrund der unzulänglichen Konservierung der Binden und der Schwierigkeiten, bis zu der mit vielen Harzen umgebenen Mumie vorzudringen, ist leider nicht viel von den äußeren Leinenbinden für weitere forensische Untersuchungen erhalten geblieben.

Der Körper des Königs war allgemein in einem schlechten Zustand, das wenige Gewebe, das noch an den Gliedmaßen war, war morsch, verkohlt und an manchen Stellen sehr dünn. Der von der goldenen Maske geschützte Kopf war jedoch viel besser erhalten, obwohl er noch hartnäckig am Sargboden festklebte. Es ist keineswegs klar, wie der Kopf schließlich von der Maske gelöst wurde. Carters offizieller Bericht weicht von seinen Notizen ab. Offensichtlich waren die Harze so hart, dass man zunächst mit Hammer und Meißel zu Werke ging, um ans Ziel zu kommen. Reeves erläutert aber, gestützt auf ein Zitat Carters, es

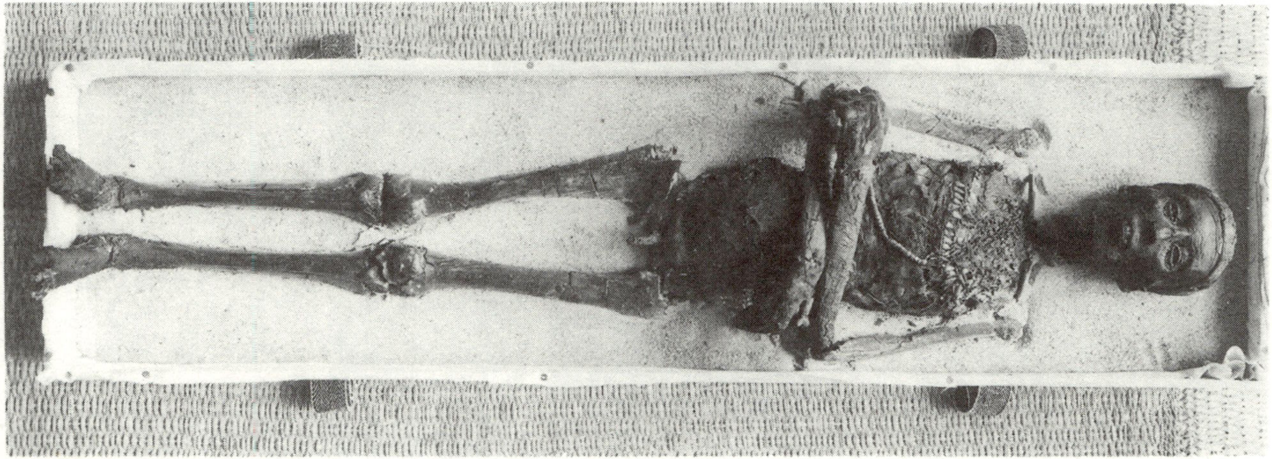

Die Mumie des Kindkönigs, fotografiert bei der ersten Untersuchung. Sie ließ erkennen, dass er ein schlanker junger Mann in guter körperlicher Verfassung war, aber seltsamerweise einen geschorenen Kopf hatte und eine eng anliegende Kappe trug.

seien schließlich mit Erfolg »erhitzte Messer« angewendet worden.

Die festgeklebte Maske löste man aus dem Sarg, als der goldene Innensarg vom ebenfalls mit ihm verklebten zweiten Sarg getrennt wurde. Dazu stellte man mehrere Paraffinbrenner unter die Särge und nahm, nachdem man viele Vorsichtsmaßnahmen getroffen hatte, eine kontrollierte Erhitzung vor. Nach langer Zeit lösten sich die Särge voneinander und auch die Maske ließ sich aus dem Goldsarg herausheben und die noch an der Rückseite haftende Masse konnte mit Hilfe einer Gebläselampe und reinigender Lösung entfernt werden. Heute ist die Maske ganz sauber und von Harzen frei, allerdings fehlen auf der Rückseite der Kopfbedeckung mit den eingelegten Glasstreifen viele Teile, die wahrscheinlich bei diesem Prozess der Loslösung verloren gingen. Aus der Tatsache, dass diese Teile nicht in dem Goldsarg kleben, der heute im Museum in Kairo ausgestellt ist, und nicht für die Restaurierung aufbewahrt wurden, kann man nur einen von zwei möglichen Schlüssen ziehen: entweder war die Maske von vornherein beschädigt und wurde trotz dieses Schadens ein zweites Mal benutzt, oder es waren Teile der Einlagen in dem durch den Schmelzprozess aufgeweichten Harz und gingen bei dessen Entfernung unbemerkt verloren. Das dürfte wohl das Wahrscheinlichste sein.

Dem Körper des Königs hatte man alle inneren Organe entnommen und zu diesem Zweck auf der linken Bauchseite einen langen Schnitt gemacht, etwa vom Nabel bis zur Hüfte. Es gab keine Anzeichen dafür, dass der König beleibt war, wie etwa Hautfalten oder viel Gewebe. Er war vermutlich ein schlanker junger Mann in guter körperlicher Verfassung. Der König war im Sarg 1,63 Meter groß. Zu Lebzeiten maß er wohl rund 1,66 Meter. Sein Schädel war vollkommen kahl rasiert und wies nur winzige Haarstoppeln auf, die vermutlich noch nach dem Tod gewachsen waren. Die Kopfhaut war mit einer dünnen Schicht einer weißlichen, fettsäureartigen Substanz überzogen und auf dem Kopf saß fest eine eng anliegende, perlenbestickte Kappe, auf der der frühe Name des Aton zu lesen war. Zwischen Kappe und Kopf war eine flache, konische Lage Leinen. Das Kinn des Königs war glatt rasiert und wies nur minimale Spuren von postmortalem Bartwuchs auf. Die Haarfarbe ließ sich weder am Kopf noch am Kinn feststellen. Die Ohrläppchen waren durchbohrt und selbst nach der Verkleinerung durch die Mumifizierung waren die runden Löcher noch 7,5 Millimeter groß.

Bei der ersten Untersuchung bestand keine Möglichkeit, die Mumie zu röntgen, und man fand keine offensichtliche Todesursache. Der Pathologe D. E. Derry, der die Untersuchung durchführte, stellte an den sichtbaren Knochen fest, dass die Epiphysenfugen der langen Röhrenknochen sich noch nicht geschlossen hatten, was bei den meisten Menschen zwischen dem siebzehnten und neunzehnten Lebensjahr geschieht.

1963 wurden die Gebeine aus Grab KV 55 im Museum in Kairo noch einmal untersucht: Man machte Röntgenaufnahmen, entnahm winzige Gewebeproben und vermaß die Knochen (siehe unten). 1967 genehmigte die ägyptische Regierung auf die Initiative der Altertümerverwaltung hin eine umfassende Untersuchung der Königsmumien im Museum in Kairo. Dazu sollten die damals modernsten Röntgengeräte verwendet werden, aber es galt die Einschränkung, dass die Mumien in ihren Glasvitrinen untersucht werden mussten und dass weder die Mumien in Mitleidenschaft gezogen noch die Besucher des Museums gestört werden durften. Die Folge war, dass bis 1968 alle Königsmumien bis auf die Tutanchamuns untersucht waren. Ein Team unter Führung von Professor R. G. Harrison von der Universität Liverpool erhielt die Erlaubnis zu einer letzten Untersuchung des Königs. Harrsion hatte fünf Jahre früher auch die sterblichen Überreste aus Grab 55 untersucht. Wieder wurden strikte Regelungen getroffen. Das Vorhaben musste so schnell wie möglich im Grab selbst durchgeführt werden, die Mumie durfte nur kurz herausgenommen werden und das Grab musste für die Öffentlichkeit zugänglich bleiben, solange die Untersuchungen durchgeführt wurden. Die Folge war, dass nur mobile Apparate benutzt und die Röntgenaufnahmen erst entwickelt und begutachtet werden konnten, als die Mumie schon wieder in ihren Sarg eingesiegelt war.

Die meisten Röntgenaufnahmen waren sehr gut geworden, nur war es nicht gelungen, ein umfassendes Bild von den Zähnen des Königs zu erhalten. Der Zahnarzt der Gruppe, Frank Leek, dachte sich eine neue Methode aus, den Mund zu röntgen. Mit Hilfe eines Spezialverfahrens wollte er eine Panoramaaufnahme der Zähne auf eine Fotoplatte bekommen, die man dem König um den Mund band. Leider konnte man jedoch das dafür erforderliche Instrument nicht in den Mund einführen, weil die Harze den Gaumen zu sehr verhärtet hatten. Die Röntgenaufnahme des Schädels boten Leek aber dennoch so viel Material, dass er eine Beschreibung des Gebisses veröffentlichen konnte. Die Röntgenbilder zeigten deutlich, dass die Wirbelsäule des Königs in ausgezeichnetem Zustand war. Da um 1950 in Europa die Tuberkulose nicht selten war, hatte es Spekulationen gegeben, dass diese Krankheit auch zum frühen Tod Tutanchamuns geführt haben könnte, aber sie konnten nun klar widerlegt werden. Leek stellte fest, dass die Weisheitszähne noch im Zahnfleisch saßen und nicht durchgebrochen waren, was normalerweise im Alter von sechzehn Jahren geschieht.

Bislang war das Alter des Königs zum Zeitpunkt seines Todes auf siebzehn bis neunzehn Jahre geschätzt worden. Spätere Untersuchungen anderer Mumien aus Ägypten zeigten jedoch, dass diese Schätzung, die anhand von Befunden an europäischen Leichen vorgenommen worden war, korrigiert werden musste, da die einzelnen Entwicklungsstadien der Menschen in Nordafrika und im Nahen Osten etwas früher liegen als bei den Europäern. So schließen sich etwa die Epiphysenfugen bei den Ägyptern früher, und das bedeutet, wenn man zusätzlich noch die Entwicklung des Gebisses berücksichtigt, dass der König wohl mit sechzehn oder siebzehn Jahren gestorben ist.

Harrison bestätigte die Beobachtung, dass der Schädel des Königs ungewöhnlich geformt war; er war breiter und flacher als üblich und das Hinterhaupt sprang ungewöhnlich stark vor. 1992 wurde, gestützt auf Harrisons Daten, unter der Leitung von Dr. Michael Ridley eine exakte Kopie der Mumie Tutanchamuns für die Tutanchamun-Ausstellung in Dorchester hergestellt. Unter Verwendung eines menschlichen Skeletts etwa desselben Alters und derselben Größe, das für medizinische Zwecke zur Verfügung gestellt worden war, schuf man ein genaues Faksimile, das man ausstellte. Dabei zeigte sich, dass der einzige Teil des Körpers, der einer wesentlichen Veränderung bedurfte, der Schädel war, dessen Form drastisch von der Norm abwich.

Beim Vergleich der Röntgenaufnahmen von Tutanchamuns Schädel mit denen von dem Schädel aus Grab KV 55 stellte man fest, dass die Form bei beiden identisch war. Außerdem beobachtete Harrison, dass Tutanchamuns Schädelknochen hinter dem linken Ohr eine dünne Stelle aufwies, die durch Druck unter dem Knochen verursacht war, wahrscheinlich durch ein subdurales Hämatom, einen Bluterguss zwischen den Hirnhäuten. Dieser könnte, wie er meinte, durch einen Schlag auf den Hinterkopf verursacht worden sein, der zum Tod des Königs geführt haben könnte.

Röntgenaufnahmen vom Schädel zeigen, dass das Gehirn nach der damals in Ägypten üblichen Methode entfernt worden war, nämlich indem man das Siebbein im hinteren Nasenraum durchbrach und das Gehirn durch die Nasenlöcher herausholte. Dann hatte man Harz in den Schädel eingebracht. Es gab zwei deutlich verschiedene Ebenen von Harz. Eine war, wie man erwarten würde, auf der Rückseite des Schädels und die Oberfläche des hart gewordenen Harzes lag parallel zum Gesicht – mit anderen Worten war das Harz in den Körper gekommen, als die Mumie flach auf dem Rücken lag. Die andere Ebene war überraschenderweise im rechten Winkel zur ersten und füllte den oberen Raum der Schädelhöhle, was beweist, dass zu irgendeinem Zeitpunkt der Mumifizierung der Schädel des Königs mit der Oberseite nach unten hing. Außerdem war ein kleines Stück Knochen im Hinterkopf zu sehen. Harrison gab nie einen Kommentar dazu ab, obwohl das Fragment eindeutig nicht von der Stelle hinter dem linken Ohr kam, denn dort war der Knochen intakt und nicht gebrochen. Offenbar war es auch nicht das Siebbein, das man gebrochen hatte, um das Gehirn zu extrahieren. Seit der Untersuchung des Schädels schienen sich die Radiologen stets darin einig zu sein, dass der Schaden geringfügig und postmortal entstanden sei, und zwar durch den unsanften Umgang mit dem Leichnam an irgendeiner Stelle des Mumifizierungsprozesses.

Die Röntgenbilder zeigten auch ungewöhnlich große Ähnlichkeiten zwischen den Armknochen Tutanchamuns und denen der Mumie in Grab KV 55. Beide hatten angeborene »Löcher« direkt über den Gelenken – so genannte epitrochleare Foramina. Als Dr. R. C. Connolly von der Universität Liverpool später die Blutgruppen bestimmte, zeigte sich, dass Tutanchamun die Blutgruppe A2 mit den Antigenen M und N hatte, aber der Rhesusfaktor ließ sich nicht bestimmen. Diese Blutgruppe war mit der des Leichnams aus Grab 55 identisch.

Aus den Daten ergab sich klar, dass die beiden Bestatteten sehr eng verwandt gewesen sein müssen. Unter Verwendung des ihm damals verfügbaren historischen Wissens gelangte Harrison zu dem Schluss, dass die Mumie in Grab 55 aller Wahrscheinlichkeit nach die von Tutanchamuns Bruder Semenchkare war. Dass der König früh gestorben war, stand nun fest, und die bei der Untersuchung angedeutete Möglichkeit, dass er einen Schlag auf den Hinterkopf bekommen haben könnte, löste Aufregung und Kontroversen aus. In vielen nach 1968 erschienenen Büchern wurde behauptet, dass Tutanchamun entweder ermordet wurde oder an einem versehentlichen Schlag auf den Hinterkopf starb. Diese Spekulationen erreichten ihren Höhepunkt in Bob Briers Buch *Der Mordfall Tutanchamun*, in dem der Autor altbekannte Fakten mit Mutmaßungen kombiniert und die Hypothese wagt, der Angreifer könne nur Tutanchamuns Nachfolger Eje sein.

Alle Zeugnisse aus dem Grab zeigen, dass es bei der Bestattung des Königs außerordentlicher hastig zuging. Der Sarkophag war geliehen; den Deckel fand man beim Ausschuss und bemalte ihn notdürftig mit Farbe; die Schreine wurden in der falschen Anordnung zusammengezimmert; die Wandbilder in der Sargkammer sind verzerrt und die Maler haben die Spuren ihrer Schlamperei nicht beseitigt; viele der wichtigen Bestattungsgegenstände, wie etwa der Kanopenkasten für die Eingeweide und die Bänder auf der Mumie des Königs, waren nicht für ihn gedacht. Eine ganze Reihe von Statuen gehörten einer Frau und sehen ganz danach aus, als habe man sie einem anderen Ort entnommen. Die Statuen insgesamt sind ein sinnloses und unzusammenhängendes Sammelsurium. Ein Großteil der Möbel und viele andere Stücke stammten aus der frühen Kindheit des Königs und er war längst aus ihnen herausgewachsen.

Der König starb mit etwa sechzehn oder siebzehn Jahren als kräftiger junger Mann, der gern mit seinem Hund auf die Jagd ging und trotz seiner Schreibpaletten, von denen die meisten unbenutzt waren, wie die meisten Teenager und die meisten seiner Vorfahren wenig Interesse an einer Schulbildung mit viel Buchwissen hatte. Er liebte eindeutig das aktive Leben und ließ sich seit seiner Kindheit Soldatenschurze und Waffen fertigen. Seine Wagen waren benutzt, also hatte er das Wagen lenken gelernt, und sein gepanzertes Mieder, das für einen Soldaten im Feld gemacht wurde, weist darauf hin, dass er vielleicht sogar mindestens einen Feldzug durchgeführt hat. Die Möbel in seinem Grab spiegeln wider, was man über sein Leben schon wusste – dass er in seiner kurzen Regierungszeit überwiegend in Luxor gelebt hat, aber wahrscheinlich in Tell el-Amarna geboren wurde und aufwuchs, denn einige Stücke stammten von dort. Überall im Grab fand man die Namen von Echnaton und seinen Töchtern auf Gegenständen, die Tutanchamun wahrscheinlich von ihnen geerbt hatte. Einige Dinge, zum Beispiel die mit dem Namen von Maja und seinem Gehilfen Thutmosis oder die mit dem Namen Nachtmins, bezeugen eine persönliche Freundschaft, die über das reine Gebot der Loyalität gegenüber einem König hinausgeht. Der in Gold gefasste Rohrstock zeigt, dass Tutanchamun selbst als Kind respektiert und gehätschelt wurde.

Es gibt keinerlei Hinweise auf seine Eltern oder auf seinen Bruder Semenchkare. Vielmehr zeigen ihn die Gegenstände, die bei der Krönung verwendet wurden, allein. Es gibt auch keinen Hinweis auf die Unordnung im Land, die auf der Restaurationsstele im Zusammenhang mit seiner Krönung erwähnt wird. Ungewiss ist, ob er der Vater von zwei Töchtern war, die beide vor Ablauf einer normalen Schwangerschaft tot geboren wurden.

Hinweise auf den Tod des Königs gibt seine Mumie. Es gibt keine Anzeichen für eine Fraktur, sondern die Verdünnung des Schädelknochens hinter dem linken Ohr bezeugt einen lang anhaltenden Druck auf den Knochen von innen her. Wenn der König ermordet wurde, dann muss der Mörder ihn hinter dem Ohr auf die Schädelbasis geschlagen haben, was nicht gerade eine natürliche und leicht zu treffende Stelle für einen unerwarteten Schlag ist, und der König überlebte auch offenkundig noch einige Monate. Kein sehr erfolgreicher Mordversuch, sollte man meinen. Es gibt aber noch andere Möglichkeiten. Könnte er zum Beispiel durch einen Unfall gestorben sein? Wir wissen von den Zeugnissen in seinem Grab, dass er ein begeisterter Jäger war. Ein fehlgegangenes Wurfholz oder ein schlecht gezielter Pfeil könnte den König am Hinterkopf getroffen haben. Außerdem dürfen wir nicht die Möglichkeit ausschließen, dass er eines natürlichen Todes starb. So ist etwa die Form seines Schädels alles andere als normal und könnte durchaus eine Krankheit angezeigt haben, die zum Tode geführt hat.

Anhand der Zeugnisse aus dem Grab erhalten wir in Bezug auf die im letzten Kapitel skizzierte »gängige Geschichte« auf den ersten Blick keine Antworten. Hier endet die Spur offenbar. Oder doch nicht? Vielleicht stellen wir einfach nur wieder die falschen Fragen.

Teil Zwei

DER HISTORISCHE TUTANCHAMUN

Einleitung

Das Interesse der Öffentlichkeit an Tutanchamun war nach der Entdeckung seines Grabes im Jahr 1922 gewachsen. Die Fotografien und Abbildungen von ägyptischen Gegenständen inspirierten Künstler auf der ganzen Welt, ihre Farben und Formen bezauberten Architekten, Schreiner, Innenarchitekten, Goldschmiede, Textilhersteller und Modedesigner. Bald fand man allenthalben ägyptische Motive. Jeder wollte mehr wissen – und die Medien, von Hollywood bis zur internationalen Presse, kamen den Wünschen des Publikums bereitwillig nach.

Als sich die anfängliche Aufregung über die Entdeckung des Grabes gelegt hatte, fingen die Reporter, die vor dem Grab im Tal der Könige versammelt waren, angesichts des schleppenden Fortgangs der Dinge an, sich zu langweilen und hielten nach neuen Sensationen Ausschau. In den ersten Monaten des Jahres 1923 erklärte Marie Corelli, eine amerikanische Schriftstellerin, die sich auf die damals so beliebten Schauerromane spezialisiert hatte, in einem Brief an die *New York Times,* dass sie im Besitz eines altägyptischen Buches sei, das folgende Zeile enthalte: »Der Tod kommt auf Flügeln zu dem, der das Grab eines Pharaos betritt.« Wenn man das frühe arabische Interesse an der okkulten Seite Ägyptens bedenkt (s. S. 130), ist die Existenz eines solchen Buches ebenso verständlich wie diese Aussage, aber sie stützt sich auf keine nachgewiesene altägyptische Inschrift. In ihrem Brief prophezeite Corelli Carnarvon und Carter Leid, Unglück und einen plötzlichen Tod. Und nicht lange nach dem Erscheinen dieses Briefes starb Carnarvon im April 1923.

Bald darauf interviewte ein Reporter der Londoner *Times* den Schriftsteller Sir Arthur Conan Doyle über ein anderes Thema. Conan Doyle war seinen Zeitgenossen nicht nur als »Biograph« von Sherlock Holmes bekannt, sondern auch als glühender Anhänger des Spiritismus. So hatte er beispielsweise die Glaubwürdigkeit der berühmten Fotografie der *Cottingley Fairies* bezeugt, die zwei kleine Mädchen in Yorkshire in England gemacht hatten. Der Reporter erwähnte in dem Interview den Tod Carnarvons, begleitet von dem plötzlichen Stromausfall in Kairo, und sprach von dem unerklärlichen Aufheulen des Hundes von Carnarvon in Highclere im Augenblick des Todes seines Herrn. Dann kam er auf Corellis Brief zu sprechen und fragte Conan Doyle, ob seiner Meinung nach irgendetwas Wahres an Corellis Aussage sei, es gebe einen »Fluch der Pharaonen«. Offenbar bestätigte Conan Doyle, dass seiner Meinung nach durchaus ein solcher Fluch für den Tod Carnarvons verantwortlich sein könne. Und so gelangte dieser »Fluch« an die Öffentlichkeit.

Innerhalb kürzester Zeit hatten die Zeitungen die Nachricht von »Tutanchamuns Fluch« um die Welt geschickt. Sie behaupteten, der Satz »Der Tod kommt auf Flügeln« stehe auf dem Türrahmen des Grabes oder auf »magischen Ziegeln« im Grab. Von dort aus war es nur noch ein kleiner Schritt bis zu überzeugend formulierten Artikeln, in denen es hieß, das Grab sei gegen Eindringlinge »magisch geschützt«. Manche Verfasser suchten nach rationalen Erklärungen – Tutanchamun sei an einer ansteckenden Krankheit gestorben, die sich nun die Ausgräber zugezogen hätten; Fledermauskot sei in ihre Lungen eingedrungen und habe zu Atembeschwerden geführt; andere meinten, Tutanchamuns Geist verteidige sich gegen die unerwünschten Eindringlinge. Der Glaube an den Fluch ließ auch im Laufe der Jahre nicht nach. Die Entdeckung der künstlichen Radioaktivität im Jahr 1935 führte zu Vermutungen, Tutanchamuns Grab sei durch radioaktives Material geschützt worden. Es hagelte geradezu Theorien.

Ägyptologen haben immer wieder gegen die Annahme eines

solchen Fluches protestiert, aber das hat nichts geholfen. Wiederholt wurde darauf hingewiesen, dass Carnarvon schon ein kranker Mann war, als er nach Ägypten ging, und dass er zum Zeitpunkt seines Todes aufgrund der äußeren Umstände in einer schlechten Verfassung war, dass Stromausfälle in Kairo häufig sind und dass viele andere, die mit dem Grab zu tun hatten, wie etwa Carter selbst und Lady Evelyn, ein hohes Alter erreichten. Aber nichts wird je diejenigen überzeugen können, die an einen Fluch glauben. Heute beteiligen sich sogar Fernsehsender an dem Spaß. Ansager erklären mit heiserer Stimme, begleitet von den Klängen geisterhafter Musik und unterstützt von Schauspielern in unmöglichen Leinenschurzen und mit Gummiglatzen: »Natürlich ist nichts Wahres an dem Fluch – ABER …«

Um die Unglaubwürdigkeit dieses Fluches zu demonstrieren, erlaubten die ägyptischen Behörden 1972, fünfzig Jahre nach der Entdeckung des Grabes, nach langen diplomatischen Verhandlungen zwischen den Regierungen von Ägypten, England und den Vereinigten Staaten, erstmals, dass eine größere Anzahl der Schätze Tutanchamuns Ägypten verlassen und in großen Museen Englands und Amerikas ausgestellt werden durfte. Wenn man bedenkt, welche Turbulenzen es nach der Entdeckung des Grabes gab, ist es ein kleines Wunder an Großzügigkeit, dass eine solche Ausstellung überhaupt ins Auge gefasst wurde, und zudem ein großer Vertrauensbeweis seitens der ägyptischen Regierung. In beiden Ländern standen Millionen von Menschen Schlange, um die Schätze zu sehen; auch ich zählte zu ihnen und stand fünf Stunden in der Sonne, um die Ausstellung sehen zu können.

Die Schätze, zu denen auch die berühmte goldene Maske gehörte, die das Gesicht des toten Königs bedeckt hatte, kamen in einer Sondermaschine der Royal Air Force nach England. Mehrere Jahre später war auf der Titelseite der *News of the World* zu lesen, der »Fluch« wirke noch immer. Die Begründung war lächerlich. Anscheinend war die Crew der Maschine vom Unglück verfolgt, seit sie die fluchbeladenen Schätze nach England gebracht hatte. Ein Mitglied der Crew, das angeblich auf der Kiste mit der Maske Karten gespielt hatte, soll der Kiste einen Tritt gegeben und im Spaß zu einem Freund gesagt haben: »Schau mal, ich gebe dem teuersten Gegenstand der Welt einen Tritt.« Und bald darauf brach es sich eben dieses Bein. Und das war noch nicht alles, ein anderes Mitglied dieser Crew hatte sich obendrein noch scheiden lassen! War das nicht Beweis genug?

Der Fluch, den es nachweislich gar nicht gibt, hat noch heute viele Verfechter. Die Wahrheit ist, dass Tutanchamuns Beisetzung in keiner Weise etwas Besonderes oder Ominöses war, wie die Gegenstände in seinem Grab auch zeigen. Das Grab enthielt genau die gleichen Kammern wie jedes andere Königsgrab, wenn auch kleiner und anders angeordnet. Der König, dessen Leichnam es so lange beschützt hatte, war offenbar ein sehr unbedeutender Herrscher, der, wie aus Aufschriften auf den Weinkrügen mit seinem Namen geschlossen werden kann, neun Jahre lang regierte. Aus einer anderen Inschrift geht hervor, dass er vielleicht gerade sein zehnjähriges Thronjubiläum feierte, als er starb. Für die Ägypter war er, im Ganzen gesehen, weniger bedeutend als viele andere, große Könige der 18. Dynastie. Dem Bestreben, seine Existenz ganz zu unterschlagen, wäre beinahe Erfolg beschieden gewesen, und hätte man nicht sein Grab gefunden, wäre er bis auf den heutigen Tag eine historische Randfigur. Einer der Gründe dafür, dass das Grab überhaupt unversehrt erhalten blieb, könnte gerade die Tatsache sein, dass es so wenig Bedeutung hatte, dass die Menschen es einfach vergaßen. Auf alle Fälle gab es keinen Grund, es zu schützen. Einzigartig war das Grab nur darin, dass es bis zur Gegenwart intakt blieb. Man fragt sich, wie wohl die Grabbeigaben ausgesehen haben mögen, die manche der großen Könige Ägyptens, die lange gelebt haben, in die Ewigkeit »mitgenommen haben«. Der Prunk bei der Beisetzung von Ramses II., der in der 19. Dynastie siebenundsechzig Jahre regiert hat, einige der bekanntesten Schlachten der ägyptischen Geschichte geschlagen und viele der größten Denkmäler errichtet hat, muss überwältigend gewesen sein.

Die Schauermärchen von dem geheimnisvollen Fluch haben die Aufmerksamkeit der Menschen von der wirklichen Schwierigkeit abgelenkt, nämlich der, dem historischen Tutanchamun auf die Spur zu kommen. Angeblich handelte es sich doch um das Grab eines jungen Mannes, der als Pharao zu einem der reichsten und mächtigsten Herrscher seiner Zeit geworden war, dabei aber eigentlich gar kein Anrecht auf den Thron hatte, da er nur der jüngere Bruder des homosexuellen Geliebten des vorherigen Pharaos war, und der versucht hatte, in Ägypten wieder Maat herzustellen – und doch gab es in seinem Grab keinerlei Hinweise auf all das.

Das Grab weist viele Absonderlichkeiten auf. Gegenstände wie der geliehene Sarkophag mit dem gesprungenen Deckel werfen mehr Fragen auf als sie beantworten. Zwar mögen königliche Beamte aus reiner Verzweiflung gelegentlich die Ausstattung eines Vorbesitzers wieder verwendet oder »geborgt« haben, aber dass das bei einem der großen Könige der 18. Dynastie nötig gewesen sein soll, ist fast unglaublich. Man hat ja auch in Gräbern in Tanis im nordöstlichen Deltagebiet aus der Dritten Zwischenzeit geborgte Grabausstattungen gefunden, aber sie stammen aus einer Zeit, in der in Ägypten Armut und Chaos herrschten. Im Gegensatz dazu bildete die 18. Dynastie den Höhepunkt der ägyptischen Kultur. Selbst wenn Tutanchamun kein mächtiger oder langlebiger König war, so repräsentierte er doch Ägypten, das Land, in dem es »Gold so reichlich wie Staub gibt«, wie ein ausländischer König einst schrieb. Ist die Annahme realistisch, dass ein König, der in einem Sarg beigesetzt wurde, dessen reiner Goldwert heute bei 4,5 Millionen Pfund liegt, nicht einmal über einen so elementaren Bestandteil einer Grabausstattung wie einen Sarkophag verfügte, sondern ihn aus einem anderen Grab borgen musste?

Die Bilder an den Wänden der Sargkammer wurden sehr hastig gemalt: Der untere Teil der Wände, unterhalb einer Abschlussleiste, ist nicht nur unbemalt, sondern weist noch deutliche Spuren herabgelaufener Farbe auf, die nicht abgewischt wurde. An der Decke der Sargkammer sind noch immer dunkle Kreise vom Rauch der Lampen zu sehen, die den Malern Licht gaben. Sie wurden nicht einmal weggewischt, geschweige denn mit den üblichen astrologischen Deckenbildern übermalt, die sich in Königsgräbern meist fanden. Die Figuren sind plump und verzerrt. Hält man sich dazu noch vor Augen, dass die vergoldeten Schreine falsch zusammengefügt waren, dann deutet all das, wie immer man es zu erklären versucht, auf eine Bestattung in größter Eile hin.

Es gibt noch andere große Probleme. Wenn Sie den Stammbaum auf S. 419 betrachten, werden Sie feststellen, dass Tutanchamun neun Jahre regierte, Semenchkare vielleicht zwei und vor ihm Echnaton siebzehn Jahre. Die Weinkrüge im Grab Tutanchamuns stammten, wie wir gesehen haben, überwiegend aus der Regierungszeit Tutanchamuns, während einige wenige aus der Regierungszeit Echnatons stammen, wie man an der Jahreszahl erkennen kann. Aber ein Krug trägt das Datum Jahr 31. Er kann nur aus der Regierungszeit von Amenophis III. stammen, der neununddreißig Jahre herrschte. Daher war dieser Weinkrug acht Jahre alt, als Amenophis III. starb. Wenn wir die gesamten Regierungsjahre Echnatons, Semenchkares und Tutanchamuns dazuzählen, war dieser Weinkrug rund sechsunddreißig Jahre alt, als er Tutanchamun ins Grab mitgegeben wurde.

Nun sind wir über diese Tatsache vielleicht nicht übermäßig erstaunt. Schließlich ist Wein, der sechsunddreißig Jahre alt ist, bei uns keine Seltenheit. Das war im alten Ägypten anders. Nachdem die meist blauen Trauben (wie sich aus den bisher in Krügen gefundenen und untersuchten Resten ergeben hat) mit den Füßen zerstampft worden waren, wurde der Saft in Krüge gegossen, und dann ließ man ihn fermentieren, wahrscheinlich unter Verwendung der natürlichen Hefen, die auf der Schale der Trauben sitzen. Dann versiegelte man die Krüge und Datum, Herstellungsort und die Kategorie des Weins wurden an der oberen Wölbung des Kruges vermerkt. Die Gefäße wurden manchmal vor dem Brennen mit einem Stein poliert, aber mit Ausnahme der edlen Fayence-Gefäße waren sie unglasiert. Wie schon erwähnt, waren die Wände dieser Krüge außerordentlich porös, und nach drei Jahren war praktisch nur noch ein dickes Konzentrat auf dem Boden des Kruges vorhanden. Man konnte damals den Wein also auf keinen Fall lagern, um ihn reifen zu lassen, er musste im ersten Jahr getrunken werden.

An den Daten auf den Krügen im Grab ist auf den ersten Blick erkennbar, dass bei den meisten das Haltbarkeitsdatum schon lange überschritten war. Zum Zeitpunkt der Beisetzung müssen sie bereits völlig leer gewesen sein. Das dürfte uns eigentlich nicht überraschen, denn wie bereits erläutert, ist es recht und gut, für die Beisetzung eines Toten kostbare Substanzen zu opfern, dennoch müssen zuerst die Bedürfnisse der Lebenden berücksichtigt werden. Daher hatte die Beigabe der Weinkrüge, selbst bei einem Königsgrab, wohl eher symbolischen Charakter. Aber ist es unter diesen Umständen nicht merkwürdig, dass es überhaupt einen versiegelten Weinkrug gab, der sechsunddreißig Jahre alt war, und erst recht, dass er in ein Königsgrab gestellt wurde? Die Ägypter machten damals schon seit mindestens 2000 Jahren Wein, deshalb ist es völlig unrealistisch anzunehmen, sie hätten von der Verdunstung des Weines nichts gewusst. Daher hätte man einen so alten Krug doch sicher zerschlagen oder zumindest erneut benutzt.

Am häufigsten stehen auf den Weinkrügen die Daten Jahr 4 und Jahr 5. Auf manchen Krügen sind die Namen von Weingütern angegeben, die Tutanchamun gehörten, auf anderen die Namen von Gütern des Aton. Wenn wir annehmen, dass die mit dem Namen der Güter des Aton gezeichneten in den Jahren 4 und 5 von Echnatons und nicht Tutanchamuns Herrschaft gefüllt wurden, dann wären auch diese Krüge bei Tutanchamuns Bestattung schon etwa vierundzwanzig Jahre alt gewesen. Wenn keiner dieser Krüge zum Zeitpunkt der Beisetzung im Grab Wein enthielt, dann wurden sie wahrscheinlich als Erinnerungsstücke mitgegeben – mit anderen Worten, weil Tutanchamun oder seine Freunde und Verwandten es für wichtig hielten, dass der Name

Amenophis III. im Grab vorkommen sollte – der Name eines Königs, der zwölf Jahre vor der Geburt Tutanchamuns gestorben war und den er nie kennen gelernt hatte. Warum sollte also dieser Name erwähnt sein?

Ein anderes großes Problem liegt in dem Bildnis auf dem »goldenen Thron«. Auf der Rückenlehne des Throns sind, wie schon erwähnt, Tutanchamun und seine Gemahlin zu sehen, die unter den Strahlen des Aton sitzen. Der Stuhl stammt aus Tell el-Amarna, und von dort nahm ihn Tutanchamun vermutlich mit. Aber laut der Restaurationsstele hat Tutanchamun, der das Land zum Zeitpunkt seiner Krönung im Chaos vorfand, die alte Religion des Amun wieder eingesetzt und dem Tempel von Karnak wieder Stiftungen gemacht. Die Kolonnade des Tempels von Luxor, die früher Amenophis III. zugeschrieben wurde, ist, wie inzwischen zweifelsfrei bewiesen wurde, das einzige größere, noch stehende Bauwerk aus der Regierungszeit Tutanchamuns. An ihren Innenwänden befinden sich Bilder mit Szenen vom Opetfest zur Zeit Tutanchamuns. Inschriften aus Achetaton belegen, dass die Stadt im Jahr 2 oder 3 der Regierung Tutanchamuns endgültig aufgegeben wurde. Im Zusammenhang mit der Wiedereinsetzung der alten Religion, die die Priesterschaft und das Volk wohlwollend stimmen sollte, änderte der junge König sogar seinen Namen von Tutanchaton in Tutanchamun und den seiner Gemahlin von Anchesenpaaton in Anchesenamun. Aber offenbar behielten die beiden auch nach der Wiedereinsetzung der Amun-Religion den Stuhl bei sich im Palast von Luxor, einen Stuhl, der den König und die Königin als Anhänger eben der Ketzerei abbildet, die sie öffentlich ablehnten.

In vielen Büchern wurde dieser Stuhl sogar als »Königsthron« bezeichnet. Das würde nicht nur bedeuten, dass der König öffentlich den ketzerischen Atonkult ablehnte und dabei auf einem Stuhl saß, der ihn verherrlichte – sondern dass er ihn bei offiziellen Anlässen in der Öffentlichkeit benutzte! Und nicht genug damit, muss er auch noch vor aller Augen in der Prozession zum Grab des Königs getragen worden sein, damit er ihm bei der Bestattung mitgegeben werden konnte. Das macht keinen Sinn. Warum sollte dieser Stuhl, der das Königspaar deutlich unter den Strahlen des Aton zeigt, also des Gottes, den es öffentlich ablehnte, für die Beisetzung aufbewahrt worden sein und das ausgerechnet in Luxor, wo Tutanchamun der Ketzerei abgeschworen hatte? Und warum sollte der Name des Königs auf der Rückenlehne »Tutanchamun« lauten – also »das Lebende Abbild des Amun« –, während auf den Armstützen der Name Tutanchaton steht und das Bild des Aton zu sehen ist, sodass zwei Bilder verwendet werden, die nach allgemeiner Auffassung unvereinbar sind?

Ein ganz ähnliches Paradox ist am Zepter zu erkennen (s. S. 155), das ebenfalls deutlich die Namen des Aton und den Namen Amuns auf demselben Herrschaftsabzeichen trägt. Selbst wenn der »goldene Thron« vielleicht nur privat benutzt wurde, so galt das nicht für das Zepter. Die Bezeichnung für dieses Zepter bedeutet »Macht«, die Macht und Autorität des Königtums selbst. Sollen wir etwa annehmen, dass das reiche und mächtige Ägypten es sich nicht leisten konnte, das Zepter durch ein neues zu ersetzen, als der Atonkult zur Ketzerei erklärt wurde? Dass man die häretischen Inschriften nicht hätte tilgen können? Man stelle sich vor, Decius oder Diokletian, römische Kaiser, die das Christentum verfolgten, hätten ein Zepter mit dem Namen Christi darauf benutzt! Offensichtlich herrscht eine gewaltige Verwirrung um diese Stücke, die weitere Aufmerksamkeit verlangt.

Ein wenig Detektivarbeit

Obwohl im Grab Tutanchamuns keine Belege gefunden wurden, die die gängige Geschichte erhärtet hätten, erzählt doch jedes Fundstück seine eigene Geschichte.

So heißt es etwa regelmäßig, die Totenbahren, die man in der Vorkammer gefunden hat, seien bei der Mumifizierung des Königs verwendet worden. Die Bahren sind dick vergoldet und haben Liegeflächen aus geflochtenen Schnüren. Die Mumifizierung, bei der man die Eingeweide aus dem Leichnam entfernte und den Körper anschließend in Natron legte, war eine blutige und übel riechende Prozedur. Beim letzten Schritt, dem Umwickeln mit Binden, wurden literweise Harze und duftende Salböle über die Mumie gegossen. Diese Bahren tragen aber nicht nur keinerlei Zeichen von Verunreinigung, was mit Sicherheit der Fall gewesen wäre, wenn man sie in irgendeiner Phase der Mumifizierung benutzt hätte, sondern ihre Liegeflächen sind beinahe einen Meter über dem Boden und sehr breit. Selbst ein ungewöhnlich großer Mensch könnte sich kaum über sie und einen darauf liegenden Körper beugen und bequem die Mitte der Fläche erreichen. Außerdem hätte man dann auch nicht für drei Bahren Verwendung gehabt. Wie bereits erläutert, sind bei allen dreien die Beine in ein Holzgestell eingefügt, das sie miteinander verbindet, folglich waren sie eindeutig dazu bestimmt, wie ein Schlitten durch Ziehen bewegt zu werden. Da sie von der Form her für ein Begräbnis bestimmt waren, sollte man annehmen, dass sie dazu gedacht waren, etwas ins Grab zu befördern. An der zur Schatzkammer hin gelegenen Wand der Sargkammer ist der Leichenzug des Königs dargestellt, und der Leichnam des Königs wurde auf einer dieser Bahren gezogen. Der Leichnam war in drei Särge gebettet und es gibt drei solche Bahren. Es erscheint logisch, dass jede Bahre auf dem Weg zum Grab einen Sarg trug. Man hätte sie also wie Leichenwagen benutzt. Die »falsche Identität« von zwei der drei Bahren ist noch immer ein Problem. Vielleicht sind wir, wie bereits gesagt, allzu puristisch, vielleicht kamen manchmal einfach auch Fehler vor.

Auch der Schmuck im Grab erzählt eine eindeutige Geschichte. Es wurde häufig gesagt und gehört auch zur gängigen Geschichte, dass Tutanchamun der Bruder Semenchkares gewesen sei und daher keinen eigenen Thronanspruch gehabt habe. Um einen solchen Anspruch zu erlangen, habe er Anchesenpaaton, die einzige noch lebende Tochter Echnatons und Nofretetes heiraten müssen. Aber alle Königsinsignien, Krummstab und Wedel, das Zepter, das Pektoral, der Stab und die Ohrringe zeigen Tutanchamun bei seiner Krönung ganz allein. Er ist nirgendwo mit seiner jungen Gemahlin abgebildet, außer auf Stücken, die seinen Namen in einer Kartusche tragen – die also mit anderen Worten nach seiner Krönung gefertigt wurden. Es gibt keinerlei Hinweise darauf, dass er seine Krönung seiner Gemahlin aus dem Königshaus zu verdanken hatte. Vielmehr deuten die Funde in seinem Grab darauf hin, dass er allein und aufgrund eines eigenen Thronanspruchs gekrönt wurde.

Verblüffend ist, dass es auch keinerlei Hinweise darauf gibt, dass Königin Anchesenamun, wie sie beim Tod ihres Gemahls hieß, an der Beisetzung teilnahm. Es gibt Geschenke von Mitgliedern des Hofstaates, aber keine Geschenke von ihr, die ihren Namen tragen. Die Szene, die auf die Rückwand der Sargkammer gemalt ist und die Mundöffnungszeremonie sowie den Empfang des Königs im Jenseits zeigt, stellt nicht auch die Königsgemahlin dar, wie zu erwarten wäre. Der winzige Blumenkranz auf dem zweiten Sarg des Königs, den Carter als »Abschiedsgruß der jugendlichen Witwe an ihren geliebten Gatten« interpretierte, war kein solcher. Er ist nicht mit einem Namen versehen. Carters Zuschreibung resultiert aus seiner romantischen Phantasie. Die Wand auf der Schatzkammerseite zeigt den Trauerzug mit einer Gruppe von Personen, von denen zwei als Wesire von Ägypten erkennbar sind, aber nicht die Königsgemahlin. Interessanterweise wurde im Grab ihres Gemahls auch keine Vorsorge für ihre eigene Beisetzung getroffen. Sollte sie vor ihm gestorben sein, muss sie an einem anderen Ort bestattet worden sein. Da viele Stücke aus anderen Gräbern in das Grab Tutanchamuns verlagert wurden und da die mumifizierten Föten in seinem Grab waren, gibt es keinen Grund dafür, dass Anchensenamun, falls sie vor ihm starb, nicht neben ihrem Gemahl beigesetzt werden konnte. Man bedenke etwa die Beisetzung von Juja und Tuja im Tal der Könige, oder die von Cha und Merit aus dem Arbeiterdorf Deir el-Medina. Beide Gräber wurden unversehrt gefunden. In beiden Gräbern fand man die Mumien beider Partner im

Grab. Die Annahme, dass sie in beiden Fällen auch gleichzeitig starben, erscheint wenig vernünftig. Einer muss auf alle Fälle zuerst gestorben sein, selbst wenn sie kurz nacheinander starben. Damit sie gemeinsam beigesetzt werden konnten, muss jeweils einer nach seinem Tod »aufbewahrt« worden sein bis der andere starb, oder der erste wurde beigesetzt und das Grab später für den anderen noch einmal geöffnet. Anchesenamun wurde nicht im Grab ihres Gatten beigesetzt und das war auch nie beabsichtigt. Sie muss allein irgendwo anders bestattet worden sein – aber wo? Da wir von keiner Königsgemahlin der 18. Dynastie ein Grab kennen (das so genannte »Tal der Königinnen« enthält nur Gräber von Frauen und Kindern von Ramses II. aus der 19. Dynastie), könnte es sein, dass irgendwo in Ägypten noch ein ganzes bisher unbekanntes »Tal der Königinnen« der Entdeckung harrt. Aber wir haben keine Zeugnisse, aus denen eindeutig hervorgeht, ob Anchesenamun zur Zeit der Beisetzung ihres Gemahls noch lebte oder nicht.

Und was sollen wir aus dem Vorhandensein der beiden mumifizierten Föten im Grab schließen? Sie werden im Allgemeinen als zwei tot geborene Kinder von Tutanchamun und seiner Gemahlin angesehen. Aber auch hier gibt es ein Problem, mit dem wir uns befassen müssen. Führte jede Fehlgeburt einer Königsgemahlin zur Mumifizierung des Fötus, der dann irgendwo im Palast aufbewahrt wurde, bis er eines Tages beim Tod des Königs mit diesem beigesetzt wurde? Oder wurden Föten bestattet, beim Tod des Vaters exhumiert, und dann mit ihm zusammen erneut bestattet? Und was geschah, wenn ein König viele Jahre lang regierte, was ja häufig der Fall war? Ramses II. hatte beispielsweise Hunderte von Frauen und regierte siebenundsechzig Jahre lang. Fehlgeburten und Todesfälle im Säuglingsalter muss es häufig gegeben haben. Sollen wir allen Ernstes annehmen, dass ein solcher König alle diese Toten bis zu dem Tag aufbewahrte, an dem er schließlich starb? Das macht wenig Sinn. Einige Ägyptologen haben die Meinung vertreten, dass die Kinder im Grab Tutanchamuns nicht die seinen waren, sondern ihm symbolisch mitgegeben wurden, um ihn im Jenseits mit Kindern auszustatten. Aber es gibt keinerlei Belege dafür, dass es so etwas je gab. Derartige Ideen sind reine Spekulation. Und warum zwei Mädchen? Wäre da nicht ein Sohn vorzuziehen gewesen? Außerdem hätte doch ein Kind sicherlich genügt. Vielleicht gibt es eine andere Erklärung.

Aber das Absonderlichste ist, wenn man alle diese archäologischen Zeugnisse betrachtet, das Alter Tutanchamuns. Wir wissen, dass er etwa sechzehn oder siebzehn Jahre alt war, als er starb, und dass er neun Jahre lang regiert hatte. Das würde bedeuten, dass er bei seiner Krönung sieben oder acht Jahre alt war. Das hieße, wenn wir in die Regierungszeit Echnatons zurückrechnen, dass er ungefähr im Jahr 12 der Herrschaft Echnatons geboren wurde. Wir wissen, dass das Jahr 12 für Echnaton aus vielen Gründen ein sehr dramatisches war (s. S. 122), unter anderem wegen der Vertreibung Nofretetes und des öffentlichen Erscheinens von Semenchkare.

Wir wissen, dass Echnaton in Achetaton wie im Exil lebte, nachdem er dorthin umgezogen war, und es gibt keinen Hinweis darauf, dass er es je wieder verlassen hat. Als Echnaton Semenchkare im Jahr 12 zum Mitregenten erhob, müssen sich die beiden Männer schon einige Zeit gekannt haben, also muss auch Semenchkare entweder in Achetaton gelebt haben oder dort regelmäßig hingereist sein. Als er zum Mitregenten wurde, muss er auf alle Fälle dort gelebt haben. Wenn Tutanchamun der kleine Bruder Semenchkares ist, dann gebar ihn seine Mutter just in dem Augenblick, als Semenchkare öffentlich erkennbar das Bett des Königs bestieg und die Vertreibung und öffentliche Demütigung Nofretetes verursachte.

Es drängt sich uns also das Bild auf, dass hier ein Jüngling der Liebhaber des Königs wird, während gleichzeitig seine Mutter einem Kind das Leben schenkt. Aus ägyptischen Texten erfahren wir, dass die Mütter ihre Kinder so lange wie möglich stillten – eine Praxis, die noch heute in solchen Ländern verbreitet ist, in denen die Zeit des Abstillens oft die risikoreichste im Leben eines

Kindes ist. In einem Weisheitstext Anis, der im Museum in Kairo aufbewahrt wird, heißt es, man solle seine Mutter ehren, denn »sie hatte drei Jahre lang ihre Brust in deinem Mund«. Während also Semenchkare den Palast dominierte, muss seine Mutter irgendwo in der Nähe seinen kleinen Bruder gestillt haben. Mit anderen Worten können wir uns nicht vorstellen, dass Tutanchamun in irgendeiner Weise um den Thron kämpfte. Er konnte unmöglich beschließen, Prinzessin Anchesenpaaton zu »heiraten«, um den Thron an sich zu bringen. Er war einfach noch zu klein.

Haben ihn seine Eltern tatkräftig gefördert? Da sie durch ihren Sohn Semenchkare die Eltern des Königs geworden waren, dürften doch sicherlich Abbildungen von ihnen oder ihre Namen in Inschriften erhalten geblieben und bei den Ausgrabungsarbeiten in Tell el-Amarna aufgetaucht sein, wenn nicht auch in Tutanchamuns Grab. Amenophis III. hatte eine »Bürgerliche«, Teje, geheiratet, und die Namen ihrer Eltern erscheinen nicht nur überall neben dem ihren, sondern ihre Eltern erhielten auch ein prachtvolles Begräbnis im Tal der Könige. Wer immer die Eltern Tutanchamuns gewesen waren, sie waren nicht nur die Eltern einer Königin, wie Juja und Tuja, sondern sie waren die Eltern zweier Pharaonen. Warum haben wir also nirgends irgendetwas über sie gefunden?

Die Probleme reichen tiefer. Nach Tutanchamuns eigener Aussage auf der Restaurationsstele hatte er die Tempel der alten Götter (vor allem die Amuns) geschlossen und der Natur überlassen vorgefunden, als er auf den Thron kam. Tutanchamun soll all das wieder in Ordnung gebracht haben. Er kehrte nach Luxor zurück, führte das Opetfest wieder ein, verbannte den Aton, setzte Amun wieder ein und besiegelte all diese Taten durch die Änderung seines Namens und des Namens seiner Gemahlin. Sollen wir wirklich annehmen, dass ein siebenjähriger Junge all das vollbracht hat? Selbst wenn Sie glauben, dass das möglich ist (und siebenjährige Jungen waren damals nicht wesentlich anders als siebenjährige Jungen heute), dann bedenken Sie, dass dieses

Kind sein ganzes, kurzes, bisheriges Leben am Hof Echnatons verbracht hatte, an der Seite seines mächtigen älteren Bruders Semenchkare. Die einzige Religion, die es je kennen gelernt hatte, war die des Aton. Wir unterstellen Tutanchamun also, dass er zunächst ein Interesse an dieser Religion hatte und dann das Einzige, was er kannte, zugunsten einer Religion verwarf, die bereits zwölf Jahre vor seiner Geburt abgeschafft worden war, dass er ein Fest wieder einsetzte, über das er gar nichts wusste, dass er die Religion des Liebhabers seines Bruders verwarf, also die Religion des Mannes, dem sowohl sein Bruder als auch er den Thron verdankte. Was hätte ihn dazu motivieren können, gegen eben jenen Bruder und den König zu handeln, der ihm das Amt des Pharaos überhaupt erst ermöglicht hatte? Es ist völlig klar, dass er nichts von alledem getan haben kann. Es ist nicht einmal sehr überzeugend, zu vermuten, dass er jemandem befohlen hat, es für ihn zu tun. Jemand muss ihn beherrscht und die Fäden gezogen haben. Dieser Jemand wusste über Amun und das Opetfest Bescheid, er musste mindestens Mitte zwanzig sein, um sich an die alte Religion zu erinnern, und er musste die siebzehn Regierungsjahre Echnatons miterlebt haben. Er muss auch mächtig gewesen sein, da er in der Lage war, über den König Kontrolle auszuüben, und er muss jemand gewesen sein, dem alles missfallen hatte, was vorher in der Regierungszeit Echnatons geschehen war.

Zu den Problemen bei der Archäologie zählt, dass wir uns als Studenten dieses Faches leicht vom Kern unseres Gegenstandes entfernen können – den Menschen selbst. Wir gehen mit Fakten und Objekten um und vergessen häufig, dass wir es mit Menschen aus Fleisch und Blut zu tun haben, die geboren wurden, lebten, Ideen und Gedanken, Liebesbeziehungen und Feindschaften hatten und dann starben. Die Fakten verdunkeln die Wirklichkeit. Aber vor etwa 3500 Jahren spielte am Nil ein quicklebendiger kleiner Junge von sieben oder acht Jahren – also in einem Alter, in dem in manchen Ländern die Kinder in die Schule kommen – nicht im Sandkasten oder mit Wachsmalstiften, sondern mit goldenen Königsinsignien; er lauschte nicht phantasievollen Geschichten, sondern wurde von Beamten über Staatsangelegenheiten unterrichtet, und diese Beamten mussten aufgrund seiner Stellung aufmerksam anhören, was er, ein kleiner Junge, »verfügte«.

Damit Tutanchamun König werden konnte, muss sein Vorgänger gestorben sein. In diesem Fall sein älterer Bruder Semenchkare. Wir wissen, dass Semenchkare Prinzessin Meritaton, die älteste Tochter Echnatons, geheiratet hatte. So weit wir wissen, müssen beide zur selben Zeit gestorben sein, da wir nie mehr von ihnen hören. Wir wissen, dass Meritaton bald nach der Thronbesteigung ihres Vaters geboren wurde. Wenn wir Echnatons siebzehn Regierungsjahre bedenken und Semenchkares zwei dazurechnen, war sie bei ihrem Verschwinden ungefähr neunzehn Jahre alt und ihr Gemahl vermutlich auch. Es ist höchst unwahrscheinlich, dass zwei Neunzehnjährige gleichzeitig eines natürlichen Todes sterben. Man muss annehmen, dass jemand, dem alles zuwider war, wofür Semenchkare stand, beide beseitigt hat. Wenn das aber zutrifft, warum wurde Tutanchamun dann überhaupt König? Warum sollte jemand den derzeitigen König ermorden – vermutlich wegen seiner Homosexualität und seiner Häresie – und ihn dann durch seinen siebenjährigen Bruder ersetzen? Wir wissen von mehreren Fällen im alten Ägypten, in denen das amtierende Königshaus ausstarb und der Thron an einen Wesir oder einen ähnlich hohen Beamten überging – jedenfalls an einen sehr mächtigen Mann. Das würde in unserem Fall bedeuten, dass ein Mann, der mächtig und einflussreich genug war, den König und die Königin zu ermorden, dann zugunsten eines Siebenjährigen zurückstand, der keinerlei Anspruch auf den Thron hatte. Das macht keinen Sinn.

Als Tutanchamun gekrönt wurde, ernannte man, wie wir aus Inschriften wissen, nicht nur Wesire, sondern auch zwei sehr mächtige alte Männer zu Vizekönigen, die Ägypten im Namen des Königs regieren sollten, vermutlich so lange, bis er alt genug war, selbst die Kontrolle zu übernehmen. Diese beiden Männer waren Eje, der Bruder von Echnatons Mutter Teje, und Haremhab, der Oberbefehlshaber des ägyptischen Heeres. Beide wurden im Laufe der Zeit selbst König von Ägypten. Sollte einer von ihnen Semenchkare und Meritaton ermordet haben, dann ist es höchst erstaunlich, dass sie die Krönung Tutanchamuns zuließen. Beide waren ehrgeizig, beide hoch intelligent. Eje wurde Vizekönig von Oberägypten mit Sitz in Luxor, Haremhab Vizekönig in Unterägypten mit Sitz in Memphis. Einer von ihnen hätte die ganze Macht für sich bekommen können – warum sich also mit der Hälfte zufrieden geben?

Und was war mit Tutanchamun? Wer beschützte ihn? Wer und wo waren seine Eltern? War der Hass der Öffentlichkeit auf Semenchkare so groß, dass bei seinem Tod auch seine Eltern umgebracht wurden? Wohin ist die ganze Familie Tutanchamuns verschwunden? Sein älterer Bruder hatte so viel Feindseligkeit im ganzen Land geweckt, dass Tutanchamun es jetzt schwer hatte, Maat in Ägypten wieder Geltung zu verschaffen. Blieben Tutanchamun jetzt, da Semenchkare tot war und seine Eltern vielleicht auch, noch andere Verwandte, die ihm halfen? Waren sie es, die ihn schützten? Vielleicht sollten wir nicht nur nach den Eltern Tutanchamuns suchen, sondern auch nach sonstigen Verwandten.

Sehen wir uns die Fakten an, die wir bisher gesammelt haben. Semenchkare war öffentlich zum Mitregenten Ägyptens ausgerufen worden, wodurch er von einer relativ obskuren Herkunft durch seinen königlichen Liebhaber in eine solche Machtposition aufstieg, dass er sogar den Sturz der Königsgemahlin Nofretete verursachen konnte. Wir wissen, dass jemand seinen Bruder, den kleinen Kindkönig, stark beeinflusste, wenn nicht gar beherrschte. War das nicht höchstwahrscheinlich ein Mitglied seiner Familie? Ohne jemandes Unterstützung hatte Tutanchamun allem Anschein nach keinerlei Anspruch auf den Thron, dennoch beweisen die verfügbaren Zeugnisse zweifelsfrei, dass er aufgrund seines eigenen Anspruchs gekrönt wurde. Wenn man seine Familie beseitigt hätte und das Land wäre so feindselig gewesen, wie die Restaurationsstele erklärt, dann hätte er seine Krönung vermutlich gar nicht überlebt. Jemand hatte eindeutig das Gefühl, es liege in seinem Interesse, den Anspruch des Jungen zu unterstützen, trotz seines zweifelhaften Hintergrundes. Wenn irgendjemand aus seiner Familie tatsächlich den Tod Semenchkares überlebt hatte, dann ermutigte er jetzt den jüngeren Sohn, der von seinem älteren Bruder den Thron von Ägypten geerbt hatte, den Lebensinhalt eben des Mannes zu verraten, der seine Familie gefördert hatte. Welch ein Treuebruch gegenüber einer Sache, die er doch hätte tapfer verteidigen sollen! Und wie konnte der kleine Bruder eines homosexuellen Bürgerlichen, der sich so verheerend auf die Königsfamilie ausgewirkt hatte, dass die geliebte Königsgemahlin vertrieben wurde, überhaupt mit irgendeiner Unterstützung durch die Öffentlichkeit rechnen?

Betrachten wir nun Tutanchamuns Position im Rahmen des ägyptischen Staates zur Zeit seiner Krönung. Wie muss Ägypten insgesamt reagiert haben, als ein Kind, dessen einziges Bindeglied zur Macht sein älterer Bruder war, zum König gekrönt wurde? Wie schon erwähnt, waren auch zwei frühere Könige Ägyptens (Thutmosis IV. und Amenophis III.) bereits als kleine Kinder zum König von Ägypten gekrönt worden. Die wachsende Macht der Hethiter, die das ägyptische Großreich bedrohten, sowie die Phase der Passivität unter Echnaton bedeuteten jedoch, dass noch nie so dringend ein Erwachsener an der Macht gebraucht wurde.

Es heißt, Semenchkare sei mit Meritaton verheiratet worden, damit der Anstand gewahrt blieb. Es gibt keine Hinweise darauf, was mit ihr geschah, als Semenchkare verschwand. Und da Anchesenpaaton Tutanchaton heiratete, hat sie eindeutig die schrecklichen Ereignisse in den späten Regierungsjahren ihres Vaters überlebt. Wir wissen nichts darüber, was mit ihren jüngeren Schwestern Neferneferure und Setpenre geschah, aber da wir nichts mehr von ihnen hören, ist anzunehmen, dass sie in der frühen Kindheit starben. Gab es also keinen geeigneteren Thronanwärter mehr als den kleinen Tutanchaton?

Es ist immer schwer, die Vergangenheit zu rekonstruieren. Denkmäler lassen nicht ohne weiteres Gefühle und Emotionen erkennen. Aber betrachten Sie die Situation. Als Echnaton starb, herrschte in Ägypten Chaos. Der Palast des Königs in Achetaton war sehr abgelegen. Viele Jahre lang war der König von Ägypten für die Menschen kaum zugänglich gewesen. Jetzt wurde der Aufsteiger Semenchkare gekrönt und verschwand kurz darauf, zusammen mit seiner Gemahlin Meritaton, von der Bildfläche. Plötzlich präsentierte jemand, wir wissen nicht wer, den kleinen Bruder des Aufsteigers für die Krönung – und obwohl es eine legitime Prinzessin gab, krönte man lieber ihn als ein Mädchen. Der Junge muss starke Förderer hinter sich gehabt haben, die seinen Anspruch nach außen hin vertreten konnten.

Reaktionen der Öffentlichkeit auf Echnatons offene Verstoßung seiner geliebten Gemahlin sind nicht berichtet. Nofretete hatte in der Stadt Achetaton eine wichtige Rolle gespielt, und Darstellungen in Gräbern und auf Steinen, die als Füllmaterial in Gebäuden wieder gefunden wurden, zeigen sie überall in enger, zärtlicher Umarmung mit ihrem Gemahl. Man kann sich nur schwer vorstellen, dass ihre Vertreibung bei den Bewohnern der Stadt keine Feindseligkeit auslöste. Und Echnaton vertrieb sie nicht einfach wegen irgendeiner anderen, sondern um eines Mannes willen.

In manchen Kulturen und zu manchen Zeiten wurde Homosexualität nicht nur akzeptiert, sondern sogar hoch gepriesen. Aber im alten Ägypten gibt es dafür keinerlei Anzeichen. In Texten aus 4000 Jahren findet sich nur eine einzige Anspielung auf Homosexualität, und sie stammt aus dem Mittleren Reich. Es ist darin die Rede von einem General, der dabei ertappt wurde, wie er sich in das Schlafgemach des Königs schlich. In den Zehntausenden von Bildern und Inschriften gibt es keine weitere Andeutung von Homosexualität. Wäre sie als natürlich akzeptiert worden, wie beispielsweise im alten Griechenland, dann hätte keine Notwendigkeit bestanden, sie zu vertuschen – wir fänden die Homosexualität sicherlich an vielen Stellen erwähnt. Dieser

Mangel an Zeugnissen bedeutet, dass es sie entweder offiziell gar nicht gab, oder dass sie derart verpönt war, dass man sie nirgendwo erwähnen durfte. Die einzige andere Möglichkeit ist, dass im alten Ägypten Homosexualität tatsächlich nicht vorkam.

Auf der persönlichen Ebene muss Echnaton, wenn er homosexuell war, sehr mit seiner Neigung gekämpft und im Stillen unter seinen Gefühlen gelitten haben. Trotzdem gab er sich nach außen hin tapfer, heiratete eine der schönsten Frauen seiner Zeit, wurde Vater von sechs Töchtern und ließ alle zusammen als glücklichste Familie darstellen, die das ägyptische Königshaus je gesehen hatte. Durch diese Offenheit setzte sich Echnaton aber der öffentlichen Billigung oder Missbilligung aus. Als er dann von tiefer Liebe zu einem Angehörigen seines eigenen Geschlechts ergriffen wurde – was ihn in einer solchen Gesellschaft und als politisch gesehen wichtigster Mann der damals bekannten Welt in eine sehr schwierige Lage brachte –, fasste er einen Entschluss, der wohl der schwerste seines Lebens war. Statt seine Gefühle unter Verschluss zu halten, bekannte er sich zu ihnen, verstieß seine Gemahlin aus dem Palast und setzte den jungen Semenchkare an ihre Stelle. Echnaton ließ die Öffentlichkeit seine wahren Gefühle wissen und löste damit einen Tumult aus, der dazu führte, dass seine Gemahlin Nofretete verletzt, gedemütigt und öffentlich verstoßen, den Palast verließ und der Vergessenheit und dem Tod anheim fiel. Wie die Menschen Echnaton gehasst haben müssen – und ihren Hass besonders auf den gelenkt haben müssen, der all das verursacht hatte!

Und wie mögen wohl diese Menschen darauf reagiert haben, als der Bruder des Mannes, der solche Probleme ausgelöst hatte, zuerst den Thron bestieg und dann fast sofort ein religiöses Chaos herbeiführte? Das konnte nur jemand bewerkstelligen, der außerordentlich mutig war. Und doch sollen wir glauben, dass all dies einem siebenjährigen Knaben gelang. Ganz offensichtlich haben wir hier ein gewaltiges Problem zu lösen, und alles hängt allein davon ab, wer Tutanchamun wirklich war. Wenn wir feststellen können, wer seine Eltern waren, wer ihn stützte, welche

Gründe er dafür hatte und was ihn dazu bewog, die alte Religion wieder einzusetzen, können wir vielleicht einen kleinen Zipfel des Geheimnisses lüften.

Es wäre mehr als verständlich gewesen, wenn die Bevölkerung aufgebracht gewesen wäre. Seit das Grab Tutanchamuns geöffnet und seine Mumie zum ersten Mal enthüllt wurde, haben die Menschen immer wieder gefragt, wie er starb. Die Untersuchung der Mumie im Jahr 1968 (s. S. 164) ergab, dass der Schädelknochen hinter dem linken Ohr eine dünne Stelle aufweist, die nach dem untersuchenden Pathologen R. G. Harrison möglicherweise von einem Schlag auf den Hinterkopf stammen könnte, der eventuell zum Tod geführt hat. Das war nicht das erste Mal, dass von *Foul play* die Rede war. Carter selbst glaubte von Anfang an, dass Tutanchamun aufgrund der Probleme, mit denen er zu kämpfen hatte, und der Unordnung, von der auf der Restaurationsstele die Rede ist, möglicherweise ermordet wurde. Diese These ist bis heute aktuell, wie ein 1998 erschienenes Buch von Bob Brier belegt, der glaubt, Tutanchamuns Nachfolger Eje habe den Jungen ermordet, wobei er als Begründung nur anführen kann, dass er als potentieller Nachfolger ein Motiv hatte. Bekam Tutanchamun tatsächlich einen Schlag auf den Kopf? Wenn wir auch nur die geringste Chance haben wollen, das herauszufinden, müssen wir wieder zu der Aufgabe zurückkehren, die Herkunft Tutanchamuns zu klären.

Ein Block, der in Hermopolis, dem heutigen Aschmunein, auf dem Tell el-Amarna gegenüberliegenden Nilufer gefunden wurde, befindet sich jetzt im Brooklyn Museum und enthält einen der wenigen Hinweise auf Tutanchamun als Kind. Dort heißt es, er sei »der leibliche Sohn des Königs, von ihm geliebt«. Das ist ein wichtiges Zeugnis. Wir haben gesehen, dass seine Insignien darauf hindeuten, dass er allein und aufgrund eines eigenen Anspruchs gekrönt wurde. Diese Inschrift bestätigt das. Das würde bedeuten, dass Semenchkare und Tutanchaton keineswegs die Söhne von Bürgerlichen waren, sondern als Prinzen geboren wurden. Aber wessen Sohn war Tutanchamun dann?

Auf der Restaurationsstele heißt es: »... da erschien Seine Majestät auf dem Thron seines Vaters«. Das würde bedeuten, dass sein Vorgänger sein Vater war. Sein Vorgänger war Semenchkare. War Semenchkare also sein Vater und nicht sein Bruder? Was wir bisher an harten Fakten haben, ist lediglich, dass Semenchkare existiert hat und dass die Person, deren Leichnam in Grab KV 55 gefunden wurde, mit Tutanchamun eng verwandt war. Es gibt nichts an diesem Leichnam oder um ihn herum, was eine eindeutige Identifizierung erlauben würde. Es muss sich nicht um Tutanchamuns Bruder handeln – rein logisch betrachtet, könnte es auch der Vater sein. Aber wenn Semenchkare sein Vater ist, wer war dann seine Mutter? Die einzige Frau, die neben Semenchkare gefunden wurde, ist Meritaton, die älteste Tochter von Echnaton und Nofretete. Ihre Namen sind nach dem Jahr 12 der Regierungszeit Echnatons miteinander verbunden, und wir wissen, dass Tutanchamun um das Jahr 12 geboren wurde. Es gibt keine Beweise dafür, dass die beiden nicht schon vor dem Jahr 12 geheiratet haben, das wäre also eine mögliche Lösung.

Wenn aber Semenchkare mit Meritaton verheiratet und die beiden Tutanchamuns Eltern gewesen wären, dann wäre Echnaton sein Großvater gewesen und Nofretete seine Großmutter. Wenn der Leichnam in Grab 55 tatsächlich der von Semenchkare war, dann muss er zum Zeitpunkt seines Todes neunzehn oder zwanzig Jahre alt gewesen sein. Wir wissen, dass Semenchkare Echnaton um kurze Zeit überlebt hat, längstens um zwei Jahre. Wenn wir von dieser Annahme ausgehen und er wäre zwei Jahre nach dem Tod Echnatons neunzehn oder zwanzig Jahre alt gewesen, dann wäre er beim Tod des Königs siebzehn gewesen und in Echnatons Regierungsjahr 12 zwölf Jahre alt. Wir wissen, dass Meritaton im Jahr 1 der Regierung ihres Vaters schon geboren war, sodass sie zum Zeitpunkt der Geburt Tutanchamuns elf Jahre alt gewesen wäre. Das ist natürlich gerade eben möglich, aber es ist keine plausible Lösung. Es bedeutet, dass Semenchkare zwölf Jahre alt war, als Echnaton ihn zu seinem Liebhaber machte. Auch das ist möglich, aber wenig plausibel. Daher stellt sich die Frage: Wer war Semenchkare? Er muss von sehr vornehmer Abstammung gewesen sein, um die Aufmerksamkeit des Königs auf sich zu ziehen und um die Erlaubnis zu bekommen, die älteste Tochter des Königs zu heiraten.

Tatsächlich gibt es noch andere Lösungen. Im alten Ägypten galt es als höflich, jeden Menschen der älteren Generation als »Vater« oder »Mutter« zu bezeichnen, jeden Menschen der eigenen Generation als »Bruder« oder »Schwester« und jeden Jüngeren als »Sohn« oder »Tochter«, auch wenn keinerlei Blutsverwandtschaft bestand. Daher könnte mit dem Ausdruck »Vater« auf der Restaurationsstele einfach gemeint sein, dass Tutanchamun auf den Thron seines Vorgängers kam.

Da die Regierungszeit Semenchkares in jedem Fall kurz war (sie könnte fast ganz in die Regierungszeit Echnatons fallen), liegt die Frage nahe, ob vielleicht Echnaton Tutanchamuns Vater sein könnte. Auf seinen Denkmälern heißt es von seinen Töchtern immer, sie seien  – »von ihm geliebt, von seinem Leibe«, das sind dieselben Formulierungen, die auf dem Block von Hermopolis für Tutanchamun gebraucht wurden. Aber wenn das zutrifft, warum ist Tutanchamun dann nie auf den Darstellungen in Tell el-Amarna zu sehen? Die Geburt eines Sohnes Echnatons wäre sicherlich ein großes Ereignis gewesen, weil das eine Sicherung der Thronfolge bedeutet hätte. Warum werden Echnaton und Nofretete durchgängig mit einer wachsenden Anzahl von Töchtern abgebildet, aber nie mit dem Sohn, den man doch so nötig als Thronfolger brauchte? Und wenn Echnaton wirklich Tutanchamuns Vater war, warum hat Tutanchamun sich dann so offen gegen ihn gestellt und erst seine Vaterstadt verlassen, in der er geboren wurde und aufwuchs, und dann die *raison d'être* seines Vaters, seine Religion, abgeschafft?

Wir müssen hier realistisch sein. Wenn wir uns die Zeugnisse der Königsfamilien des alten Ägypten ansehen, finden wir nur höchst selten die Kinder eines Königs zu Lebzeiten der Eltern abgebildet. Prinzen erlangen nur dann eine wichtige Stellung, wenn sie Thronerben sind. Und was wir an Zeugnissen besitzen, ist fragmentarisch. Als Tell el-Amarna abgerissen wurde, benutzte man die Blöcke seiner Gebäude als Füllmaterial, und Tausende von ihnen wurden in neuerer Zeit zwar wieder gefunden, warten aber noch auf ihre Auswertung. Vielleicht gibt es auf einem oder mehreren dieser Blöcke tatsächlich noch Darstellungen von Tutanchamun als Kind. Dass wir sie bislang nicht haben, ist also auf den ersten Blick verständlich und keineswegs überraschend. Ungewöhnlich ist hingegen die Freimütigkeit und ehrliche Offenheit der Szenen, die in der Regierungszeit Echnatons dargestellt wurden (s. S. 76). Wo immer der König und die Königsgemahlin hingehen, werden sie von ihren Töchtern begleitet. Echnaton bezeichnet sich durchgängig als  – »der in der Wahrheit lebt«. Warum also wird Tutanchamun nicht abgebildet, wenn doch die Töchter überall zu sehen sind?

Tutanchamun muss, wenn er mit sechs oder sieben Jahren auf den Thron kam, um das Jahr 12 der Regierungszeit Echnatons geboren worden sein (vgl. Anhang A). Angenommen, Amenophis IV. (Echnaton) bestieg den Thron nach dem Tod seines Vaters Amenophis III., dann sind die einzigen erkennbaren Kandidaten, die Tutanchamuns Vater sein konnten, wenn er in der Tat ein Königssohn war, entweder Echnaton oder Semenchkare.

Doch das scheint nur so. Tatsächlich gibt es noch eine andere Möglichkeit. Es ist durchaus vorstellbar, dass Echnaton nicht nach dem Tod seines Vaters Amenophis III. auf den Thron kam. Möglicherweise haben die beiden Könige einige Zeit Seite an Seite gemeinsam regiert. Auf den ersten Blick sieht es so aus, als sei Amenophis III. zwölf Jahre vor der Geburt Tutanchamuns gestorben. Oder etwa nicht? Vor dem Tempel von Soleb in Nubien stand einst ein Granitlöwe, der sich heute im Britischen Museum befindet. Er gehört zu den wenigen Stücken in dieser Sammlung, die den Namen Tutanchamuns tragen, der über eine frühere Widmung Echnatons auf den Löwen gemeißelt wurde. Dort heißt es, Tutanchamun habe »das Denkmal seines Vaters erneuert«. Der ursprüngliche Erbauer des Tempels, der auch den Löwen aufgestellt hat, soll Amenophis III. Nebmaatre gewesen sein. Wäre das also eine weitere Möglichkeit?

Die Zeugnisse weisen klar darauf hin, dass Tutanchamun königlichen Geblütes ist – ein Prinz. Sein Vater muss ein König gewesen sein. Es gibt nur drei Möglichkeiten: Semenchkare, Echnaton und die im Augenblick unwahrscheinlichste Variante, Amenophis III.

Und so beginnen wir die historische Suche nach Tutanchamun.

KAPITEL FÜNF

Amenophis III. und Königin Teje

Amenophis III. Nebmaatre wurde gekrönt, als das Neue Reich seine Blütezeit erreicht hatte. Damals war der König Herr über ein friedliches und sehr wohlhabendes Großreich, das wenig Kontrolle benötigte und dabei beinahe unbegrenzte Mengen an »Tributen« erhielt. Nur wenige Könige vor ihm hatten eine so starke Position geerbt. Er bestieg den Thron um 1400 v. Chr.

Wenn man in der Archäologie feste Daten angibt, kommt das einer Einladung zum Widerspruch gleich. In der Ägyptologie hatten wir bis vor wenigen Jahren mehr Glück als unsere Kollegen in anderen Arbeitsgebieten. Sie müssen sich in vielen Fällen auf Radiokarbondatierungen verlassen. Bei dieser Methode wird ein radioaktives Isotop, Kohlenstoff 14, gemessen, das in allen organischen Materialien vorhanden ist. Wenn man das C 14 misst, das in einer Probe einer organischen Substanz noch übrig ist, kann man daraus auf den Zeitpunkt schließen, an dem der entsprechende Organismus gestorben ist. Die Genauigkeit liegt aber nur im Bereich von Jahrzehnten, manchmal sogar Jahrhunderten.

Im Falle Ägyptens verlässt man sich bei der Datierung in erster Linie auf die Regierungszeiten der Könige. Die Ägypter hatten keinen Anfangszeitpunkt in der Geschichte, von dem ab sie rechneten. Der Staat führte jedoch einen offiziellen Kalender, der auf einem jährlichen Zyklus von zwölf Monaten beruhte, die wiederum in drei Wochen von je zehn Tagen unterteilt waren. Zu diesen 360 Tagen gab es noch fünf zusätzliche Tage am Ende, die Epagomenen, an denen nach der Legende oder der Theologie die wichtigen Gottheiten Osiris, Isis, Seth und Nephthys von der Himmelsgöttin Nut geboren wurden (am fünften Tag ruhte sie sich aus, um sich zu erholen). Somit umfasste der Kalender 365 Tage, berücksichtigte jedoch nicht den viertel Tag, den wir heute in unseren Schaltjahren unterbringen.

Während die Regierungsbeamten sorgfältig das Datum aufzeichneten, lasen rund 98 Prozent der Bevölkerung die Jahreszeit am Zustand des Bodens ab. Der wichtigste Tag im Jahr war für die gewöhnlichen Menschen im alten Ägypten der, an dem alljährlich der Nil anzuschwellen begann und später das Land überflutete – das war der Tag, an dem buchstäblich wieder neues Leben begann. Dieser Tag war in ferner Urzeit einmal zufällig mit dem Wiedererscheinen des Sothis oder Sirius, des Hundssterns, zusammengefallen, einem der hellsten Sterne am ägyptischen Nachthimmel. Vor diesem Zeitpunkt war dieser Stern aufgrund der Ekliptik viele Wochen lang (70 Tage) verborgen gewesen. Es gibt keinen Grund für dieses Zusammentreffen – es ergab sich einfach. Manche Ägyptologen haben die Ansicht geäußert, das sei jedes Jahr geschehen, während Astronomen darauf hingewiesen haben, dass sich dieses Zusammentreffen dank der Präzession der Sterne (der veränderlichen Höhe eines jedes Sternes oder Sternbildes über dem Horizont aufgrund der Verlagerung der Rotationsachse der Erde) vielleicht nicht jährlich präzise wiederholt hat. Aber trotz leichter Schwankungen konnten so die ägyptischen Bauern ebenso wie die Regierungsbeamten den Beginn der Überschwemmungszeit vorhersagen. Alle hielten nach dem Sirius Ausschau, weil sie wussten, dass bald nach seinem Erscheinen die Überschwemmung einsetzen würde.

Mit der Überschwemmung begann im alten Ägypten das neue Jahr, und das hatte gute Gründe. In den Wochen davor war Ägypten auf der Höhe des Sommers, die Erde war aufgerissen und trocken, die Temperaturen stiegen ins Unerträgliche und der Nil war nur noch ein Rinnsal. Die Menschen litten Hunger und zehrten nur noch von den letzten Resten der Ernte des Vorjahres. Das Anschwellen des Nils bedeutete neues Leben für die Bauern – und Steuereinnahmen für den Staat, da die Steuern auf dem Höhepunkt der Nilschwelle festgesetzt wurden. Nehmen wir einmal an, dass irgendwann in der Frühzeit schriftlicher Aufzeichnungen in Ägypten der Sirius am Himmel erschien und den Bauern ankündigte, dass die Überschwemmung nahte, und am selben Tag erklärten die Regierungsbeamten, das neue Jahr habe begonnen. Da die Regierungsbeamten von einer Jahreslänge von 365 Tagen ausgingen, verkündeten sie nach vier Jahren bereits einen Tag vor dem Erscheinen des Sirius das neue Jahr, wieder vier Jahre später bereits zwei Tage vorher und so weiter. Das heißt, dass die Menschen in Ägypten meistens auf ihren Feldern beschäftigt waren, wenn der Staat das Neujahrsfest verkündete, das zur Zeit der Überschwemmung hätte stattfinden sollen, aber nun auf einen völlig falschen Zeitpunkt fiel. Die beiden Kalender fielen nur alle 1460 Jahre zusammen.

Weil das Kommen des Wassers nicht nur für die Bauern, sondern auch für die Staatseinkünfte so entscheidend wichtig war, wurde mehrmals in der ägyptischen Geschichte in wichtigen Dokumenten das Datum, an dem Sirius erschien, auf dem bürgerlichen Kalender vermerkt. Das bürgerliche Jahr war in drei Jahreszeiten mit je vier Monaten eingeteilt. Daher wurde jedes Datum in folgender Weise geschrieben: »Jahr (Zahl) des Königs (Name), Monat (1, 2, 3 oder 4) der Jahreszeit (Name), Tag (Zahl).« So ist etwa ein Text datiert: »Jahr 7 des Königs Sesostris III., vierter Monat des Winters, Tag 16.« Ein anderer Text bezeugt das Aufgehen des Sirius in einem anderen Jahr: »Jahr 9 des Königs Amenophis I., dritter Monat des Sommers, Tag 9.« Beide Daten hätten offiziell auf den Tag 1 des ersten Monats der ersten Jahreszeit fallen sollen, aber sie waren »verrutscht«, weil der viertel Tag nicht berücksichtigt wurde. Wir wissen, dass die beiden Kalender im Jahr 139 n. Chr. zusammenfielen. Von dort aus können wir in Zyklen von 1460 Jahren zurückrechnen und wissen dann, dass die beiden Kalender auch im Jahr 1321 v. Chr., 2781 v. Chr. und 4241 v. Chr. zusammenfielen (ein Jahr 0 gab es nicht, im Kalender ging es von 1 v. Chr. direkt zu 1 n. Chr.). Nun kann man in Vierjahresgruppen zurückrechnen, um die genauen Jahre festzustellen, aus denen die beiden oben genannten Inschriftendaten stammen. Das erste stammt etwa aus dem Jahr 1870 v. Chr., das zweite von ungefähr 1540 v. Chr. Da wir die Regierungszeiten der Könige dazwischen kennen, können wir ziemlich exakt berechnen, wann ein bestimmter König regierte. Wenn die Schreiber uns noch dazu angegeben hätten, an welchem Ort der Sirius gesichtet wurde, hätten wir zu sehr genauen Ergebnissen gelangen können. Denn aufgrund der Erdkrümmung war das Wiedererscheinen des Sirius in Assuan zwei Tage früher zu beobachten als in Memphis. Daraus ergibt sich eine Abweichungsmöglichkeit von zehn Jahren – aber das ist noch immer eine beträchtlich genauere Datierung als sie durch andere Methoden, wie etwa durch eine Radiokarbondatierung, möglich ist.

Wie jedoch in den letzten Jahren mehrere Wissenschaftler zu Recht angemerkt haben, geht man bei dieser Datierungsmethode davon aus, dass die Ägypter, die doch sonst auf ihre Präzision so stolz waren, nicht nur 4000 Jahre lang die Differenz zwischen den Kalendern ignoriert, sondern auch nie einen Versuch unternommen haben, eine Korrektur vorzunehmen. Hätte irgendein Pharao an irgendeinem Tag beschlossen, die Abweichung zu beseitigen – also bestimmt, dass der Tag, an dem der Nil zu steigen begann, der Neujahrstag sei und dass der bürgerliche Kalender entsprechend geändert werden müsse –, dann ist die gesamte Grundlage für unsere Datierung erschüttert. Und dieses strittige Thema beschäftigt die Ägyptologie zur Zeit intensiv.

Genau festzulegen, an welchem Zeitpunkt der Geschichte wir unsere Suche beginnen müssen, ist angesichts dessen, vorsichtig ausgedrückt, ein heikles Unterfangen. Als hätten wir mit diesem Problem noch nicht genug zu tun, müssen wir uns zudem noch mit Schwierigkeiten befassen, die daraus resultieren, dass zwei Könige manchmal gemeinsam zur gleichen Zeit regiert haben. Unsere Daten stehen also auf sehr wackeligen Füßen.

Wir wollen uns daher mit der Feststellung begnügen, dass

nach der konventionellen Datierung Amenophis III. Nebmaatre um 1400 v. Chr. zum König von Ägypten gekrönt wurde. W. C. Hayes setzt den Beginn seiner Regierungszeit bei 1417 an; Peter Clayton gibt ebenso überzeugt das Jahr 1386 an und Sir Alan Gardiner steuert einen mittleren Kurs und nennt das Jahr 1405.

Ebenso problematisch ist es, genau zu sagen, wie lange er regiert hat. Eine unserer Hauptquellen für historische Daten ist der ägyptische Priester Manetho, der um 320 v. Chr. von Ptolemaios I. aufgefordert wurde, eine verlässliche Darstellung der ägyptischen Geschichte zu geben, damit die neue griechisch/mazedonische Regierung Fakten hatte, mit denen sie arbeiten konnte. Manethos Originalaufzeichnungen sind schon lange verloren, aber Kopisten haben bei ihm abgeschrieben, dass Amenophis III. Nebmaatre (der griechisch Oros genannt wird) sechsunddreißig Jahre regierte, so etwa laut der Abschrift des Syncellus, oder achtunddreißig Jahre laut einer anderen Kopie. Auf Fragmenten mit Inschriften, die im Palast Amenophis' III. in Malkata gefunden wurden, taucht gelegentlich das Jahr 38 auf.

Wir wissen, dass Amenophis III. nicht nur ein Thronjubiläum feierte, sondern drei. Das erste, in seinem Regierungsjahr 30, hat viele Fachleute zu der Annahme verleitet, dass ein Jubiläum stets erstmals im Jahr 30 der Regierungszeit eines Königs stattfand. Das mag zwar gelegentlich so sein, aber es ist vielleicht keine generelle Regel. Verlässlich können wir nur sagen, dass es in der Regierungszeit dieses Königs so war. Auf dieses Jubiläum folgte ein zweites um das Jahr 34 und ein weiteres im Jahr 37. W. C. Hayes, Konservator der ägyptischen Abteilung im Metropolitan Museum of Art in New York, verzeichnet die Entdeckung von achtundsiebzig Weinkrugfragmenten mit der Datierung Jahr 37 und weiterer sechzehn mit Jahr 38. Dann fügt er an, dass Amenophis III. wahrscheinlich lange genug gelebt habe, um noch den Beginn seines mindestens 39. Jahres auf dem Thron zu erleben. Das ließ sich inzwischen auch relativ gut belegen.

Amenophis war der Sohn von Thutmosis IV. Mencheprure, über dessen Regierungszeit wir wenig wissen, allerdings gibt es neuerdings auch über die Länge seiner Regierungszeit Kontroversen. Das höchste Datum auf bisher gefundenen Gegenständen ist das Jahr 8, aber der jüdische Historiker Flavius Josephus zitiert Manetho mit der Aussage, Thutmosis IV. habe neun Jahre und einige Monate regiert. Das Oriental Institute in Chicago hat jedoch einen Text veröffentlicht, der zeigt, dass er mindestens ein Jubiläum gefeiert hat, vielleicht sogar zwei, zitierte dazu Material von anderen Königen und sah dies als Beleg dafür an, dass er bis zum Regierungsjahr 33 gelebt hatte. Eine so lange Regierungszeit scheint für ihn aber nicht in Frage zu kommen. Wie bereits erläutert, wurden Jubiläen nicht unbedingt nur in den Jahren 30, 33 und danach gefeiert, und es ist auch sehr gut möglich, dass Thutmosis IV. Mencheprure einige Zeit zusammen mit seinem Vater, Amenophis II. Aacheprure, regiert hat, sodass sich das Material durchaus auf die Jubiläen seines Vaters beziehen kann, bei denen er einbezogen war. Im Übrigen muss eine Regierungszeit von mehr als dreißig Jahren in der ägyptischen Geschichte als lang angesehen werden. Je länger ein König regierte, desto mehr Denkmäler wurden erfahrungsgemäß errichtet. Aber aus der Regierungszeit von Thutmosis IV. Mencheprure ist kaum etwas von Bedeutung erhalten geblieben. Man kann also getrost annehmen, dass er nur sehr kurze Zeit regiert hat.

In einem kleinen, hinten gelegenen Raum (Raum XIII) des Tempels von Luxor waren einst Reliefs in die Wände eingemeißelt, die die Geburt von Amenophis III. darstellten. Heute ist aufgrund der Erosion, verursacht durch Salze, die auf der Oberfläche des Steins austreten, fast nichts mehr von ihnen zu sehen. Kopien von diesen Reliefs und ihren Inschriften zeigen, dass sie Thutmosis IV. und seine Gemahlin, Königin Mutemwia, in der Nacht der Zeugung von Amenophis darstellen. Der Leib von Thutmosis IV. war vom Gott Amun-Re »übernommen« worden, sodass die Königin glaubte, ihr Gemahl besuche sie, tatsächlich aber war das in jener Nacht gezeugte Kind ganz wörtlich der Sohn des Gottes selbst. In den Texten heißt es, Mutemwia sei »die schönste Frau im ganzen Land« gewesen und sie erhält die

Titel »die Erbprinzessin, groß an Beliebtheit, süß an Liebe«. Als das Kind zur Welt kommt, helfen die Götter und Göttinnen selbst bei seiner Geburt und Amun sagt: »Komme in Frieden, mein leiblicher Sohn Nebmaatre« und reicht ihn Isis in Gestalt der kuhköpfigen Göttin Hathor zum Säugen.

Die Große Königsgemahlin Thutmosis' IV. Mencheprure, die in seiner Regierungszeit sehr im Rampenlicht stand, war seine Schwester Wadjet, deren Name bisher jedoch nicht vor seinem Jahr 7, geschrieben in einem Kartuschenring, gefunden wurde. Dies in Kombination mit der Aussage eines Textes, er sei ein »Kind«, hat einige Wissenschaftler zu der Annahme gebracht, er sei noch ein kleiner Junge gewesen, als er König wurde, und folglich vor dem Jahr 7 noch zu klein, um sich eine Gemahlin zu nehmen. Als jedoch seine Mumie im Jahr 1967 geröntgt wurde, schätzte man das Alter des Königs auf etwa fünfunddreißig Jahre. Das bedeutet entweder, dass er noch ein Kind war, als er gekrönt wurde, und dreiunddreißig Jahre regierte, oder dass er mit Ende zwanzig gekrönt wurde und dann die acht Jahre regierte, für die wir eindeutige Belege haben. Die dritte Möglichkeit, die ebenfalls nicht ganz ausgeschlossen werden kann, ist, dass die falsche Mumie als Thutmosis IV. identifiziert wurde. Nur eine zukünftige DNS-Analyse kann weitere Klärung bringen.

Über Mutemwia wissen wir relativ wenig, außer dass die meisten Fachleute sie als »eine seiner Hauptgemahlinnen« bezeichnen. Eine Statue, die im Tempel von Dendera, etwa 90 Kilometer nördlich von Luxor, gefunden wurde, trägt eine Inschrift, in der es heißt: »Schön ist schon der Gedanke an sie. Sie erfüllt die beiden Länder mit Freude, die Gottesgemahlin, die Große Königsgemahlin.« Derselbe Titel findet sich auch in der Inschrift auf einer Darstellung, die sich heute im Britischen Museum befindet: »Die die Halle mit dem Duft ihres Wohlgeruches füllt, seine geliebte große königliche Gemahlin, der alles, was sie sagt, getan wird; Herrin von Ober- und Unterägypten, Gottesmutter.«* Aufgrund der zweiten Inschrift, in der sie »Gottesmutter« genannt wird – also bereits den Prinzen geboren hat, der als Amenophis III. Nebmaatre gekrönt werden wird –, könnte man annehmen, dass sie den Titel »Große Königsgemahlin« erst gegen Ende der Regierungszeit von Thutmosis IV. bekam oder dass er sogar von ihrem Sohn zu ihren Titeln hinzugefügt wurde. Vielleicht war Wadjet, die diesen Titel zuerst trug, bald nach seiner Verleihung gestorben. In der ersten Inschrift heißt sie jedoch noch nicht »Gottesmutter«. Da dieser Titel der höchste war, den eine Frau überhaupt erlangen konnte (ausgenommen vielleicht »Gottesgemahlin des Amun«), muss man annehmen, dass Mutemwia den Titel Große Königsgemahlin erhielt, ehe sie den Prinzen gebar. Überraschenderweise heißt sie in Texten zu späteren Bildern, die sie mit ihrem Sohn Amenophis III. Nebmaatre zeigen (wie zum Beispiel auf den Memnonskolossen), nur noch »Königsmutter«. Wenn Mutemwia Königsgemahlin war, erfordert die Logik, dass ihr Gemahl entweder zur Zeit der Zeugung des Sohnes zum König gekrönt wurde oder kurz danach, aber auf alle Fälle vor der Geburt des Kindes. Mit anderen Worten wissen wir, wenn wir das in den geschichtlichen Rahmen einfügen, dass Thutmosis IV. Menchepru-re acht Jahre regierte. Wenn Mutemwia Königsgemahlin war und Thutmosis König, dann muss die Zeugung nach seiner Krönung stattgefunden haben. Angenommen, der Sohn wurde unmittelbar nach der Krönung des Königs gezeugt und die Schwangerschaft dauerte neun Monate, dann kann Amenophis III. Nebmaatre nicht älter als sieben Jahre gewesen sein, als er König wurde. Wenn er einige Monate oder sogar ein Jahr oder zwei nach der Krönung des Vaters gezeugt wurde, könnte Amenophis III. sogar noch wesentlich jünger gewesen sein.

Diese Tatsache ist sehr wichtig. Da wir nach der Geburt ihres Sohnes nichts mehr von Mutemwia hören, können wir annehmen, dass sie bei oder bald nach der Geburt ihres Sohnes starb, auf alle Fälle aber, ehe er zum König gekrönt wurde. Im Thebanischen Grab TT 64 ist der Grabinhaber, Hechernechech, mit dem kleinen Prinzen Amenophis abgebildet. Von Hechernechech heißt es dort, er sei der 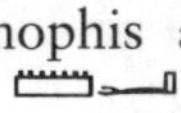 von Thutmosis IV. Mencheprure gewesen, was gewöhnlich mit »Erzieher« übersetzt wird. Derselbe Titel wird auf Statuen von Senenmut, einem hohen Beamten in der Regierungszeit Hatschepsuts, für seine Beziehung zu Prinzessin Neferure gebraucht. Da wir keinerlei Beweise dafür haben, dass irgendeine Frau im alten Ägypten eine formelle Erziehung erhielt, ist die Übersetzung dieses Titels als »Erzieher« äußerst fragwürdig. Die meisten Wörter des Altägyptischen enden mit einem Bild, das die Grundbedeutung des ganzen Wortes anzeigt, und dieses Symbol bezeichnen wir als »Determinativ«. Im Falle von 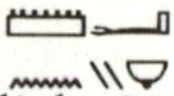 ist dieses Determinativ die weibliche Brust. Die weibliche Version desselben Wortes 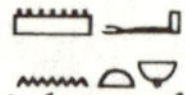 wird regelmäßig als »Amme« übersetzt, aber das kann nicht auf die männliche Form übertragen werden, da ein Mann naturgemäß keine Amme sein kann. Noch heute heißt es nach einer sehr alten Tradition in Ägypten, dass eine Frau, die das Kind einer anderen Frau von Geburt an stillt, als »Ehrenmutter« dieses Kindes angesehen wird. Die Verbindung ist so eng, dass ein eigenes Kind dieser Frau nicht das fremde, von ihr gestillte heiraten kann, da beide an derselben Brust getrunken haben und dadurch als blutsverwandte Geschwister gelten. Im Deutschen könnte man eine Amme auch als »Pflegemutter« eines Kindes bezeichnen; allerdings geht damit nicht die Vorstellung der Blutsverwandtschaft einher – Pflegegeschwister können einander heiraten. Das könnte auch für die angeführten Fälle passen: Senenmut könnte für die Pflege der Prinzessin Neferure verantwortlich gewesen sein, solange sich ihre Mutter Hatschepsut ihren Pflichten widmete.

Angesichts dieser Erkenntnis können wir sagen, dass Hechernechech ein Stück weit für die Erziehung von Thutmosis IV. Mencheprure verantwortlich war. Offenbar lebte er so lange, dass er diese Rolle auch noch in der nächsten Generation übernehmen konnte, denn an der Decke seines Grabes wird er auch als der »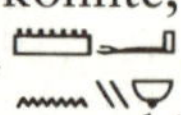 des leiblichen Sohnes des Königs, von ihm geliebt, Amenophis«, also des zukünftigen Amenophis III. Nebmaatre bezeichnet. Von seiner Gemahlin Merit heißt es an den Grabwänden, sie sei »die 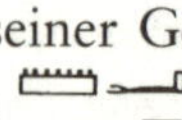 des leiblichen Sohnes des Königs«, und auf ihren Knien ist ein Kind zu sehen, das als »leibliche Tochter der Königs, Tiw« bezeichnet wird. Allem Anschein nach diente dieses Ehepaar, das hohes Vertrauen genoss, zwei aufeinander folgenden Pharaonen, die beide den Thron schon sehr früh erbten, als Pflegeeltern. Titel im Grab des Hecherne-chech bringen ihn mit Sobek in Verbindung und bezeichnen ihn als »Bürgermeister« der Region, die wir heute Faijum nennen.

Mit anderen Worten sieht es so aus, als hätte dieses vornehme Paar in irgendeiner Weise eine wichtige Rolle bei der Erziehung des kleinen Amenophis gespielt – der als Kind noch mindestens eine kleine Schwester bekam. Da wir später nichts mehr von ihr hören, starb sie wahrscheinlich als Kleinkind. Auch die Verbindung zum Faijum ist interessant. Zwar ist es möglich, dass Amenophis' Vater einfach unter all seinen Beamten das Paar aussuchte, das sich am besten für die Erziehung des Kindes eignete, aber es ist ebenso möglich, dass er gezielt jemanden in der Region des Faijum haben wollte. Wir wissen, dass es in dieser Gegend eine Palaststadt namens Gurob (ägyptisch Merwer) gab, von der man aufgrund von Ausgrabungen meint, sie sei vorwiegend von Frauen der Königsfamilie bewohnt gewesen. Angela Thomas hat den Ort sogar als »Harems-Stadt« bezeichnet. Offenbar wurde der Ort im Mittleren Reich gegründet, erlangte aber erst in der 18. Dynastie Bedeutung.

Wir wissen aus Dokumenten, dass die Könige der 18. Dynastie auf ihre sportlichen Fähigkeiten stolz waren. Thutmosis IV. Mencheprure liebte, wie schon sein Vater und Großvater, die Jagd, und wir wissen aus Vergleichen der Bilder vom Nil im Alten und im Neuen Reich ebenfalls, dass die Jagdgründe am Nil bis zum Neuen Reich ziemlich erschöpft waren, vermutlich, weil dort im Übermaß gejagt und gefischt worden war und weil es am Nil kaum noch Verstecke für Wild gab, da die Bäume abgeholzt und als Bauholz, Brennmaterial oder Tierfutter verwendet worden waren. Daher gingen die Könige zur Jagd ins Faijum, denn dort war die Vegetation noch dicht und die Fauna üppig. Dabei wohnten sie in ihren Haremspalästen, ließen sich von ihren Gemahlinnen unterhalten und gingen jeden Tag hinaus in die reichen Jagdgründe. Da Hechernechech für das Gebiet zuständig war, in dem Gurob lag, begleitete er höchstwahrscheinlich den König auf seinen Jagdzügen und kam auf diese Weise in persönlichen Kontakt mit ihm. Der Einfluss, den ein solcher Beamter ausüben konnte, darf nicht unterschätzt werden. In ihren Entwicklungsjahren wurden die kleinen Prinzen stark von ihren »Pflegeeltern« geprägt, und diese konnten mit einer ungeheuren Macht und großem Einfluss rechnen, wenn das Kind erst einmal König war.

Ein kleiner Junge, dessen Mutter bei seiner Geburt oder bald danach starb, hatte also Menschen, die sich um ihn kümmerten. Aber beim Tod seines Vaters wurde der kleine Amenophis III. Nebmaatre ein Waisenkind und stand allein. Wie später Tutanchamun, musste er sich in hohem Maße auf Menschen in seiner Umgebung verlassen.

Über die ersten Regierungsjahre von Amenophis III. erfährt man etwas aus Inschriften auf der Rückseite mehrerer »Gedenkskarabäen«, die etwas Einmaliges sind. Echte Skarabäen (Scarabaeus sacer) oder Pillendreher wurden von den alten Ägyptern verehrt. Der Pillendreher legt seine Eier in Tierdung, den er dann auf der heißen Erde mit den Hinterbeinen zu einer Kugel rollt. Die Eier werden in der Hitze reif, und bald schlüpfen Larven. Vielleicht erkannten die Ägypter nie, dass die Käfer zuerst Eier in die Kugeln gelegt hatten, sondern stellten sich vor, dass sich diese Art auf wundersame Weise allein aus einer Dungkugel heraus vermehren konnte. Der Name für den Käfer, , hatte im Altägyptischen die Bedeutung »entstehen«. Als Amulett stand und steht der Skarabäus noch immer für sich erneuerndes Leben. Man glaubte, wenn man einer Mumie einen Skarabäus auf die Brust legt, würde er das Herz des Verstorbenen zum Totengericht aus der Brust herausholen wie der lebendige Käfer seine Larven aus dem Dung herauskommen lassen konnte.

Bis zum Jahr 11 der Regierung von Amenophis III. Nebmaatre wurde eine Folge von fünf Serien so genannter »Nachrichten-Skarabäen« im Ägyptischen Reich verteilt (s. Anhang C). Die

Skarabäen wurden mit Inschriften versehen und müssen in sehr großer Anzahl hergestellt worden sein, da sie an vielen verschiedenen Orten gefunden wurden. Diese Serien sind einzigartig. Es ist unklar, wie Nachrichten normalerweise im Reich verbreitet wurden, abgesehen von Briefen oder mündlichen Berichten von Boten oder Botschaftern. Amenophis III. empfand sichtlich ein großes Bedürfnis, schriftliche Informationen über seine Taten in andere Länder zu schicken. Eine mögliche Erklärung ist, dass sie dazu gedacht waren, abhängige Staaten zu beruhigen und ihnen zu zeigen, dass der Knabe zu einer starken Regierung fähig war.

Die zweite Serie, die aus dem Jahr 2 stammt, berichtet, dass der junge König im Faijum vierundneunzig wilde Stiere erlegt hat; vermutlich hatte Hechernechech die Jagd für seinen Schützling organisiert. Der König ist bereits mit der »großen königlichen Gemahlin Teje« verheiratet. Eine weitere, jedoch undatierte Serie berichtet von der Hochzeit mit der Großen Königsgemahlin Teje, die folglich vorher, also im Jahr 1, stattgefunden haben muss. Da ein König nach allgemeiner Sitte seine Große Königsgemahlin bei der Krönung wählte, kann man wohl davon ausgehen, dass Teje ihn auch zu diesem Zeitpunkt »heiratete«. Auf dem Hochzeitsskarabäus heißt es: »Die große königliche Gemahlin Teje, sie lebe. Der Name ihres Vaters ist Juja, der Name ihrer Mutter ist Tuja. Sie ist die Gemahlin des starken Königs, dessen südliche Grenze bis Karoi reicht, dessen nördliche bis Naharina.«* Auf dem Sockel einer hölzernen Statue, die heute im Museum von Hildesheim steht, hat Teje die Titel »Erbprinzessin, groß an Gunst, Herrin der beiden Länder, mit freundlichem Herzen, süß an Liebe, Herrin von Ober- und Unterägypten, groß an Ansehen, herrlich an Schmuck, die große königliche Gemahlin Teje, sie lebe.«* Diese und ähnlich klingende andere Titel haben Fachleute dazu bewogen, die Verbindung zwischen ihr und ihrem Gemahl einhellig als romantische Liebesehe anzusehen.

Tejes Vater Juja zählte unter anderem zu seinen Titeln »Erbprinz, Hofbeamter, einziger Gefährte, Gelobter des guten Gottes (des Königs), Vertrauter des Königs, der Geliebte des Herrn der

Beiden Länder, Rindervorsteher des Min, Pferdevorsteher des Königs, Stellvertreter Seiner Majestät bei der Streitwagentruppe, Hoher Priester des Min in Achmim, Gottesvater«, und Tejes Mutter Tuja wird bezeichnet als »erste Favoritin des Königs, Königsmutter der Königsgemahlin, oberste Haremsfrau des Amun, oberste Haremsfrau des Min in Achmim, Herrin des Hauses, Sängerin des Amun, die Hathor preist«.

Diese Titel sind sehr aufschlussreich, und dass die beiden auf den königlichen Skarabäen erscheinen, ist eine große Ausnahme. Teje war keineswegs einfacher Herkunft oder, wie es sogar in der *Cambridge Ancient History* heißt, eine Bürgerliche, sondern sie stammte meiner Ansicht nach aus einer sehr vornehmen Familie. In vielen Büchern heißt es, dass der König als Große Königsgemahlin normalerweise eine seiner Schwestern oder Halbschwestern wählte. Das trifft eindeutig nicht zu, denn wie wir gesehen haben, war auch Amenophis' Mutter eine »Bürgerliche«. Der Titel »Große Königsgemahlin« selbst kam erst in der 18. Dynastie in regelmäßigen Gebrauch, sodass uns für eine Untersuchung nur eine begrenzte Anzahl an Beispielen zur Verfügung steht. Es ist jedoch klar, dass eine Schwester oder Halbschwester zwar leicht die staatlichen und religiösen Aufgaben erfüllen konnte, die ihr zufielen, dass aber die Wahl einer Großen Königsgemahlin allein beim König lag. Aus diesem Grund wird die Wahl der vorgeblich »bürgerlichen« Teje zur Großen Königsgemahlin seitens Amenophis III. Nebmaatre gemeinhin als reine Liebeswahl angesehen, zumal wir aus mehreren Inschriften (wie der zitierten von Hechernechech) wissen, dass der König eine Schwester hatte, die er hätte wählen können. Das muss nun noch einmal überprüft werden.

Wir haben gesehen, dass Amenophis III. erst etwa sieben Jahre alt war, als er König wurde, und dass er keine Eltern mehr hatte. Obwohl Knaben in alten Zeiten dank der Verantwortung, die man ihnen aufbürdete, etwas früher reif wurden, besonders die Könige, muss man sich fragen, ob ein Siebenjähriger sich wohl so leidenschaftlich verliebt hätte, dass er ernstlichen Widerständen gegen seine Wahl getrotzt hätte. Da Teje vermutlich ein paar Jahre älter war als er, ist es daher viel wahrscheinlicher, dass ihre Eltern dem König diese Heirat vorschlugen. Und da in den ersten Jahren Tejes Name stets von den Namen der Eltern begleitet wird, waren diese anscheinend ganz offen stolz darauf, die starke Hand hinter dem jungen König zu sein, de facto Regenten, nur nicht so genannt. Später ließ der König seine Schwiegereltern im Tal der Könige beisetzen, was eine große Ausnahme war, und gab ihnen ein ungewöhnlich prächtiges Begräbnis.

Wer waren also Juja und Tuja? In seinem Buch *Stranger in the Valley of the Kings* hat Ahmed Osman in Anbetracht der schönen blonden Haare, die Jujas Mumie aufwies, die Meinung vertreten, Juja sei kein gebürtiger Ägypter gewesen, sondern der berühmte Josef aus dem Alten Testament – der Träumer der prophetischen Träume. Sollte man versucht sein, den Bericht im Buch Genesis so wörtlich zu nehmen, wie Osman vorschlägt, dann ist dem entgegenzuhalten, dass Josefs Leichnam nach dem Buch Exodus von Mose beim Auszug aus Ägypten in die Heimat zurückgebracht wurde. Aber die Josef-These kann sowieso nicht stimmen, denn die Spur von Jujas Familie lässt sich relativ leicht verfolgen.

Der Titel »Erbprinz« bzw. »Erbprinzessin« war zunächst einmal ein Titel, der nur den höchsten Adeligen im Land verliehen wurde, und Jujas Verbindung zu den Pferden und Streitwagen des Königs bedeutet, dass er einen der höchsten militärischen Posten des Reiches innehatte. Diese Familie war keineswegs bürgerlich, sondern von hohem Adel. Eine Uschebti-Figur im Metropolitan Museum of Art trägt die Inschrift eines gewissen Jej, der genau dieselben Titel wie Juja hatte und daher wahrscheinlich sein Vater oder Großvater war.

Die Titel stellen eine Verbindung zwischen der ganzen Familie und dem Tempel des Min her, des Lokalgottes der Gegend um Achmim. Min wird immer in menschlicher Gestalt abgebildet, mit einem rückwärts erhobenen Arm, über dem ein »Wedel« schwebt, und mit einem großen, erigierten Phallus. Seinem Tempel gegenüber liegt auf der anderen Seite des Nils ein wenig bekannter Ort, der 1900 ausgegraben wurde und heute Deir el-Ballas heißt. Über diese Stätte, die von G. A. Reisner, A. Lythgoe und F. W. Green für die Hearst Foundation in Kalifornien erforscht wurde, ist nicht viel geschrieben worden und das dort gefundene Material wird noch wissenschaftlich ausgewertet. Es gab dort zwei Paläste: einen nördlichen Palast auf einem niedrigen Hügel und einen südlichen auf einem wesentlich höheren Hügel knapp einen Kilometer weiter. Dazwischen liegt ein großer Friedhof. Die Gräber waren flache Gruben und enthielten Material mit Inschriften, die alle aus der frühen 18. Dynastie stammten, allerdings fand man in den Palästen auf mehreren Säulensockeln die Namen und Titel von Mentuhotep Nebhepetre, dem großen König der 11. Dynastie. Die in den Gräbern gefundenen Namen beginnen mit einem einzigen Lehmsiegel aus der Zeit des Ahmose, des ersten Königs der 18. Dynastie, dann tauchen die Titel aufeinander folgender Könige in großer Zahl auf, bis zum Ende der Herrschaft von Thutmosis IV., und einige wenige stammen noch vom Beginn der Regierungszeit von Amenophis III. Der nördliche Palast war ein massiges Gebäude mit großen hölzernen Dachbalken und Treppenhäusern, die offensichtlich zu Obergeschossen hinaufführten. Aus dem südlichen Gebäude stammen Beispiele von ungewöhnlich schönen, auf Putz gemalten Wandbildern. Der Gesamteindruck ist, dass es sich eindeutig um zwei Königsresidenzen handelt, von denen die nördliche so stark mit turmähnlichen Konstruktionen befestigt war, dass sie sichtlich der Verteidigung diente; die südliche wurde wohl eher als Wohnpalast genutzt. Einige Fachleute haben die plausible Ansicht vertreten, dass diese Paläste in der 11. Dynastie als Stützpunkte für königliche Truppen dienten, die versuchten, die Kontrolle über abgefallene mittelägyptische Gebiete wiederzuerlangen, und dass sie dann wieder gegen Ende der Zweiten Zwischenzeit Bedeutung erlangten und im Kampf zwischen den Thebanern und den Hyksos die militärische Grenzlinie markierten. Wie die Burgen der modernen Zeit in den nördlichen Teilen Europas hätten sie dabei zwei Funktionen zu erfüllen – sie wären Königsresidenz und Festung zugleich gewesen. Wir wissen nur wenig über die Paläste altägyptischer Könige und diese überraschend gut erhaltene Stätte erfordert eindeutig weitere Ausgrabungen, damit sie ihre Geheimnisse preisgibt. Deutlich sichtbar ist, dass der Palast zur Zeit Amenophis' III. schon lange genutzt worden war. Der von den Königen am häufigsten bewohnte Palast ist sicherlich der von Memphis. Heute ist dort nur noch wenig aus der Zeit vor der 19. Dynastie zu finden. Aber wir wissen, dass die Könige regelmäßig ihr Land bereisten, und natürlich brauchten sie unterwegs Stützpunkte, die ihrem Status entsprachen, privaten Raum boten und gut geschützt waren. Da die Königsfamilie gelegentlich in el-Ballas wohnte, überrascht es nicht, dass sie regelmäßig mit der Familie des Hohen Priesters am Tempel auf der anderen Seite des Nils in Kontakt kam und eine Einheirat erwog.

Cyril Aldred ging in seiner klassischen Untersuchung über Echnaton sogar noch weiter. Er weist darauf hin, dass Juja den Titel »Vater des Gottes«, , trägt. Das Wort  bezieht sich in diesem Fall auf den König und wurde, wenn es im Neuen Reich verwendet wurde, stets für einen Mann gebraucht, dessen Tochter den König geheiratet hatte. Es heißt im Grunde »Schwiegervater des Königs«. Genau denselben Titel trägt Jej, Jujas Vater. Aldred meint, dass Jejs Tochter, die einen König heiratete, keine andere als Mutemwia gewesen sein kann. Das wäre einleuchtend. Wenn sie in der Tat eine Schwester Jujas wäre, wäre es logisch, dass Juja nach dem Tod seiner Schwester einspringen und seinen Neffen, den König, schützen und für ihn sorgen würde und so auch eine Ehe zwischen Cousin und Cousine fördern würde. Aldred geht noch einen Schritt weiter zurück und meint, das Jej, Jujas Vater, der Bruder von Hatschepsut-Meritre, der Gemahlin von Thutmosis III. und Mutter von Amenophis II., gewesen sei. Wenn sich das erhärten ließe, hätten wir es nicht mit einer »bürgerlichen« Familie zu tun, sondern mit einer Art parallelen Königsfamilie, einer Sippe von »Königsmachern«, die durch wiederholte Heiraten mit der ägyptischen Königsfamilie zu einer einflussreichen Macht aufgestiegen wären.

Selbst Jujas Gemahlin Tuja trägt wichtige Titel. Die Bezeichnung » des Königs« – häufig übersetzt als »Konkubine« – ist interessant. Das Wort »Konkubine« bedeutet heute »offizielle Geliebte«, aber in dieser Übersetzung schwingen Bedeutungen mit, die im Altägyptischen nicht vorhanden waren. In manchen Hieroglypheninschriften erscheinen die Titel »Gemahlin« und »Konkubine« austauschbar und werden innerhalb eines einzigen Satzes für ein und dieselbe Frau gebraucht. Trotz vieler gegenteiliger Behauptungen in der Literatur waren die Ägypter in der Regel monogam, mit Ausnahme des Königs, der, wie es einem Gott freistünde, eine ganze Reihe von Frauen hatte. In sämtlichen untersuchten Inschriften aus Gräbern, Tempeln und auf Stelen fanden sich nur fünf Beispiele für mehrere Ehefrauen, und diese traten wohl eher nacheinander als gleichzeitig in Erscheinung. Auf alle Fälle handelt es sich dabei durchweg um Männer mit mehr als einer Frau, es gibt kein einziges Beispiel für Polyandrie, also das Zusammenleben von einer Frau mit mehr als einem Ehemann, nicht einmal im Fall von weiblichen Königen. Tuja kann also eindeutig nicht gleichzeitig mit Juja und dem König verheiratet gewesen sein. Die einfachste Erklärung wäre, dass sie mit Thutmosis IV. Mencheprure als Nebengemahlin verheiratet war und dass sie nach seinem Tod frei war und die Möglichkeit hatte, einen hochrangigen Beamten zu heiraten. Das würde ihren Titel »oberste Haremsfrau des Amun« erklären und vielleicht auch Pflichten in Karnak bedeuten.

Wir wissen also vom Hochzeitsskarabäus, dass Teje die Tochter Jujas und Tujas war. Auf dem Sarg Tujas ist zu lesen, dass sie auch einen Sohn namens Anen hatte, der als »zweiter Prophet des Amun« bezeichnet wird. Der Titel »Prophet« ist eine Übersetzung des ägyptischen , das manchmal auch als »Priester« wiedergegeben wird. Beide Übersetzungen sind gefühlsgeladen, da sie Verbindungen zu Religion und Mystik implizieren. Diese Implikation ist falsch, »« bedeutet einfach »Diener«. Die

Pflicht dieser Personen war es nicht, einen Gottesdienst zu leiten oder als Vermittler zwischen Gott und Mensch zu fungieren, sondern täglich in den »Tempel« zu gehen, um einem Kultbild praktische Dienste zu erweisen und dafür zu sorgen, dass es gereinigt, angezogen und genährt wurde, wie jeder Diener es für seinen Herrn tun würde. Folglich brachte dieses Amt zwar Pflichten und auch irgendeine Form von Lohn mit sich, aber man darf es sich nicht als vollzeitliches religiöses Amt vorstellen, das etwa eine Initiation erforderte. Die »Propheten« oder »Gottesdiener«, wie ich sie ab jetzt nennen werde, waren eher Manager als Altardiener. Der Tempel von Karnak, an dem Anen diente, war ein gewaltiges geschäftliches Unternehmen, zu dem große Güter, Gebäude, Hafenanlagen und viele Werkstätten gehörten und das Zehntausende von Beschäftigten auf allen Ebenen hatte (der große Papyrus Harris im Britischen Museum verzeichnet die täglichen Transaktionen des Tempels in der 20. Dynastie). Anen stand an zweithöchster Stelle dieses riesigen Unternehmens. Dennoch muss es etwas über ihn aussagen, dass er, obwohl seine Schwester Große Königsgemahlin und sein Neffe Pharao war, nie den höchsten Rang des Ersten Gottesdieners erlangte.

Außer Teje und Anen hatten Juja und seine Gemahlin offenbar noch ein weiteres Kind, einen zweiten Sohn mit Namen Eje. Auf einem Kasten in Berlin (Nr. 17555, wahrscheinlich in Tell el-Amarna oder Gurob gefunden) hat Eje genau dieselben Titel wie Juja und auch »seine Schwester, die Herrin des Hauses, Teje« ist genannt. Die Titel, die er mit Juja und Jej gemeinsam hat, sind aber schlüssig genug.

Wir haben hier also eine höchst bemerkenswerte Familie vor uns. Sie stammt aus Achmim und diente ursprünglich in dem Tempel, der dem Königspalast gegenüber auf der anderen Nilseite lag, versorgte dann drei Generationen ägyptischer Könige mit Gemahlinnen, von denen offenbar zwei Große Königsgemahlinnen waren. Juja und Tuja haben drei Kinder, denen es beschieden ist, schwindelnde Höhen zu erklimmen – Anen in Karnak, Teje als Gemahlin des Königs und Mutter des nächsten Königs und schließlich Eje, der im Laufe der Zeit selbst Pharao wurde. Die beiden letzten zeichnen sich durch ihre Tüchtigkeit, ihre Hingabe an ihr Land, ihre Intelligenz und ihre Gnadenlosigkeit aus, Talente, die sie sicherlich ein Stück weit von ihren Eltern geerbt oder bei ihnen abgeschaut haben. Es ist daher nicht überraschend, dass Juja und Tuja Amenophis III. zu Beginn seiner Herrschaft als Knaben unter ihre Fittiche nahmen und ihn dazu drängten, falls dies überhaupt notwendig war, ihre Tochter als Große Königsgemahlin zu akzeptieren. Schon die Tatsache, dass ihre Namen in den ersten Regierungsjahren des Königs neben dem ihrer Tochter erscheinen, zeigt, wie mächtig sie waren.

Es ist ungewiss, wo der neue König gekrönt wurde. Teil der Titulatur von Amenophis III. ist die Bezeichnung  – Herrscher von Theben – das ist die falsche griechische Bezeichnung für Luxor. Daraus haben einige Fachleute geschlossen, dass er im Tempel von Karnak gekrönt wurde. Die meisten Könige von Ägypten wurden in Memphis unter der Schirmherrschaft des alten Gottes Ptah gekrönt, aber Thutmosis III. und Hatschepsut Maatkare hatten jeweils einen Präzedenzfall geschaffen, indem sie sich in ihrer Heimatstadt Luxor krönen ließen. Wahrscheinlich wurde sogar der kleine Ptah-Tempel dem Tempelbezirk von Karnak hinzugefügt, um diese Staatsakte zu legitimieren. Wenn Amenophis III. in Luxor gekrönt wurde, ist keineswegs klar, wo er wohnte, denn es gibt in diesem Gebiet keine Gebäude, die vor seiner Regierungszeit als Palast etabliert gewesen wären. Vielleicht wohnte er sogar im Tempelbezirk selbst. Aber auf alle Fälle gefiel ihm die schöne Stadt Luxor, denn in den folgenden neununddreißig Jahren seiner Regierung ließ er in diesem Bereich zahlreiche Bauten errichten, und zwar in einer Größenordnung, die erst wieder in der Zeit von Ramses II. in der 19. Dynastie erreicht wurde.

In den ersten Jahren seiner Regierungszeit wurden wahrscheinlich Fronarbeiter in die Steinbrüche geschickt, die dort Steine brechen und transportieren mussten. Obwohl von Nichtfachleuten häufig behauptet wird, die Steine seien von Sklaven gebrochen worden, wissen wir aus zahlreichen Inschriften in den Steinbrüchen, dass der Stein dort von professionellen Steinmetzen abgebaut wurde und nicht von zwangsverpflichteten Landarbeitern während der Überschwemmungszeit. Anschließend wurden die Steine zu den Baustellen gebracht, und zwar von Angehörigen der Flotte – Soldaten, die als Schiffsbesatzung rekrutiert wurden –, meist sechzig Mann, die in Gruppen von je fünfzehn Mann aufgeteilt wurden. Zwei Inschriften im östlich vom heutigen Kairo gelegenen Tura aus den Jahren 1 und 2 von Amenophis III. Nebmaatre berichten: »Es befahl Seine Majestät, Steinbrüche neu zu eröffnen, um Turakalkstein zu brechen, um seine Totentempel von Millionen von Jahren zu erbauen.«* Von diesem Bau am Westufer von Luxor ist nichts mehr übrig bis auf zwei gewaltige Kalksteinstatuen von über 15 Metern Höhe, die üblicherweise als »Memnonskolosse« bezeichnet werden. Der riesige Tempel hinter ihnen, an dessen Grundmauern man erkennen kann, dass es der größte war, der je am Westufer stand, wurde von späteren Königen für den Bau ihrer eigenen Tempel systematisch Stein um Stein abgetragen. Ein Stein, der einmal die Mitte des hinteren Gebäudes bezeichnete, hält in Hieroglyphen fest: »Ich schuf Größe ohne Grenze in Gold, Stein und allen kostbaren Edelsteinen, ohne Grenze.«

Ungefähr um dieselbe Zeit begann Amenophis III. Nebmaatre den Tempel des Month in Karnak selbst zu erneuern. Er erklärte:

> [Er ist geschmückt] mit Elektrum in seiner ganzen Länge, seine Tore aus echtem Elektrum, geschmückt mit allerlei Edelsteinen von den Abgaben des südlichen Fremdlandes, sein ganzer Fußboden aus Gold, die Tore aus Zedernholz mit asiatischem Kupfer in der Arbeit der nördlichen Fremdländer; man beschaute ihn wie die Horizontgegend des Himmels, die Herrin des Silbers und Besitzerin des Goldes. Er umschloss allerlei Edelsteine; der Ruheort des Herrn der Götter, der gleich war seinem Sitz im Himmel.*

Verantwortlich für die Bauarbeiten war Amenophis, Sohn des Hapu, der Leonardo da Vinci seiner Zeit, dessen Ruf als Genie sich noch Jahrhunderte nach seinem Tod hielt. Mit Leuten dieses Kalibers, die für ihn arbeiteten, und einer scheinbar unerschöpflichen Schatzkammer war nichts zu viel für den Hof dieses jungen Königs. In den ersten Jahren seiner Herrschaft begann er mit dem Bau eines »Tempels« am Ostufer. Er war der Ehe und der sexuellen Partnerschaft gewidmet, deren Geheimnisse der König wohl allmählich mit seiner jungen Gemahlin kennen lernte. Er hieß Opet (s. S. 78) und war im Grunde ein Haus für die Flitterwochen des Gottes Amun und der Göttin Mut, in dem ihre Statuen einmal im Jahr mehrere Tage in ehelichem Glück »beisammenliegen« konnten. Heute heißt dieses anmutige Gebäude Tempel von Luxor. Es ist bedeckt mit Reliefs von Amun mit erigiertem Penis, und diese Form der Darstellung sollte ihn dazu ermutigen, seine göttlichen Pflichten gegenüber Mut zu erfüllen. Die Verwendung des Bildes von Min, des Lokalgottes des knapp fünfzig Kilometer weiter nördlich gelegenen Koptos, in einem Tempel des Amun in Luxor ist wahrscheinlich zum Großteil dem Einfluss von Juja, Tuja, Eje und Teje, die ursprünglich aus Koptos kamen, zuzuschreiben. Damit der König und seine ihm frisch angetraute Gemahlin die neuen Bauten auch würdigen konnten, wurde gleichzeitig mit der Arbeit an einem *maru* oder Aussichtspavillon begonnen, aus dem später ein großer Palast werden sollte.

Heute sind die Reste des einstigen Palastes von Amenophis III. unter dem Sand des Westufers begraben und nur die Andeutung einiger Umrisse auf der Erde lassen erkennen, wo die vielleicht luxuriösesten Bauten dieses Zeitalters einmal standen. Erste Ausgrabungen nahm in der Zeit zwischen 1910 und 1920 das Metropolitan Museum of Art vor, und in jüngerer Zeit gruben dort mehrere Teams des Britischen Museums. Dabei hat sich gezeigt, dass zu dem Komplex zahlreiche prächtige Gebäude gehört haben: ein Palast des Königs im Süden, daneben ein Palast für die Große Königsgemahlin Teje und ihre Beamten, ein Mittlerer Palast (s. S. 221) und eine große Festhalle. Heute besuchen

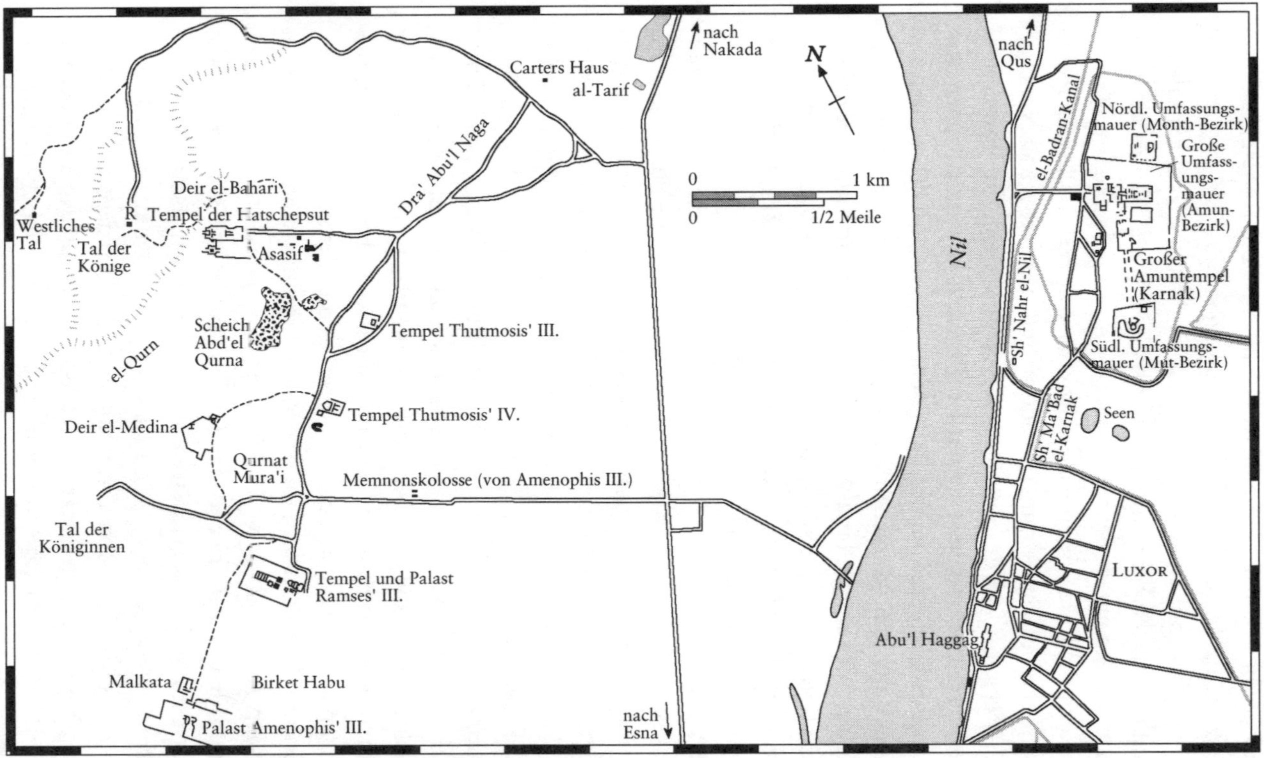

Luxor und das Westufer heute.

nur wenige Touristen den Ort. Wenn Sie den Totentempel von Ramses III. in Medinet Habu besichtigen und von dort aus mit einem Taxi auf einer kaum sichtbaren Piste nach Süden fahren, landen Sie verwirrt und einsam an einer Stelle, an der einst ein mehrgeschossiges Gebäude stand, dessen Decken nach der neuesten Mode der Innenarchitektur von vor 3500 Jahren geschmückt waren – mit Mäandern und anderen geometrischen Mustern, die aus der minoischen Kultur kamen, die Wände waren getüncht und in leuchtenden Primärfarben mit Szenen von Papyrusdickichten bemalt, aus denen Stiere hervorbrechen und Vögel aus den Marschen auffliegen. Hier ruhte einst der junge König mit seiner Gemahlin, hier wurden einst Kinder gezeugt – mindestens zwei Söhne und vier Töchter, hier wurde einst eine Revolution geboren, und hier schlief und starb höchstwahrscheinlich Tutanchamun als junger König.

Amenophis war, nach allem, was wir wissen, wie seine Vorfahren ein lebenslustiger junger Mann. Er jagte ohne Furcht und tötete laut Aufzeichnungen dutzendweise wilde Tiere. Er begann seinem Vater Amun einen riesigen Pylon im Tempel von Karnak zu bauen, einen Pylon, der heute nur noch gut vier Meter hoch ist (s. Pylon III auf S. 311). Auf diesem heißt es vom König, er sei »geduldig, geschickt mit der Hand, klug im Wissen; ein Läufer wie der Aton dahineilend und weit ausschreitend, ein Stern aus Elektrum, wenn er dahinbraust in seinem Wagen«. (Warum hier der Gott erwähnt wird, dem Echnaton huldigte – der Aton, findet später seine Erklärung.) Zuerst widmete er seine Zeit der Innenpolitik. Dann, im Jahr 5, erreichte ihn die Kunde, dass es im Süden Aufstände gebe. Die Nubier, von denen die Ägypter seit unvordenklichen Zeiten das Gefühl hatten, sie gehörten ihnen mit Leib und Seele, waren immer schnell mit Aufständen bei der Hand, wenn sie den Verdacht hegten, ein König sei schwach. Amenophis III. Nebmaatre führte seine Offiziere nach Süden, bis über den ersten Katarakt bei Assuan hinaus. An einer Felsnase im Nil in der Nähe von Philae ließ er folgende Inschrift einmeißeln:

> Jahr 5, 3. Monat der Achet-Jahreszeit [Überschwemmung], 2. Tag ... Man kam, um Seiner Majestät zu sagen: Der Abgefallene vom elenden Kusch hat in seinem Herzen an Rebellion gedacht. Da war Seine Majestät kraftvoll bis zum Sieg; er vollendete es bei seinem ersten siegreichen Feldzug ... Kühn war er beim Töten, Hinschlachten und Abschneiden der Hände ... Icheny, der Prahler inmitten seines Heeres, nicht hatte er den Löwen gekannt, der vor ihm war, nämlich Nebmaatre, den wilden Löwen, dessen Krallen das elende Kusch packten.*

Als er in südlicher Richtung nach Semna, kurz unterhalb des zweiten Kataraktes, marschierte, kam ihm der loyale ägyptische Vizekönig von Kusch entgegen, der ein Heer aufstellen ließ. »Da bot man das Heer Pharaos auf, ausgerüstet mit Ruderern, ausgestattet mit Befehlshabern, wobei jedermann bei seinem Dorf stand von der Festung von Buhen bis zur Festung von Teroi ... Es erbeutete sie die Kraft des Nebmaatre an einem Tag, in einer Stunde ... 740 Köpfe, lebendig, Hände von ihnen 312, zusammen 1052 Personen.«*

Der Sieg führte Amenophis III. Nebmaatre nach Nubien. Dort befahl er in der Nähe seines Schlachtfeldes den Bau zweier zusammenpassender Tempel – einen für sich in Soleb und einen für Teje in Sedeinga. Amüsanterweise sollte später Ramses II. trotz der Abneigung der Ramessiden gegen die Könige der 18. Dynastie diese Idee kopieren und in Abu Simbel zwei zusammenpassende Tempel »für sie und ihn« errichten lassen. Amenophis III. Nebmaatre ließ bei seiner Rückkehr in Buhen einmeißeln: »Jahr 5, 1. Monat des Sommers, er ist geliebt von den Göttern von Wawat (Unternubien).« Der Feldzug hatte nach der Stele, die auf der Insel Konosso bei Assuan gemeißelt wurde, vier Monate gedauert und der König kehrte zurück »nachdem er bei seinem ersten siegreichen Feldzug gegen das Fremdland des elenden Kusch triumphiert hatte«.

Bei seiner Rückkehr ließ er seinen Sieg von seinen Baumeistern feiern und auf allen Bauwerken Siegesgefühle verewigen. Im Hof des Tempels von Luxor ließ er einmeißeln: »Kein fremdes Land hat sich gegen ihn aufgelehnt, aber seine Macht hat die Inseln unterworfen, jedes flache Land und jedes hügelige Land, sie bringen ihm Tribute.« Die Erwähnung von »Inseln« ist interessant, da sie sich wahrscheinlich auf die minoische Kultur in der Ägäis bezieht. Sie bedeutet gewiss nicht, dass er Kreta besucht oder gar ein Heer zur Eroberung dorthin geschickt hat, aber Funde in ganz Ägypten, die eine Datierung aus seiner Regierungszeit haben, weisen einen starken minoischen Einfluss auf, wie wir schon gesehen haben. Bei Ausgrabungen, die zwischen 1984 und 1994 südöstlich von Kaš bei Ulu Burun vor der Südküste der Türkei auf dem Meeresgrund vorgenommen wurden, fand man ein Schiffswrack aus der Bronzezeit, das genau aus diesem Zeitraum der Regierungszeit von Amenophis III. stammt. Es war beladen mit Kupfer und ägyptischen Waren und sank, als es im östlichen Mittelmeer auf einer Handelsreise von einem Hafen zum anderen war. Offenkundig lagen Zypern, Syro-Palästina, die südliche Türkei und die Ägäis auf seiner Route. Ägypten kontrollierte damals den Handel im östlichen Mittelmeer. Später erzählt die Geschichte *Wenamun* aus der Ramessidenzeit, wie der gleichnamige Held, in Byblos gestrandet, den Verlust der ägyptischen Seemacht beklagt. In Grabungsberichten über das Wrack von Ulu Burun wurde eine dort gefundene kleine, vergoldete Bronzefigur zwar »vermutlich« als »Reschef [ein menschengestaltiger Gott mit einem Kopfschmuck aus Federn] und daher kanaanäisch« identifiziert, aber die Figur ist erkennbar ägyptisch und stellt Seth dar, einen Gott, der mit dem Delta assoziiert ist und dem als Amulett Macht über Sturm und Regen zugeschrieben wird – ein guter Grund für die ägyptische Schiffsbesatzung, die Figur mit an Bord zu nehmen. Aller Wahrscheinlichkeit nach bezog sich Amenophis' Inschrift daher eher auf eine wirtschaftliche als auf eine militärische Kontrolle.

Teje gebar mindestens zwei Söhne, die das Kindesalter überlebten: Der ältere hieß nach seinem Großvater Thutmosis IV.

ebenfalls Thutmosis, wie es in Ägypten Sitte war, der jüngere nach seinem Vater Amenophis. Eine der Töchter hieß Sitamun, eine Prinzessin, die bald eine wichtige Rolle im Leben ihrer Eltern spielen sollte. Die Erbfolge schien daher gut gesichert, aber das änderte sich nach dem Jahr 10 dramatisch. Der König, der inzwischen beinahe zwanzig Jahre alt und sich seines Status, Reichtums und seiner Stellung in der Welt zweifellos voll bewusst war, nahm Kontakt zum König von Mitanni auf und bat ihn, ihm eine seiner Töchter als Gemahlin zu geben. Ebenso wie er bei der Wahl der Großen Königsgemahlin dem Muster seines Vaters folgte, so folgte er ihm offenbar auch in diesen Dingen. Das Land Mitanni, dessen genaue Grenzen noch immer nicht festgestellt wurden, lag etwa auf dem Gebiet des heutigen Syrien. Aus Dokumenten geht hervor, dass Thutmosis IV. offenbar König Artatama um die Hand einer Tochter gebeten hatte. Tuschratta, Artatamas Enkel, hielt fest: »Er wiederholte die Botschaft fünfmal, sechsmal, aber er schickte sie nicht. Dann wiederholte er die Botschaft an meinen Großvater ein siebtes Mal, und als Antwort schickte er sie ihm.« Jetzt schickte Amenophis III. Nebmaatre ähnliche Botschaften an König Schuttarna und bat ihn um eine seiner Töchter als Gemahlin. Die Verhandlungen zogen sich hin, und schließlich formulierte Tuschratta, der Bruder des Mädchens, die Bedingungen der Familie: »Möge mein Bruder [Amenophis] ungezählte Mengen Gold schicken und möge die Macht meines Vaters bei mir wachsen in dem Maße, wie mein Bruder mir höhere Gunst erweist, wie mein Bruder mich angesichts meines Landes und angesichts all meiner Brüder liebt.« Offensichtlich kam Amenophis III. Nebmaatre dieser Forderung nach, denn im Jahr 10 verkündete eine vierte Serie von Gedenkskarabäen die Ankunft von Prinzessin Giluchepa mit einem Gefolge von 317 Frauen. Viele dieser Frauen kamen wohl in den königlichen Harem.

Zweifellos war Amenophis seiner Gemahlin in Liebe ergeben und ebenso zweifellos musste Teje seine Gunst viele Male mit anderen »Gemahlinnen« teilen, aber die Ankunft der ausländischen Prinzessin scheint sie verstört zu haben. Die fünfte und letzte Serie von Skarabäen, die im folgenden Jahr herauskam, zeigt, dass Teje einen Wunsch an ihren Gemahl gerichtet hatte. Sie hatte ihn gebeten, ihr in Djarucha, nahe ihrer Heimatstadt Achmim, einen See ausheben zu lassen, und obwohl er riesig war, wurde er schon nach 15 Tagen Arbeit mit Wasser gefüllt, und sie konnte darauf Schiff fahren. Das sieht ganz nach einer unglücklichen Ehefrau und einem Ehemann aus, der guten Willen zeigen möchte.

In seinen späteren Regierungsjahren hat Amenophis III. Nebmaatre offenbar von den Erträgen des Landes gelebt und nach seinen Bildnissen zu urteilen, nahm er an Gewicht und Umfang gewaltig zu. Eine Statue von ihm ohne Kopf im Metropolitan Museum in New York zeigt ihn so beleibt, dass die Arme vorne kaum zusammenkommen. Er trägt ein langes, plissiertes Obergewand – ideal, um seine Fülle zu verbergen, aber eben ein Frauengewand. Er hat als erster Mann ein solches Obergewand getragen.

Zu einem nicht genau bekannten Zeitpunkt wurde der älteste Sohn, Thutmosis, nach Norden – wahrscheinlich nach Heliopolis – geschickt, wo Kronprinzen traditionell den »letzten Schliff« erhielten. Was dann geschah, wurde nirgendwo aufgezeichnet, aber Thutmosis verschwand plötzlich aus den Dokumenten und tauchte nicht mehr auf. Ganz offensichtlich starb er um diese Zeit. Sein Grab wurde nicht gefunden, liegt aber vermutlich in unerforschten Bereichen von Sakkara, der Nekropole von Memphis. Ebenso plötzlich stand der jüngere Bruder an vorderster Front und war Thronerbe. Amenophis war darauf nicht vorbereitet und für diese Rolle vollkommen ungeeignet, denn ganz anders als seine kriegerischen Vorfahren war er anscheinend ein Intellektueller und Träumer, der sich mehr für Bücher als für die Jagd interessierte.

Im Jahr 30 seiner Regierung feierte Amenophis III. Nebmaatre sein erstes und größtes Jubiläumsfest in seinem Palast in Malkata: Man fand Hunderte von Krugsiegeln mit diesem Datum. Cheruef, der Domänenvorsteher der Güter von Königin Teje in der Regierungszeit Amenophis' III., ließ in seinem Grab berichten vom »*sed*-Fest, das er feierte im Westen von No [Luxor]«. An der Westwand seines Grabes zeigen Wandmalereien den König und die Große Königsgemahlin beim Verlassen des Palastes, umjubelt von Menschenmengen, begrüßt von acht Prinzessinnen. Reihen von Sängerinnen und Tänzerinnen gehen ihnen voran. Anscheinend gehörte zu den Feierlichkeiten auch eine Reise nach Norden, nach Abydos, wo der König in Gegenwart von sechzehn Prinzessinnen mit großem Zeremoniell einen *djed*-Pfeiler errichtete, ein Symbol für die Erneuerung des Lebens. Für seine organisatorischen Fähigkeiten erhielt Cheruef das »Gold der Gunst« – Vögel und Fische aus Gold, die nur die engsten Berater und Beamten des Königs bekamen. Chaemhet, der den Spitznamen Mahu hatte (Scheunenvorsteher von Ober- und Unterägypten), erhielt zur gleichen Zeit dieselbe Auszeichnung und muss sich folglich die Organisation des Festes mit Cheruef geteilt haben, obwohl die Gesamtleitung des Ereignisses in den Händen des Wesirs von Oberägypten, Ramose, lag.

Die Feierlichkeiten erstreckten sich auf ganz Ägypten. Selbst weit unten in Nubien, im inzwischen fertig gestellten Tempel von Soleb, ist das *sed*-Fest bildlich dargestellt. Man sieht dort Amenophis III. Nebmaatre und Teje beim Vollziehen von Zeremonien des ersten *sed*-Festes seiner Majestät im Palast »Haus des Jubels«. Das erste festgehaltene Datum für das Fest ist der »vierte Monat des Winters, Tag 26«, und Amenophis, Sohn des Hapu, zeichnet in einem kleinen Tempel auf, dass der letzte Tag des Festes im »dritten Monat des Sommers, Tag 2« war. Die Festlichkeiten dauerten also mehrere Monate, und die Krug-Etiketten aus Malkata zeigen, dass die meisten Krüge für das Fest eine Sorte Bier namens  enthielten. Diesem Bier, das aus eingeweichtem Gerstenbrot gebraut wurde, setzte man später Datteln zu, deren Zuckergehalt die Fermentation anregte, was ein besonders starkes Gebräu mit einem erheblich höheren Alkoholgehalt erzeugte als alles, was heute als Bier bekannt wird. Das Fest sollte sichtlich beschwingt sein.

Das zweite Jubiläum im Jahr 34 wurde ebenfalls in Malkata gefeiert. Diesmal wurden dem Palast eine riesige Säulenhalle und noch weitere Gebäude hinzugefügt. Aber von diesem Datum gibt es weniger Krug-Etiketten, es wurde in keinem bisher gefundenen Grab erwähnt, und vier von fünf Etiketten vermerkten konserviertes Fleisch. Als im Jahr 37 das dritte und letzte Jubiläum stattfand, war das ein armseliges, unbedeutendes Ereignis. Zwar nahm Cheruef an den Festlichkeiten teil, wie seine Grabmalereien bezeugen, aber es war keine der Feierlichkeiten abgebildet, die beim ersten Fest zu sehen waren, und in Malkata fand man lediglich siebenundzwanzig Krug-Etiketten, alle im Palast des Königs.

Daraus muss man den Schluss ziehen, dass die Freude und die Euphorie, die das erste Jubiläum begleitet hatten, bis zum dritten ganz und gar erloschen waren. Aber warum?

Man meint inzwischen schon seit vielen Jahren, dass Amenophis IV. Nefercheprure Waenre (Echnaton) den Thron nicht beim Tod seines Vaters geerbt, sondern vielmehr mit seinem Vater zusammen als Mitregent regiert hat. Häufig wird behauptet, diese Theorie habe als erster Cyril Aldred im Jahr 1968 aufgestellt, aber tatsächlich ist dieser Gedanke viel älter. Rex Engelbach hat in einem Artikel im *Journal of Egyptian Archaeology* 1911 die Theorie vorgebracht, dass die beiden Könige elf oder zwölf Jahre lang Mitregenten waren, und John Pendlebury ging, als er in den zwanziger Jahren in Tell el-Amarna grub, von einer Überschneidung von elf Jahren aus; George Steindorff meinte 1941, es seien zwölf Jahre gewesen, und 1951 ging Hayes ganz selbstverständlich von einer Mitregentschaft aus, als er erklärte, Malkata sei »für den ältesten Sohn des Königs, Echnaton, gebaut worden« und er habe »vor seiner Amtszeit und in den ersten fünf Jahren der langen Mitregentschaft mit seinem Vater« dort gewohnt. In neuerer Zeit ist diese Theorie von vielen Seiten her angegriffen worden und trotz aller Zeugnisse beharren noch immer viele Experten auf der Meinung, die beiden hätten nacheinander regiert. In seinem Klassiker *Ancient Egyptian Co-re-*

gencies listet W. J. Murnane die Belege auf, von denen er meint, dass sie für eine Mitregentschaft sprechen. Viele der zitierten Beispiele, in denen die beiden Könige gemeinsam abgebildet sind, werden jedoch von Fachleuten als nicht stichhaltig angesehen, weil sie zu Recht darauf hinweisen, dass häufig ein Sohn dargestellt wird, der einem verstorbenen Vater Opfergaben darbringt. Andere Belege sind schwerer abzutun. So zitiert Murnane aus einem in Meidum gefundenen Graffito: »Jahr 30 unter der Majestät des Königs von Ober- und Unterägypten Nebmaatre ... der bewirkte, dass der Mann jubelt im Palast seines Vaters, der sein Erbe im Land sicherstellte.«

Viele der absolut unwiderlegbaren Beweise wurden vernachlässigt oder ganz übersehen. Wenn Sie an einem beliebigen Tag um ungefähr drei Uhr nachmittags, wenn die Sonnenstrahlen schräg auf die Mauern fallen, in den Tempel von Karnak gehen, werden Sie ganz schwach gemeißelte Bilder am dritten Pylon des Amenophis erkennen. Diese Bilder sind zu anderen Tageszeiten nicht sichtbar und nur für etwa eine halbe Stunde deutlich zu erkennen. Zu den dargestellten Szenen gehört ein riesiges Boot, in dem eine große, in Hochrelief gemeißelte Gestalt steht. Nur die untere Hälfte der Gestalt ist erhalten. Hinter ihr steht eine zweite Gestalt, schlanker als die erste, zu einem späteren Zeitpunkt sorgfältig ausgemeißelt, dennoch sind die Umrisse noch zu erkennen. In den schrägen Strahlen der Nachmittagssonne kann man sogar noch die Hieroglyphen lesen, schwach sichtbar, obwohl viele gezielt getilgt wurden.

Die große Gestalt in diesen Bildern ist Amenophis III. Nebmaatre, die kleinere sein Sohn Amenophis IV., später Echnaton. Die Inschrift darunter heißt:

> Er befahl seinem Sohn, zu erscheinen, reich an Ansehen ist dieser König, göttlich in seiner Gestalt; er hat ihn als seinen Sohn werden lassen, vereinigt mit seiner Schönheit. Er hat ihm gegeben, woran er täglich gedacht hat, als etwas Nützliches beim Vergrößern der wunderbaren Dinge dessen, der

> ihn hatte werden lassen... [unter der beschädigten Gestalt] Ich bin sein ältester Sohn, der ich in ihm [Name ausgehackt] geworden bin. Ich leitete unter seiner Anleitung, vereinigte mich mit seiner Kraft und eroberte mit seiner Macht... Ich bin ein Sohn, der Nützliches dem tut, der ihn gezeugt hat.*

Die Szenen zeigen Amenophis, der seinen Sohn dem Amun im Tempel vorstellt. Die Bilder scheinen eine klare Sprache zu sprechen. Aber wann ist das geschehen?

Das thebanische Grab TT 55 scheint darauf Antwort zu geben. Dieses Grab gehört Ramose, dem Wesir, der während des ersten *sed*-Festes von Amenophis III. amtierte. Aber Ramose verschwand vor dem zweiten Jubiläumsfest, denn da war sein Platz als Wesir schon mit einem anderen besetzt. Er wird nirgendwo mehr erwähnt und muss daher eindeutig zwischen den Jahren 30 und 34 der Regierungszeit von Amenophis III. gestorben sein. Zum Grab des Ramose gehört ein großer, rechteckiger Saal, der in einen unvollendeten Saal dahinter führt. Der Grabschacht liegt in der Südwestecke des Raumes. Wenn man den Raum betritt, fällt einem sofort das lange Wandbild ins Auge, das die (südliche) Wand zur Linken schmückt. Dort ist der Leichenzug Ramoses dargestellt, bei dem Angehörige und Freunde seine persönliche Habe in sein Grab bringen, während Klagefrauen über seinem Leichnam weinen. Erst dann entdeckt man die exquisiten Hochreliefs, die gleich links und rechts der Eingangstür die Wände auf beiden Seiten bedecken. Diese sehr detaillierten Darstellungen sind unbemalt bis auf die geschwärzten Augenumrisse der Figuren, und diese Augen ziehen zuerst die Aufmerksamkeit auf sich und veranlassen den Betrachter, genauer hinzuschauen. Detaillierte Bilder – bessere gibt es nirgendwo in Luxor – zeigen Ramose mit seiner Gemahlin, seinem Bruder und seiner Schwägerin, den Eltern und anderen Verwandten. Auf der gegenüberliegenden Wand wurde die Arbeit begonnen, aber nicht zu Ende gebracht. Skizzen schmücken die Wand, manche nur grob und rasch hingeworfen. Und in diesen Szenen wird endlich die ganze Geschichte erzählt. Denn hier ist an einer Stelle Ramose in der Standardform der 18. Dynastie zu sehen – beleibt, kahl und auf seinen Amtsstab gestützt. Neben diesem Bildnis ist er noch einmal seltsam verzerrt dargestellt, mit in die Länge gezogenem Kopf, langem, spitzem Kinn und aufgeblähtem Bauch – ganz ähnlich den Bildern Echnatons. Diese Figur Ramoses steht unter einem Balkon und überreicht Amenophis IV. Neferchepru-re Waenre (Echnaton) und seiner Großen Königsgemahlin Nofretete einen Strauß. Auf der Inschrift darunter heißt es: »Für deinen Ka einen Strauß deines Vaters Harachte, der im Horizont jubelt in seinem Namen ›Licht‹ (Schu), der die Sonnenscheibe [der Aton] ist.«* Das ist der erste Titel, den man dem Aton verlieh.

Merkwürdigerweise wurde Echnaton nie vor dem Jahr 4 bis 5 seiner Regierungszeit in dieser verzerrten Art und Weise dargestellt. Betrachten wir die möglichen Schlüsse, die man daraus ziehen kann. Ramose, der große Wesir, der das erste *sed*-Fest organisiert hat, stirbt zwischen den Jahren 30 und 34 der Herrschaft von Amenophis III. Nebmaatre. Sein Grab wird ausgehauen, aber eine Wand im ersten Raum bleibt unvollendet. Etwa acht oder neun Jahre vergehen, dann stirbt der alte König. Sein Sohn, Amenophis IV. kommt auf den Thron und führt etwa vier Jahre später einen neuen Stil der Darstellung bei Porträts und neue Titel für seinen Gott ein. Inzwischen sind seit dem Tod des Ramose etwa zwölf Jahre vergangen, aber dennoch kehrt ein Künstler in das unvollendete Grab des Wesirs zurück und malt darin Ramose in einer Form, in der er sich nie wiedererkannt hätte, zeigt ihn beim Überreichen eines Straußes an einen König, den er gar nicht gekannt hatte, und hinterlässt das Grab dann wiederum unfertig. Das wäre wenig plausibel. Die einzige vernünftige Erklärung für die Existenz dieser Szenen ist, dass Ramose Amenophis IV. kannte und ihm tatsächlich einen Strauß überreichte. Da er nach dem ersten und vor dem zweiten Jubiläum von Amenophis III. verschwand, müssen die beiden Ereignisse zeitlich zusammenfallen. Als Ramose zwischen dem ersten und dem zweiten Jubiläum von Amenophis III. starb, war Amenophis IV. bereits König und der neue Kunststil war schon eingeführt. Mit anderen Worten liegt hier eindeutig eine Mitregentschaft vor.

Dadurch werden viele Dinge klarer. Beispielsweise wurde inzwischen die »ältere Dame«, die im Grab von Amenophis II. im Tal der Könige gefunden wurde, als Mumie von Königsgemahlin Teje identifiziert. Diese Mumie, die man früher als die Hatschepsuts angesehen hatte, wurde noch einmal untersucht, nachdem im Grab von Tutanchamun ein geflochtener Haarstrang mit dem Namen Königin Tejes gefunden wurde. Dieses Haar war auffallend: dicht, kräftig und kastanienbraun. Eine Probe des Haars wurde unter dem Mikroskop mit Haar von der Mumie verglichen und man stellte fest, dass beide Proben identisch waren. Außerdem weist der Körper nicht nur Ähnlichkeiten mit den Mumien von Juja und Tuja auf, die Tejes Eltern waren, sondern auch Tujas Haare sind üppig und von derselben kastanienbraunen Farbe. Wir wissen, dass Amenophis III. Nebmaatre neununddreißig Jahre regierte und dass er Teje zu Beginn seiner Herrschaft heiratete. Wir wissen, dass sie ihm die ersten Kinder in den ersten zehn Jahren ihrer Ehe gebar und dass sie acht oder neun Jahre alt war, als sie ihn heiratete. Wir wissen, dass sie noch bis in die Regierungszeit ihres Sohnes Amenophis IV. lebte und dass sie vor Tutanchamun starb, da auf der Inschrift bei ihrem Haarstrang steht, sie sei  – wörtlich »wahr an Stimme« – was heißt, dass sie das Totengericht schon hinter sich hatte. Mit anderen Worten war sie bereits tot, als das Haar präpariert wurde. Eine vergoldete Holzplatte, die in Grab KV 55 gefunden wurde, trug, wie Davis festhielt, Tejes Namen und Titel und zeigte sie unter den Strahlen des Aton, und die in Hieroglyphen geschriebenen Titel des Aton waren die, die etwa im Jahr 8 der Regierung Echnatons eingeführt und in Jahr 12 wieder geändert wurden. Auf Szenen aus Echnatons Regierungsjahr 12 ist sie nicht mehr zu sehen, also starb sie vermutlich vor dieser Zeit. Wenn Amenophis III. Nebmaatre und Echnaton nicht gemeinsam regierten, dann müssen wir alle diese Jahre zusammenzählen: 9 (Heiratsalter) + 39 (Regierungszeit ihres Gemahls) + 12 (Regierungszeit ihres Sohnes). Damit muss sie bei ihrem Tod etwa sechzig Jahre alt gewesen sein. Wenn jedoch die beiden Könige zwölf Jahre lang Mitregenten waren, wie viele Zeugnisse nahe legen, dann wäre sie bei ihrem Tod erst rund achtundvierzig Jahre alt gewesen. Die Mumie, die man als die ihrige identifiziert hat, wurde auf ein Alter von Mitte dreißig geschätzt (was ein wenig zu niedrig wäre, wie wir gesehen haben). Ihr Haar ist noch kastanienbraun und ihre Gesichtszüge und der Zustand ihrer Zähne deuten jedenfalls keineswegs auf eine Frau von sechzig Jahren hin – was im alten Ägypten ein ungewöhnlich hohes Alter war. Ein Alter von Mitte vierzig wäre angesichts der körperlichen Verfassung plausibler.

Auch andere Tatsachen weisen in diese Richtung. Wir wissen, dass Echnaton in seinem Regierungsjahr 12 ein großes Fest veranstaltete, zu dem Vertreter seines ganzen Weltreiches eingeladen waren. Dieses Fest macht Sinn, wenn er damit zum ersten Mal seine Alleinherrschaft feiert. Es gibt ansonsten keinen Präzedenzfall für ein solches Fest, und es ist schwer zu erklären, was denn da gefeiert wurde, wenn nicht das Aufrücken zur Alleinherrschaft. Außerdem ist einer der Amarna-Briefe (Nr. 27) zwar am Anfang beschädigt, aber alle Wissenschaftler sind sich heute einig, dass er anfangen muss mit »Jahr x + 2«. Da er aus der Regierungszeit Echnatons stammt, der siebzehn Jahre regierte, kann man das Datum nur als »Jahr 12« rekonstruieren. Der Brief von Tuschratta, König von Mitanni, grüßt den neuen König: »Teje, die Große Königsgemahlin von Nimmuria (Nebmaatre), deine Mutter, weiß alle Dinge; deine Mutter Teje hat sie alle gesehen – die Botschaften, die dein Vater an mich richten ließ; zehnmal mehr als mit Nimmuria, deinem Vater, werden wir freundschaftlich verbunden sein.«

Wir wissen, dass Teje ihren Sohn nach Tell el-Amarna begleitet hat, und nach den Briefen sieht es so aus, als hätte sie in den späteren Jahren der Herrschaft ihres Gemahls die Verantwortung für die Außenpolitik übernommen. Ohne Zweifel verlagerte entweder sie oder ihr Ministerstab die Briefe des Außenministeriums nach Tell el-Amarna. Daraus scheint hervorzugehen, dass die Regierungsverantwortung zwischen den beiden Königen aufgeteilt war: Teje war in Amarna für die Verbindung zu den Nachbarstaaten zuständig, während Amenophis III. für die Innenpolitik verantwortlich war, die in seinen späten Jahren von den Feiern seiner Jubiläumsfeste beherrscht war.

Als Teje nach Tell el-Amarna umgezogen war, um ihren Sohn zu beaufsichtigen, nahm ihr Einfluss in Malkata verständlicherweise ab. Im Jahr 34 seiner Regierung ließ Amenophis III. einen zweiten riesigen Palast in Malkata bauen, den so genannten »Mittleren Palast«, wo es überall Inschriften mit dem Namen seiner Tochter Sitamun gibt. Jetzt trägt sie jedoch den Titel »Große Königsgemahlin«. Obwohl viele Autoren eine große Geschichte daraus gemacht haben, ist es gut möglich, dass die Ehe mit seiner Tochter eine staatliche Routinesache war, da die eigentliche Große Königsgemahlin Teje einen Großteil des Jahres nicht da war, sondern im Palast ihres Sohnes im Norden lebte.

Zu dieser Zeit war Amenophis III. eindeutig schon krank, wie an seiner Mumie erkennbar ist. Seine Mumie wurde aufgrund eines hölzernen Etiketts als die seine identifiziert, das an einem Strick um seinen Hals hing. Diese handschriftlichen Etiketten benutzten der Hohepriester Pinodjem und sein Sohn Herihor vom Tempel in Karnak, um die Könige zu identifizieren, als sie in den Königsgräbern im Tal der Könige über hundert Jahre, nachdem sie vom plündernden nubischen Heer kurz nach dem Tod von Ramses VI. ausgeraubt worden waren, Ordnung schufen. Die Mumie wurde in dem Versteck im Grab Amenophis' II. gefunden und ist die eines fettleibigen Mannes mit sehr schlechten Zähnen, die ihm im Alter große Schmerzen bereitet haben müssen. Dass dies ein zutreffendes Bild von Amenophis III. ist, lässt sich vielleicht anhand eines Briefes von ihm an König Tuschratta von Mitanni bestätigen, in dem er ihn bittet, ihm »die heilende Statue der Ischtar von Ninive« zu schicken. Statuen aus dieser Zeit zeigen ihn mit weiten Gewändern und mit Speckringen um die Mitte. Diese Bilder und die Übertragung eines Teils seiner Macht auf Teje belegen, dass hier ein Mann einem plötzlichen und starken Verfall ausgeliefert war. War es, wie manche meinen, auch ein Zeichen moralischen und körperlichen Verfalls, dass er seine Tochter Sitamun heiratete?

Bilder aus den Gräbern in Tell el-Amarna zeigen, wie Königin Teje mit ihrem Sohn und seiner Gemahlin Nofretete zusammensitzt, und hinter ihr ist ein kleines Mädchen zu sehen, das als Prinzessin (Königstochter) Baketaton bezeichnet wird. Dieses Mädchen ist nie mit Echnaton und seiner Gemahlin abgebildet, also kann es nicht ihre Tochter sein, und es kann auch nicht Tejes Tochter sein, da sie schon jenseits des gebärfähigen Alters war, als das Mädchen auftauchte. Baketaton verschwindet so schnell wieder, wie sie aufgetaucht ist, und man kommt zwangsläufig zu der Ansicht, es könnte sich um die Tochter von Amenophis III. Nebmaatre mit seiner eigenen Tochter, der Großen Königsgemahlin Sitamun, handeln. Obwohl Sitamun ab dem Jahr 34 als Große Königsgemahlin geführt wird, ist bei den Feierlichkeiten des dritten *sed*-Festes Amenophis' III., die im Grab des Cheruef dargestellt sind, nur die Große Königsgemahlin Teje anwesend, und an vielen Stellen, an denen Sitamuns Name erscheint, ist sie bezeichnet als »die Prinzessin, Große Königsgemahlin Sitamun, geboren von der Großen Königsgemahlin Teje, sie lebe«. Es ist klar, dass die beiden Frauen friedlich Seite an Seite lebten. Es ist schon bewundernswert, wie eine Frau das alles bewältigte und dazu noch ihren Sohn unterstützte und für die Außenpolitik zuständig war. Tatsächlich war die Wahl einer Tochter als Große Königsgemahlin völlig akzeptabel; ob aber die Ehe zwischen ihr und ihrem Vater auch vollzogen wurde, ist fraglich.

Zwar ist es nicht ratsam, allzu übertriebene Schlüsse zu ziehen, aber die Fakten scheinen sich zu folgendem Bild zusammenzufügen: Um das Jahr 27 der Regierungszeit von Amenophis III. Nebmaatre wird nach dem Tod des älteren Sohnes Thutmosis der jüngere Sohn Amenophis in Karnak zum Mitregenten gekrönt, da viele, vermutlich auch seine Eltern, ihn nicht für fähig halten, allein zu regieren. Drei Jahre später feiert der alte König sein erstes Jubiläum, und kurz darauf verlässt sein Sohn Luxor und sucht sich einen eigenen Wohnort. Er wird begleitet von seiner Mutter Teje, die sich um die Außenpolitik kümmert, da ihr Gemahl zunehmend schwächer wird. In ihrer Abwesenheit, aber ohne sie dadurch irgendwie zu brüskieren, wird Sitamun in den Rang der Großen Königsgemahlin erhoben und erhält einen großen Palast und eigene Güter in Malkata. Bis zum zweiten Jubiläum Amenophis' III. haben viele Beamte Luxor verlassen und sind teilweise dem aufgehenden Stern Amenophis' IV. gefolgt; das dritte Jubiläum begeht der alte, kranke und fettleibige König, den ein Großteil seines Hofstaates verlassen hat, relativ ruhig und in seinem neununddreißigsten Regierungsjahr stirbt er schließlich.

Wie Cyril Aldred und andere erklärt haben, deutet all das auf eine zwölfjährige Mitregentschaft von Amenophis III. und Echnaton hin. Das würde bedeuten, dass Echnaton im Jahr 27 der Regierungszeit seines Vaters in Karnak gekrönt wurde und dass er folglich die ersten zwölf Jahre mit seinem Vater gemeinsam regierte. Wir wissen, dass das Auftauchen Semenchkares und die Geburt des kleinen Tutanchaton in eben diesem Jahr 12 stattfanden. Das wiederum hieße, dass Semenchkares Aufstieg und die Geburt seines jüngeren Bruders im Jahr 39 der Regierungszeit Amenophis' III. stattfanden. Das bedeutet, dass die Inschrift auf dem Granitlöwen im Britischen Museum (s. S. 198) möglicherweise korrekt ist – dass Amenophis III. tatsächlich Tutanchamuns Vater sein könnte. Es ist jedoch kaum möglich, dass Teje seine Mutter war, denn im Jahr 39 der Regierungszeit ihres Gemahls war sie mindestens Ende vierzig, wenn nicht Anfang fünfzig. Da Sitamun um das Jahr 27 der Regierungszeit Amenophis' III. Große Königsgemahlin wurde, ist es auf den ersten Blick plausibler, dass Sitamun Tutanchamuns Mutter war.

Wie wir gesehen haben, glauben viele, dass Semenchkare und Tutanchamun Brüder waren, und wir haben festgestellt, dass zwischen ihnen mindestens ein Altersunterschied von zwölf Jahren ist. Das bedeutet, dass Semenchkare etwa um das Jahr 27 der Regierungszeit Amenophis' III. geboren sein muss – mit anderen Worten, sehr bald, nachdem Sitamun zur Großen Königsgemahlin erhoben wurde. Wir wissen, dass Amenophis III. bei seiner Krönung nicht älter als sieben Jahre war. Zwar wissen wir nicht, wie alt Teje bei der Heirat mit dem König war, aber wir müssen davon ausgehen, dass ihr erstes Kind erst nach vier Jahren geboren sein kann (da wäre der König elf Jahre alt gewesen). Sitamun war nicht das erste Kind von Amenophis III. und Königin Teje. Wenn sie die Zweitgeborene war und wir berücksichtigen die Zeit der Schwangerschaft mit einem ersten Kind, dann eine kleine Pause und dann die Schwangerschaft mit dem zweiten Kind, hieße das, dass Sitamun nicht vor dem Jahr 6 der Regierungszeit ihres Vaters geboren wurde, vielleicht sogar danach. Im Jahr 27 wäre sie dann einundzwanzig oder ein wenig jünger gewesen. Ihr Vater starb im Regierungsjahr 39, sodass sie bei seinem Tod etwa dreiunddreißig oder etwas jünger gewesen wäre – ein Alter, in dem sie gut hätte Tutanchamun gebären können.

Betrachten wir diese These noch einmal genauer. Wenn Semenchkare und Tutanchamun die Söhne einer inzestuösen Beziehung zwischen Amenophis III. Nebmaatre und seiner eigenen Tochter Sitamun gewesen wären, dann wäre Amenophis IV. – Echnaton – der Halbbruder von beiden gewesen. Als Echnaton dann seine geliebte Gemahlin Nofretete verstieß, hätte er nicht nur einem anderen Mann seine Liebe erklärt – sondern einem Mann, der sein Bruder war.

Was kann man Echnaton denn noch alles vorwerfen? So etwas wurde nirgendwo in der ägyptischen Geschichte bezeugt. In den ganzen 4000 Jahren der altägyptischen Geschichte gibt es nirgends eine Andeutung, dass homosexuelle Beziehungen als annehmbar galten, und die Vorstellung einer solchen Beziehung zwischen einem König und seinem Bruder wäre völlig undenkbar gewesen. Wir haben also jetzt einen Mann vor uns, der stark missgebildet war, die Reichsreligion ächtete, eine Ketzerreligion einführte und die grundlegende Ordnung im Land – Maat – störte, diejenigen verfolgte, die einen anderen Weg gingen und dann öffentlich seine »geliebte Gemahlin« und sechs Töchter verstieß – alles um einer öffentlichen sexuellen Beziehung mit seinem eigenen Bruder willen. Kann irgendetwas davon wirklich stimmen? Schon als ich die Geschichte zum ersten Mal las, fragte ich mich bald, ob es denn keine andere Erklärung gebe. Es muss eine andere Lösung geben.

KAPITEL SECHS

Echnaton und die Religion des Aton

Wie wir inzwischen wissen, war die Zeit, in der Tutanchamun geboren wurde, aufwuchs und starb, von der neuen Religion geprägt, die Echnaton eingeführt hatte. Tutanchamun bestieg den Thron in einer Situation, in der die politische Lage so instabil war wie selten in der Geschichte Altägyptens. Während die Hethiter sich nach langen inneren Auseinandersetzungen neu formiert und loyal um einen einzigen König geschart hatten, der dadurch die Macht besaß, Ägypten die Vorherrschaft innerhalb seiner Reichsgrenzen streitig zu machen, spalteten Loyalitäten und Ideologien Ägypten in zwei Lager. Sogar Tutanchamuns Identität war davon betroffen, denn er wurde als Tutanchaton geboren und hielt es offensichtlich für nötig, später seinen Geburtsnamen in Tutanchamun zu ändern, weil die Gefühlswogen im Land so hoch gingen. Sein Thronname Nebcheprure blieb hingegen unverändert. Die Zeit unmittelbar nach seiner Krönung muss angespannt und kritisch gewesen sein, weil die Öffentlichkeit – und vor allem die ehrgeizigen Hofbeamten in seiner Umgebung – geradezu darauf lauerten, was er als Erstes tun würde. Würde er sich der Ketzerreligion Echnatons anschließen oder sich gegen sie wenden? Hätte es diese Häresie nicht gegeben und wären die Tempel der »alten Götter« nicht geschlossen worden, hätte sich der junge König nicht zu einer Wahl gezwungen gesehen. Wenn diejenigen Recht haben, die glauben, dass der junge König eines Tages ermordet wurde, dann liegt das Hauptmotiv dafür sicherlich in Tutanchamuns Entschlossenheit, die Religion des Amun wieder einzuführen. Diese Entscheidung muss für einige sehr mächtige Männer ein großes Ärgernis gewesen sein.

Nach Tutanchamuns Tod ging der Thron für kurze Zeit an Tejes Bruder Eje, und es wurde immer wieder erklärt, er habe das ideale Motiv für einen Mord gehabt – den leidenschaftlichen Ehrgeiz eines Bürgerlichen, den Thron an sich zu bringen, koste es, was es wolle. Als Eje nur vier Jahre später ohne einen Erben starb, riss Haremhab, der Oberbefehlshaber des ägyptischen Heeres mit Sitz in Memphis, den Thron durch einen Militärputsch an sich. Das Dekret, das er anlässlich seiner Krönung erließ, zeigt, dass er das Land unter strikte Militärherrschaft stellte. Er begann einen so gnadenlosen Feldzug gegen das Andenken an Echnaton, Semenchkare, Tutanchamun und Eje, als würde er am liebsten ihre Existenz ausradieren. Er riss ihre Bauwerke ab, benutzte die Steine ihrer Paläste und Tempel als Füllmaterial für seine eigenen Bauten, er fügte ihre Regierungszeiten seinen eigenen Jahren hinzu und tat so, als seien sie nie zu Königen gekrönt worden, er tilgte ihre Namen, indem er sie entweder ausmeißeln ließ oder, was viel häufiger geschah, ihre Namen durch seine eigenen ersetzte. Historisch gesehen müssten wir uns eigentlich bemühen, Verständnis für sein Vorgehen aufzubringen. Schließlich hatte diese korrupte Königsfamilie die Moral und die religiöse Stabilität des Landes viele Jahre lang untergraben. In anderen Ländern und zu anderen Zeiten gab es aus weit geringerem Anlass blutige Revolutionen. In der Absicht, seinem Zugriff auf den Thron den Anstrich der Rechtmäßigkeit zu geben, heiratete Haremhab Mutnedjemet, die Schwester Nofretetes. Als ihre Versuche, ihm Kinder zu gebären, erfolglos blieben, gab er, kurz bevor er starb, den Thron an seinen besten Freund beim Militär weiter. Unter den Ramessidenherrschern der 19. Dynastie war Echnaton hinfort »der große Feind«. Sie führten Haremhabs Verleumdungskampagne mit noch größerem Eifer fort.

Dieses ganze Chaos und diese heftige Ablehnung wurden durch die Religion ausgelöst, der Echnaton mit Leib und Seele anhing. Worum ging es dabei?

Die Ägypter nahmen stets rasch und bereitwillig neue Gottheiten an, die in ihren Gesichtskreis kamen. Gottheiten wie Astarte, Dagon und Reschef, die allesamt kanaanäisch waren, wurden schnell in ihre religiöse Lebenswelt eingefügt. In neuerer Zeit wurden zuerst das Christentum und dann der Islam ebenso rasch aufgenommen und ihre Regeln fromm befolgt, obwohl es auch blutige Verfolgungen und Pogrome gab. Was also war an Echnatons Religion so einzigartig, dass sie nicht nur abgelehnt, sondern sogar geächtet wurde? Die Archäologen nennen als Hauptgrund, dass sie monotheistisch war, im Gegensatz zu dem in Ägypten vorherrschenden Polytheismus. Aber das galt auch für den Islam in Saudi-Arabien im 7. Jahrhundert – und obwohl es auch Probleme gab, fasste der Islam dort Fuß und blüht noch heute. Warum ist Echnatons Religion dann so kläglich gescheitert?

Das Wesen der altägyptischen Religion ist äußerst komplex und unterscheidet sich grundlegend von dem anderer Aspekte der ägyptischen Kultur. In allen anderen Wissensgebieten waren die Ägypter grundsätzlich konservativ. Ihre sozialen Regeln waren davon geprägt, der akzeptierten und allgemein anerkannten Ideologie zu folgen, denn dann traf einen keine Schuld, wenn etwas schief ging. Ob Mathematik, Bauwesen, Erziehung oder Medizin – in allen Wissensbereichen hatte irgendjemand den genauen Weg aufgezeichnet, den man zu gehen hatte, um ein Problem zu lösen. Dazu gehörten sogar festgelegte Worte, die an bestimmten Stellen gesprochen werden mussten. Schüler wurden dazu angehalten, dieser Anleitung bis ins Kleinste zu folgen und sich darauf zu verlassen, dass dann nichts schief gehen konnte. Die Folge war ein intellektueller Stillstand in den meisten Bereichen der Kultur. Die Dinge entwickelten sich einfach nicht weiter, da nicht einmal die Vorstellung von einer innovativen Forschung vorhanden war. Fortschritt oblag nach der historischen Überlieferung einzig Genies wie Imhotep, Hordjedef, Amenophis, Sohn des Hapu, und Chaemwese. Aber wenn ihre revolutionären Ideen ausprobiert, geprüft und akzeptiert worden waren, war es wieder vorbei mit dem Fortschritt. Eines der ganz wenigen Gebiete der altägyptischen Kultur, das sich veränderte und im Laufe der Zeit erneuerte, war die Religion.

Im 4. Jahrhundert v. Chr. nannte der Reisende Herodot, der auf der Suche nach den Wurzeln der griechischen Kultur war, die Ägypter exzessiv religiös, und zwar mehr als jede andere Nation. Aber was ist religiöser Glaube? Wenn man um eine Leiter herumgeht? Wenn man meint, es bringe einem Glück, wenn einem eine schwarze Katze über den Weg läuft? Wenn man eine Christophorus-Medaille trägt? Wenn man bei bestimmten Anlässen stets etwas Bestimmtes tut, anzieht oder bei sich trägt, damit man Selbstvertrauen oder Glück hat? Solche Dinge können gewiss eine starke Wirkung haben und einen bei allem Tun motivieren. Aber sind all diese Dinge nicht eher Aberglaube? Was ist Religion? Wenn man an die Stärke des eigenen Fußballklubs glaubt – dessen Farben trägt, auf den Tribünen Fan-Gesänge anstimmt und dessen Erfolg besingt –, wo ist dann, unter dem Gesichtspunkt historischer Zeugnisse betrachtet, der Unterschied zwischen all dem und einem »religiösen Kult«? Stellen Sie sich vor, Sie würden in einigen tausend Jahren versuchen, anhand noch erhaltener Videoaufnahmen den Unterschied zwischen der Aufwärmphase im Fußballstadion vor einem großen Spiel und dem Gesang eines Gospelchors zu begreifen. Beide Gruppen tragen Kleidung in bestimmten Farben, beide singen und klatschen mit leidenschaftlicher Hingabe, beide wiegen sich im Takt bestimmter Rhythmen. Wo ist der Unterschied, außer im Inhalt ihres Glaubens?

Tatsächlich sind Unterschiede in den Glaubenshaltungen oft kaum festzustellen, und das umso mehr, wenn man auf unvollständiges Material angewiesen ist, wie etwa auf abgedroschene Standardinschriften königlicher Monumente. Wenn ein König als »der große Gott« bezeichnet wird, ist das Schmeichelei oder wörtlich gemeint? In der Archäologie ist es meist leicht zu definieren, »wie« ein Objekt gemacht wurde, aber fast unmöglich zu sagen, »warum«, ohne dass man subjektiv wird. Jeder Gegenstand, den wir finden, wird auf der Grundlage unseres Wissensstands und unserer eigenen Vorurteile gedeutet. Wenn in der Archäologie ein Gegenstand als »religiös, kultisch oder symbolisch« eingestuft wird, wäre es meist ehrlicher zu sagen: »Zweck unbekannt«. So gibt es zum Beispiel in den ägyptischen Sammlungen von Museen zahlreiche kleine Figuren, manche aus Fayence, andere aus Bronze oder sogar Holz, die zu »Gottheiten« deklariert werden. Aber sind sie das wirklich? Kleine Figuren von Taweret (griechisch Thoëris) ähneln einem schwangeren Nilpferd und wurden häufig in den Häusern einfacher Menschen aus dem Altertum gefunden. Diese Figur wird fast durchweg als Göttin bezeichnet. Diese Entscheidung traf man wahrscheinlich auf der Grundlage des Wissens, das man im 19. Jahrhundert über die Religion der Griechen und Römer gewonnen hatte. In diesen alten Kulturen bestätigen Inschriften, dass man von Gottheiten kleine Andachtsfigürchen machte, die ihnen ähnlich sahen. Aber gilt das für alle Gesellschaften des Altertums? Ist es gerechtfertigt, alles mit unserer eigenen, stereotypen Überzeugung zu färben, dass alle Gesellschaften des Altertums, weil sie ja vorchristlich und folglich »heidnisch« waren, auch ähnlich sein müssten und dass alle Bildnisse »Götter« darstellen müssten? Könnte es nicht auch eine andere Erklärung geben? Wo war im Falle von Thoëris ihr Tempel? Wo waren ihre Priester? Wo war ihr Kult? Sie hatte keinen. Aber die Menschen glaubten an sie. Heute können Sie ebenso gut an Ihr Kupferarmband gegen Rheuma oder an Manchester United glauben. Götter werden sie davon nicht.

Heute ist die Hauptreligion in Ägypten der Islam. Die Mehrzahl der Muslime sind Sunniten. Dennoch entsprechen ihre Glaubensinhalte in vieler Hinsicht nicht dem »Standard«. Selbstverständlich variiert die Ausübung einer jeden Religion von einem Land zum anderen, weil sie den traditionellen Sitten der jeweiligen Umgebung angepasst wird. Aber in Ägypten stammen noch heute viele regionale, private Glaubensinhalte nicht aus dem Islam, sondern von uralten Sitten her. Das dürfte nicht überraschen und es sollte auch nicht als »heidnisch« verunglimpft werden, ebenso wenig wie bei uns die Verwendung von Christbäumen und immergrünen Pflanzen an Weihnachten, die Ostereier und die Feier des Wachstums der Feldfrüchte am Erntedankfest (ein wahrhaft nichtchristliches Fest). Vielmehr bieten uns diese Feste eine Kontinuität und damit Sicherheit und Wohlgefühl, die aus der Vertrautheit erwachsen.

Ich habe in Ägypten in Dörfern Frauen gesehen, die, verschleiert und anonym, ihr neugeborenes Kind schweigend dem gemeißelten Bildnis einer »Göttin« an einer Tempelwand hingehalten haben. Fragt man sie, warum sie das tun, erfährt man nur: »Diese Frau ist gut und sie hat Kraft.« Ähnliche Dinge sah und bezeugte Omm Seti, eine ältere Engländerin, die einen Großteil ihres Lebens in den Tempeln von Abydos verbrachte. Die Ägypter sind Muslime – aber manchmal mischen sich andere Gedanken und Überzeugungen darunter, die ebenso stark sind. So gibt es, selbst in den höchsten Kreisen der ägyptischen Gesellschaft, den weit verbreiteten Glauben an den bösen Blick. Man könnte ihn als eine Art Fluch bezeichnen, mit dem man ebenso gut zufällig wie absichtlich belegt werden kann. Wenn jemand offen Ihren Besitz, Ihre Leistung oder Ihr Kind bewundert, wird Ihnen der böse Blick das Bewunderte wegnehmen. Wenn Ihnen jemand zufällig zu einem bestimmten Zeitpunkt Ihres Lebens über den Weg läuft, bleiben Sie später vielleicht kinderlos. Wenn jemand Sie hasst und verachtet, kann er abgeschnittene Haare, Fingernägel oder Kleidungsstücke von Ihnen dazu verwenden, Chaos und Unglück über Sie zu bringen, wenn er diese Dinge heimlich mit den richtigen Beschwörungsformeln in die Erde eingräbt. All das ist genau festgelegt, wird mit Inbrunst geglaubt und kann von Menschen, die als magisch begabt angesehen werden, durch die Anwendung bestimmter Prozeduren beeinflusst werden: Sie können durch den Einsatz verschiedener Mittel Ihr Schicksal ändern. Aber Religion ist das nicht.

Dasselbe gilt für die Glaubenshaltungen im alten Ägypten. Joyce Tyldesley schreibt dazu in ihrem Buch *Hatschepsut:*

> Daher verehrten die einfachen Menschen, obwohl sie zu einer offiziellen Bindung an ihre Staatsgötter verpflichtet waren, oft lieber ihre weniger erhabenen aber vertrauteren Lokalgötter, und im Leben dörflicher Gemeinschaften spielte eine volkstümliche Religion mit viel Zauberei, Magie und Aberglauben eine wichtige Rolle.*

Wahrscheinlich ist das der Grund für Herodots Aussage, die alten Ägypter seien exzessiv religiös.

Die Religion vor Amarna

Um zu verstehen, wie anders die neue Atonreligion war, müssen wir zuerst die orthodoxe religiöse Glaubenshaltung in der 18. Dynastie verstehen. Als ersten Schritt müssen wir den Glauben in mehrere Teile zerlegen, statt ihn als Ganzes zu betrachten. So gab es zunächst die »Hausgötter«, wie Thoëris, deren Funktion rein magisch war. Ihre Bildnisse wurden als Amulette getragen und sollten Glück bringen oder Unglück abwenden, besonders in Zeiten der Krise oder bei Krankheiten. Sie waren Figuren ohne Kult und eher Talismane als »Götter«, die sogar bei medizinischen Heilverfahren verwendet wurden. Daher können wir sie als Erste beiseite lassen.

Dann gab es die »Lokalgötter«. Sie variierten von Ort zu Ort und man glaubte, ein jeder von ihnen sei der *ka* (s. S. 132) einer Persönlichkeit, die einmal an diesem Ort gelebt hatte und dort gestorben war. Die Ägypter glaubten, dass der *ka* eines Verstorbenen, wenn man ihm ein Haus aus Stein baute, eine Statue, in der er sich wieder erkannte, hineinstellte und ihr dann Speise- und Trankopfer darbrachte – all die Dinge, die der *ka* brauchte –, zum Dank wiederkommen und einige der vertretbaren Bitten erfüllen würde, die man an ihn richtete. Diese ägyptischen Steinhäuser nennen wir »Tempel«. Die Übersetzung ist schlecht, denn sie ist von der Denkweise des 19. Jahrhunderts geprägt, dass

»Heiden« in »Tempeln« beteten. Das altägyptische Wort für diese Gebäude war , was »Haus des Gottes« heißt. Sogar sein Grundriss entsprach genau dem eines großen Privathauses. Es wurden dort keine »Gottesdienste« abgehalten, man ging nicht hin, um zu singen, zu beten oder zu loben, sondern der »Gott« wurde im Dunkeln und Verborgenen in seinem geheimnisvollen Heiligtum aufbewahrt, und nur seine Diener durften sich ihm nähern. Die Menschen am Ort waren sich der Existenz dieser Figur bewusst, viele arbeiteten vielleicht sogar auf dem Grund und Boden, der dem »Tempel« gehörte, und gelegentlich – mit der Zeit immer öfter – wurde das Götterbild aus dem stillen Dunkel seines Heiligtums herausgenommen und in einen tragbaren Schrein gestellt, der in einem kleinen Boot stand, das von vier oder sechs Männern mittels Tragestangen auf die Schulter genommen und um das »Tempelgelände« herumgetragen werden konnte. Bei diesen Gelegenheiten, die in Übersetzungen häufig als »Orakel« bezeichnet werden, konnten normale Sterbliche dem »Gott« eine Frage stellen. Bildliche Darstellungen zeigen, dass große Freude herrschte, wenn eine solche Figur in der Öffentlichkeit erschien. Ähnliches gilt noch heute, beispielsweise in vielen katholischen Ländern, wenn eine Heiligenfigur oder eine heilige Reliquie in einer Prozession durch die Stadt getragen wird. Zweifellos glaubten die Menschen an die Macht dieser Figuren und fühlten eine Art Besitzerstolz. Aber waren diese Figuren Götter – sind es die Prozessionsheiligen von heute? Wahrscheinlich wurden sie eher als Fürsprecher beim Hauptgott angesehen.

Von Zeit zu Zeit blieb die Königsfamilie ohne einen Erben und der Thron ging an den würdigsten Nachfolger über – häufig ein Wesir oder der Befehlshaber des Heeres. Dieser neue König, der aus einem bestimmten Ort stammte, schuldete natürlich seinem lokalen »Gott« und dessen »Tempel« Loyalität. Vielleicht ging er sogar in den heimatlichen »Tempel« und dankte dem *ka* dessen, der ihn in seine Position gebracht hatte, und Teil seines Dankes waren Opfergaben oder Geschenke. Aber jetzt waren das nicht mehr die Aufmerksamkeit und die Gabe eines gewöhnlichen Sterblichen, sondern die eines Königs, der durch die Krönung selbst in die Gesellschaft der Unsterblichen aufgestiegen war. Nur der König war Herr über Bergwerke und Gold, und folglich konnten nur die Geschenke eines Königs zu großem Reichtum für den Tempel eines Ortes führen. So war es bei der Erhöhung des Ptah von Memphis, als der erste König dort seinen Palast baute und Ptah zu einem der ersten »Reichsgötter« Ägyptens wurde. Später, in der 5. Dynastie, werteten mehrere Könige den Kult des Re im Gebiet von Heliopolis auf. Noch später hoben die Könige mit dem Namen Mentuhotep der 11. Dynastie für kurze Zeit den Kult des Month in Medamud auf nationale Ebene, und die Könige der 12. und der 18. Dynastie erhöhten den Status Amuns, ihres eigenen Lokalgottes von Luxor.

Hatten diese »Götter« erst einmal nationalen Status erlangt, wurden ihre Kultfiguren mit neuen Kräften ausgestattet, ebenso wie der König nicht mehr auf derselben spirituellen oder körperlichen Ebene stand wie zuvor. Man schrieb ihnen die Erschaffung der Welt und der ganzen Schöpfung zu und ebenso die Aufrechterhaltung des Lebens von einem Tag zum anderen. Eine Reihe von Schöpfungsmythen oder Kosmologien wurde an diesen Göttern festgemacht. Diese Kosmologien sollte man sich nicht, wie manche das tun, als unentwirrbares Knäuel von Ideen vorstellen, die alle gleichzeitig in Umlauf waren, sondern eher als ständig in Entwicklung begriffene Vorstellungsketten, von denen sich eine an die andere anschließt. Jede führte die Verantwortung für die Schöpfung einen Schritt weiter, wie eine Königsfamilie die andere ersetzte. Der Kult in den Tempeln veränderte sich jeweils in Anpassung an die neuen Vorstellungen. Wie Gay Robins und andere erläutert haben, führten die Könige in den Heiligtümern ihrer erhöhten Götter jetzt Zeremonien durch, die sicherstellen sollten, dass die positiven Seiten der Schöpfung erhalten blieben. Da diese Zeremonien geheim waren, wissen wir allerdings nicht genau, wie sie aussahen.

Durch die Ehrung des Kultbildes gewährleistete der König die Aufrechterhaltung von Maat. Wie wir gesehen haben, wird

Maat häufig als junges Mädchen mit einer hohen Straußenfeder auf dem Kopf dargestellt und stand für das Gleichgewicht, die Balance der Natur selbst. Wahrheit war nur ein Aspekt ihrer Pflichten. Sie war die Ordnung, die aus Isfet, dem Chaos, hervorging, sie war die Urkraft der Schöpfung, die aufrechterhalten werden musste. Nicht alles, was sie repräsentierte, war gut. Um die Balance herzustellen, müssen einige Dinge schief gehen, damit dann das Rechte triumphieren kann. Aber ebenso wie die *kas* der Lokalfiguren von ihren Dienern genährt werden mussten, so musste der König, als höchster Diener (sein Titel im Ägyptischen, , bedeutet »Diener«, obwohl wir ihn mit »Majestät« übersetzen), Maat, das Gleichgewicht der Welt, nähren. Wenn er das unterließ, kehrte Isfet zurück, der Nil trat nicht über die Ufer und der Kosmos brach zusammen. Der König erhielt Maat mit Hilfe von Vorstellungen wie *hu* und *sia* aufrecht – empirisches Wissen und instinktive Wahrnehmung, die beide ohne das jeweils andere nichts nützen. Als Diener des Reichsgottes war der König buchstäblich für die Weltordnung verantwortlich. Was er tat, wenn er im Heiligtum war, ging keinen Menschen in Ägypten etwas an, die Menschen wussten lediglich, dass das, was er tat, die Fortdauer ihrer Existenz gewährleistete. Wenn er es nicht tat, kam die Nilschwemme vielleicht nicht wieder. Sie verließen sich fraglos auf ihn und sein Wissen.

Woran glaubte also, genau genommen, der einfache Ägypter? Herodot berichtet davon, dass er Zeuge von Kulthandlungen für einen Gott geworden sei, dessen Name nicht ausgesprochen werden durfte. Die Riten, die er schildert, und die mit ihnen verknüpften Überzeugungen sind eindeutig die des Osiris, des Herrn der Unterwelt. Diese Gestalt, um die sich ein großer Mythos rankt, ist ein Halbgott, der ermordet und dann von seiner Schwester und Gemahlin Isis für kurze Zeit noch einmal zum Leben erweckt wird, damit er Horus zeugen kann. Er wird als Herrscher über die Totenwelt angesehen. Nach dem Tod eines Menschen und der Wiedererweckung seines Leibes durch die Mundöffnungszeremonie (s. S. 135) wurde der Verstorbene zu

Osiris zum Totengericht geführt, der seinen *ach* nach seinem Leben befragte. Jede Lüge, die ein Mensch ausgesprochen hatte, beschwerte sein Herz im buchstäblichen Sinne mit Schuld. Dann wurde das Herz gewogen, sodass niemand, nicht einmal Gott, den Menschen verurteilte – der Mensch verurteilte sich selbst durch seine eigenen Worte. Aufgrund dieser Überzeugung war der Gott, der im alten Ägypten von allen Menschen anerkannt und von allen gefürchtet wurde, Osiris, der in manchen Texten auch »Herr über alles« genannt wird.

Zusammenfassend lässt sich sagen, dass ein alter Ägypter, wenn er in die Gegenwart geholt und gefragt würde, woran er glaube, ohne Zweifel antworten würde »an Gott«, und damit wäre Osiris gemeint. Somit ist das alte Ägypten weder polytheistisch noch heidnisch. Diese Attribute wurden den lokalen Figuren von frühen Christen zugeschrieben, die unbedingt bekehren wollten und schnell verurteilten. Das Leben des gewöhnlichen Ägypters wurde in erster Linie von seinem Heimatort bestimmt, in dem er häufig für den Tempel arbeitete, hinter dessen Mauern irgendetwas geschah – was, das wusste er nicht, und es war ihm auch nicht so wichtig, außer, dass die Figuren dort für ihn arbeiteten und bei manchen Gelegenheiten in öffentlichen Prozessionen herumgetragen wurden, damit er ihnen nahe genug kommen konnte, um davon einen Nutzen zu haben. Im Alltagsleben benutzten er und seine Familie Amulette zum Heilen und um Schutz zu erbitten, und er glaubte auch an ihre Kraft. Irgendwo, vielleicht viele Kilometer weit entfernt, unterhielt der König von Ägypten einen nationalen »Tempel«, der sehr reich war, was auch nicht anders sein konnte, denn innerhalb dieser Mauern wurden das Wesen Ägyptens selbst, die Welt und der Kosmos in Ordnung gehalten. Der größte Teil davon ging ihn nichts an, das Einzige, was er fürchtete, war das Urteil Gottes – des Osiris – nach seinem Tod. Diese Figur regierte sein tägliches Handeln durch die Furcht vor dem Höllenfeuer und der Verdammnis. Tatsächlich glaubte der durchschnittliche alte Ägypter in erster Linie an Osiris, wie Herodot es aufgezeichnet hat.

Und nicht genug damit, war die orthodoxe ägyptische Religion im Wesentlichen monotheistisch, selbst vor der Zeit Echnatons. Um Ihnen zu zeigen, was ich meine, will ich Ihnen die folgenden beiden kurzen Übersetzungen zum Vergleich vorlegen:

> Vater der Götter, der die Menschen geschaffen hat, der die Tiere gemacht hat ... und all die Pflanzen, die das Vieh nähren ... Herr der Sonnenstrahlen, die Licht spenden ... Du bist der Einzige, der Eine, der alles geschaffen hat, was ist, der Einzige, der alles gemacht hat, was existiert. Er ist es, der Felder für das Vieh gemacht hat, den Obstbaum für die Menschen. Er ist es, der die Fische im Fluss gemacht hat und die Vögel am Himmel, er ist es, der dem Atem gibt, was im Ei ist, und der die Jungen der Schlange am Leben erhält.

> Deine Liebe ist groß, unermesslich. Dein Licht erhellt alle Gesichter, dein Leuchten schenkt den Herzen Leben, wenn du die Beiden Länder mit deiner Liebe erfüllst. Heiliger Gott, der du dich selbst erschaffen hast, der alles Land gemacht hat, alles hervorgebracht hat, was darin ist, alle Menschen, Herden und Wild, alle Bäume, die aus der Erde wachsen.

Beide Texte sind Zitate aus »Hymnen«. Der eine stammt aus dem Hymnus an den Aton, also aus der »Ketzerreligion« in Tell el-Amarna. Der andere wurde drei Generationen früher in orthodoxen Zeiten für Amun in Karnak geschrieben. Welcher ist welcher? Die Historiker erklären das Scheitern der Atonreligion mit der Tatsache, dass sie monotheistisch war und die Ägypter aus der Bahn warf. Aber diese beiden Texte zeigen, wie unzutreffend diese Vorstellung ist. Der erste war Amun gewidmet, der zweite dem Aton – aber beide drücken identische Gefühle aus. Ganz offensichtlich resultiert der Abscheu gegen Echnaton nicht in erster Linie aus der Tatsache, dass er eine monotheistische Religion anführte, die dem ägyptischen Denken fremd gewesen wäre. Das Konzept des Monotheismus ist eine durch und durch moderne

Vorstellung. Wie wahr sind also die übrigen Behauptungen über Echnaton – dass er ein zwanghafter und ketzerischer Bilderstürmer war, der die neue Religion selbst erfunden hatte? Welche Probleme hinterließ er nun wirklich dem nachfolgenden Tutanchamun?

Unser Wissen über die religiösen Überzeugungen Echnatons stammt in erster Linie von den Ausgrabungen in Tell el-Amarna. Die Stadt war umgeben von Grenzstelen, die das genaue Ausmaß der Fläche angaben, die die Stadt bedecken sollte. Der König nannte den Ort Achetaton – Horizont des Aton. Es gibt vierzehn Stelen, alle mit ähnlichen Inschriften, von denen elf bezeugen, dass der König den Ort am dreizehnten Tag des vierten Monats des Winters im Jahr 6 seiner Herrschaft aufsuchte. Wie die Lage genau ein Jahr davor war, wird folgendermaßen geschildert:

> An diesem Tag war man in Achetaton im Mattenzelt, das Seine Majestät in Achetaton aufgeschlagen hatte und dessen Name ist: der Aton ist zufrieden. Erscheinen Seiner Majestät zu Pferde auf dem großen Wagen von Elektron wie der Aton, wenn dieser im Horizont aufgeht, nachdem er die beiden Länder mit seiner Liebe erfüllt hat. Einschlagen des schönen Weges nach Achetaton beim ersten Mal, an dem man es aufsuchte, nachdem seine Majestät es gegründet hatte als Denkmal für seinen Vater den Aton … indem er ein großes Opfer darbrachte mit Brot, Bier, großen und kleinen Rindern, Kälbern und Vögeln, Wein, Früchten, Weihrauch und allen schönen Blumen, am Gründungstage von Achetaton.*

Danach sieht es so aus, als hätte Amenophis IV. Nefercheprure Waenre den Ort für seine neue Palaststadt am selben Tag des vorangegangenen Jahres, also Jahr 5 seiner Regierungszeit, gefunden; das wäre Jahr 32 der Regierungszeit von Amenophis III. Nebmaatre gewesen. Es heißt, er sei dorthin gekommen, an eine verlassene Stätte, die weder Gott noch den Menschen gehörte, nachdem ihn die Priester des Tempels von Karnak dazu gezwungen hatten, Luxor zu verlassen, weil sie seine Häresie in ihrem Bereich nicht mehr dulden wollten.

Wir wissen jedoch, dass dieser Ort nicht seine erste Wahl war. Offenbar war nach seiner Krönung zum Mitregenten eine der ersten Pflichten, die er zu erfüllen hatte, eine Reise nicht nach Norden, sondern nach Süden, nach Nubien. Inschriften und Bilder in Soleb und Sedeinga, den nubischen Tempeln zwischen dem zweiten und dem dritten Katarakt im nördlichen und im mittleren Sudan, die für seinen Vater und seine Mutter erbaut worden waren, erinnern an die Feierlichkeiten von Amenophis III. Nebmaatres erstem Jubiläumsfest im Jahr 30. Anscheinend hatten die Eltern den Sohn dorthin geschickt, um die Nachricht von dem Fest zu bringen, die Feierlichkeiten zu organisieren und um die Steinmetzarbeiten anzuordnen und zu beaufsichtigen. Während dieser Zeit scheint der junge Amenophis IV. in der nahe gelegenen Stadt Sudla gewohnt zu haben, die heute Sese heißt, am Fuß eines großen, felsigen Berges namens Gebel Sese gelegen. Einheimische nennen den Ort Gami, aber aus irgendeinem Grund wurde er trotzdem von frühen Archäologen als Sesebi bezeichnet, und dieser Name blieb haften. Als alte Stätte identifiziert wurde der Ort erstmals von dem deutschen Archäologen Karl Richard Lepsius, der einen Plan davon zeichnete und in seinem ab 1849 erschienenen Werk *Denkmäler aus Ägypten und Äthiopien* veröffentlichte. Die Bedeutung der Stätte wurde anlässlich einer Landvermessung 1967 bestätigt, die in Vorbereitung des Baus des Staudammes in Assuan durchgeführt wurde.

Grabungen wurden dort 1936/37 und 1937/38 durchgeführt. In der ersten Saison wurden zunächst Karten und Pläne der bedeutendsten Reste angelegt und dann die wichtigsten Funde teilweise untersucht. Dafür standen nur vierzehn Arbeitswochen zur Verfügung, vom 1. November bis zum 17. Februar. Die zweite Saison war sogar noch kürzer, denn das Team widmete einen Teil seiner Zeit dem benachbarten Ort Amara West. Über die Arbeiten in beiden Jahren erschienen kurze Mitteilungen im *Journal of Egyptian Archaeology,* in denen die Ergebnisse skizziert wurden. Die Grabung wurde von Mitarbeitern der Abteilung Ägyptologie der Universität Liverpool unter Leitung von Aylward Blackman durchgeführt. Beteiligt waren sein Assistent H. W. Fairman sowie F. W. Green und J. G. Griffiths. Blackman selbst konnte aufgrund einer Erkrankung in der zweiten Saison nicht mitarbeiten. Nachdem die Stätten ausgegraben waren, schickte man Artefakte nach England zur Verteilung an Museen, die die Arbeiten unterstützten. Ein umfassender Grabungsbericht wurde jedoch nie veröffentlicht. Das Material aus Sesebi ist über ägyptische Sammlungen in der ganzen Welt verstreut, und die Fotografien und Notizen bei der Feldarbeit harren noch ihrer Auswertung.

Von Anfang an war jedoch klar, dass es sich um eine Stadt mit einer Stadtmauer aus der Zeit von Amenophis IV. handelte, die später von Sethos I. usurpiert wurde. In der Stadt wurden drei »Tempelbezirke« identifiziert. Zumindest einer davon war höchstwahrscheinlich eine palastartige Residenz für den König, nicht für einen »Gott«. An zwei Ecken der Stadtmauer fand man intakte Gründungsgruben, die von Steinplatten bedeckt waren und kleine Gegenstände enthielten, die zu Beginn des Mauerbaus als Gründungsbeigaben gestiftet worden waren. Auf der Unterseite beider Steinplatten waren die Kartuschen von Amenophis IV. Nefercheprure Waenre eingemeißelt und die Gegenstände in den Gruben stammten alle aus den Anfängen seiner Regierungszeit. Zwei ähnliche Gruben fand man im Zentrum der Stadt. Die Gebäude innerhalb der Mauern lagen verstreut. Das Gelände in der Mitte hatte man anscheinend nie bebaut, zugleich aber zahlreiche Gebäude umfassend umgebaut. Ein Teil der Stadt scheint einem Brand zum Opfer gefallen zu sein. Überall in der Stadt bestätigen Bilder und Namen, dass Amenophis IV. wahrscheinlich ihr Gründer war. Es wurde nichts gefunden, was auf einen früheren Erbauer hinweist. Unter den drei Tempeln wurden Gründungsgruben derselben Art gefunden wie bei der

Stadtmauer. Der »Zentraltempel« umfasste einen offenen Hof, in dem die verputzten Steinblöcke die erste Form des Namens tragen, die Amenophis IV. dem Aton gab, und außerdem seinen eigenen Titel 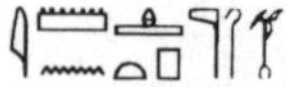 – der Gott Amenophis, Herrscher von Luxor. Dieser Titel, der den seines Vaters kopiert und diesem hinzugefügt wird, ist der allerfrüheste Typ und zeigt, dass er bald nach der Krönung Amenophis' IV. gemeißelt wurde, während ein anderes Attribut, 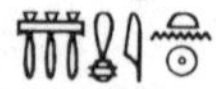, »Leuchtend wie der Aton«, noch an keinem anderen Ort gefunden wurde.

Der bemerkenswerteste Fund, der am 14. Januar 1937 gemacht wurde, war der Eingang zu einer unterirdischen Krypta unter dem Tempel, deren Wände aus schön gearbeiteten, mit versenkten Reliefs geschmückten Steinblöcken bestanden. Sie ist die einzige Krypta dieser Art, die je in einem pharaonischen Tempel gefunden wurde, am nächsten kommt ihr die Krypta unter dem ptolemäischen Tempel in Dendera. Auf den Reliefs ist Amenophis IV. abgebildet, schon in der etwas verzerrten Weise, die bei seinen Porträts später zur Norm werden sollte, und er bringt dem Aton, der als falkenköpfiger Gott mit der Sonnenscheibe auf dem Kopf dargestellt ist, ein Opfer dar. Diese Gottheit ist eine in einem ganzen Pantheon von Göttern, denen der König opfert. Der Aton steht bei Schu, dem »Kind« Amuns, Geb, dem Sohn von Schu, Atum, einem urzeitlichen Schöpfergott, Osiris, dem Herrn des Totenreiches, und Maat. Sie alle hatten mit dem Kosmos zu tun.

Offensichtlich haben wir hier die ersten Anfänge der Religion vor uns, der Amenophis später huldigte. Der Name des Aton ist in Hieroglyphen neben seine Figur geschrieben, zusammen mit der ersten vollen Form seines Namens, 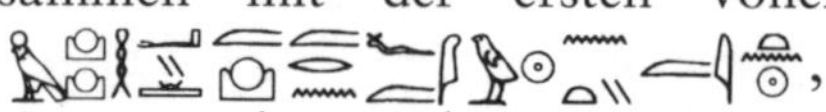, »Re-Harachte, der im Horizont verehrt wird in seinem Namen Schu, welcher der Aton ist«. Es ist klar, dass der Aton ursprünglich nicht als einziger Gott konzipiert war, sondern eher als ein Aspekt der Sonne. Die theologische Aussage setzt den Aton auch mit anderen Göttern gleich, und das Bild zeigt auch, dass er ursprünglich nicht als »gesichtslos«, also ohne Bildnis, konzipiert war. Tatsächlich zeigen sowohl Bild als auch Text, dass der Aton lediglich ein Aspekt von Re-Harachte, der Sonne, ist.

Der Name des Aton, der hier als einfacher Text geschrieben wurde, erlangte im Laufe der Jahre große Bedeutung. Zuerst wurde er von einer Kartusche umrahmt, und als die Vorstellung vom Aton sich weiterentwickelte, änderte er sich noch zweimal. Acht Blöcke, die ursprünglich zu Schreinen innerhalb des Tempels von Karnak gehörten und später als Füllmaterial verwendet wurden, trugen denselben Titel ohne Kartusche, fügten aber noch hinzu , »der im Jubiläum ist«. Das ist zeitgleich mit der Feier des ersten Jubiläumsfestes von Amenophis III. Nebmaatre in Luxor und wurde wahrscheinlich auch bei dieser Gelegenheit hinzugefügt. Später, im Jahr 8 der Regierungszeit Echnatons, wurde der Name schließlich geändert in . Über die genaue Übersetzung dieses Titels gab es unter Fachleuten hitzige Debatten. Nach dem Wort »it«, das »Vater« bedeutet, steht eine Sonnenscheibe, die stets als »Re« gelesen wird. Dann würde die Inschrift heißen: »Es lebe Aton, der Herrscher der beiden Horizonte, verehrt am Horizont in seinem Namen Re, der Vater, der der Aton ist.« Die Namen Re-Harachte und Schu aus der ersten Titulatur wurden eindeutig entfernt, was eine Tendenz andeutet, die Namen und die Bildnisse anderer Götter zu ächten. Aber leugnet das nicht gleichzeitig die gesuchte Einzigartigkeit? Viel wahrscheinlicher ist, dass die Sonnenscheibe nicht mehr als Re gelesen wird, sondern als Aton, und dass die Sonnenscheibe in diesem Fall als Determinativ für »it« fungiert. Dann würde die Inschrift heißen: »Es lebe Aton, Herrscher der beiden Horizonte, verehrt am Horizont in seinem Namen als Vater, der gekommen ist als der Aton.«

Hier liegt also ein Muster vor, nämlich, dass Amenophis IV. von Anfang seiner Regierungszeit an darauf bedacht ist, einen Ort zu finden, an dem er seinen neuen Glauben einführen kann. Dieser Glaube entwickelt sich jedoch langsam. Nach seiner Krönung reist der junge König nach Nubien, um bei den Jubiläumsfeiern für seinen Vater mitzuwirken. In der Nähe des Ortes, an den er geschickt wird, gründet er eine Stadt und die Bauleute arbeiten an den Bildern der neuen Götter ihres Königs. Der Aton ist in diesem Stadium lediglich eine weitere falkenköpfige Gottheit, die neben anderen Göttern lebt und wirkt. Das weist darauf hin, dass diese Religion nicht in erster Linie monotheistisch konzipiert war, wie so viele glauben. Vermutlich, weil diese Gegend so abgelegen war, oder noch wahrscheinlicher, weil sie in Nubien und nicht in Ägypten lag, beschloss Amenophis, dass diese Stadt nicht für ihn geeignet war. Also kehrte er nach Luxor zurück, feierte das *sed*-Fest seines Vaters mit und brach dann wieder auf, diesmal in die entgegengesetzte Richtung, um einen Ort in Ägypten zu finden, den er ausschließlich dem Aton widmen konnte. Es ist klar, dass er das Gefühl hatte, Luxor gehöre Amun. Er brauchte einen Ort, der keinem Gott gehörte. Als er ihn fand, widmete er ihn dem Aton, markierte seine Grenzen, begann mit den Bauarbeiten und zog schließlich in die neue Stadt ein. Nachdem er jetzt einen eigenen Ort hatte, an dem er leben konnte, machte er sich daran, seine Theologie endgültig zu formulieren. Schließlich änderte er um das Jahr 8 seiner Regierungszeit den Namen des Aton in seine spätere Form und entfernte die Namen und Bilder aller anderen Götter.

Aber hat er all das wirklich getan? Wir haben gesehen, dass der Monotheismus im alten Ägypten eher die Regel als die Ausnahme war, und dass viele Figuren entweder nur als Amulette oder als lokale Schutzmächte vorkamen. Musste er sie daher überhaupt ächten? Tatsächlich ist es ein verbreiteter Irrglaube, dass Amenophis IV. andere Gottheiten ächtete. Zwar wurde der Zentraltempel von Tell el-Amarna für den Aton erbaut, aber das entsprach dem Grundplan des Städtebaus in ganz Ägypten. Es war damit zu rechnen, dass in jeder Stadt der Name und das Bildnis eines einzigen lokalen »Gottes« vorherrschend war. Schon ein kurzer Blick auf den Grabungsbericht des britischen Teams, der unter dem Titel *City of Akhenaten, I* veröffentlicht wurde, zeigt, dass in praktisch jedem Haus, das das Team ausgrub, Figuren anderer Götter gefunden wurden.

Haus Nr.	Ausgrabungsjahr	Artefakt
0.49.23	1922	Skarabäen 2 Affen
0.49.23	1922	Hathorkopf
K.51.1	1922	Isisplakette aus Bronze Isiskopf mit Sonnenscheibe
K.51.2	1922	Bes-Amulett
M.50.15	1922	Bes-Amulett
N.49.12	1921	2 Bes-Figuren aus Fayence
N.49.12	1921	Horus-Auge
N.49.20	1921	Tonfigur des Bes, rot bemalt
0.47.17	1922	Isis-Figürchen
0.47.18	1922	Isis-Figürchen
0.49.22	1921	Skarabäus mit eingraviertem Sphinx

Daneben fanden sich in denselben Jahren unter anderem noch ein Kopf und ein Bildnis der Hathor, der kuhköpfigen Reinkarnation der Isis, auf eine Tonschale gemalt, drei Thoëris-Figürchen, eine Plakette mit einem Widder mit gedrehten Hörnern und dem Namen Amuns, eine Plakette mit einer Kuh und dem Namen Hathors, unzählige Bes-Figuren und Horus- oder Udjat-Augen. Ähnliche Funde wurden auch noch in den folgenden Jahren gemacht.

Die Funde deuten darauf hin, dass sich trotz der Behauptungen, der König habe seinen Gott zum Einzigen machen wollen, im damaligen Ägypten im Grunde wenig geändert hat. Es wurden in großer Zahl Figuren genau derselben Art gefunden, wie man sie an anderen Orten auch fand, und der Aton ersetzte einfach den Lokalgott der anderen Städte. Archäologisch gesehen sollte man daraus entnehmen, dass Amenophis IV. Nefercheprure Waenre einen unbebauten Ort finden musste, an dem er einen »Tempel« für den Gott gründen konnte, dem er zugetan war, nämlich dem Aton. Dadurch schuf er einen weiteren Lokalgott der Art, wie sie bereits besprochen wurde. Es gibt keine Belege, die darauf hinweisen, dass er auf der ausschließlichen Verehrung des Aton in der gesamten neuen Stadt bestand. Ganz im Gegenteil weisen die gefundenen Figürchen darauf hin, dass es entweder eine Manufaktur am Ort gab, die diese Figuren herstellte, oder dass sie in großen Mengen von auswärts geliefert wurden, um die Nachfrage zu befriedigen. Keine der beiden Möglichkeiten hätte sich vor dem König verbergen lassen, der in der Stadt herrschte. Beide deuten darauf hin, dass der König keineswegs seine Vorstellungen den anderen aufzwang, sondern sie nur einführte und es dann den Menschen überließ, ob sie ihnen folgen wollten oder nicht. Dieses Bild unterscheidet sich stark von dem des Ketzers und Bilderstürmers, als der Echnaton gemeinhin dargestellt wird.

Und wie steht es mit der anderen Behauptung, nämlich, dass Echnaton von den mächtigen Priestern am Amunstempel in Karnak gezwungen worden sei, Luxor zu verlassen? Auch das kann mit Hilfe der archäologischen Funde und aufgrund unseres Wissens über die ägyptische Religion als Unsinn entlarvt werden. Als erstes und wichtigstes Argument dafür ist anzuführen, dass der Tempel von Karnak zur Zeit von Amenophis III. Nebmaatre nicht so aussah wie heute. Wenn man einen Plan nimmt und alle Gebäude wegstreicht, die in der 19. Dynastie errichtet wurden, bleibt ein kleines Heiligtum übrig, mit zwei von Amenophis III. erbauten Pylonen in knappem Abstand davor. Die großen Säulenhallen, der riesige offene Hof, die südlichen Pylonen – nichts davon stand zur damaligen Zeit. Der Tempel wurde zwar von den Königen, die in diesem Gebiet lebten und ihn regelmäßig besuchten, fortwährend beschenkt und verschönert, aber er hatte zu der Zeit weder den Reichtum noch die Macht erreicht, die er unter Sethos I. Menmaatre und Ramses II. Usermaatre Setepenre erlangte. Vielmehr beweisen Inschriften vom Amuntempel in Karnak und aus der Palaststadt Malkata schlüssig, dass Echnaton dort lebte (s. S. 229), regelmäßig den Tempel besuchte und dort sogar große Baumaßnahmen durchführte.

Abgesehen davon ist die Vorstellung, die »Diener« des Amun hätten einen König vertreiben können, vollkommen aberwitzig. Das wäre, als würde der Schwanz mit dem Hund wedeln. Die Diener eines jeden Herrn haben ihre Stellung und ihren Lebensunterhalt, weil der Herr ihnen Arbeit und Brot gibt. Wenn der Herr sich dafür entscheidet, sie nicht mehr zu beschäftigen oder sie irgendwo anders einzusetzen, oder wenn er beschließt, umzuziehen und woanders zu wohnen, steht ihm das frei. In diesem Fall beschloss Amenophis IV., eine »Heimat« für seinen eigenen Gott zu finden, aber er ließ seinen Vater, den ranghöheren Mitregenten, in Luxor zurück. Der »Tempel« des Amun behielt also weiter seiner Funktion, solange Amenophis III. Nebmaatre lebte und bereit war, ihn zu unterstützen. Wenn der junge König wegzog und daher einen großen Teil der Staatseinkünfte aus diesem Gebiet abzog, hatten die »Diener« keinerlei Möglichkeit, etwas dagegen zu unternehmen. Ohne die Gegenwart des Königs wurde der »Tempel« tatsächlich vernachlässigt und verarmte. Aber nicht, weil die »Priester« den König vertrieben hätten. Logischerweise hätten sie dann, wenn sie ihren Reichtum und ihre Macht behalten wollten, das Gegenteil tun müssen – ihn dazu überreden zu bleiben.

Amenophis IV. war also in keiner Weise gezwungen, umzuziehen. Die archäologischen Funde in Sesebi und die Erklärungen des Königs selbst auf seinen Grenzstelen machen klar, dass er einfach einen eigenen Ort zum Leben finden wollte. Funde aus Tell el-Amarna zeigen, dass er seine Vorstellungen den Menschen in seiner Umgebung nicht aufzwang, sondern ihnen seine Überzeugungen eher als Angebot nahebrachte.

Und wie steht es mit den anderen Vorwürfen? Wie häretisch war er? Woher kamen seine Ideen? Und was war der Aton, bei Licht besehen, überhaupt?

Im Allgemeinen wird der Aton in der Zeit, in der Achetaton

bewohnt war, als Sonnenscheibe mit einer Uräusschlange dargestellt – der aufgerichteten Kobra, die vorn an einer Königskrone zu sehen ist –, und von der Scheibe gehen Strahlen aus, von denen ein jeder in einer Hand endet. Diese Hände sieht man oft die Hieroglyphe mit der Bedeutung »Leben«, das Henkelkreuz, an die Nase der Mitglieder der Königsfamilie halten. Der König schrieb »Hymnen« oder besser, deskriptive Gedichte an seinen Gott, und diese wurden, in kürzeren oder längeren Versionen, an die Felswände hinter der Ebene von Tell el-Amarna gemeißelt (s. S. 263). Diese Gedichte ähneln, wie Wissenschaftler einhellig erklären, in auffallender Weise dem Psalm 104, der angeblich von Mose geschrieben wurde. Das hat viele zu der Annahme geführt, dass Mose und die Juden entweder zur Zeit von Amenophis IV. in Ägypten waren und ihn »bekehrt« haben oder sogar, dass der König selbst Mose gewesen sei. Während es durchaus möglich ist, dass der Exodus in die Zeit des Niedergangs von Tell el-Amarna fiel, ist alles Übrige nicht wahr. Amenophis IV. mit dem Judentum oder mit dem Christentum in Verbindung zu bringen, ist reine Spekulation.

Manche haben die Ansicht vertreten, dass der Anstoß für die ganze Bewegung von Teje kam, die ihren Sohn stets in allem unterstützte und auf Bildern in den Gräbern von Amarna dabei zu sehen ist, wie sie ihren Sohn zu den Morgenzeremonien in den Tempel begleitet. Ein Autor, der herausgefunden hat, dass der Name der Großen Königsgemahlin Nofretete übersetzt »die Schöne ist gekommen« heißt, glaubt, Nofretete sei eine Ausländerin gewesen, die die neue Religion mit ins Land brachte. Wir wissen aber, dass Nofretete ebenso aus Ägypten stammte wie ihr Gemahl. Und ich werde zeigen, dass diese Religion schon lange Zeit da war. Wie viele Behauptungen, die mit der Geschichte jener Zeit zu tun haben, ist das Gerede über eine neue Religion zum großen Teil Unsinn.

Oft wird gesagt, das Wesen der Atonreligion selbst habe den Ägyptern widerstrebt und nicht die Tatsache, dass sie rein monotheistisch war und jeden anderen Gott ächtete. Weil der Aton die natürliche Sonnenscheibe am Himmel war, war er für jedermann offen zu sehen, und so ging das Geheimnisvolle verloren, das sonst die ägyptischen Kulte umgab. Wichtiger war jedoch, wie oft betont wird, dass der Kult keinen Platz für ein Leben nach dem Tod hatte. Da er Osiris ablehnte, lehnte er auch die traditionelle Bestattung und Mumifizierung, die Verheißung der Ewigkeit, ab. Da in der Stadt kein Friedhof gefunden wurde, geht man davon aus, dass die Bewohner von Tell el-Amarna sich nach ihrem Tod zur Bestattung in ihre Heimatorte zurückbringen ließen. Die auf der Sonne beruhende Religion war unterentwickelt und letztlich selbstsüchtig. Sie scheiterte, weil sie viele Aspekte der Religion, die den gewöhnlichen Menschen wichtig waren, außer Acht ließ.

Auch hier sind wieder einige Aussagen unrichtig. Zunächst einmal ist in Grab 1, dem Grab von Huja, – Vorsteher des königlichen Harems, Vorsteher der beiden Schatzhäuser und Domänenvorsteher der Großen Königsgemahlin Teje in Tell el-Amarna – in eine Wand der Haupthalle ein Bild eingemeißelt, das Huja in einem mumiengestaltigen Sarg zeigt, der aufrecht vor Trauernden steht. Der Prozess der Mumifizierung, der anthropoide Sarg, die aufrechte Haltung beim Trauern – all dies ist mit dem alten Glauben und dem Totengericht durch Osiris verknüpft. Der Grundriss der Gräber ist identisch mit dem traditionellen Grundriss in Luxor – und auch, dass überhaupt ein Grab angelegt wird, als Wohnung für den *ka*, steht im Einklang mit den alten, traditionellen Glaubensinhalten. Außerdem war es in den Gräbern der hohen Würdenträger in Luxor zwar nie üblich, Götter oder Göttinnen darzustellen, aber es gab Darstellungen vom König, den man bediente, und Bezüge zum Namen der Lokalgottheit. In Tell el-Amarna folgte man genau demselben Muster: Es gibt Szenen aus dem Alltagsleben, Bilder vom König und den Namen des Aton. Noch aufschlussreicher ist die Tatsache, dass man sogar im Königsgrab hoch oben in den Felsen des Wadi Sarkophagfragmente fand und zudem Uschebti-Figuren als Grabbeigabe. Es sieht so aus, als sei sogar Echnaton, der Initiator des

Kultes, mumifiziert worden und nach der Osiris-Tradition bestattet worden. Bei dem, was man den Toten mitgibt, hat sich nichts geändert.

Was das Fehlen eines Friedhofes angeht, so ist das nichts anderes als ein gewaltiger Irrtum. Die Karte von Tell el-Amarna, die in den meisten Veröffentlichungen abgedruckt wurde, geht auf eine Karte zurück, die das britische Grabungsteam bei seiner Arbeit zwischen 1921 und 1936 gezeichnet hat. Sie gibt mehr Aufschluss über das Ausmaß der Grabungsarbeiten als über die Ausdehnung der Stadt. Echnaton gründete seine Stadt und legte seine Absichten auf den vierzehn Grenzstelen dar, von denen drei am Westufer des Nils gegenüber der Stadt lagen (s. Karte S. 263). Und seine Absichten sind klar. Die Stadtgrenzen umschließen nicht nur Gelände am Ostufer, sondern auch am Westufer. Die Positionierung der Grenzstelen am Westufer wurde wenig untersucht, ist aber außerordentlich aufschlussreich. Die nördlichste Stele liegt am Südende von Tuna el-Gebel, der Nekropole von Aschmunein, und zwischen ihr und dem Flussufer liegt ein Steinbruch, aus dem höchstwahrscheinlich ein Teil der Steine kam, die in Tell el-Amarna verbaut wurden. Irgendwann hätte jemand die Frage stellen müssen, warum der König dann, wenn die Stadt am Ostufer lag, eine Grenze am Westufer markieren wollte. Wenn man heute am Spätnachmittag bei der in den Felsen gemeißelten westlichen Stele steht, was ich oft getan habe, und auf den Sandstreifen zwischen dem Felsen und dem Fruchtland blickt, sieht man deutlich regelmäßige Vertiefungen, die Gräber markieren. Logischerweise ist der Ort, an dem man im alten Ägypten am häufigsten Gräber anlegte, in der Nähe einer Stadt am Rande der Wüste. Hier, am Westufer, an den alten Friedhof von Aschmunein angrenzend, ist die ideale Stelle dafür, aber bis heute hat dieses Gelände niemand unter die Lupe genommen. Wenn wir verstehen wollen, was die Atonreligion für die einfachen Menschen bedeutete, müssen wir ihre Gräber untersuchen – nicht in Luxor, sondern in Tell el-Amarna. Vielleicht sollte man an dieser Stelle dringender als an jeder anderen möglichst bald Grabungen vornehmen.

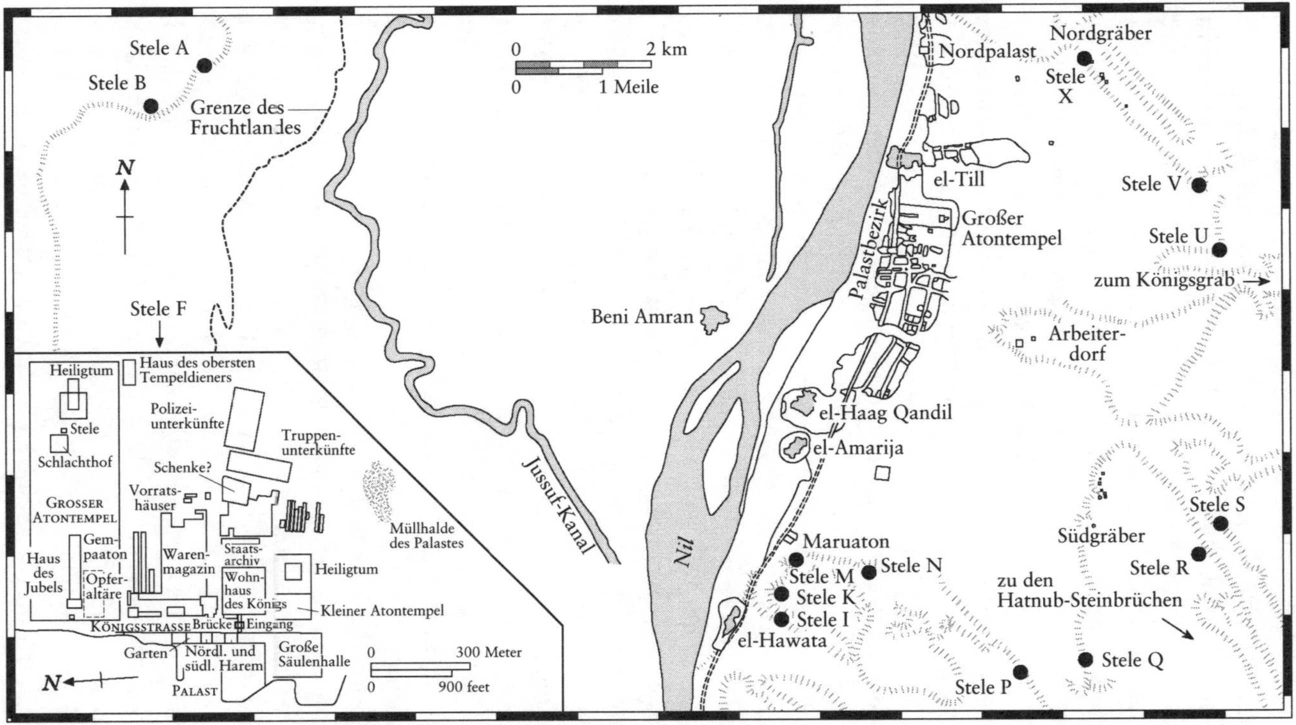

Tell el-Amarna (Standorte der Grenzstelen).

Die Widersprüche in den Veröffentlichungen, die sich mit dem Verständnis der Sonnenreligion im alten Ägypten befassen, waren für mich im Laufe der Jahre eine ständige Quelle des Erstaunens und oft des Amüsements. Wenn wir zum ersten Korpus religiöser Texte in Ägypten, den Pyramidentexten, zurückgehen, die am Ende der 5. und zu Beginn der 6. Dynastie in eine Reihe von Pyramiden eingemeißelt wurden, geht sowohl aus dem Inhalt der einzelnen »Kapitel« als auch aus dem Sprachstil klar hervor, dass sie Glaubensinhalte in sich bergen, die Hunderte, wenn nicht Tausende von Jahren umspannen. Es sieht so aus, als seien diese Traditionen weitgehend mündlich überliefert worden bis gegen Ende des Alten Reiches erstmals der Beschluss gefasst wurde, sie aufzuschreiben. In den frühesten Texten (die am Inhalt, aber auch an den Strukturen der dort verwendeten Sprache erkennbar sind) heißt es in Sätzen, die am Grab des Königs rezitiert werden sollten und sich auf ein Grab im Sand beziehen: »Schütze dein Gesicht«, »halte dir den Sand vom Gesicht« und »erlaube nicht, dass dein Kopf vom Körper getrennt wird«. In der zweiten Serie wird der Geist des Königs mit Sternbildern in Verbindung gebracht, vor allem mit einigen Sternen im Orion und mit dem Sothis (Sirius), denen er sich auf einem Papyrusfloß zugesellen soll, wobei er nicht als Bittsteller, sondern als Eroberer unter ihnen erscheinen soll. Er wird sogar gedrängt, nicht nur einfach bei ihnen zu sitzen, sondern sie zu schlagen, ja sogar zu verschlingen.

Erst in der letzten Phase, in den spätesten Texten, wird er aufgefordert, sich der Sonne auf ihrem Weg über den Himmel zuzugesellen. Dieser Glaube ist zeitgleich mit der Abfassung der Texte selbst in der 5. und der 6. Dynastie. Der Sonnengott ist in diesem Fall Re, aber nach ägyptischer Vorstellung macht die Sonne im Laufe eines Tages viele Verwandlungen durch. Wenn Sie das Niltal besuchen, können Sie diese Verwandlungen selbst erleben. Da ist zunächst die Zeit der Morgendämmerung, in der das Sonnenkind langsam über die östlichen Hügel emporsteigt und ein wenig Licht gibt, aber keine Hitze erzeugt. Dann, wenn die Sonne das Land unter sich lässt, setzt die Hitze ein, stark wie ein Faustschlag. Im einen Moment ist Ägypten noch kühl und vom Dunst verschleiert, im nächsten löst die Sonnenhitze die Dunstschleier auf, die Luft wird klar, und große Hitze breitet sich aus. Von elf Uhr bis zur Mitte des Nachmittags wird die Sonne immer stärker – sie brennt so, dass jeder versucht, der sengenden Hitze zu entkommen. Von Mittag bis gegen fünfzehn Uhr ist es in den Straßen ruhiger und die Sonne wird zum Mittelpunkt des Daseins. Am Spätnachmittag, nach fünfzehn Uhr, scheint die Sonne am Himmel größer zu werden, wenn die Hitze nachlässt und von Norden her eine leichte Brise aufkommt. Bei Sonnenuntergang ist der Himmel für kurze Zeit scharlachrot, bis die Sonne, als hätte man einen Lichtschalter ausgeknipst, plötzlich hinter den westlichen Hügeln verschwindet.

Die Ägypter sahen jede dieser Phasen als einen Aspekt von Re an. In der Morgendämmerung, wenn die Sonne eben aufging, war sie Chepri, wenn sie höher über die Berge stieg war sie Re-Harachte, Re als Horus der beiden Horizonte (Horus war der Feldeggsfalke, der wie die Sonne seine Bahn am Himmel zog), oder Re-Horemachet (Re als Horus im Horizont). Auf der vollen Mittagshöhe war sie der Aton und am Spätnachmittag, bei Sonnenuntergang, wurde sie zu Atum.

Überraschenderweise war in diesem Land, das so sehr vom Licht und der Hitze der Sonne beherrscht wurde, die Sonnenverehrung wesentlich seltener als viele meinen. In der ägyptischen Religion spielten Dunkel und Geheimnis eine große Rolle (s. S. 246), und das verlieh denjenigen Macht, denen es erlaubt war, sich dem Kultbild zu nähern. Aber die Sonne war offen und allen sichtbar. Sie war zwar eine Macht, mit der zu rechnen war, besaß aber als Bild keine Ausschließlichkeit. Re wurde sogar erst um die Mitte des Alten Reiches populär. Im so genannten Papyrus Westcar in Berlin wird vom Kommen dieser angeblich neuen Religion berichtet. Cheops (Chnum-Chufu), der Erbauer der großen Pyramide von Gise in der 4. Dynastie und Vater vieler Kinder, hätte eigentlich davon ausgehen können, dass seine Söhne und Enkel noch lange den Thron von Ägypten innehaben würden. Aber es sollte nicht sein. In dem Papyrus wird eine Geschichte erzählt, in der ein Magier oder weiser Mann zum König befohlen wird, der ihn fragt, wo die höchste Weisheit des Universums in Gestalt der Schriftrollen, die am Anbeginn der Zeit vom Gott Toth beschrieben wurden, zu finden sei. Wenn man diese zweiundvierzig Texte fände, würden sie der Menschheit die Antwort auf jegliche Frage geben, die sie je zu stellen vermochte. Der Magier antwortet dem König, er wisse zwar, wo sie seien – und sie sind von einem unüberwindlichen Zauber in Gestalt unsterblicher Schlangen geschützt –, aber sie seien »nicht für dich, nicht für deinen Sohn, sondern für den ältesten der drei Knaben im Schoß der Ruddjedet, der Frau des Dieners von Re in Sachbu«.

Diese drei Jungen, so macht uns die Geschichte glauben, waren die ersten Könige der 5. Dynastie. Diese Könige bauten ihre Pyramiden nahe beieinander in Abusir, und interessanterweise bauten sie auch nicht weit davon entfernt, im modernen Abu Gurob, eine Reihe von Sonnentempeln. Diesen Sonnentempeln nähert man sich, wie den Pyramidenkomplexen, über einen langen Aufweg. Dann führt ein Tor zu einem offenen Innenhof, der von einem gedrungenen Obelisken dominiert wird, der an einen *benben*-Stein erinnert. Dieser Prototyp eines Obelisken ist nicht, wie die späteren Obelisken, aus einem einzigen Stein geschnitten, sondern besteht aus vielen kleinen Steinen. Rings um den offenen Hof lagen Wirtschaftsgebäude, in denen Tiere und Pflanzen untergebracht waren, die vermutlich geopfert wurden, wenn die Sonne hinter dem Obelisken aufging. Es sieht also so aus, als hätten diese drei Könige, die aus einer Gegend Ägyptens kamen, in der Re verehrt wurde, den in der 5. Dynastie gepflegten Sonnenkult begonnen. Die Tempel wurden ebenso wie der Kult am Ende des Alten Reiches aufgegeben.

Wenn wir die Kosmologien der Reichsgötter von Ägypten untersuchen, dann folgen diese nicht nur aufeinander und repräsentieren die Heimatstadt derer, die sie einsetzen, sondern sie geben auch häufig dem König den Namen. Seine Kinder nach dem Lokalgott zu benennen, war eine häufige Praxis. So nahmen beispielsweise die Könige der 11. Dynastie, die aus Medamud nördlich von Luxor kamen, den Namen ihres Lokalgottes an – Mentuhotep (d.h. Month ist zufrieden); die Könige der 12. Dynastie nahmen nach dem Lokalgott den Namen Amenemhet an (Amun geht ihm voraus). Nach diesem Prinzip nahmen die Könige der 5. Dynastie Namen mit der Endung »re« an (z.B. Sahure), und von dieser Zeit an nahmen alle späteren Könige von Ägypten den Titel 𓅭𓇳, »Sohn des Re«, an.

Es ist jedoch zu beobachten, dass die Hinwendung zu einer Religion der Sonne oder des Re schon vor der 5. Dynastie begann. Der Nachfolger von Cheops hieß Djedefre (oder Radjedef, je nachdem, wie der Name gelesen wird). Ihm wurde der Thron von Chafre oder Chefren entrissen, dessen Nachfolger wiederum Menkaure oder Mykerinos war. Die Namen aller drei genannten Könige endeten auf »re«, den Namen des Sonnengottes. Das erweckt den Anschein, als wären mehrere Söhne des Cheops Anhänger der Sonnenreligion gewesen. Aus so großem zeitlichem Abstand kann man unmöglich sagen, wie die Bevölkerung auf eine Veränderung der Theologie reagiert hat, die von oben her vorgenommen wurde. Aber das Leben im Alten Reich war auch anders. Damals wurde der König noch als wirklicher lebender Gott angesehen. Es ist gut möglich, dass die neue Religion nur auf die höchsten Gesellschaftsschichten beschränkt blieb und nicht die Probleme verursachte, die ihre Wiederbelebung im Neuen Reich mit sich brachte.

Die Sonnengottrevolution in der 18. Dynastie war also nicht die erste ihrer Art. Sie war lediglich eine Widerspiegelung dessen, was sich vor Jahrhunderten in der 4. und 5. Dynastie abgespielt hatte, nur dass sich die Aufmerksamkeit nun dem Aton, der Mittagssonne im Zenith, als Metapher für den Schöpfergott zuwandte. Aber in vielfacher Hinsicht war der Vollzug der beiden Religionen wohl beinahe identisch. Echnaton behauptete, der Sohn des Sonnengottes zu sein, ebenso wie seit der 5. Dynastie alle Könige behaupteten, Söhne des Re zu sein. Sogar die offenen

Bauten der Atontempel in Tell el-Amarna und in Karnak waren direkte Kopien der Sonnentempel von Abu Gurob und formierten sich um einen fast identischen *benben*-Stein. In diesem Zusammenhang ist interessant, dass der Kopf einer in Abu Gurob gefundenen Statue, die sich heute im Museum in Kairo befindet und aus Grauwacke, einem harten, grauen Stein, besteht, genau dieselbe oben abgeflachte »Krone« trägt, die Nofretete in Tell el-Amarna bevorzugte. Sie wurde verschiedentlich entweder als Kopf von Userkaf, dem ersten König der 5. Dynastie, oder als Neith, Schutzgöttin von Sais, identifiziert. Unter diesen Umständen ist nur schwer zu verstehen, warum eine solche Religion überhaupt Widerstand weckte.

Der Sonnenkult der 5. Dynastie hatte wenig Erfolg, vielleicht weil er seinen Anhängern keine Macht verlieh, da die Sonne für alle offen zu sehen war. Nach der 5. Dynastie spielte der Kult nur noch eine Nebenrolle in Ägypten, aber zwei Aspekte blieben erhalten. Erstens behielten die Könige den Titel »Sohn des Re« bei. Zweitens blieb die Stellung der Stadt Heliopolis (wörtlich »Stadt der Sonne«) führend. Der Kult des Re hatte sein Zentrum in Heliopolis (das heute ein nördlicher Vorort von Kairo ist). Dort wurden seine Vertreter nicht »Diener«, sondern »Seher« genannt – wörtlich diejenigen, die sehen, oder besser, beobachten. Hier war nach allen Texten der Sitz der höchsten Weisheit. Nach Heliopolis als dem wichtigsten Ort höherer Bildung am Nil kamen viele Generationen lang die Kronprinzen, um die Weisheit zu erwerben, die sie in ihrer Rolle als Bewahrer der Maat brauchten. Wie wir wissen, ging auch Echnatons älterer Bruder nach Heliopolis, ehe er verschwand, und vermutlich kam auch Echnaton selbst nach dem Tod des Kronprinzen Thutmosis dorthin, um zu lernen. Jedenfalls deuten alle Zeichen – von der Bauweise seiner Tempel bis zur Form von Nofretetes Krone – auf einen starken Einfluss der Lehrer am Tempel des Re in Heliopolis auf den empfänglichen Prinzen hin, selbst wenn sie nicht die unmittelbare Quelle seiner Ideen waren.

Im Neuen Reich wurden häufig Synkretismen oder Verbindungen von zwei Göttern eingeführt, von denen einer immer Re war. So finden wir beispielsweise Sobek-Re, aber vor allem Amun-Re. Synkretismen in der Götterwelt sind sehr komplex, aber wenn man sie einfach erklären will, könnte man sie mit Städtepartnerschaften vergleichen. So ist etwa mein Wohnort Yeovil in Somerset Partnerstadt von Herblay in Frankreich und Taunusstein in Deutschland. Dabei büßt keine der drei Städte etwas ein. Sie behalten ihre Eigenständigkeit, aber durch ihre Verbindung entsteht ein neues, zusätzliches Gebilde, das durch die Pflege gemeinsamer Aktivitäten Leben gewinnt und so zu einer Einheit führt. So war es auch mit Amun und Re. Der Synkretismus löschte weder die Existenz des Amun in Karnak noch die des Re in Heliopolis aus, sondern schuf eine vereinte Kraft, die sich aus den Kräften beider speiste. Das bedeutete daher nicht und hätte auch nie bedeuten können, dass der Amun von Karnak ein Element der Sonne war. Schließlich bedeutete schon sein Name »verborgen« oder »geheim« und sein Haus, das Heiligtum im Zentrum des Tempels von Karnak, war dessen dunkelster, stillster und geheimster Ort – genau das Gegenteil von Sonnenanbetung.

Ägypten hatte also bis zur 18. Dynastie bereits eine Zeit der reinen Sonnenanbetung erlebt, durchlebt und hinter sich gelassen. Dieser Kult betrachtete die verschiedenen Stadien des Sonnenlaufes über den Himmel als Aspekte des Re, der seinen Sitz in Heliopolis hatte, das in erster Linie ein Ort höherer Bildung war. Re wurde mit Amun vereint und verkörperte dann gelegentlich sonnenhafte Aspekte des Königs in seiner Rolle als lebender Gott, aber er erreichte nie den nationalen Status eines Ptah oder Amun. Der Tempel von Karnak, klein wie er damals war, gehörte Amun, dem Verborgenen, nicht der Sonne.

Zur Zeit von Amenophis III. Nebmaatre, wenn nicht sogar schon früher, war also das Konzept des Aton, der Sonne am höchsten Himmelspunkt, bereits gut bekannt. Wir finden Bezüge auf den Aton als physikalische Sonnenscheibe in der gesamten ägyptischen Geschichte. Wir müssen aber eine Unterscheidung treffen. Normalerweise ist der Aton lediglich die Sonnenscheibe, die am Mittag am Himmel zu sehen ist, und in keiner Weise eine Gottheit. Aber aus den Hymnen, die Amenophis IV. Nefercheprure Waenre an den Aton geschrieben hat, geht deutlich hervor, dass in seinem Fall etwas anderes gemeint war. Er nennt den Aton seinen Vater, den Spender allen Lebens auf der Erde. Der Aton ist der Vater der ganzen Schöpfung, aller Völker auf Erden, selbst der Feinde Ägyptens, und der Schöpfer aller Säugetiere, Pflanzen, Vögel und Fische. Amenophis IV. beschreibt also *nicht* die Sonnenscheibe, sondern vielmehr die Macht des Gottes dahinter. Er spricht nicht von der Sonne selbst, sondern von der Kraft Gottes und benutzt die Sonne als Metapher. Er sagt, man könne ebenso wenig in das Gesicht Gottes schauen wie in das Gesicht der Sonne Ägyptens zur Mittagszeit. Gerade wie die Macht der Sonne alles vermag und allgegenwärtig ist, für alle sichtbar, so auch Gott, der allem Lebendigen auf Erden Leben schenkt; und ebenso, wie man die Glut der Sonne in ihren Strahlen am Mittag fühlt, kann man die Macht des Leben spendenden Gottes überall spüren. Der König betete daher nicht die Sonne an, er betete Gott an, aber wie noch kein Gott in Ägypten zuvor war dies ein Gott ohne »fest gefügtes Bild«, der allen Menschen gemeinsam war. Lag die Ketzerei in dieser im Grunde jüdischen Ideologie? Wer inspirierte Echnaton zu seinen Ideen? Kamen sie, wie manche sagen, von außerhalb Ägyptens?

Nachdem Amenophis IV. seine Vorstellungen kundgetan hatte, änderte er auch seinen Namen. Er gab den Namen Amenophis auf, den er bei der Geburt nach seinem Urgroßvater Amenophis II. und seinem Vater Amenophis III. bekommen hatte, und nahm stattdessen den Namen Echnaton an – der lebende Geist des Aton. Gleichzeitig änderte er den Namen seiner Gemahlin von Nofretete (»die Schöne ist gekommen«) in Neferneferuaton Meri Waenre (»Schön an Schönheit ist der Aton, geliebt von Waenre«). Von dieser Zeit an bezeichnete er sich in Inschriften nicht mehr als Herrscher von Ägypten, dessen Name von Kartuschen umrahmt war, sondern meist einfach als Waenre – das war der zweite Teil seines Thronnamens, der ohne irgendeinen Schmuck oder irgendein Attribut geschrieben wurde. Stattdessen umrahmte man den Namen des Aton mit Kartuschen. Mit anderen Worten gab Echnaton nach eigener Auffassung das Königtum praktisch aus der Hand und legte es in die Hand Gottes.

Wie revolutionär waren also seine Ideen? Soweit es sich aufgrund der Zeugnisse rekonstruieren lässt, schuf er überhaupt keine neue Theologie, sondern belebte eine alte Idee wieder. Sodann übernahm er Entwürfe aus vergangenen Zeiten in seine eigene Zeit und passte sie in größerem Umfang den Gegebenheiten an. Seine Religion war keineswegs vom Wesen her ketzerisch, sondern eigentlich strikt orthodox. Die Tatsache, dass in Tell el-Amarna auch andere Götter gefunden wurden, zeigt klar und eindeutig, dass er seine Religion nicht den Menschen in seiner Umgebung in der neuen Stadt aufzwang, obwohl er ebenso eindeutig viele Anhänger hatte, die sowohl ihn als auch seine Familie mit so großer Ehrfurcht behandelten, dass *sie* sozusagen zu Lokalgöttern aufstiegen. Allem Anschein nach hat er sich vollkommen seinen eigenen Ideen hingegeben, die kein bisschen monotheistischer waren als jede andere Lokalreligion in Ägypten zur damaligen Zeit. Nur in manchen Aspekten waren seine Ideen anders. Erstens huldigte er einem Gott ohne Bildnis, zweitens konnte jeder an diesem Gott teilhaben und der Zugang zu ihm war nicht das private Privileg einiger weniger Eingeweihter, und drittens erklärte Echnaton sich selbst zum Sohn des Aton – fast zum Sohn Gottes. Die Revolution lag also weniger in der Religion als vielmehr in der Person Echnatons.

Es wurde oft behauptet, die Anhänger Echnatons und der Atonreligion seien Ikonoklasten gewesen, die von Stadt zu Stadt zogen und die Namen und Bildnisse der alten Götter zerstörten, wo immer sie konnten. Angesichts der Funde in Amarna lässt sich diese Ansicht archäologisch kaum untermauern. Wenn Echnaton nicht einmal in seiner eigenen Stadt, die er eigens für den Aton gegründet hatte, dessen ausschließliche Verehrung durchsetzte, dann ist nur schwer vorstellbar, dass ein Ikonoklasmus der häufig behaupteten Art stattgefunden hat. Tatsächlich wissen wir, dass Echnaton, nachdem er im Jahr 6 seiner Herrschaft in seine neue Stadt gezogen war, diese wahrscheinlich nie mehr verließ. Charismatische Kraft, wie er sie eindeutig in den Augen jener besaß, die ihn kannten, kann fundamentalistischen Eifer wecken. Wenn tatsächlich Zerstörung stattfand, dann nicht notwendigerweise auf seinen Befehl hin. Kürzliche Entdeckungen aus derselben Zeit in Sakkara zeigen, dass zwar manche Eigenheiten des Kunststils von Amarna bis dorthin vorgedrungen waren, dass jedoch das Aussehen vieler Lokalgötter und der Götter, die mit dem Leben nach dem Tod assoziiert waren, in keiner Weise von dem betroffen waren, was weiter südlich geschah.

Wenn man die Zeugnisse sorgfältig studiert, wird man feststellen, dass eindeutige Belege für den Ikonoklasmus fehlen. Um zu beweisen, dass eine Inschrift oder ein Bildnis von Echnatons Atonanhängern ausgemeißelt wurde, braucht man entweder eine Erklärung, dass dies geschehen ist und durch wen (also buchstäblich eine Signatur), oder der Name muss getilgt und von einem späteren König wieder neu geschrieben worden sein. Für Letzteres werden mehrere Beispiele von Fällen zitiert, in denen Inschriften später wieder hergestellt wurden, oft von Sethos I. Menmaatre, der seine Regierungszeit als , oder Wiederholer der Geburten – wörtlich als »Renaissance« – ansah. Mit anderen Worten unternahm es Sethos I. Menmaatre, Ägypten nach den Umbrüchen der 18. Dynastie wieder zur Normalität zurückzuführen. Tatsächlich gibt es aber dort, wo Sethos Widmungen wieder herstellte, keine klaren Beweise dafür, dass die Namen der alten Götter überhaupt getilgt worden waren. Ein Beispiel, das häufig von Autoritäten als Beweis für den Ikonoklasmus angeführt wird, ist die Entfernung des Namens Amun vom oberen Ende der Säulen im offenen Hof von Amenophis III. Nebmaatre in Luxor. Es besteht keinerlei Zweifel daran, dass die Namen ausgemeißelt wurden, aber andererseits gibt es keine Zeugnisse dafür, wann das geschah. Um diese Inschriften lesen zu können, braucht man ein Fernglas, und um sie auszukratzen, hätte man ein Gerüst errichten müssen. Welchen Sinn hätte das gehabt, wenn die Inschriften vom Boden aus ohnehin kaum erkennbar waren? Zumal die Namen, Bilder und Attribute Amuns weiter unten, auf Augenhöhe, unangetastet blieben. Wir wissen, dass in moderner Zeit der Tempel mit Sand gefüllt war – fast bis an das obere Ende der Säulen im offenen Hof. Die Reisende Lady Lucie Duff-Gordon erzählt in ihren Tagebüchern, dass sie ein Haus besaß, das oben auf die Tempelmauern gebaut war. Als sie einmal in den Süden gereist war, um dem kalten Winter von Luxor auszuweichen, stellte sie bei der Rückkehr fest, dass ein Teil ihres Hauses in den Zwischenraum zwischen den Säulen gestürzt war, auf denen es stand. Mit anderen Worten gibt es keinerlei Grund, warum die Namen nicht irgendwann später in der Geschichte ausgekratzt worden sein können, vielleicht sogar erst vor 200 oder 300 Jahren, als die ortsansässigen Muslime sich möglicherweise an den Bildnissen der alten Götter in den Hieroglypheninschriften der Namen Amunhotep / Amenophis (Amun) und Nebmaatre (Maat und Re) gestört haben. Steine, die sowohl die Namen als auch die Titel von Echnaton und seinem Gott tragen, wurden in Luxor und Karnak gefunden; es gibt Spuren eines Tempels und auch eines Palastes, den Echnaton im Memphis gebaut hat, und es gab umfangreiche Bauwerke in Karnak selbst. Wie ich bereits gezeigt habe, tragen mehrere bemerkenswerte Stücke, darunter ein Zepter aus dem Grab Tutanchamuns, die Namen des Aton und des Amun Seite an Seite. Folglich kann ich keinerlei schlüssige archäologische Beweise dafür finden, dass die Anhänger des Aton zweifelsfrei auf den Befehl Echnatons hin als Bilderstürmer auftraten.

Fassen wir das bisher Gesagte zusammen: Wir haben einen König vor uns, der aus freiem Willen beschloss, von Malkata wegzuziehen und sich einen eigenen Ort zum Leben zu suchen. Er zwang seine Vorstellungen niemandem auf, sondern ließ zu, dass direkt vor seinen Augen einige der alten Sitten weitergepflegt wurden. Seine Religion leitete sich aus einer viel älteren Version bereits bekannter Ideen ab, die ihm teilweise im florierenden Tempel des Re in Heliopolis beigebracht wurden. Schon allein vom Namen her war der Aton nur ein Aspekt des Re. Die Anhänger des Atonkultes waren keineswegs Ikonoklasten, und es gab auch nirgendwo Anzeichen dafür, dass diese Religion mit Zwang verbreitet wurde. Außerdem haben wir bereits entdeckt, dass Echnaton zwölf von insgesamt siebzehn Jahren, in denen er Ägypten regierte, zusammen mit seinem Vater herrschte. Sein Einfluss war also auf alle Fälle begrenzt, zumindest, solange sein Vater noch lebte. Und zu Lebzeiten seines Vaters gab es an den Tempeln von Karnak und Luxor weiterhin Priester, und sie erhielten vom alten König weiterhin Stiftungen. Wenn sich die »Häresie« auf Karnak auswirkte, dann also kaum vor dem Jahr 12.

Aber woher kam, wenn das alles stimmt, die Idee von einer Häresie? In erster Linie muss sie Haremhab zur Last gelegt werden, denn in seinem Dekret und auf der Restaurationsstele Tutanchamuns, die er usurpiert hatte, wodurch er die Worte des Kindkönigs zu seinen eigenen machte, hieß es, die Tempel seien verlassen und deshalb hätten die Götter Ägypten den Rücken zugekehrt. Ansonsten war vor allem von Unordnung im Land die Rede. Wir wissen, dass Haremhab die Königsfamilie von Amarna hasste, denn das geht aus der Zerstörung ihrer Gebäude und Namen hervor. Wir können sicher sein, dass er diesen Hass an die nachfolgende Königsdynastie weitergab oder ihn zumindest mit ihr gemeinsam hatte. Was wir nicht kennen, ist die Ursache für diesen Hass.

Haremhab war in allererster Linie ein Mann des Militärs. Es ist klar, dass er ultrakonservativ war und zutiefst die Folgen fürchtete, die eine Abkehr von den alten Sitten für Maat, die Ordnung im Staat, haben würde. Als sein Grab entdeckt wurde, fand man darin eine verwirrende Vielfalt von Götterstatuen, als versuche er verzweifelt, die Götter und Göttinnen zu besänftigen – *alle* Götter, ganz egal, wie bedeutend oder unbedeutend sie waren –, um ihre Vernachlässigung durch Echnaton wieder wettzumachen. Offenbar verehrte er nicht irgendeinen einzelnen Gott in besonderer Weise, sondern appellierte panikerfüllt an alle Götter, Ägypten wieder ihre Gunst zu schenken.

Ehe er König wurde, stellte er sich anscheinend darauf ein, in Memphis zu sterben und begraben zu werden. Sein dortiges Grab wurde von der Expedition wieder entdeckt, die 1975 vom Museum von Leiden und der Egypt Exploration Society durchgeführt wurde, nachdem schon Karl Richard Lepsius im Jahr 1843 Blöcke daraus entfernt hatte. Man wusste daher schon lange, dass Haremhab dort als General des Heeres abgebildet war, der Angriffe gegen die feindlichen Hethiter durchführte. Auf den Reliefs wird erhebliche persönliche Bosheit sichtbar. Die Szenen sind beispiellos für das Grab eines Beamten. Während ein König häufig beim Niederschlagen ausländischer Feinde dargestellt wird – und viele dieser Szenen sind eher ein Symbol für seine Macht, als Darstellungen einer tatsächlichen Schlacht –, war das bei Beamten niemals üblich. Aber hier ist in einer Szene zu sehen, wie Haremhab einem Ausländer die Rechte ans Kinn schmettert.

Haremhab war offenbar ein leidenschaftlich patriotischer Krieger, den Ausländer und ein Mangel an innenpolitischer Kontrolle gleichermaßen irritierten. Die Zeugnisse aus seinem Grab zeigen, dass er das Göttliche fürchtete, aber kein klares Bild davon hatte, was das Göttliche war. Offenkundig war er kein geborener Theologe. Das Wort »Häresie« wird nirgendwo erwähnt.

Aber wir können noch einen Schritt weitergehen. Eine Statue Haremhabs im Metropolitan Museum of Art in New York trägt auf dem Sockel eine Inschrift. Auf der rechten Seite lauten die Hieroglyphen: »Möge dein *ba* täglich herauskommen und den Aton sehen.« Auf einer Stele Haremhabs im Britischen Museum (Nr. 551) heißt es:

> Der Regent Haremhab, er sagt: »Gruß dir, der du verklärt und herrlich bist, Atum-Harachte! Du bist erschienen im Horizont des Himmels, indem Lobpreis für dich im Munde aller Leute ist. Du bist schön und jung als Aton im Arm deiner Mutter Hathor.«*

Beide Inschriften wurden während der Regierungszeit Tutanchamuns gemeißelt. Beide zeigen, dass auf alle Fälle in der Regierungszeit Tutanchamuns der Kult des Aton nicht verfemt wurde, wie oft behauptet wird. Sie weisen auch darauf hin, dass Haremhab, obwohl er später jeden materiellen Beweis für die Existenz Echnatons zu zerstören suchte und obwohl er auf die traditionellen Götter Ägyptens setzte, den Aton nicht völlig ächtete. Dieses Zeugnis beweist völlig zweifelsfrei, dass sich die Ablehnung Haremhabs und der Könige der Ramessidenzeit *nicht* gegen den Aton richtete, sondern gegen die Person Echnatons. In ihren Inschriften wird er als »Verbrecher«, »Feind« oder »Rebell« bezeichnet. Sie prangerten nicht an, dass er der Urheber eines inakzeptablen Kultes oder pervers gewesen sei. Sie bannten nicht den Aton, sondern Echnaton.

Die zweite und wahrscheinlich einflussreichste Quelle für die Annahme, hier liege eine Häresie vor, sind die frühen Ägyptologen selbst. Meine früheren Ausführungen über die Objektivität von Archäologen gelten hier in ganz besonderem Maße. Das 19. Jahrhundert war die Zeit des Gentleman-Archäologen. Nur wenige Menschen waren in der Lage, sich Zeit für die geruhsame Erforschung der Vergangenheit zu nehmen. Noch weniger Menschen konnten sich die Reise nach Ägypten leisten und die gewaltigen finanziellen Mittel aufbringen, die eine Grabung erforderte. Der Angriff des Darwinismus auf die Kirche erschütterte die akademische Welt und das Establishment bis ins Mark. Viele der älteren Familien erwarteten von ihren Söhnen, dass sie in den Dienst der Kirche traten, also wurden sie als Teil ihrer »Grand tour«, die einer umfassenden Bildung diente, nach Ägypten geschickt und sollten dort den Beweis zu erbringen versuchen, dass die Bibel Recht hatte. Sie machten sich auf die Suche nach Josef und seinem bunten Rock, Mose und den Ereignissen des Exodus. Als Edouard Naville 1883 in einer Inschrift auf einer zerbrochenen Statue die Namen der Städte Pitom und Ramses fand, die im Buch Exodus erwähnt werden, wurde das als Punktsieg für die Kirche angesehen – auf die Historizität des Pentateuchs konnte man sich sichtlich verlassen. Die Schöpfung war bestätigt.

Von der Kirche wurden die Ägypter traditionell als die schlimmste Sorte polytheistischer Heiden angesehen. Waren sie nicht die Nation, die die Israeliten versklavt hatte? Und beteten sie nicht Tiere an? In den Zeugnissen aus Tell el-Amarna sahen sie Verbindungen zum jüdischen und zum christlichen Glauben – im bildlosen Gott, der die ganze Welt und ihre Kreaturen geschaffen hatte, der geradezu der Inbegriff des Friedens, der Brüderlichkeit und der Gleichheit war. Manche schilderten Echnaton als christusähnliche Gestalt, sogar als Vorläufer Christi selbst. Die Ablehnung Echnatons *musste* daher religiös interpretiert werden – als zeitweiliger, satanischer Sieg der Heiden über die wahre Religion, die zu früh zu den Menschen gekommen war. Die Entfernung von Echnatons Namen und die Zerstörung seiner Gebäude wurde gleichgesetzt mit den Pogromen, unter denen wahre Religionen immer gelitten hatten. Hatten nicht andere Heiden, nämlich die Römer, fünfzehnhundert Jahre später genau dasselbe mit den Christen gemacht? Je mehr Verbindungen zwischen Atonkult, Judentum und Christentum gefunden wurden, desto »offensichtlicher« wurde es, dass die Ablehnung der Religion den Kern der Geschichte bildete.

Dass der Atonismus als Häresie definiert wurde, ist also nicht auf jene zurückzuführen, die ihn in der 18. Dynastie zerstörten, sondern eher auf jene, die ihn wieder fanden und versuchten, ihn aufgrund ihrer subjektiven Auffassung von dem, was wichtig ist, zu interpretieren.

Der letztgültige Nachweis, dass das Wesen der Religion Echnatons nicht die Ursache der Zerstörung aller Dinge war, die mit Echnaton zu tun hatten, muss aus dem Weisheitstext des Amenemope entnommen werden. Dieser Text, der auf einem vollständigen Papyrus im Britischen Museum erhalten blieb, stammt aus der Zeit der Ramessiden, also aus der Zeit, in der nach den meisten Quellen der Atonismus als Ketzerei abgelehnt und geächtet wurde. In Kapitel 7 fügt der Autor einer Passage, die den Menschen dazu ermahnt, nicht nach materiellen Gütern zu streben, am Ende an: »Bete zum Aton, wenn er aufgeht, und sprich: ›Gib mir Wohlbefinden und Gesundheit‹. Er wird dir geben, was du für dieses Leben brauchst, und du wirst sicher sein vor der Furcht.« Man betet nicht zur Sonne in der Hoffnung auf eine Antwort, in der einem das Versprechen des Wohlbefindens gegeben wird. Außerdem würde in der Bitte, wenn sie an die Sonne gerichtet wäre, das Wort »Re« verwendet. Hier ist der Bezug eindeutig auf den Aton, wie Echnaton ihn verstand, als spirituelles Wesen. Es wurde also nicht der Aton abgelehnt – sondern Echnaton. Der Hass, der ihm galt, war nicht religiöser, sondern persönlicher Natur. Wenn man weiß, dass Tutanchamun nach seiner Krönung vor allem bestrebt war, Ägypten wieder ins Gleichgewicht zu bringen, muss man herausfinden, was man Echnaton eigentlich vorwarf.

Fügen wir nun dieser Mauer den akademischen Schlussstein hinzu. Die Wissenschaft ist sich einig, dass der Wandel der Natur des Aton von der Sonnenscheibe zum spirituellen Wesen in den frühen Regierungsjahren Thutmosis' IV. stattfand. Bis zu dieser Zeit war der Aton einfach ein Aspekt der Sonne in ihrem Lauf. Zu Beginn der Herrschaft von Thutmosis IV. Mencheprure heißt es in einem Text, er ziehe in die Schlacht »mit dem Aton voraus«. Danach tauchen zahlreiche Nennungen des Aton als »Gottheit« auf.

Zu den wenigen Dingen, die wir über Thutmosis IV. Mencheprure wissen, gehört, dass er kurz vor seiner Krönung zum König in Gise ein seltsames Erlebnis hatte. Zwischen den Pranken des Sphinx steht eine Granitstele, deren untere Hälfte leider so stark beschädigt ist, dass nichts mehr von der ursprünglichen Inschrift erhalten ist. Auf der oberen Hälfte wird erzählt, dass Prinz Thutmosis eines Tages in der Nähe der Pyramiden auf Jagd war, sich »um die Mittagsstunde« im Schatten des Sphinx niedersetzte und einschlief. In seinem Traum erschien ihm Re-Horemachet, die Gottheit, die der Sphinx repräsentiert, »und sprach zu ihm mit seinem eigenen Mund, wie ein Vater zu seinem Sohn spricht«. Der Sphinx beklagte sich über den Sand, der sich um ihn herum aufgetürmt hatte, und bat Thutmosis, ihn zu entfernen. Der Prinz verstand die Worte des Gottes, behielt sie aber als Geheimnis in seinem Herzen. (Den vollen Text siehe Anhang D.) Es ist klar, dass Thutmosis die Aufgabe, den Sand wegzuschaffen, erfüllte, denn die Stele, die heute die »Traumstele« genannt wird, steht auf dem gewachsenen Felsen vor dem Sphinx.

Die übliche Interpretation dieses Textes ist, dass der Sphinx Thutmosis den Thron versprach, falls er den Sand entfernen lasse. In jüngerer Zeit haben andere Ägyptologen, ermutigt vom Medieninteresse an der Restaurierung des Sphinx, diese Geschichte ausgebaut und gesagt, der Prinz sei nicht der legitime Erbe seines Vaters, Amenophis II., gewesen. Einer hat das sogar noch weiter ausgeschmückt und die Meinung vertreten, Thutmosis habe, um den Thron zu bekommen, den rechtmäßigen Erben umgebracht und den Traum »erfunden«, um seine Position in den Augen des Volkes zu legitimieren. Aber all das ist sehr fragwürdig. Zunächst einmal trug Thutmosis den Namen seines Großvaters, des großen Thutmosis III. Wie bereits erläutert, war es bei den ägyptischen Königen immer Sitte, den ersten Sohn nach dem Vater des Königs zu nennen, sodass die Namen immer eine Generation übersprangen. Thutmosis war, wie sein Name bewies, der älteste Sohn des vorherigen Königs. Wenn das nicht genügt, haben wir zusätzlich noch das Zeugnis seiner eigenen Worte am Anfang der Inschrift auf der Stele: »... trefflicher Erbe des Chepri, mit vollkommenem Gesicht wie sein Vater, der hervorkam, vollendet und ausgestattet mit seiner Gestalt des Horus als sein Erstgeborener.«* Deutlicher hätte sich Thutmosis nicht ausdrücken können – er war Horus, der Erstgeborene.

Archäologisch gesehen war der einzige mögliche Hinweis darauf, dass er Geschwister hatte, dass man 1901 im Grab von Amenophis II. im Tal der Könige zwischen viel Schutt eine zerbrochene Uschebti-Figur mit dem Namen und dem Titel Prinz (wörtlich »Königssohn«) Webensennu fand. Nahe dabei lag auf einem hölzernen Schiff der uneingewickelte Leichnam eines jungen Mannes. Auf diese dürftigen Anhaltspunkte gestützt erklärte man, der Leichnam sei wahrscheinlich der Webensennus, der ein weiterer, bisher unbekannter Sohn von Amenophis II. und somit ein Bruder oder Halbbruder Thutmosis' sei. Tatsächlich wurde die Identität des jungen Mannes nicht geklärt. Selbst wenn Webensennu tatsächlich ein Bruder von Thutmosis gewesen wäre (wobei die wieder bestatteten Mumien mehrerer anderer Könige in dem Grab waren, von denen jeder mit der Uschebti-Figur assoziiert sein konnte), entspringt die Idee, Thutmosis sei ein jüngerer Sohn ohne das Recht, den Thron zu erben, oder er habe ein Mordkomplott angeführt, um seinen Bruder zu beseitigen, der Phantasie von Romanschriftstellern, nicht von Historikern. Der Beweis des Namens von Prinz Thutmosis und seine Behauptung, er sei der Erstgeborene, sollten genügen.

Im Text der Traumstele kommt nirgendwo das Wort »wenn« vor – *wenn* du den Sand wegschaffst, *dann* werde ich dir den Thron geben. Vielmehr heißt es einfach, Re-Horemachet sei Thutmosis erschienen und habe zu ihm gesprochen, wobei er ihn gebeten habe, den Sand zu entfernen. Es gibt einfach keinen Hinweis auf »Ursache und Wirkung« in dem Text. Kein Wort macht den Thronanspruch Thutmosis' von der Bedingung abhängig, dass er den Sand wegschafft. Die Vorstellung, es habe eine solche Bedingung gegeben, haben Ägyptologen eingeführt, die nach einem Grund dafür suchten, warum die Stele überhaupt existiert. Dabei wird folgendermaßen argumentiert: Thutmosis räumte den Sand weg, erbte die Krone und stellte dann die Stele auf, um der Nachwelt zu beweisen, dass er sein Versprechen gehalten hatte und dass Re-Horemachet daher sein Königtum beschützte.

Wenn also Thutmosis tatsächlich der rechtmäßige Thronerbe war und ein Thronversprechen des Sphinx gar nicht brauchte, den Sand um den Sphinx herum aber trotzdem wegschaffte – dann muss man fragen, warum er die Stele dorthin gestellt hat. Hätte er der Nachwelt einfach erklären wollen, dass er den Sand weggeräumt hat, brauchte er keinen Gott ins Spiel zu bringen. Das Mammutunternehmen wäre auch so der Anerkennung in einem Stelentext wert gewesen. Wir müssen uns lediglich an die Worte und die Fakten halten, und nicht an irgendeine ideologische Interpretation. Die Tatsache ist klar und einfach. Thutmosis ließ die Stele meißeln, weil ihm der Gott im Traum erschienen war. Als Beweis dafür, dass das wirklich geschehen war, führt er an, der Gott habe eine Bitte ausgesprochen und die habe er später erfüllt. Das Erstaunen des Prinzen über den Traum ist spürbar, denn nach dem Text bewahrte der Prinz die Botschaft verborgen in seinem Herzen auf, wahrscheinlich, weil er dachte, niemand würde ihm glauben. Thutmosis hatte eine göttliche Offenbarung gehabt: Der Gott war ihm erschienen und hatte zu ihm gesprochen. Das machte ihn zu einer höchst bedeutenden Person. Als Mose später etwas Ähnliches geschah und er die Stimme Gottes aus einem brennenden Dornbusch hörte, machte ihn das zu einem Propheten, einem Boten Gottes. Warum sollte das bei Thutmosis IV. Mencheprure anders sein?

Vielleicht können wir nun auch andere Dinge besser verstehen, die uns bereits begegnet sind. Beispielsweise heißt es in dem Text im Tempel von Luxor, in dem davon die Rede ist, dass Amenophis III. Nebmaatre im Leib seiner Mutter, Königin Mutemwia, durch göttliche Zeugung entstand, dass der Leib seines Vaters, König Thutmosis IV. Mencheprure, mit dem Geist Amun-Res erfüllt war – nicht mit dem Geist Amuns, des dunklen Gottes von Karnak, sondern mit dem Amun-Res, des synkretistischen Gottes, der mit der Sonne verbunden war. Ist es etwa denkbar, dass die Geschichte von dem Traum nicht metaphorisch gemeint, sondern wahr ist? Dass Thutmosis IV. Mencheprure nach der Begegnung mit dem Göttlichen auf dem Plateau von Gise tatsächlich das Gefühl hatte, er sei durch diese Erfahrung verwandelt worden – dass er, wie der Sphinx ihm mit seinem eigenen Mund gesagt hatte, wie ein Vater seinem Sohn, tatsächlich der Sohn von Re-Horemachet war?

Es wird oft gesagt, solche Erfahrungen habe es häufig gegeben und die Könige von Ägypten erzählten regelmäßig, sie seien von einem Gott gezeugt worden. In Wirklichkeit gibt es dafür nur zwei Beispiele – das hier besprochene und die Geschichte der Zeugung Hatschepsuts, die auf der zweiten Terrasse ihres Tempels in Deir el-Bahari erzählt wird. Im Falle Hatschepsuts ist leicht zu verstehen, warum sie auf ihrer Göttlichkeit beharrt. Schließlich war sie die Stiefmutter und Regentin des kleinen Thutmosis III. und außerdem eine Frau. Dann nahm sie ihm offen den Thron weg und berief sich dabei auf eine Offenbarung in Karnak, bei der ihr Amun nach ihrer Darstellung erklärt hatte, sie sei buchstäblich »sein Sohn«. Sie musste diese Geschichte erzählen, um ihren Anspruch zu legitimieren. Aber warum sollte es für Amenophis III. Nebmaatre notwendig gewesen sein, seinen Anspruch zu legitimieren? Er war der anerkannte Sohn seines Vaters und seiner Mutter und rechtmäßiger Thronerbe. Er brauchte nicht zu behaupten, dass in der Nacht seiner Zeugung der Geist Gottes von seinem Vater Besitz ergriffen habe.

Die archäologischen Funde haben, wie jetzt auch von Ägyptologen anerkannt wird, eindeutig ergeben, dass es aus der Regierungszeit von Amenophis III. Nebmaatre fast ebenso viele Bezüge auf den Atonismus gibt wie aus der seines Sohnes Echnaton. Sogar der Palast in Malkata, der vor der Geburt Echnatons gebaut wurde, trug den Titel »Der Glanz des Aton«, und das Schiff, in dem Teje im Jahr 11 auf ihrem See spazieren fuhr, hieß »Der Aton leuchtet«. Südlich des großen Tempels von Karnak liegt der wunderbare kleinere Tempel von Amuns Gefährtin, Mut. Sie wird stets entweder als Frau abgebildet, die die Arme schützend um ihren mit Federn gekrönten Gemahl Amun legt, oder gelegentlich auch als Geier –  –, weil diese Hieroglyphe »Mut« ausgesprochen wird. Aber rund um den Tempelbezirk wurden von Amenophis III. Nebmaatre schätzungsweise 600 Statuen der Göttin Sachmet aufgestellt. Sachmet war die Gefährtin des Sonnengottes Re, und um dies zu bestätigen, schmückt den Kopf einer jeden dieser Statuen die Sonnenscheibe. Warum wurde wohl eine so überwältigende Anzahl von Bildnissen der falschen Göttin rings um den Tempel der Mut aufgestellt? Eine mögliche Erklärung lautet, dass Amenophis III. Nebmaatre den Tempel jetzt der Verehrung Res widmen wollte und ihn deshalb mit den Figuren seiner Gefährtin umgeben hat.

Es sieht daher so aus, als sei diese neue Religion eine Abweichung von der Norm, die ihren Ursprung im Zentrum der Königsfamilie hatte. Thutmosis IV. Mencheprure sah und hörte einen Gott und dieser sagte ihm, er sei sein Sohn. Diese Information wurde an die nächste Generation weitergegeben, und sein Sohn Amenophis III. Nebmaatre hielt sich ebenfalls für den Sohn eines Gottes, der vom Körper seines Vaters Besitz ergriffen hatte. Der kleine Prinz Amenophis, Sohn von Amenophis III. und Königsgemahlin Teje, muss all das seit seiner Kindheit gewusst haben. Ohne Zweifel wurde über diese Dinge gesprochen. Aber Amenophis war auch zweifellos ein Träumer und ein Idealist. Im Gegensatz zu den vorangegangenen Generationen nahm er die Sache sehr ernst. Offenbar erkannten auch seine Eltern, dass er eine Vorbereitung auf das Königtum brauchte, und bald nach dem Tod seines älteren Bruders präsentierten sie ihn in Karnak als Mitregenten. Aber war er tatsächlich ein Ketzer?

Die Antwort ist ein nachdrückliches Nein. Erst wir haben aus ihm einen Ketzer gemacht. Er war Anhänger eines Aspektes seiner Religion, die ihm aufgrund der Erfahrung seines Großvaters Thutmosis IV. Mencheprure von Kindheit an eingeimpft wurde. Die Religion, der er anhing, war keine Häresie, sondern nur die logische Fortführung des Gedankens, dass seinem Großvater in Gise der Gott des Sphinx erschienen war – schließlich lautete der Name, den er dem Aton gab: »Re-Harachte, der im Horizont jubelt in seinem Namen Schu (Sonnenlicht), welcher der Aton ist«. Schon der Definition nach war der Aton nichts anderes als eine Manifestation von Re-Harachte – und das war die Gottheit, die mit dem Sphinx assoziiert war. Mit anderen Worten haben wir einen klaren archäologischen Beweis für einen privaten religiösen Glauben in der Königsfamilie, den Thutmosis, wie er auf der Traumstele schrieb, zwei Generationen lang »in seinem Herzen verborgen hielt«. Erst Amenophis IV. lüftete das Geheimnis.

Und durch diese Tat, durch die Ablehnung der materiellen Welt und seine Loyalität gegenüber der sehr realen Gottheit, die seinem Großvater erschienen war, durch sein Ausscheiden aus der politischen Welt von Komplott und Gegenkomplott, durch den Rückzug nach Tell el-Amarna und seine dortige konsequente Lebensweise, schuf er sich zahlreiche erbitterte Feinde.

Echnaton war kein Häretiker – nur ein verwirrter und von einer Idee besessener Mann, der wie ein Reisender des New Age in Frieden und Einsamkeit leben wollte. Aber seine Einstellung muss großen Hass geweckt haben. Die Ursache für den Hass, den Haremhab und die Ramessiden gegenüber Echnaton an den Tag legten, war weniger die religiöse Kränkung durch die Häresie, für die er stand, sondern ganz einfach seine Unfähigkeit, seine mangelnde Eignung für das Königtum. Als seine Gegner versuchten, die Erinnerung an ihn zu tilgen, taten sie das nicht wegen seiner Häresie, sondern weil sie Maat wieder herstellen wollten. Schließlich hatte Echnaton alle die erprobten, geprüften, altehrwürdigen Methoden der Unterstützung des Kosmos ignoriert. Er hatte nicht die Riten durchgeführt, die sein Königsamt von ihm verlangte. Dadurch hatte er die materielle Existenz der Welt gefährdet, in der die Ägypter lebten. So war es kein Wunder, dass sie ihn hassten, und auch kein Wunder, dass ihnen vor Tutanchamuns Herrschaft bangte.

Schon zu Beginn dieses Kapitels habe ich die entscheidenden Fragen genannt: Würde Tutanchamun sich den Ideen Echnatons anschließen? Würde auch er ein Schwächling auf dem Thron sein, in Splendid isolation leben? Oder würde er die Kraft haben, Ägypten aus dem Sumpf des Chaos zu ziehen, in dem es zu versinken drohte? Viele mächtige Männer warteten gespannt, was als nächstes passieren würde.

KAPITEL SIEBEN

Zeugnisse aus Tell el-Amarna

Die sorgfältige Prüfung archäologischer Zeugnisse enthüllt, wie wir gesehen haben, oft eine ganz andere Geschichte als die, mit der wir gerechnet haben. In anderen Bereichen der Archäologie haben die Wissenschaftler häufig relativ wenig Material, mit dem sie arbeiten können. Dadurch haben sie die Freiheit, ihre Funde zu interpretieren, wie sie wollen. Dann wird die Archäologie diskursiv. Aber im Falle Ägyptens ist die Sachlage anders. Wir haben so viele Zeugnisse, dass die Fülle uns ab und zu fast erdrückt. Einfach alle Zeugnisse zu sammeln, nichts auszulassen und dann alles so zueinander in Beziehung zu setzen, dass es einen Sinn ergibt, ist eine gewaltige Aufgabe. Die Probleme, die wir heute auf diesem Gebiet noch haben, sind zweifacher Art: Erstens haben wir mit den Urteilen früherer Ägyptologen zu kämpfen, die wesentlich weniger Material zur Verfügung hatten als wir heute und denen oft die Möglichkeit fehlte, es zu verstehen, sodass sie zu fragwürdigen Schlüssen gelangten, die noch heute blind übernommen werden; und zweitens machen uns die Leute zu schaffen, die fachfremd sind, aber dennoch das Material begutachten, und deren Begeisterung nur von spärlichen Kenntnissen getrübt ist. Die Folge: Eine Menge Arbeit muss wiederholt werden ohne Neues zu bieten, während das neue Material oft fehlerhaft präsentiert wird. Wissenschaftliche Arbeiten haben naturgemäß nur einen begrenzten Leserkreis, während wilde Theorien, die meist auf nichts anderem als Intuition beruhen, hohe Auflagen erreichen. Schließlich ist es »aufregender«, beispielsweise von der Verheißung zu lesen, dass unter dem

Sphinx noch verborgene Geheimnisse der Entdeckung harren, als einen exzellenten Bericht über bereits bekannte Gräber zu lesen, auch wenn deren genaue Erforschung neue Entdeckungen bereithält. Eine solche Entdeckung könnte etwa sein, dass man die Regierungszeit eines Königs um ein oder zwei Jahre umdatieren muss. Aber derartige Ergebnisse, die archäologisch wichtiger sind als ungesicherte Mutmaßungen, findet außer den Fachleuten leider fast niemand aufregend.

Nur wenige Themen, die das alte Ägypten betreffen, haben so viel Leidenschaft hervorgerufen und so viele Theorien in die Welt gesetzt, wie die Geschichte Echnatons und seines Nachfolgers Tutanchamun. Millionen von Wörtern wurden im Laufe der Jahre über die beiden geschrieben, aber die meisten Arbeiten sind entweder überholt oder grob unzutreffend und beruhen auf reiner Spekulation. Bücher, die eine ausländische Herkunft Nofretetes postulieren, Echnaton mit Mose verknüpfen und den Fluch des Tutanchamun ausschlachten, sind zahlreicher als seriöse, auf archäologischen Erkenntnissen fußende Arbeiten.

Als »Zeitdetektive« sind Ägyptologen dazu verpflichtet, jedes kleinste Detail eines Fundes zu prüfen und zu begutachten, also so weit irgend möglich bis zum Kern der Sache vorzudringen. In dieser Hinsicht ist unser Fach wie das Leben selbst – wenn man lügt, besteht immer das Risiko, dass man erwischt wird. Wo Material vorliegt, das nicht zur vorgeschlagenen Argumentation passt, ist die gebräuchlichste Methode des Umgangs damit, dass man es einfach weglässt. Seit meiner ersten Begegnung mit Ägypten durch ein Buch von Leonard Cottrell, das ich mit sieben Jahren las, hat mich die Ägyptologie nicht mehr losgelassen. Ich lernte die Hieroglyphen entziffern und kann mich deshalb unmittelbar auf die Originalzeugnisse beziehen, die die Ägypter hinterlassen haben, ohne auf Übersetzungen angewiesen zu sein, die häufig unzutreffend und von der Subjektivität des Übersetzers gefärbt sind.

Hieroglypheninschriften zu verstehen ist das A und O der Ägyptologie. Manche Kollegen machen Grabungen, andere arbeiten in Museen, wieder andere arbeiten freiberuflich, halten Vorträge und schreiben Bücher. Aber alle müssen die Sprache der alten Ägypter beherrschen. Und selbst jenseits aller Übersetzungen, jenseits des Studiums der Gegenstände und Bilder schleichen sich immer wieder Meinungen ein. Viele, die als Studenten erstmals mit dem Fach in Kontakt kommen, finden diese unterschiedlichen Meinungen außerordentlich verwirrend. Ich rate ihnen stets, sich nur auf sich selbst zu verlassen, die Bilder genau zu studieren, die Zeugnisse im Original anzusehen oder wenigstens die Worte der Ägypter in der Übersetzung zu prüfen und sich nicht auf die Interpretation anderer zu verlassen. Wenn sie, wie Detektive, alle Spuren sorgfältig verfolgen, müsste die Antwort am Ende klar auf der Hand liegen. Wenn irgendwelche Spuren nicht ins Bild passen, wird sich plötzlich ein unüberwindliches Hindernis auftürmen und die Indizienkette muss noch einmal aufgerollt werden, damit die Fehler in der Argumentation gefunden werden können. Lügnern wird man immer auf die Schliche kommen: Irgendein Glied der Beweiskette wird nicht passen.

Bisher habe ich also unter Benutzung schriftlicher Zeugnisse, die ich selbst übersetzt habe (was mich unabhängig von den Interpretationen anderer machte), versucht, das Material zu begutachten, ohne den Vorurteilen zu unterliegen, die überalterte Werke oder fachfremde Schriftsteller mit sich bringen. Auf diese Weise habe ich Material erhalten, aus dem hervorgeht, dass Tutanchamun zwar das Kind von Amenophis III. Nebmaatre und seiner Tochter-Gemahlin Sitamun hätte sein können, dass dann aber auch die Beziehung zwischen seinem älteren Bruder Semenchkare und dem König Echnaton nicht nur eine homosexuelle, sondern zusätzlich noch eine inzestuöse gewesen wäre. Wenn dieses Paar so scharf verurteilt wurde, warum war dann die ebenso inzestuöse Beziehung zwischen Sitamun und ihrem eigenen Vater nicht ebenfalls Grund zum Hass? Warum sollte die eine Beziehung akzeptiert werden und die andere radikal abgelehnt? Angesichts der Feindseligkeit, die Haremhab und die Ramessiden gegenüber Echnaton an den Tag legten, sind das Fragen, die Aufmerksamkeit verdienen. Ich habe auch gezeigt, dass die archäologischen Zeugnisse belegen, dass Echnaton nicht der Ketzer und religiöse Fanatiker war, den manche in ihm gesehen haben. Ganz im Gegenteil hielten sich die Entwicklung und die Theologie seiner Religion strikt im Rahmen der in Ägypten üblichen Praxis. Und Echnaton wurde auch nicht, wie manche behaupten, von einer mächtigen Amunpriesterschaft manipuliert, die in Karnak saß. Vielmehr ist klar, dass es selbst dann, wenn sie Einwände gehabt hätte (was ihr in ihrer Position nicht zustand), nicht in ihrer Macht gelegen hätte, etwas zu unternehmen. Tatsächlich wollte Echnaton als Mitregent seines Vaters einfach einen eigenen Ort zum Leben haben. Er versuchte es zuerst in Nubien, kehrte dann aber unbefriedigt nach Ägypten zurück, reiste nach Norden und fand eine Stelle, an der er seine neue Stadt bauen konnte. Dort führte er mit seiner geliebten Gemahlin und seinen Kindern ein ruhiges Leben. Entweder dort oder im Malkata-Palast seines Vaters in Luxor wurde Tutanchamun geboren und aufgezogen.

Wir haben schon festgestellt, dass der exzentrische König von Hassgefühlen umgeben war, die wahrscheinlich besonders die mächtigen Beamten und Würdenträger hegten, deren Karriere er durch sein Handeln gefährdete. Sehen wir uns ihre Lage einmal an. Der neue König ist gekrönt und hat vor, wegzugehen und sich mitsamt seinem Hof in völlige Isolation zu begeben. Er ist ein schwächlicher Mensch, der nichts von der Kraft besitzt, die ein König von Ägypten haben muss. Sollen sie zurückbleiben und dem älteren König dienen – einem König, der gewiss vor dem jüngeren sterben wird? Oder folgen sie dem aufsteigenden Stern, wohl wissend, dass das bedeuten könnte, fern vom Pulsschlag Ägyptens, den Regierungskreisen, leben zu müssen? Wie immer sie sich entscheiden, ihre Wahl wird auf jeden Fall Probleme mit sich bringen. Eine Lösung, die an irgendeiner Stelle aufgetaucht sein muss, war wohl, den jüngeren König aus dem Weg zu räumen – ihn zu ermorden. Das muss für einige Adelige durchaus eine Versuchung gewesen sein. Aber Ägypten war nicht das römische Kaiserreich. In Rom waren die Menschen einfach Menschen; in Ägypten wurde ein Mann, wenn er König wurde, vom Status des normalen Sterblichen in einen Status erhoben, in dem er die gleiche Natur erlangte wie die »Götter«, die uralten Geister von großen Helden. Von ihnen hing die Beschaffenheit und die Aufrechterhaltung des Daseins ab. Im Laufe des Studiums erkennt man mit Erstaunen, dass sich in all den Tausenden von Jahren, in denen die ägyptische Kultur existierte, nicht bei einem einzigen wahrscheinlich ermordeten König schlüssig nachweisen lässt, dass er von irgendjemand anderem als seiner Gemahlin ermordet wurde. Angesichts des Reichtums und der Macht, die einige Individuen erlangten, ist es höchst erstaunlich, dass sich manch ein genialer Mann zurücknahm und einem schwächeren, weniger intelligenten Mann diente, einfach weil er König war. Aber so war es.

Daher hielt diese Tradition der Göttlichkeit des Königs wahrscheinlich Angreifer in Schach. Aber es gibt zahlreiche Hinweise darauf, dass sich etwas zusammenbraute, besonders beim Militär. Bis zur 18. Dynastie waren die Ägypter nur ungern Soldaten. Sogar die Hieroglyphen für die Wörter »Heer« und »Soldat« enthalten Determinative für »Ausländer«, was darauf hindeutet, dass in der dynastischen Frühzeit das Heer überwiegend aus Söldnern bestand. Man fand Darstellungen von Soldaten aus dem Mittleren Reich, die Regimenter von Ausländern abbilden. Das änderte sich jedoch mit dem Beginn des Neuen Reiches. Der Wunsch, die Hyksos zu vertreiben, einte Oberägypten, wie es selten zuvor geeint war. Inschriften zeigen, dass Männer tapfer ihren Generälen folgten und um die Ehre ihres Landes kämpften, während ihre Frauen zu Hause darum wetteiferten, ihren Männern zu helfen, indem sie ihnen Nachschub, neue Soldaten und Waffen schickten und zugleich das Land geeint hielten. Die nachfolgenden Könige stellten ein stehendes Heer auf und führten das Berufsoffizierstum ein. Soldaten wurden erstmals im Gebrauch von Waffen und in Kampftaktiken ausgebildet. Zwar waren der größte Teil der Infanteristen wahrscheinlich Rekruten, die im

Rahmen der alljährlichen Fronarbeit zum Wehrdienst einberufen wurden, aber die Wagenkämpfer und die Offiziere waren ausgebildete und gut ausgerüstete Kämpfer. Das Hauptquartier dieser Truppen war in Ägyptens Hauptstadt und ständigem Regierungssitz Memphis.

Während der gemeinsamen Regierungszeit von Amenophis III. Nebmaatre und seinem Sohnes Amenophis IV. Nefercheprure Waenre festigten die Hethiter im Norden Ägyptens ihre Macht und begannen, ägyptisches Territorium anzugreifen. Das Berufsheer stand bereit und war willens, den Angriff abzuwehren. Aber offenbar gaben weder der alte noch der neue König einen Einsatzbefehl. Das Heer hielt still und schmollte, beinahe platzend vor Ungeduld, während die Monarchie, passiv und gespalten, untätig blieb. Als Tutanchamun König wurde, fand er daher nicht nur eine Spaltung im Lager der Beamten vor, die gespannt darauf warteten, wo seine Loyalitäten innerhalb Ägyptens liegen würden, sondern auch die Armee wartete gespannt, ob er sie gegen ihre erbittertsten Feinde, die Hethiter, in den Kampf führen würde oder nicht. All das war von einem sechsjährigen Jungen sicher sehr viel verlangt.

Kehren wir daher jetzt zu der Aussage auf der Restaurationsstele Tutanchamuns zurück, die lautet: »Er erschien auf dem Thron seines Vaters.« Aufgrund von Zeugnissen aus Tutanchamuns Grab können wir sicher sein, dass er tatsächlich mit einem eigenen Anspruch auf den Thron geboren wurde. Wenn Amenophis III. Nebmaatre nicht sein Vater war, könnte dann Echnaton selbst sein Vater gewesen sein? Diese Möglichkeit muss in Betracht gezogen werden. Genau genommen muss die Frage lauten: War Echnaton überhaupt körperlich fähig, Vater zu werden? Seine Erscheinung, so wie sie in der Kunst seiner Zeit dargestellt wurde, hat manche daran zweifeln lassen.

Diese Frage ist in den letzten Jahren angesichts der seltsam verzerrten Bildnisse des Königs häufig aufgetaucht. Statuen, Reliefs und Gemälde zeigen ihn mit einem ausgeprägten, stark verlängerten Schädel, einem prononcierten, hervorspringenden Kinn, einem dünnen Hals, schweren Lippen und Augenlidern, einer beinahe weiblichen Brust und schmalen Taille, runden Hüften und einem aufgedunsenen Bauch, oft fehlen auffallenderweise die Genitalien, und er hat spindeldürre Waden. Wenn die Abbildungen ihn so zeigen, wie er wirklich war, dann hatte dieser Mann ein Problem. Die spontane Reaktion bei seinem Anblick: Entweder erscheint er einem faszinierend und geheimnisvoll oder abstoßend hässlich und grotesk. Sir Alan Gardiner schreibt von seinen Darstellungen, sie seien

> ... das Bild eines äußerst hässlichen Menschen, wobei an der Treue der Wiedergabe nicht zu zweifeln ist. Der längliche Kopf neigt sich auf einem langen, dünnen Hals nach vorn, das Gesicht ist schmal mit stark hervorspringender Nase, aufgeworfenen Lippen und einem rundlichen hervortretenden Kinn. Der Körper ist mit seiner eingesunkenen Brust, dem aufgedunsenen Bauch, den vollen Oberschenkeln und schwächlichen Waden völlig unmännlich. Auf den versenkten Reliefs ist Achenaten – so nannte er sich später – zu sehen, wie er verweichlicht und nachlässig in einem Polsterstuhl lehnt; dagegen zeigen die kolossalen Standbilder seines Säulenhofes in Karnak einen Blick von fanatischer Entschlossenheit, die in seiner späteren Geschichte so verhängnisvoll zutage trat.*

Nicht gerade die Worte eines leidenschaftslosen Historikers. Aber man kann Echnaton nur lieben oder hassen, ignorieren kann man ihn nicht. Steigt man die Stufen des Louvre in Paris hinauf und die blicklosen Augen seiner kolossalen Büste folgen einem, wo immer man hingeht, dann sieht das höhnische Lächeln auf seinem Gesicht gerade so aus, als meine es einen persönlich.

Wieviel von unserer Meinung über Echnaton beruht also nicht auf schriftlichen Quellen, sondern auf instinktiven Reaktionen auf seine Porträts? Kann man einen Verbrecher am Gesicht erkennen? Kann man Echnaton für moralisch korrupt und fanatisch religiös erklären – weil er so aussieht?

Eines unserer Probleme bei der Untersuchung der Kunst dieser Zeit besteht darin, das Echnaton in all seinen Inschriften ausdrücklich betont, er sei  oder »in der Wahrheit lebend«. Wenn das der Fall ist, dann muss man sagen, dass ein gesunder Mann unmöglich so aussehen kann wie er. Er war mit Sicherheit krank. Aber welche Krankheit konnte so schreckliche Folgen haben? Die ägyptische Kunst ist bekannt für ihre charakteristischen Stereotype, für steife und formalisierte Bildnisse, die viele Kunsthistoriker als kindisch ansehen, der Bezeichnung »Kunst« beinahe gar nicht würdig. Die Figuren, die an den Wänden dargestellt sind, sehen alle gleich aus – ewig jung, schlank und gut aussehend. Aber die Wahrheit sah zwangsläufig anders aus. Wenn wir die Mumien untersuchen, haben sie oft keinerlei Ähnlichkeit mit ihren künstlerischen Darstellungen. So wurde beispielsweise Königin Ahmose-Nefertari immer als jung und schlank dargestellt, aber ihre Mumie zeigt, dass sie sehr alt war, als sie starb, zudem auf dem Oberkopf beinahe kahl, und dass sie vorstehende Zähne hatte und an angeborener Skoliose oder Verkrümmung der Wirbelsäule litt, sodass sie im Alter einen ausgeprägten Buckel hatte. Wie weit können wir den Bildnissen Echnatons trauen? Es wäre einzigartig in der ägyptischen Kunst, wenn er hässlicher dargestellt wäre, als er im wirklichen Leben war, obendrein noch als regierender König.

Viele Jahre lang brachten die Ägypter Echnatons äußere Erscheinung mit Inzucht in der Königsfamilie in Verbindung – sahen sie als Ergebnis generationenlanger inzestuöser Geschwisterehen an. Wir können heute jedoch sicher sein, dass Thutmosis II., Thutmosis III., Amenophis II., Thutmosis IV., Amenophis III. und sogar Echnaton selbst nicht das Produkt von Inzucht waren, sondern aus Ehen zwischen einem königlichen Vater und einer nichtköniglichen Mutter stammten. Selbst wenn die nichtköniglichen Mütter, wie wir postuliert haben, aus derselben Familie kamen, ergibt das noch immer keine Basis dafür, dass Echnaton aufgrund einer schlechten genetischen Mischung missgebildet war. Genetische Defekte sind häufig auch von geistiger Behinderung begleitet, und dafür gibt es entschieden keinerlei Anhaltspunkt. Auf einer Stele in Assuan, die Echnatons beiden Bildhauern Bek und Men gewidmet war, heißt es ausdrücklich, der König selbst habe sie unterrichtet, wie er all seine künstlerischen Arbeiten durchgeführt haben wollte: »...der Vorsteher der Arbeiten im roten Berg, der Lehrling, den Seine Majestät selbst unterwiesen hat, Oberbildhauer der vielen großen Monumente des Königs im Hause des Aton, im Horizont des Aton.«* Der Hymnus an den Aton, den der König selbst geschrieben haben soll, würde ihn als einen Menschen ausweisen, der eine tiefe Wahrnehmung, tiefes Verständnis, eine große Sensibilität sowie eine Begabung für Sprache besaß und der vom Verlangen nach universellem Frieden und Eintracht erfüllt war.

Einige Mediziner, die die Bildnisse des Königs studiert haben, gelangten zu der Auffassung, dass er vielleicht an einem Tumor der Hypophyse litt. Diese winzige Drüse, die an der Basis des Gehirns sitzt, setzt Hormone frei, die das Wachstum und die sexuelle Entwicklung kontrollieren. Das Wachsen eines Tumors dort resultiert in der Fröhlichschen Krankheit oder der Akromegalie. Diese definiert ein medizinisches Lexikon wie folgt:

> Akromegalie ist eine fortschreitende Langzeiterkrankung, deren Ursache die Überproduktion eines Wachstumshormons ist, ausgelöst meist durch einen gutartigen Tumor. Die Krankheit tritt bei Erwachsenen auf, die nicht mehr wachsen können, da sich die Epiphysenfugen der Röhrenknochen geschlossen haben, sodass die anderen Knochen deformiert werden, Hände und Füße sich vergrößern und verdicken. Die Haut wird gröber und fleischiger und das Gesicht erinnert an das eines Bluthundes. Die Gesichtsknochen verbreitern sich, der Unterkiefer tritt hervor und der obere Augenhöhlenrand wölbt sich vor. Die Nase erweitert sich und die Zunge wird größer. Akromegaliekranke neigen

> zu Arthritis, Bluthochdruck und häufig Diabetes ... Druck auf die Hypophyse beeinträchtigt auch die sexuellen Funktionen. Wenn sich der Tumor nach oben ausdehnt, kann er auf den Sehnerv drücken und dadurch die Sehkraft beeinträchtigen.

Es handelt sich um das Gegenteil von Zwergwuchs, bei dem die Hormonproduktion reduziert ist. Da Zwergwuchs im alten Ägypten zu allen Zeiten ein gut bekanntes Phänomen war, erscheint eine Hypophysenstörung wahrscheinlich, denn die anschauliche Schilderung scheint gut auf Echnatons Aussehen zuzutreffen. Aber Akromegaliekranke sind unfruchtbar. Einige Ägyptologen meinen, das könnte der Grund dafür sein, dass einige Statuen des Königs, die ihn nackt darstellen, keine Genitalien aufweisen. Dieses Argument wird häufig sogar in seriösen Büchern über Echnaton nachgeplappert, bis heute. Aber wenn Echnaton tatsächlich an einer so schrecklichen Krankheit gelitten hat, dann macht das nicht nur seine Heirat mit der außergewöhnlich schönen Nofretete schwer verständlich, die ihm ja anscheinend sehr zugetan war, sondern es bedeutet, dass er nicht der Vater auch nur einer der sechs Töchter gewesen sein könnte, die Nofretete hatte, und schon gar nicht der Vater Tutanchamuns.

Stellen wir uns das Szenario vor. Es ist bestürzend. Wir haben hier einen schwachen und von religiösen Ideen besessenen Mann vor uns, den seine Eltern früh auf den Thron von Ägypten setzen, um ihn, so weit eben möglich, auf sein Amt vorzubereiten; er ist verheiratet mit einer der schönsten Frauen aller Zeiten und erlaubt ihr dennoch, dass sie ihm nicht nur einmal, sondern viele Male untreu wird. Er akzeptiert ihre ständigen Schwangerschaften, die ein anderer Mann herbeiführt, und behauptet von jeder Tochter, die ihm geboren wird, sie sei 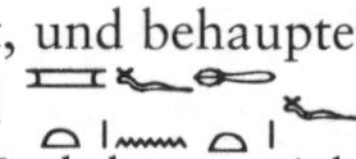 »von ihm geliebt, von seinem eigenen Leibe«. Nachdem er sich mit seiner eigenen Unfruchtbarkeit und der häufigen Untreue seiner Gemahlin abgefunden hat, vertreibt er sie nach zwölf Jahren aus dem Palast und ersetzt sie durch einen männlichen Liebhaber. Und Semenchkare war, als Bruder Tutanchamuns, zwar nicht sein Sohn, da er ja zeugungsunfähig war, aber vielleicht ein Kind Nofretetes von einem anderen Mann.

Also war Echnaton missgebildet, unfruchtbar, zwanghaft, mit der Unmoral seiner Großen Königsgemahlin einverstanden und gleichzeitig von homosexuellen Gelüsten nach seinem eigenen Sohn erfüllt. Oder doch nicht? Wie weit können wir diese Geschichte treiben?

Wenn wir vor einer solchen Charakterisierung zurückscheuen, weil wir sie für zu extrem und zudem in keiner Weise für bewiesen halten, landen wir wieder am Ausgangspunkt: bei der Kunst. Wie wir am Beispiel von Königin Ahmose-Nefertari gesehen haben, kann die Kunst trügerisch sein. Niemand würde je damit rechnen, einer Frau zu begegnen, die so aussieht, wie Picasso Frauen gemalt hat. Und an Dalis »schmelzenden« Uhren könnte man auch nicht die Zeit ablesen. Die Kunst drückt schließlich Emotionen, Ideen oder Metaphern aus, und damit sind verschiedene Künstler in unterschiedlicher Weise umgegangen. Warum sollten wir uns also so fest darauf verlassen, dass die Kunst uns einen wahrheitsgetreuen »Schnappschuss« ihres Gegenstandes liefert und nicht ein Porträt, das durch das Auge des Künstlers gefiltert ist?

Wäre es nicht möglich, dass wir in den Porträts Echnatons eine Darstellungsweise des Königs sehen, die ebenso extrem ist wie die Picassos in seiner kubistischen Periode? Diese Idee wird erhärtet durch radikale Veränderungen in der Art, in der er dargestellt wurde. Die Bilder, auf denen Echnaton »missgebildet« erscheint, tauchen ab dem Augenblick in großer Anzahl auf, in dem er nach Tell el-Amarna übersiedelt. Die Reliefs in Sesebi, die diesen Stil auch schon erkennen lassen, legen nahe, dass er, zusammen mit der Theologie Echnatons, von Beginn seiner Regierungszeit an entwickelt wurde. Das deutet darauf hin, dass Amenophis IV. Nefercheprure Waenre von vornherein praktisch mit allen Aspekten des traditionellen Lebens in Ägypten unzufrieden war. Er änderte seinen Geburtsnamen und den seiner Frau, zog sowohl von Luxor als auch von Memphis weg und baute eine neue Stadt nach eigenen Plänen, führte einen neuen Aspekt der Religion ein und brachte die Schriftsprache auf einen neuen Stand, indem er die geschriebene Sprache der gesprochenen anglich. Ist es da noch eine Überraschung, dass er auch die traditionelle Form der Kunst abgelehnt hat?

Die Amarnakunst entwickelte sich im Laufe der Zeit. Man kann verfolgen, wie sie sich zuerst von Andeutungen einer Verzerrung in Sesebi bis zu den förmlichen Karikaturen Echnatons in seinen frühen Jahren in Tell el-Amarna entwickelt. Dann, um die Zeit des Festes im Jahr 12 und danach, werden die Bilder weicher, weniger dramatisch. Am Ende seiner Regierungszeit sind die Bildnisse Echnatons stereotyp geworden. Eine Uschebti-Figur mit seinem Namen, die im Königsgrab im Wadi gefunden wurde, ist so formalisiert, dass sie jeden anderen König der mittleren 18. Dynastie darstellen könnte – sie weist keinerlei Verzerrungen auf.

Inzwischen dürfte offenkundig geworden sein, dass das, was wir in Echnatons Porträts sehen, eine neue Kunstform ist, die er offenbar selbst eingeführt hat. Die Prüfung von Reliefs aus dieser Zeit zeigt, dass auch alle anderen Menschen in Tell el-Amarna dieselbe merkwürdige Gestalt haben. Und Gay Robins hat nachgewiesen, dass die Bildnisse aus Amarna einem neuen, manierierten Stil folgen. Die traditionellen Künstler im alten Ägypten benutzten als Standard ein Gitternetz aus Quadraten, die jeweils auf der Größe der geballten Faust der abgebildeten Person beruhten. Dieses Netz, das wir den Proportionenkanon nennen, legt genau fest, welchen Körperteil der Zeichner an welche Stelle zeichnen muss. Das Standardnetz hatte achtzehn Quadrate, gemessen von der Fußsohle bis zum Haaransatz. Andere Aspekte der Figur – beispielsweise die Größe von Brust und Taille – waren innerhalb des Gitternetzes genau festgelegt. Das sorgt natürlich dafür, dass alle Figuren gleich aussehen, obwohl es gelegentliche Abweichungen gibt, besonders bei den Gesichtszügen, die eine ansonsten monotone Gleichförmigkeit aufbrechen können. Robins hat schlüssig nachgewiesen, dass in der Amarnazeit ein Gitternetz von zwanzig Quadraten verwendet wurde. Offenbar benutzten die Künstler weitgehend dieselben Formen wie vorher, aber passten sie dem neuen, längeren Gitter an. Die Folge war, dass die Figuren beträchtlich gestreckt wurden, aber nur in einigen Teilen ihrer Anatomie.

Es können allerdings auch andere Dinge die Umrisse der Figuren verändert haben. Um diese Zeit gaben die Männer ihre gewohnten Schurze auf, die entweder einfach und glatt oder längs gefältelt waren, und ersetzten sie durch horizontal gefältelte Schurze. Diese Kleidungsstücke wurden aus Leinen gemacht, und Experimente haben gezeigt, dass sich dieses Material leicht plissieren lässt, ohne dass man es stärken oder fixieren müsste. Wenn ein horizontal plissiertes Kleidungsstück um die Taille gewickelt und vorn zusammengebunden wird, geschehen mehrere Dinge. Erstens rutscht das Taillenband hinten weiter nach oben, während der Saum tiefer herabhängt, wenn die horizontalen Falten aufgehen. Der Knoten, den man vorn macht, kann die Genitalgegend eines Mannes nicht adäquat bedecken, daher rutscht der Stoff unter den Nabel und der Anstand muss durch die Benutzung einer gewebten Schärpe gewahrt werden, die sorgfältig um den oberen Rand des Schurzes geschlungen wird. Damit der Schurz nicht hinunterfällt, muss er in der Taille straff gebunden werden, und diese Straffheit und der Fall der horizontalen Falten lassen den Schurz an den Hüften abstehen und bewirken auch, dass sich der Magen über das enge Taillenband vorwölbt. So müssen die Breite von Hüften und Schenkeln und die aufgetriebenen Bäuche von Echnaton und anderen Figuren aus dieser Zeit teilweise den Schurzen zugeschrieben werden, die sie trugen.

Interessant ist auch, dass in den frühen Jahren in Amarna die Schädel der Königsfamilie deutlich verzerrt dargestellt wurden. Wie wir gesehen haben, fanden sich ähnliche Verzerrungen bei den tatsächlichen Schädelmaßen Tutanchamuns. Wir wissen, dass Tutanchamun der Königsfamilie entstammte, sodass er, ganz gleich, wer sein Vater war, höchstwahrscheinlich die eigentümliche Form seines Schädels geerbt hat. Daher ist die Schädelform in der Amarnakunst, wenngleich vermutlich durch den Gebrauch eines größeren Quadratnetzes stark übertrieben, ein Stück weit eine beobachtete Eigenheit der dargestellten Personen.

Die Verzerrung der abgebildeten Menschen in der Amarnakunst wirft noch ein weiteres Problem auf: Es ist oft schwierig, genau zu erkennen, wer auf den Bildern wer ist. Auf vielen Reliefs ist Nofretete Neferneferuaton genauso verzerrt dargestellt wie ihr Gemahl. Wenn die einzigen Bildnisse, die wir von Nofretete haben, die gemeißelten Reliefs wären, und wir besäßen nicht die berühmte bemalte Büste in Berlin, dann würden wir die Königin bestimmt nicht für eine so seltene Schönheit halten. Die meisten Szenen aus Tell el-Amarna sind undatiert. Folglich sind wir beim Studium dieser Periode »Töchterzähler« geworden. Wir wissen, dass die erste Tochter Nofretetes und Echnatons, Meritaton, gleich zu Beginn seiner Regierungszeit geboren worden sein muss, weil sie auf den Grenzstelen von Tell el-Amarna, die aus dem Jahr 4 stammen, überall zusammen mit ihren Eltern dargestellt ist. Die so genannte Stele K am Ostufer, die ebenfalls aus dem Jahr 4 stammt, zeigt eine Ergänzung – die winzige Figur der zweiten Tochter, Maketaton. Also muss sie im Jahr 4 geboren sein. Stele A am Westufer, die aus dem Jahr 6 stammt, zeigt die winzige Figur einer dritten Tochter, der kleinen Anchesenpaaton – wie Sie sich erinnern werden, wurde sie später die Gemahlin Tutanchamuns. Zur Zeit des Festes im Jahr 12 sind sechs Töchter zu sehen, also müssen vom Jahr 6 bis zum Jahr 12 noch drei weitere Töchter geboren worden sein. Um die Amarnakunst in eine zeitliche Reihenfolge zu bringen, ist, mangels Datierung, die Zählung der anwesenden Töchter üblich, und auf diesem Weg bekommen wir eine hinreichend genaue Vorstellung vom Entstehungszeitraum eines Fundstücks.

Unter Anwendung dieser Methode können wir sagen, dass die größte Übertreibung im neuen Kunststil in den ersten Jahren stattfand, in denen Echnaton und seine Familie in Tell el-Amarna lebten. Wenn wir dann die Bilder von König und Königsgemahlin auf den Grenzstelen mit den Bildern des Festes anlässlich seines Aufstiegs zur Alleinherrschaft um das Jahr 12 vergleichen, die im Grab von Merire II, einem Hofbeamten von Tell el-Amarna, gefunden wurden, können wir sehen, dass die Figuren in den dazwischen liegenden Jahren weniger übertrieben, sanfter und traditioneller ägyptisch werden. Manche der übertriebenen Züge, wie der lang gestreckte Schädel und der aufgetriebene Bauch sind noch immer vorhanden. Vielleicht waren bis zum Jahr 12 die Künstler mit dem Gebrauch des neuen Quadratnetzes vertrauter geworden und hatten gelernt, der menschlichen Gestalt eine akzeptablere Form zu geben. Es ist aber offensichtlich, dass die Übertreibungen absichtlich waren. Im Museum von Kairo und in anderen Museen zeigen Steinfragmente oder Keramikscherben aus der Zeit, auf denen Skizzen zu sehen sind (so genannte Ostraka), wie die Künstler mühsam übten, die merkwürdigen Kopfformen richtig hinzubekommen.

Aber wir müssen noch immer herausfinden, warum diese seltsamen Proportionen überhaupt gewählt wurden. Sie sind sowohl für den König als auch für die Königin alles andere als schmeichelhaft. Instinktiv neigt man zu der Auffassung, sie hätten etwas dagegen haben müssen, so grob karikiert zu werden, aber da sich die Künstler große Mühe gaben, die »Verzerrungen« richtig hinzubekommen, müssen wir davon ausgehen, dass sie erwünscht waren. Wir wissen inzwischen, dass in Tell el-Amarna der Aton derjenige war, dessen Namen in Kartuschen gesetzt wurde, wodurch er zum Herrscher der Stadt wurde, während die Namen Echnatons so geschrieben wurden, als sei er ein gewöhnlicher Mensch. Es ist also möglich, dass die Kunst ein Versuch war, den König im Vergleich zum Gott zu erniedrigen. Dagegen ist einzuwenden, dass die Inschriften eindeutig sagen, dass allein der König der Bote, sogar der Sohn des Gottes war, daher hätten die Verzerrungen auf ihn und seine Familie beschränkt bleiben müssen. Aber das waren sie nicht: sie erstreckten sich auch auf alle anderen Einwohner von Tell el-Amarna.

Außerdem ist es wegen der vielen Beschädigungen, fehlenden Inschriften und besonderen Meißeltechniken auch schwer zu sagen, wer in der Amarnakunst wer ist. Die Szenen in Tell el-Amarna, ob in den Gräbern oder in den Bauten der Stadt, sind winzig und nur leicht eingeritzt, und die menschlichen Figuren sind, wie in der ägyptischen Kunst üblich, kaum voneinander zu unterscheiden. Sehr häufig sind die Figuren unbenannt, mit Ausnahme der Königsfamilie. In den Fällen, in denen ein hoher Beamter beim Empfang des Ehrengoldes zu sehen ist, fehlen manchmal die Namen des Empfängers und seiner Familie. Dort, wo es nur wenige Inschriften gibt oder die Inschriften beschädigt wurden, kommt noch hinzu, dass kaum festzustellen ist, welche Figur männlich und welche weiblich ist. Ohne Namen ist es häufig unmöglich zu sagen, welche Prinzessin welche ist, gelegentlich ist es auch nicht möglich, zu sagen, wer der König und wer die Königsgemahlin ist.

Im Laufe der Jahre haben Wissenschaftler die Amarnabildnisse genau untersucht, um Hinweise zu finden, die uns den richtigen Weg weisen. So ist beispielsweise Nofretete häufig mit der hohen, oben flachen Krone abgebildet, die sie von ihrer Verwendung bei Neith oder Userkaf (s. S. 268) adaptiert zu haben scheint. Wenn sie die Krone trug, um Neith zu symbolisieren, nahm sie die Form einer Göttin an, der Schutzgöttin von Sais in Unterägypten.

Inschriften in den Gräbern der Adeligen von Luxor aus der Mitte der 18. Dynastie geben regelmäßig »geteilte« Titel an – dort wird beispielsweise Anen, der Bruder von Teje und Eje, als »der Mund des Königs von Oberägypten und die Ohren des Königs von Unterägypten« bezeichnet. Untersuchungen haben gezeigt, dass diese geteilten Titel nur in den späten Regierungsjahren von Amenophis III. und Echnaton vorkommen. Meist hat man sie als reine Wiederholungen gelesen, die sich auf denselben König beziehen. Angesichts der langen Mitregentschaft der beiden Könige ist es viel wahrscheinlicher, dass Anen und viele andere tatsächliche Fakten festhielten: dass sie Ämter an beiden

Höfen bekleideten. Im Falle Anens würde das bedeuten, dass er am Hofe Echnatons anwesend war und dann alles, was dort vor sich ging, Amenophis III. in Luxor berichtete. Diese Inschriften weisen darauf hin, dass für die Zeit der Mitregentschaft die Monarchie in Ägypten zwischen diesen beiden Höfen aufgeteilt war, wobei jeder König die volle Verantwortung für einen Teil von Ägypten hatte. Wenn sich also Nofretete als Beschützerin von Unterägypten zeigte, so war das nur logisch, denn das war der Teil des Landes, den ihr Gemahl regierte. Wenn andererseits Nofretete die oben flache Krone trug, um die von Userkaf zu imitieren, dann zeigte sie sich als die Repräsentantin der Sonnenreligion. Beide Rollen sind möglich und verständlich. Tatsächlich ist es wahrscheinlich, dass sie die Krone als Kombination beider Elemente trug.

Es gibt andere, kleinere Anhaltspunkte, die uns helfen, die Bildnisse aus Tell el-Amarna zu erkennen. Der König und die Königin werden immer mit Sandalen abgebildet, ein Typ Schuh, der damals nur von wenigen anderen getragen wurde. Das Gewand des Königs hört gewöhnlich auf der Mitte der Wade oder auf Knöchelhöhe auf, während das Gewand der Königin bis zum Boden reicht. Wenn wir das beachten, können wir sagen, wen wir sehen, selbst wenn wir nichts anderes vor uns haben, als Bilder von Füßen auf den wieder gefundenen Steinen aus den Gebäuden von Tell el-Amarna. Außerdem hat man entdeckt, dass unterschiedliche Figuren auch regelmäßig unterschiedliche Perücken oder Haartrachten tragen. Ähnlich werden in den Inschriften bestimmte Attribute gebraucht, die zeigen, von wem die Rede ist, auch wenn der Name selbst fehlt. So wird beispielsweise Nofretete Neferneferuaton stets als  bezeichnet, als »geliebt von Waenre«. Das erscheint so regelmäßig, dass es wie ein Teil ihres Namens ist.

Die visuellen und die schriftlichen Identifikationshilfen, die selbst in den ungewöhnlichen Kunstformen von Amarna auftauchen, führten Cyril Aldred zu einer höchst bemerkenswerten Entdeckung. Bei der Untersuchung von Reliefs von König und Königsgemahlin stellte er fest, dass der Nacken der Königsgemahlin ausnahmslos konkav ist, während der Nacken des Königs deutlich konvex ist. Diese Erkenntnis wandte Aldred an, als er die Kolossalstatuen in Karnak untersuchte, die die Wissenschaftler als Echnaton identifiziert hatten. Diese Statuen tragen bis auf die Kartuschen des Aton keine Namen. Es war schon lange erkannt worden, dass es sich um zwei verschiedene Arten von Statuen handelte. Die eine zeigt die dargestellte Person mit einem Schurz, die andere offenbar nackt und ohne Genitalien. Diese letztere Art hatte die Wissenschaftler zu ihren Zweifeln an den sexuellen Fähigkeiten des Königs geführt. Aldred konnte jetzt zweifelsfrei beweisen, dass der erste Typus zwar Echnaton zeigte, der zweite aber Nofretete. Im Nachhinein dürfte es, angesichts der engen und liebevollen Beziehung zwischen König und Königsgemahlin, eigentlich nicht überraschen, dass beide dargestellt wurden. Wenn also die Figur des zweiten Typs scheinbar nackt war, dann deshalb, weil die Königin ihr typisches hautenges Kleid trug, das die Frauen damals bevorzugten, während das »Fehlen von Genitalien« einfach nur das Fehlen der männlichen Variante bedeutet. All das bedeutet, dass wir jede Spekulation über eine sexuelle Unzulänglichkeit des Königs vernachlässigen können.

Wie erscheint uns nun Tell el-Amarna im Licht all dieser Befunde? Überraschenderweise gibt es, wie im letzten Kapitel erläutert, kaum Anzeichen dafür, dass sich von Tell el-Amarna aus eine Religion ausgebreitet hätte. Ebenso gibt es wenige Anzeichen dafür, dass der Kunststil von Amarna außerhalb der Stadt angenommen wurde, abgesehen von Stellen, an denen Baumaßnahmen des Königs durchgeführt wurden. Ausgrabungen in Sakkara in der Schicht der mittleren 18. Dynastie zeigen, dass dort nicht dieselben Verzerrungen vorgenommen wurden, wie sie weiter südlich in Tell el-Amarna üblich waren. In den Gräbern der hohen Beamten in Tell el-Amarna wird auf Gebäude Echnatons in Heliopolis und Memphis Bezug genommen, aber beide Orte können nicht bis zur Schicht der Amarnazeit ausgegraben werden.

Heute ist von den Gebäuden in Tell el-Amarna, bis auf schwach sichtbare Bodenerhöhungen und sehr niedrige Mauerreste, die ihre Umrisse markieren, nichts mehr übrig. Die Stadt war, wie die meisten ägyptischen Städte, entlang einer Hauptstraße angeordnet, die parallel zum Nil verlief. Heute nennen Dorfbewohner dieser Gegend die Straße Sikket es-Sultan oder Königsstraße. Die Straße war nicht gepflastert, sondern aus kiesartigen Steinen, die festgetrampelt wurden, damit man eine harte Oberfläche erhielt. Sie ist sehr breit – ideal für die königlichen Wagen.

Gebäude wurden mit ihrer Vorderseite zu dieser Hauptstraße hin angelegt. Die gesamte Anlage der Stadt scheint sorgfältig geplant worden zu sein (s. S. 263). Da das Gelände vorher unbesiedelt war, konnte der König die Stadt modernsten Vorstellungen gemäß planen. Die erste Priorität hatte die Platzierung der Gebäude des Königs und seiner Familie. Dann durften die wichtigsten Würdenträger ihre Wahl treffen, dann die niedrigeren Beamten und so weiter. Die ärmsten Menschen mussten ihre Häuser dazwischenquetschen, wo immer es Platz gab, sodass sie manchmal die Außenmauer eines größeren Hauses als eine ihrer eigenen Mauern benutzten. Nördlich des Stadtkerns verlief ein breiter Wassergraben, der die Abwässer der großen Stadthäuser ableiten sollte. An seinen Ufern drängten sich die Hütten der Ärmsten zusammen.

In der Mitte der Ebene stand der Große Tempel, der 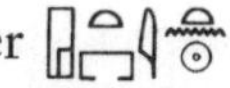. Die Rückseite des Tempels war exakt auf das Wadi mit dem Königsgrab in den die Ebene umgebenden Felsen ausgerichtet. In der Morgendämmerung, wenn die Sonne am östlichen Horizont aufging, erschien sie über dem Wadi, auf beiden Seiten von den Steilfelsen eingerahmt, sodass quasi die Hieroglyphe für  auf die Landschaft »gemalt« wurde. Da Echnaton seine Stadt  oder »Horizont des Aton« nannte, kann man sich nicht des Gedankens erwehren, dass eben dieses Phänomen ihn überhaupt erst an diesen verlassenen Ort gezogen hatte.

Südlich des Tempels lagen die Vorratshäuser und Magazine,

die Nebengebäude des Tempels. Südlich davon stand der Königspalast. Der Palast wurde durch die Hauptstraße in zwei Hauptteile getrennt. Östlich der Straße lagen die Privatgemächer mit Säulenhallen, deren Böden und Wände mit Pflanzen und Tieren des Nils bemalt waren und die in kleinere Räume führten, darunter eine Reihe von sechs nebeneinander gelegenen winzigen Kammern. Alle sechs enthielten Alkoven und jeweils die Überreste einer »Plattform«. Man kann sich nur schwer der Vorstellung entziehen, dass das die Schlafzimmer der kleinen Prinzessinnen waren. Daneben fand man einen kleinen Raum, dessen Wände und Boden getüncht und bemalt waren und zusätzlich willkürlich verteilte Farbspritzer aufwiesen, die genauso aussahen wie die Farbspuren kleiner Pinsel, die über die Oberflächen gezogen wurden: vermutlich das Spielzimmer der Mädchen.

Neben den Privatgemächern lag im Süden ein weiterer Tempel, kleiner als der Große Tempel, aber immer noch von stattlicher Größe. Es sieht so aus, als sei er für den persönlichen Gebrauch des Königs und seiner Familie bestimmt gewesen, obwohl Darstellungen in den Gräbern der Beamten zeigen, dass die Königsfamilie an den täglichen Riten im Großen Tempel teilnahm.

Von den Privatgemächern führte eine Brücke über die Königsstraße zum öffentlichen Teil des Palastes. Er wurde, hinter einer Mauer, die ihn von der Straße abschirmte, von einem riesigen Säulenhof beherrscht, in dem Kolossalstatuen des Königs standen. Wie wir wissen, gibt es Bilder, die den König und die Königin dabei zeigen, wie sie treue Beamte von einem Balkon aus mit Gold belohnen. Manche haben die Ansicht vertreten, dieser Balkon sei an der Brücke gewesen – sodass die Königsfamilie, wenn sie von zu Hause zur »Arbeit« ging, für die Öffentlichkeit sichtbar war. Das erscheint mir aber unwahrscheinlich. Reliefs vom Palast, die in die Wände der Beamtengräber in den östlichen Felsen gemeißelt wurden, deuten eher darauf hin, dass »das Fenster der Erscheinung« auf der Vorderseite der königlichen Privatgemächer lag, ähnlich wie der Balkon des Buckingham Palace in London. Auch der Thronsaal befand sich auf dieser Seite der Straße und ebenso der Harem oder die Frauengemächer, allerdings durch Gärten getrennt vom Rest des Palastes.

Hinter den Nebengebäuden des Tempels lag eine Gruppe von Gebäuden, die Archäologen als öffentliche Gebäude eingestuft haben, darunter das »Auswärtige Amt«, in dem keilschriftliche Tontafeln gefunden wurden, sodann ein Gebäude mit zahlreichen Weinkrügen, das man für eine Schenke hält, und Kasernen für das »Militär«, die wahrscheinlich eher das Hauptquartier der Polizei waren, in dem die *Medjai* oder Sicherheitskräfte untergebracht waren. Diese Sicherheitskräfte sind auf allen Bildern zu sehen, sie beschützen die Königsfamilie auf Schritt und Tritt und halten überall in der Stadt ständig Wache. Die Palastgebäude wurden streng bewacht, und jedes Mal, wenn der König oder Mitglieder seiner Familie in der Öffentlichkeit in Erscheinung treten, sind sie von allen Seiten von zahlreichen bewaffneten Wächtern umgeben. Das vermittelt den Eindruck, als habe sich der König außerordentlich unsicher gefühlt. Wäre nicht alles, was mit ihm zu tun hatte, nach seinem Tod so gründlich zerstört worden, könnte man ihn der Paranoia bezichtigen. So aber gibt einem die ständige Präsenz von Leibwächtern in so großer Zahl das ungute Gefühl, dass die Bedrohung echt und handfest war.

Irgendwo in diesem Bereich stand wahrscheinlich auch das Haus von Teje, von der wir aus Inschriften wissen, dass sie in Tell el-Amarna große Güter mit zahlreicher Dienerschaft besaß. Zuständig für sie war Huja, der unter anderem Domänenvorsteher der Güter der Großen Königsgemahlin Teje sowie Aufseher des Königlichen Harems war.

Von der Stadtmitte aus führte eine schmale Straße in den Osten der Ebene, wo das Arbeiterdorf lag. Hier wohnten die ständig anwesenden Arbeitskräfte, die die Stadt erbauten. Wiederum zeigen Bilder in den Gräbern der Beamten, dass diese Straße, die hinter dem großen Tempel entlanglief, von Wächterhäuschen flankiert war, zwischen denen eine Art Maschendrahtzaun war, wie immer von Sicherheitskräften bewacht.

Im Norden der Ebene lag ein separates Gebäude, das Archäologen den Nordpalast nennen. Ausgrabungen zeigen, dass er gut ausgestattet war und wunderschön dekorierte Räume hatte, wiederum eine Suite mit sechs kleinen Zimmern, möglicherweise für die Prinzessinnen, und im Zentrum des Komplexes einen großen Teich. Wurzeln in ihm und um ihn herum lassen vermuten, wie auch viele gemalte Szenen aus der Zeit bestätigen, dass der Teich in einem stillen Garten lag, umgeben von Bäumen und blühenden Sträuchern, und dass in seinem Wasser farbenprächtige Fische schwammen, Lotos blühte und vielleicht sogar Schildkröten lebten.

Die Entsprechung auf der südlichen Seite der Ebene war der *maru* oder Aussichtspalast. Dieses Gebäude war von der Stadt her nicht zugänglich, weil die Hauptstraße viel weiter nördlich aufhörte, und war folglich nur über den Nil zu erreichen. Im Hauptgebäude waren die Räume exotisch ausgemalt und nahe der Decke mit glasierten Kacheln mit Weintrauben geschmückt, die in den Raum hinabhingen. Außen herum und dahinter waren wunderschön angelegte Gärten. Hier lag zwischen den Bäumen eine Reihe von kleinen Gebäuden aus Quarzit, dem härtesten Stein, der in Ägypten gefunden wird. Die Übersetzung des ägyptischen Wortes für diese Gebäude ist »Sonnenschatten«, und sie waren je einer der königlichen Damen gewidmet. Angela Thomas hat sie als Harem angesehen, aber wahrscheinlicher ist, dass sie Orte der Zuflucht vor der Geschäftigkeit und den ständigen Blicken der Öffentlichkeit waren, denen die Frauen in der Hauptstadt ausgesetzt waren.

Die ganze Stadt scheint gut durchdacht gewesen zu sein. Vom Palast aus gingen, nach den Bildnissen in den Gräbern zu urteilen, Stufen zu einem Kai hinunter, an dem lebhafter Betrieb herrschte und die Schiffe anlegten, die Nachrichten und Vorräte in die Stadt brachten. Die Straßen waren von Bäumen und Pflanzen gesäumt, was den Planern offenbar sehr wichtig war. Insgesamt muss die fertige Stadt hervorragend organisiert gewesen sein, die Luft frisch und vom Duft Tausender blühender Blumen und Bäume erfüllt.

In das Felsenrund hinter der Stadt wurden die Gräber der ranghöchsten Beamten des Königs gehauen. In der Mitte der Felsen war das Wadi, in dem das Königsgrab selbst angelegt wurde. Nördlich davon findet sich unter anderem das Grab von Huja, Domänenvorsteher im Haushalt der Königsmutter Teje; Merire II, der dieselben Pflichten für Nofretete erfüllte; von Merire I, Hoher Priester des Aton am Großen Tempel, und von Pentu, dem königlichen Arzt. In den südlichen Felsen lagen die Gräber für Parennefer, den königlichen Truchsess; Mahu, den Polizeichef; Ramose, einen Befehlshaber des Heeres; Nechpaaton, den Wesir; Maja, den Domänenvorsteher im Hause Waenres in Heliopolis; Paatonemhab, Aufseher der Arbeiten in der Stadt und Befehlshaber des Heeres, und schließlich auch das Grab Ejes, des Gottesvaters und Aufsehers der Pferde des Königs.

Die Gebäude der Stadt wurden zunächst geplant, dann legte man Mörtelfundamente und zog eine dünne Mörtelschicht als Boden über den Sand, auf dem man anschließend die Mauern errichtete. Der untere Teil der Mauern, der vermutlich im Sand steckte, war aus sonnengetrockneten Lehmziegeln. Aber darüber waren die meisten Mauern der Hauptgebäude aus Stein gebaut. Dieser, meist Kalkstein, wurde gegenüber am Westufer gebrochen, und besserer Stein kam aus Tura im Norden, wie Inschriften im dortigen Steinbruch bezeugen. Man verwendete auch Sandstein, der in den Steinbrüchen von Gebel es-Silsila gebrochen wurde.

Nach den Texten der Grenzstelen fand und erwählte der König den Standort seiner neuen Stadt im Jahr 4 seiner Regierungszeit und kehrte vermutlich nach Luxor zurück, während dort die Bautätigkeit begann. Ein Jahr später kam er offenbar wieder, blieb dort und weihte die Stadt dem Aton. Genau ein Jahr später, am gleichen Tag im Jahr 6, besuchte er noch einmal die Grenzstelen und erteilte den Befehl für die Meißelung der letzten Stelen, die die Peripherie seiner Stadt markierten. In einem Kolophon, einer ornamentalen Schlussinschrift, wird auf den Grenzstelen im Jahr 8 angefügt, dass der König seinen Eid erneuert hat, die Grenzen der Stadt nie mehr zu überschreiten. Offenbar war die Stadt also frühestens im Jahr 5, spätestens im Jahr 6 fertig. Die Schnelligkeit, mit der sie errichtet wurde, ist angesichts der Ausdehnung der Stadt kaum zu begreifen. Die Organisation, die es verlangte, alle Gebäude zu planen, die Steine für diesen einsamen und abgelegenen Ort zu brechen und zu transportieren, sie an Ort und Stelle zu bringen und zu dekorieren – und darüber hinaus die Arbeitskräfte zu ernähren und zu kleiden –, kann keine geringere Aufgabe gewesen sein als der Bau der großen Pyramiden in der 4. Dynastie.

Heute ist es schwer, an diesen Ort zu gelangen, weil er im Zentrum eines politisch unruhigen Gebietes in Mittelägypten liegt. Und selbst wenn es möglich wäre, gefahrlos hinzukommen, hätte man nicht sehr viel davon, denn es gibt dort so gut wie nichts mehr zu sehen. Es ist schwierig, sich die Stadt allein mit Hilfe der Grundmauern und der gemeißelten Bildnisse, die wir von ihr besitzen, dreidimensional vorzustellen: ihre zwei- oder sogar dreistöckigen Gebäude, den von riesigen Pylonen flankierten Eingang des großen Tempels und die Tore, Wände und Säulenhallen der Palastgebäude. Wenn man bedenkt, wie gering die Haltbarkeit der Mörtelfundamente unter den Mauern war und wie relativ dünn die Mörtelschicht, die auf der Oberfläche des Sandes den Fußboden bildete, dann schwammen diese riesigen Gebäude eher auf »Flößen«, als dass sie im Felsboden verankert waren. Es ist gut möglich, dass die Baumeister ihr normales Vorgehen abändern mussten, um zu gewährleisten, dass die Arbeit im dem zügigen Tempo voranging, das der König verlangte. Auffällig sind auch die Steine, die beim Bau dieser Häuser verwendet wurden. Sie sind ungewöhnlich klein. Die meisten Gebäude in Ägypten bestehen aus riesigen Steinblöcken, aber in Tell el-Amarna waren die Bausteine nur drei Handspannen breit. Wegen dieser Besonderheit nennt man die Amarnablöcke *talatat,* was im ägyptischen Arabisch »Dreier« heißt. Sie sind leicht von einem einzigen Mann zu tragen und an Ort und Stelle zu bringen, und vermutlich wurden sie eigens vom König bestellt, damit die Arbeiter die Gebäude so schnell wie möglich hochziehen konnten.

Die *talatat*-Blöcke wurden mit Mörtel aufgemauert. Erst wenn die Oberfläche vollendet war, wurden Szenen in sie eingemeißelt. Die Reliefs waren, wie die Steine, klein im Format: Die Hieroglyphen sind einfach gemeißelt und winzig. Die Szenen waren nicht auf einzelne Steine begrenzt, die Steinmetze gestalteten die Wand als Ganzes, ohne sich um die Trennlinien zwischen den Steinen zu kümmern. Am Ende wurde die Wand weiß übermalt, und die Bilder und Hieroglyphen wurden mit leuchtenden Farben hervorgehoben.

Inschriften, die in der Stadt gefunden wurden, haben Daten ab dem Jahr 5, was bestätigt, dass sie ab diesem Jahr bewohnt war. Eine Inschrift stammt aus dem Jahr 17, aber diese Zahl wurde durchgestrichen und durch Jahr 1 ersetzt. Es wird allgemein angenommen, dass im Jahr 17 Echnaton starb und der nächste König den Thron bestieg. Über die ganze Stadt verteilt finden sich die Namen sämlicher Mitglieder der Königsfamilie, allerdings werden die letzten drei Töchter des Königs – Neferneferuaton Tascherit, Neferneferure und Setpenre – nur selten genannt. Diese Töchter lebten wahrscheinlich nicht lange. Der Titel Semenchkares, der als König offenbar den Thronnamen Anchcheprure Djosercheprure annahm, erscheint auch viele Male. Ebenso die Namen und Titel von Tutanchaton Nebcheprure und der Großen Königsgemahlin Anchesenpaaton. Die beiden letztgenannten stammen anscheinend alle aus den Jahren 1 und 2 der Regierungszeit des neuen Königs. Inschriften aus dem Jahr 1 können sich nicht auf Echnaton beziehen, weil die Stadt erst in seinem Regierungsjahr 4 gegründet wurde, sodass sich die Jahre 1 und 2 wohl auf Tutanchaton beziehen müssen, dessen Namen in der Stadt häufig zu finden ist. Aber nach diesem Datum nicht mehr.

Die Stadt war rund 15 Jahre bewohnt, wie die Inschriften zu

belegen scheinen, bis sie schließlich verlassen wurde, als Tutanchaton nach Luxor zog. Die Anwesenheit des Königs war der einzige Grund für die Existenz dieser Stadt. Vorher war dieser Ort noch nie besiedelt gewesen, weil er den Menschen nicht bieten konnte, was sie zum Leben brauchten. Die Gegend war zu abgelegen und von Norden wie von Süden her zu schwer erreichbar, um eigenständig zu funktionieren. Sie war ideal für Echnatons Zwecke, aber für seine Nachfolger war sie auf Grund ihrer Lage unerträglich. Ausgrabungen lassen darauf schließen, dass die Einwohner an dem Tag, an dem die Letzten gingen, einfach alles stehen und liegen ließen, wie es war. Der Bildhauer ging und ließ wunderbar gearbeitete Köpfe der Königsfamilie in seiner Werkstatt zurück, Meisterwerke seiner Kunst. Selbst das Archiv des Auswärtigen Amtes, das die wichtigsten Dokumente der Außenpolitik während der Jahre der Isolation enthielt, wurde einfach dagelassen. Es gibt keinen Hinweis auf irgendein äußeres Ereignis, das die Menschen zum Gehen zwang. Es war kein Feuer ausgebrochen, und nichts deutet auf einen Angriff hin. Die Stadt starb einfach, als der letzte König ging.

Zu Beginn seiner Regierungszeit beschloss Haremhab, wie wir gesehen haben, als neuer, militärisch gesonnener König, alle Spuren der verhassten Königsfamilie zu tilgen. Seine Männer gingen nach Achetaton und rissen die Stadt mit einer Hingabe und Organisation, die der bei ihrer Erbauung gleichkam, Stein um Stein ab und brachten die *talatat*-Blöcke über den Fluss in die Stadt Aschmunein. Dort wurden sie beim Bau von Pylonen und Höfen für Haremhabs neuen Tempel, der gebaut wurde, um die abgesetzten Götter Ägyptens zu versöhnen, systematisch als Füllmaterial verwendet.

Aber Tell el-Amarna war nicht der einzige Ort, an dem während der Regierungszeit Echnatons gebaut wurde. Obwohl so häufig hervorgehoben wird, dass die Priester von Karnak den König wegen seiner Ketzerei vertrieben hätten, und Haremhab behauptet hat, dass alle Tempel geschlossen waren, als er den Thron übernahm, wissen wir inzwischen, dass Echnaton in Lu-

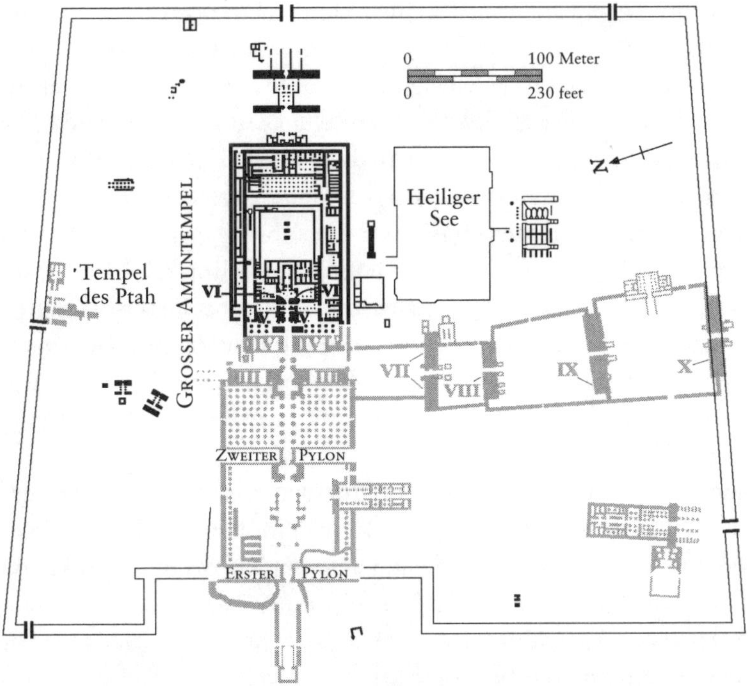

Der Tempel von Karnak. Die schwarzen Linien zeigen die wenigen Gebäude, die während der Regierungszeit Amenophis' III. schon standen; die helleren zeigen Gebäude, die erst im Laufe späterer Jahrhunderte angefügt wurden.

xor umfangreich gebaut hat – am meisten sogar im Bereich von Karnak selbst. Aber wenn man diesen Ort heute besucht, ist in der weitläufigen Anlage nichts mehr aus der Amarnazeit zu sehen. Wie Donald Redford schrieb, war die Zerstörung, die Pharao Haremhab als letzter König der Amarnazeit anrichtete, so gründlich, dass buchstäblich kein Stein auf dem anderen blieb.

Offenbar war der neunte Pylon von Karnak, den Haremhab errichtete, im Inneren von unten bis oben mit *talatat*-Blöcken ausgefüllt. Später fand man noch Hunderte weiterer Blöcke als Füllung in den Pylonen des Tempels von Luxor und im Tempel des Month in Medamud. Spätere Untersuchungen ergaben, dass auch der zweite Pylon von Karnak um *talatat*-Blöcke herum gebaut war. Insgesamt wurden schätzungsweise 45 000 *talatat*-Blöcke gefunden oder sogar noch mehr. Die Inschriften auf ihnen zeigen, dass sie aus vier verschiedenen Gebäuden im Tempelbezirk von Karnak selbst kamen – das erste, der Gempaaton, scheint um das Regierungsjahr 3 des Königs erbaut worden zu sein, das gleichzeitig das Jahr 30 von Amenophis III. Nebmaatre war, das Jahr des großen *sed*-Festes. Aufgrund dieser geretteten *talatat*-Blöcke haben wir heute Darstellungen davon, wie Amenophis IV. Nefercheprure Waenre ebenfalls das *sed*-Fest feiert. Die Bilder zeigen ihn, seine Gemahlin und Prinzessin Meritaton, alle in Sänften getragen, mit den traditionellen Göttern feiernd und sogar wie sein Vater mit dem kurzen, mit Rautenmuster geschmückten Mantel bekleidet, der traditionell bei dem Fest getragen wurde. Dem Anschein nach fanden die Feierlichkeiten des alten Königs weitgehend am Westufer im Palastbereich von Malkata statt, während sein Sohn das Jubiläum seines Vaters am Ostufer, im Tempel von Karnak feierte.

Der zweite Komplex hieß Tenimenu. Steine von diesem Ort zeigen allesamt Diener bei der Arbeit sowie Vorratshaltung der Art, die für Paläste typisch ist, aber Redford meint, das beweise nicht unbedingt, dass der Tenimenu tatsächlich ein Palast war. Wir wissen von Gebäuden in Malkata, in denen überall die Kartuschen des jungen Königs gefunden wurden, was darauf hindeutet, dass seine Hauptresidenz in Luxor im Palast seines Vaters war. Trotz Redfords Vorbehalt ist es aber wahrscheinlich, dass er einen Ort als Basis brauchte, solange er mit den Arbeiten an der Vorbereitung des Festes am Ostufer beschäftigt war. Auf jeden Fall ist der Tenimenu ein Beweis für die persönliche Anwesenheit von Amenophis IV. in Karnak. Auf einigen der Steine sind er und seine Gemahlin mit zwei Töchtern zu sehen. Das beweist, dass sie nach dem Jahr 4 gemeißelt sein müssen, in dem ihre zweite Tochter, Maketaton, geboren wurde, und vor dem Jahr 5, in dem die Familie nach Tell el-Amarna umzog. Da das *sed*-Fest

talatat-Blöcke aus Echnatons Tempelgebäuden in Karnak wurden wieder zusammengesetzt und sind heute im Museum von Luxor zu sehen. Hier steht der König allein unter den Strahlen des Aton und überwacht Bauarbeiten.

im Jahr 3 von Amenophis IV. stattfand, zeigt das, dass der Tenimenu, und vielleicht auch einige der anderen Gebäude, noch von dem jungen König bewohnt wurden, nachdem er die Arbeit an seiner eigenen Stadt in die Wege geleitet hatte. So viel zum Thema Vertreibung aus Luxor.

Das dritte Gebäude, der Rwdmenu, enthielt Steine, die den König und seine Gemahlin dabei zeigen, wie sie in einem großen Gebäude mit offenem Dach und vielen Opfertischen, die manchmal »Altäre« genannt werden, Opfergaben darbrachten. Dieses Gebäude ist wahrscheinlich identisch mit dem Gempaaton (s. unten). Das vierte und letzte Gebäude, der Hwt Benben, das »Haus des Benben-Steins«, ist zweifellos eine Kopie des von einem Obelisken dominierten Innenhofes, den wir in Tell el-Amarna und Abu Gurob gesehen haben; vermutlich sind es allesamt Kopien des ursprünglichen Tempels des Re in Heliopolis.

In den Anfangszeiten hatten neben Karnak auch Luxor und Medamud Gebäude, die dem Aton geweiht waren. Spätere Untersuchungen zeigten aber, dass alle Steine in Haremhabs Tempeln von denselben vier Gebäuden in Karnak stammten und dass er sie an ihren neuen Ort bringen ließ, um Füllmaterial zu haben. Er riss also nicht nur systematisch und methodisch jedes Gebäude ab und entfernte in den meisten Fällen auch alle Spuren der Fundamente, sondern er war auch bereit, die Steine meilenweit mit dem Schiff zu transportieren, um sicherzustellen, dass nicht einmal mehr ein einziger zu sehen war. Der Hass dieses Mannes war erstaunlich.

Als Archäologen die Steine fanden, war die Vorstellung, die rund 45 000 Blöcke so ordnen zu müssen, dass man die vier Gebäude rekonstruieren konnte, derart Furcht erregend, dass sie nicht einmal in Betracht gezogen wurde, sodass die Steine einfach in sicheren Lagerräumen verstaut wurden, bis man eine Lösung fand. 1965 beschloss Ray Winfield Smith, ein pensionierter amerikanischer Regierungsbeamter, ein Team zur Untersuchung der *talatat*-Blöcke zusammenzustellen, und zwar unter Verwendung eines Computers für die Hauptarbeit. Er hatte die Idee, jeden *talatat*-Block zu nummerieren und zu vermessen, die genauen Maße der Stellen anzugeben, an denen die Linien eines Reliefs den Rand eines Blocks schnitten und diese Daten in den Speicher eines Computers einzugeben. Dann konnte der Computer innerhalb von Sekunden feststellen, welcher Block zu welchen anderen Blöcken passte. Der Plan war bemerkenswert erfolgreich, und in einigen Fällen konnten große Zahlen von Blöcken theoretisch zusammengefügt und dann untersucht werden. Auf diese Weise wurde das ganze Relief wieder hergestellt und eine Wand aus diesen wieder zusammengefügten *talatat*-Blöcken steht heute in dem wunderbaren Museum von Luxor.

Aber wo standen diese Gebäude ursprünglich? Ab 1975 grub ein Team unter der Leitung von Donald Redford direkt hinter der östlichen Außenmauer des Tempels von Karnak. Dort fand es die Reste von quadratischen Säulenbasen, von denen einst quadratische Säulen aufragten, die sich ideal für die Verwendung von *talatat*-Blöcken eigneten. Diese Säulen waren zu einer Kolonnade angeordnet, hinter der eine Mauer stand, die wieder mit Reliefs geschmückt war. Der Tempel, der sich als offener Innenhof erwies, genau wie der Große Tempel in Tell el-Amarna, müsste etwa 130 × 200 Meter groß gewesen sein, die Säulen in seinem Inneren waren von Kolossalstatuen des Königs und der Königsgemahlin flankiert, die vermutlich alternierend an der Außenseite standen. Es stellte sich heraus, dass dieses Gebäude der Gempaaton war, der für die Feier des Jubiläums erbaut worden war. Er war über die Prozessionsstraße durch den Tempel zu erreichen und muss das eigentliche Zentrum von Karnak geworden sein. Mit anderen Worten: es wurde wohl der gesamte Tempel dem Aton umgewidmet, und das frühere, kleine Amunheiligtum wäre zu einer völlig unbedeutenden Kammer in der Mitte des Tempels geworden, die nicht mehr hinten lag, wie es hätte sein sollen. Auch hier müssen die Bauarbeiten gewaltig gewesen sein. Die Mehrzahl der Sandsteinblöcke kam aus Gebel es-Silsila. Das Brechen der Steine und der Transport an die Baustelle oblag, wie immer, Teilen des Militärs, und die Bauarbeiten selbst müssen praktisch jeden Mann in der Region von Karnak erfordert haben.

Auch hier widerlegen die archäologischen Funde die Mythen, die um die ganze Periode herum entstanden sind. In den ersten Regierungsjahren von Amenophis IV. Nefercheprure Waenre mussten Arbeiten riesigen Umfangs organisiert werden. Das bedeutete, dass größere Teile der Truppen praktisch ständig damit beschäftigt waren, den Transport von Steinen aus den Steinbrüchen zu den wichtigsten Bauplätzen in Tell el-Amarna und Karnak zu beaufsichtigen. Die Daten legen nahe, dass der junge König bald nach seiner Krönung zuerst nach Nubien im Süden ging, um dort die Feierlichkeiten für das Jubiläumsfest seines Vaters in die Wege zu leiten, und dann nach Karnak zurückkehrte, um die Errichtung der dortigen Gebäude zu organisieren. In seinem Jahr 4 reiste er mit dem Schiff mit seinen treuesten Anhängern nach Norden, wo er den Standort von Tell el-Amarna fand und dem Aton widmete. Dann kehrte er nach Luxor zurück, wo die Bauarbeiten zügig weitergingen. Allein die Mannschaften für die Bautrupps zusammenzubringen war eine gewaltige Aufgabe.

Dieser König wurde also ganz und gar nicht als Häretiker aus Luxor »ausgewiesen« oder »verstoßen«, sondern war entweder selbst kraftvoll und intelligent oder hatte Männer mit diesen Eigenschaften zur Verfügung, die ihm halfen, eines der ehrgeizigsten Bauprogramme, das Ägypten je gesehen hatte, zu planen und durchzuführen. Hätten Echnatons Bauten die Zeiten überdauert, hätten sie an Zahl und Größe alles übertroffen, was Ramses II. Usermaatre Setepenre erstellte, den die Nachwelt wegen seiner Bauwerke »den Großen« nannte. Vielleicht müssen wir unsere Meinung über Echnaton noch einmal revidieren. Da erst Haremhab seine Gebäude zerstörte, standen die Bauwerke Echnatons noch in Karnak, als Tutanchaton zwar die Verehrung Amuns wieder einführte, aber keine Anstalten machte, die Gebäude von Karnak zu zerstören. Sie waren noch da und erinnerten an die Atonreligion. Tutanchaton entschied sich folglich für einen ausgewogenen Ansatz, führte die Feste wieder ein, die die Bevölkerung so liebte, und behielt die Religion, in der er aufgewachsen war. Er brauchte im Grunde nur die Priorität des Aton zurückzunehmen und ihn zu einem unter all den anderen Göttern zu machen. Dadurch handelte er in Übereinstimmung mit der in Ägypten üblichen Haltung, jede Gottheit zu akzeptieren, die im riesigen Pantheon der Götter auftauchte, das sich entlang des Nils entwickelte.

Jetzt müssen wir uns fragen, welche Kraft Haremhab zu seinen verblüffenden Taten antrieb: Echnatons Bauwerke abzureißen, die Steine zu weit entfernten Orten bringen zu lassen und jeden einzelnen von ihnen als Füllmaterial zu verwenden, den Tempel von Karnak wieder in seine ursprüngliche Form zu bringen und das Heiligtum und die Statue des Amun darin wieder herzustellen und durch sein Handeln das Land unter strenge militärische Kontrolle zu stellen, wie es in seinem Dekret heißt. Warum hat Haremhab sogar die Regierungsjahre seines Vorgängers auf dem Thron unterschlagen und ihn fortan nur noch in Form gehässiger Umschreibungen erwähnt?

Die Natur des Dekrets lässt vermuten, dass Haremhabs Kampagne vielleicht nicht überall populär war. Sie war rachsüchtig und äußerst gründlich. Haremhab gelang es, den Namen Echnatons derart anzuschwärzen, dass selbst heute, 3500 Jahre später, schwer zu verstehen ist, wie es war, ehe er die Kontrolle übernahm. Durch eine sorgfältige Betrachtung der Fakten wird nun klar, dass es durchaus möglich ist, dass Echnaton zu seinen Lebzeiten ein sehr beliebter Mann war, aber dass er dennoch fürchten musste, jemand könnte gegen ihn vorgehen, wie die starken Sicherheitskräfte vermuten lassen, von denen er überall umgeben war. Dieser Jemand war sicherlich Haremhab. Aber was trieb den altgedienten Soldaten so weit? Haremhab muss Echnaton gekannt haben. Welches Ereignis machte den König von Ägypten und den Oberbefehlshaber des Heeres zu so erbitterten Feinden?

KAPITEL ACHT

Echnaton und Nofretete

Das Bild, das sich langsam aus den historischen Zeugnissen herausschält, ist zwar schon Lichtjahre von der gängigen – und falschen – Geschichte entfernt, die ich in Kapitel drei dargestellt habe, aber es ist noch immer verschwommen. Aus dem Wissen, wie alt Tutanchamun ungefähr bei seinem Tod war, und dass er neun Jahre lang regierte, können wir ableiten, dass er etwa sechs oder sieben Jahre alt war, als er zum König gekrönt wurde – ein Alter, das gut zur Größe einiger der Gegenstände passt, die in seinem Grab gefunden wurden. Viele dieser Gegenstände und einige Inschriften sagen aus, dass er der Sohn eines Königs war. Aber welcher König war das? Alle Zeugnisse deuten darauf hin, dass Tutanchaton um das Regierungsjahr 12 Echnatons geboren wurde. Echnaton war sein Vorgänger und regierte siebzehn Jahre lang, von denen er zwölf mit seinem Vater Amenophis III. Nebmaatre gemeinsam herrschte. Da Amenophis III. Nebmaatre in dem Jahr starb, in dem Tutanchamun, wie er sich später nannte, geboren wurde, hätte er Tutanchamuns Vater sein können. Wenn er es wirklich war, dann muss Tutanchamun in einem Zeitraum von wenigen Monaten vor oder nach dem Tod Amenophis' III. geboren sein. Aber die Crux bei der gängigen Geschichte ist, dass Tutanchamun der jüngere Bruder Semenchkares gewesen sein soll, des Liebhabers von Echnaton. Genau an dieser Stelle kommen wir jedoch ins Straucheln. Denn wenn Tutanchamun ein Königssohn war, dann muss das auch für seinen Bruder gelten. Und ob nun Amenophis III. oder Echnaton ihr Vater war – in jedem Fall hätten wir dann das zusätzliche Problem des Inzests. Fest steht, dass Tutanchamun *nicht* allein aufgrund seiner Verwandtschaft mit Semenchkare auf den Thron kam, sondern weil er in direkter Linie Thronfolger war.

Aber in vielfacher Hinsicht werden die Zeugnisse hier bereits widersprüchlich. Wir wissen von den Reliefdarstellungen an den Grabwänden von Tell el-Amarna und den Tempelwänden in Karnak, dass Echnaton bis zu seinem Regierungsjahr 12 das Musterbeispiel eines liebevollen Gatten und Familienvaters und völlig in seine Frau vernarrt war. Und doch wurde sie in jenem turbulenten Jahr 12 vertrieben und starb, während ihren Platz Semenchkare einnahm. Wenn Tutanchamun und Semenchkare die Söhne von Amenophis III. Nebmaatre und seiner Tochter Sitamun waren, dann waren sie Echnatons Brüder und gleichzeitig seine Neffen. Das heißt, dass Echnaton öffentlich seine Frau verstieß, um seinen Bruder zu seinem Buhlen zu machen. Wenn das zuträfe, wäre es verwunderlich, dass Sitamun nirgendwo den prestigereichen Titel »Königsmutter« festhalten ließ. Da Tutanchamun fast genau zu der Zeit geboren wurde, als Semenchkare zum Mitregenten Echnatons gemacht wurde, hätte Sitamun die Erhebung eines Sohnes auf den Thron erlebt, falls sie wirklich deren Mutter war, und daher Anspruch auf diesen Titel gehabt.

Trifft das nicht zu und Echnaton war der Vater der beiden Jungen, warum werden sie dann nirgendwo zusammen mit ihren sechs Schwestern abgebildet? Die einzige einleuchtende Antwort ist, dass Nofretete nicht ihre Mutter war. Bei einem König war es nicht ungewöhnlich, dass er zahlreiche Gemahlinnen und mit den meisten auch Kinder hatte. Es ist daher merkwürdig, dass sie, selbst wenn sie nicht die Kinder der Großen Königsgemahlin waren, nirgendwo abgebildet wurden, in keiner einzigen Hofszene aus den verschiedensten Zeiten. Wir haben Bildnisse von der kleinen Prinzessin Maketaton in Tell el-Amarna. Der König ist überall mit seinen Töchtern abgebildet und streichelt und küsst sie, solange sie noch klein sind, lehrt sie einen Wagen fahren, als sie größer sind, und lässt sich von ihnen überallhin begleiten, als sie herangewachsen sind. Es gibt inzwischen so viele rekonstruierte Reliefs auf *talatat*-Blöcken, dass es uns merkwürdig berührt, die beiden kleinen Jungen nirgendwo abgebildet zu sehen. Sie müssen entweder in Malkata oder in Tell el-Amarna geboren und aufgewachsen sein, und ganz bestimmt verbrachten sie den größeren Teil ihres Lebens in Tell el-Amarna. Aber abgesehen von dem einen Bezug auf Tutanchamun auf dem Block in Aschmunein ist nirgendwo ein greifbarer Hinweis auf die beiden zu finden.

Es steht uns nicht zu, auf der Grundlage moderner Werte ein moralisches Urteil über Ereignisse zu fällen, die vor so langer Zeit stattfanden. Wenn Amenophis III. seine Tochter heiratete und mit ihr Kinder hatte, haben wir nicht das Recht, ihn dafür zu richten. Es geschah und es ist unsere Aufgabe, die Fakten festzustellen. Und wenn Echnaton entweder seinen Bruder oder seinen Sohn zu seinem Liebhaber machte, steht uns auch hier nicht zu, das zu kritisieren. Aber wir wissen, dank der Analyse des Kunststils von Amarna, dass wir uns nicht immer auf die uns vorliegenden Zeugnisse verlassen können. Wir wissen inzwischen, dass Echnaton weder missgebildet noch unfruchtbar war, trotz der bizarren Porträts von ihm. Folglich musste er sich nicht von seiner Großen Königsgemahlin Hörner aufsetzen lassen, und die Kinder, die sie hatte, waren ohne Zweifel von ihrem Gemahl. Wir können aufgrund seiner Texte, seiner architektonischen und künstlerischen Leistung und seiner Organisation der Arbeit für gewaltige Bauprojekte in Sesebi, Tell el-Amarna und Karnak auch sagen, dass er ein hochintelligenter Mann war und von vielen seiner Untertanen geachtet worden sein muss. Er war durchaus fähig, eigene Entscheidungen zu treffen. Was also veranlasste ihn im Jahr 12, die Maat zu missachten, seine Große Königsgemahlin und Mutter seiner Kinder zu verstoßen, um offen seine Leidenschaft für einen seiner nächsten männlichen Verwandten zu erklären? Denn ob Bruder oder Sohn, er wäre auf jeden Fall sehr eng mit ihm verwandt gewesen. Er hätte ihn zum Mitregenten machen können, ohne Nofretete zu vertreiben und ohne eine private inzestuöse Leidenschaft in die Öffentlichkeit zu tragen.

Ein Pektoral aus Tutanchamuns Grab in Form eines Udjat-Auges, des geheilten Auge des Horus. Es sollte seinem Träger Gutes bringen.

Die Vorderseite einer Truhe mit Elfenbeineinlagen und Reliefs zeigt Tutanchamun bei der Jagd; seine Gemahlin Anchesenamun sitzt ihm zu Füßen.

Dieses ungewöhnliche Pektoral zeigt den König als Osiris zwischen der Kobra Wadjet, der Schutzgöttin Unterägyptens, und der Geiergöttin Nechbet, Schutzgöttin von Oberägypten. Es war eindeutig nicht dazu gedacht, vom König zu Lebzeiten getragen zu werden, sondern nach seinem Tod.

Es gibt nur wenige Darstellungen von Tutanchamun auf ägyptischen Monumenten. Hier ist der König in Hochrelief an den Wänden des Tempels von Luxor zu sehen. Haremhab ließ später seinen eigenen Namen über den Tutanchamuns schreiben, was Teil seiner Versuche war, die Erinnerung an den Knabenkönig zu tilgen.

Die Rückenlehne des „goldenen Thrones“ zeigt Tutanchamun unter den Strahlen des Aton sitzend, also des Gottes, den er angeblich geächtet hat. Die Bänder im Nacken der Königin sind seltsamerweise nicht mit ihrer Krone verbunden, was nahelegt, dass die Bilder und die Namen übermalt und überschrieben wurden. Warum wurden dann nicht auch die Sonnenscheibe und die Strahlen des Aton übermalt?

Amenophis III. platzierte diesen Granitlöwen vor seinen nubischen Tempel in Soleb. Er wurde später mit dem Namen Tutanchamuns überschrieben und steht heute in der Statuen-Abteilung des Britischen Museums.

Uräen, aufgerichtete Kobras als Embleme der Königswürde, stützten die Rückseite von Tutanchamuns Thron. Zwischen ihnen sind Streben, die den Thronnamen des Königs, Nebcheprure, tragen.

In der Sargkammer von Tutanchamuns Grab zeigt dieses Wandbild Eje zum Zeitpunkt der Beisetzung Tutanchamuns, bereits gekrönt und mit Kartuschen um seinen Namen, als König von Ägypten. Das ist im alten Ägypten einzigartig. Von Rechts wegen durfte ein neuer König erst nach der Bestattung seines Vorgängers gekrönt werden.

Dieses Bildnis von Tutanchamun und seiner Gemahlin ist unsichtbar, bis die Alabasterlampe von innen her beleuchtet wird.

Die Rückseite von Tutanchamuns Goldmaske ist beschädigt: Viele blaue Glassteine fehlen dort, wo sie am Sarg festgemacht war.

Der Deckel des Sarges aus Grab 55 weist merkwürdige Veränderungen auf. Der weibliche Kopf wurde von einem anderen Sargdeckel abgetrennt und auf diesen Sarg aufgesetzt, wodurch er kürzer wurde.

Am Fußende des Sargdeckels aus Grab 55 schnitt man aus dem Gold sorgfältig mit einem scharfen Instrument den Namen heraus, um die Identität des Inhabers zu verbergen. Es kann aber nur ein sehr kurzer Name gewesen sein.

Einer von vier Miniatursärgen aus reinem Gold, die in Tutanchamuns Grab gefunden wurden und seine inneren Organe enthielten, die bei der Mumifizierung entfernt worden waren. Die Särge haben nicht die Gesichtszüge des Knabenkönigs, und die Namen auf ihnen wurden geändert und zeigen, wie viele andere Gegenstände in dem Grab, dass sie aus dem daneben gelegenen Grab 55 entnommen wurden.

Haremhab, noch in seiner Stellung als Oberbefehlshaber des ägyptischen Heeres, wird mit Ehrengold belohnt, wahrscheinlich in der Regierungszeit Tutanchamuns. Als er erst einmal König geworden war, tat er alles in seiner Macht Stehende, sämtliche Spuren der vorherigen Königsfamilie zu tilgen. Aus dem Grab des Haremhab in Memphis, heute in Leiden.

Es muss zu diesem Zeitpunkt etwas geschehen sein, das ihn dazu zwang.

Die Darstellungen auf den *talatat*-Blöcken, die eine ständige Präsenz von Leibwächtern um ihn und seine Familie herum zeigen, beweisen, dass Echnaton von Beginn seiner Regierungszeit an um sein Leben fürchtete, selbst im Schutz seiner eigenen, abgelegenen Stadt. Die Verstoßung Nofretetes, einer von der Öffentlichkeit respektierten, bildschönen Frau, muss seine Sicherheit noch stärker gefährdet haben. Die von Haremhab angeführte Armee war irritiert durch das Vorrücken der Hethiter auf die ägyptischen Grenzen zu und das Ausbleiben eines Angriffsbefehls vom König; und dann wurde sie auch noch von ihm dafür eingesetzt, Steine für seine Bauvorhaben zu transportieren, sodass sie doppelt verärgert gewesen sein muss. War es da nicht eine Torheit von Echnaton, seine ohnehin schon geringe Beliebtheit aufs Spiel zu setzen?

Rekapitulieren wir das bereits Bekannte noch einmal: Wir wissen, dass Echnaton als Amenophis in den Palästen seiner Mutter und seines Vaters aufwuchs. Der Hauptpalast war zweifellos der von Memphis, aber es weist vieles darauf hin, dass ein großer Teil des Familienlebens sich eher in Malkata, dem Königspalast in Luxor, abspielte. Echnatons Vater hatte die weitläufige Palastanlage in den frühen Jahren seiner Regierungszeit bauen lassen, etwa zu der Zeit, als Deir el-Ballas aufgegeben wurde. Zweifellos gab der Vater damit ein Beispiel, dem der Sohn später folgte, als er Luxor zu Gunsten von Tell el-Amarna aufgab.

Wir wissen nicht genau, wo oder wann der Prinz geboren wurde. Wir wissen, dass Amenophis III. Nebmaatre keine Geschwister mehr hatte, als er König wurde, und dass Königin Teje nicht viel älter war als er. Wir wissen außerdem, dass Amenophis III. im Jahr 10 seiner Regierungszeit sexuell aktiv war, denn er ließ Prinzessin Giluchepa von Mitanni mit ihren 317 Frauen nach Ägypten kommen, um sie zu heiraten. Tatsächlich haben wir schriftliche Belege aus dem Norden dafür, dass er mindestens sieben ausländische Prinzessinnen heiratete. In einem Brief von

Amenophis III. Nebmaatre an einen Prinzen, der in Geser, nordwestlich von Jerusalem lebte, heißt es:

> Ich schicke dir den Oberbefehlshaber des Heeres mit Geschenken, damit er schöne Frauen holt… insgesamt 40 Frauen, was sich auf 40 Deben in Silber für jede Frau beläuft. Jetzt schicke mir schöne Frauen, aber keine mit scharfen Stimmen.

Das zeigt, dass spätestens im Jahr 10 der König und seine Große Königsgemahlin fähig waren, ein Kind zu haben. Wir wissen auch, dass Echnaton einen älteren Bruder hatte. Wenn Echnaton um das Jahr 10 geboren wurde und sein älterer Bruder schätzungsweise zwei Jahre früher, dann lässt sich daraus ableiten, dass Amenophis III. Nebmaatre bei der Geburt von Thutmosis ungefähr fünfzehn, und bei der Geburt von Amenophis etwa siebzehn Jahre alt war – das sind beides vertretbare Annahmen. Teje wäre wohl ein wenig älter gewesen.

Aus unserer Perspektive sieht es vielleicht so aus, als hätte sich die Große Königsgemahlin von ihrem offenbar recht lüsternen Gemahl viel gefallen lassen müssen, aber im alten Ägypten konnte ein starker König wie Amenophis III. Nebmaatre viele Gemahlinnen haben. Dass Teje wohl nicht übermäßig glücklich über die Ankunft der ausländischen Prinzessin war, lässt sich an ihrer Bitte um einen Vergnügungssee im folgenden Jahr sowie an der Schnelligkeit ablesen, mit der ihr Gemahl ihren Wunsch erfüllte (s. S. 226). Auch die Lage des Sees ist informativ, denn Djarucha lag nahe Tejes Heimatort Achmim und nicht im Bereich des Palastes ihres Gemahls in Luxor. Wir haben keinen Hinweis darauf, dass der Palast in Deir el-Ballas im Jahr 11 der Regierungszeit Amenophis' III. noch bewohnt war. Wo wohnte Teje dann und warum? Wird hier eine Entfremdung zwischen dem König und seiner Gemahlin erkennbar?

Nach dem Tod von Tejes älterem Sohn und der Krönung ihres jüngeren Sohnes im Jahr 27 war ihr Gemahl, der König, allem

Anschein nach zunehmend unfähig, seine Pflichten zu erfüllen. Es ist beispiellos, dass eine Große Königsgemahlin eine so wichtige Staatsangelegenheit wie die Auslandskorrespondenz übernimmt, aber dass sie das tat, und zwar in ihrem eigenen Namen, geht unmissverständlich aus ausländischen Briefen an ihren Sohn hervor, die er anlässlich seiner alleinigen Thronübernahme im Jahr 12 erhielt. War es das Nachlassen der Gesundheit und Stabilität ihres Gemahls, die Teje dazu bewogen, Luxor zu verlassen und mit ihrem Sohn nach Tell el-Amarna zu gehen? Obwohl wir zu dieser Zeit schon von einem »älteren« König sprechen, war Amenophis III. Nebmaatre doch erst etwa vierunddreißig Jahre alt, als sein Sohn gekrönt wurde. Alles deutet auf irgendeine Form der vorzeitigen Senilität hin und man fragt sich, ob er möglicherweise so etwas wie die Alzheimerkrankheit gehabt haben könnte oder eine degenerative Erkrankung, die sexuell übertragen wurde, was bei seinem Lebensstil ja denkbar wäre.

Auf jeden Fall zog Teje bald, nachdem die junge Königsfamilie nach Tell el-Amarna übergesiedelt war, zu ihrem Sohn und ihrer Schwiegertochter. Sie bekam Grundbesitz in der Stadt ihres Sohnes, wurde von Echnaton und Nofretete öffentlich geehrt, erfüllte Pflichten im öffentlichen Leben und kümmerte sich um die Außenpolitik, solange sie in Tell el-Amarna war. Als sie Luxor verließ, nachdem Tell el-Amarna im Jahr 5 der Regierungszeit Echnatons und im Jahr 32 der Regierungszeit Amenophis III. Nebmaatres fertig gestellt war, brauchte der alte König offenbar jemanden, der ihre öffentlichen Aufgaben in Luxor übernahm und erhob daher Sitamun in den Rang einer Königsgemahlin. Aber Teje spielte nach wie vor die wichtigere Rolle und beim Jubiläumsfest des Jahres 37 wird Amenophis III. Nebmaatre auf Abbildungen mit seiner Großen Königsgemahlin dargestellt. Von der Großen Königsgemahlin Sitamun ist nirgendwo etwas zu sehen. Sie muss also entweder in den Hintergrund getreten sein, wenn ihre Mutter anwesend war, und ersetzte diese lediglich, wenn sie sich in Tell el-Amarna aufhielt, oder sie starb vor dem dritten und letzten Jubiläum des alten Königs. Interessant ist, dass im Grab von Tejes Eltern Juja und Tuja auf den meisten Gegenständen Sitamun erscheint, obwohl auch Teje häufig zu sehen ist. Sitamun stand ihren Großeltern mütterlicherseits sichtlich nahe, und als sie starben, hatten Teje und ihre Tochter ganz klar gleichzeitig die Position einer Großen Königsgemahlin inne, denn die Namen von beiden erscheinen auf dem Knauf einer Truhe aus dem Grab Jujas und Tujas.

Gegen Ende seiner Regierungszeit schickte Amenophis III. Nebmaatre, der damals schon dick und krank war, wie auf Bildnissen zu sehen und an seiner Mumie abzulesen ist, noch einmal nach Norden und erbat eine weitere Prinzessin aus Mitanni. Der alte König von Mitanni war gestorben und der Thron war an seinen Sohn Tuschratta, Giluchepas Bruder, übergegangen. Tuschratta war von der Bitte des ägyptischen Königs zunächst nicht begeistert. Offenbar hatte er einen Gesandten an den ägyptischen Hof geschickt, der nachsehen sollte, wie es seiner Schwester ging, aber der Gesandte hatte sie nicht erkannt. Jetzt bat der König um Erlaubnis, auch noch eine Tochter Tuschrattas heiraten zu dürfen, aber der König von Mitanni machte Ausflüchte.

> Siehe, du verlangst meine Tochter zur Frau für dich, während doch meine Schwester, welche dir mein Vater gegeben hat, dort bei dir ist, und niemand sie gesehen hat bis jetzt, ob sie lebt oder ob sie tot ist ... Du hast zu meinen Boten gesagt, als deine Frauen zusammen vor dir standen: »Eure Herrin steht vor euch.« Aber meine Boten haben sie nicht erkannt. Sieht meine Schwester wirklich so aus?

Tuschratta fürchtete also, der König von Ägypten versuche ihn zu täuschen, und unter diesen Umständen ist es verständlich, dass er bestrebt war, die Entsendung seiner Tochter Taduchepa hinauszuzögern. Die Verhandlungen wurden wegen Meinungsverschiedenheiten über die Mitgift des Mädchens beinahe abgebrochen. Aber schließlich wurde Taduchepa nach Ägypten geschickt.

Aus einem Brief vom Ende der Regierungszeit Amenophis' III. geht hervor, dass die gewünschte Braut endlich eingetroffen war. »An Nimmuria, König von Ägypten, meinen Bruder, meinen Schwager: Heil sei dir, deinem Hause, Taduchepa, meiner Tochter, deiner Gattin, welche du liebst, sei Heil.«

Wie aus dem weiteren Text hervorgeht, wurde dieser Brief vermutlich geschickt, als die Prinzessin aufbrach und ehe der König Nachricht von ihrer Ankunft erhalten hatte.

Amenophis III. Nebmaatre war um diese Zeit bereits dem Tode nahe, sodass unklar ist, ob Taduchepa je mit dem alten König verheiratet wurde. Wenn sie in seinen Harem eingegliedert wurde, kann es nur für kurze Zeit gewesen sein. Nach dem Tod des alten Königs müssen Taduchepa und vermutlich noch einige andere junge Frauen von Amenophis III. Nebmaatre nach Tell el-Amarna geschickt worden und in den Harem des jungen, jetzt einzigen Königs Echnaton Nefercheprure Waenre übergegangen sein. Tuschratta schrieb noch einmal nach Ägypten: »An Niphuria [Nefercheprure], meinen Bruder, den ich liebe, Heil. Dir, deiner Mutter Teje und Taduchepa, meiner Tochter, deiner Gattin, sei Heil. Deinen Kindern, deiner Familie, Heil.« Es sieht also so aus, als hätte die Große Königsgemahlin Nofretete Konkurrenz gehabt, ebenso wie Teje viele Jahre früher.

Hier haben wir ein neues Element in der Geschichte Tutanchamuns. Denn wenn Taduchepa nach dem Tod des alten Königs vom Hofe Amenophis III. zu Echnaton geschickt wurde und ihn heiratete, dann wäre sie um das Jahr 12 zu ihm gekommen: genau in dem Jahr, in dem Nofretete verbannt wurde und der König anscheinend seine wahren sexuellen Vorlieben enthüllte. Wie fügt sich Prinzessin Taduchepa in diese häuslichen Turbulenzen?

Es sieht so aus, als habe sich Amenophis IV. von Anfang seiner Regierungszeit an stark auf seine Mutter Teje und ihren Bruder Eje gestützt. Zwar haben wir keine Belege dafür, dass Eje den jungen König Amenophis nach Sesebi in Nubien begleitet hat, um bei der Feier des Jubiläums des alten Königs im Tempel von Ejes Schwester Teje dabei zu sein, aber es ist sicher, dass er ihn im

Jahr 4 auf der Reise nach Norden, nach Tell el-Amarna, begleitet hat. Eje bekam ein großes Haus im Zentrum der Stadt, und die bevorzugte Lage sowie die Größe von Ejes Grab zeigen, dass er einer der treuesten Anhänger seines königlichen Neffen gewesen sein muss. Laut der Inschriften in seinem Grab war er:

> Der Wedelträger zur Rechten des Königs, Vorsteher aller Pferde des Königs, sein wahrhaft geliebter Schreiber des Königs, Gottesvater Eje.*

Von sich selbst sagt er:

> Ich bin der Gelobte seines Herrn täglich. Größer ist meine Gunst in (diesem) Jahr als in einem anderen wegen der Größe meiner sehr großen Trefflichkeit für sein Herz. Er verdoppelt mir die Gunstbeweise wie die Zahl des Sandes, indem ich der Erste der Beamten an der Spitze der Untertanen bin. Der Wedelträger zur Rechten des Königs, sein großer Freund, der sich zu seinem Herrn begeben darf, sein wahrhaft geliebter königlicher Schreiber, Gottesvater Eje.*

Er hinterlässt sogar eine Botschaft für uns – ein rührender Versuch, Unsterblichkeit zu erlangen:

> O, ein jeder, der auf Erden lebt und alle kommenden Generationen: Ich sage euch den Weg des Lebens und bezeuge euch die Gunsterweise, und so werdet ihr meinen Namen lesen und was ich getan habe. Ich war ein Wahrhaftiger auf Erden.*

Reliefs an den Wänden zeigen, wie er von Echnaton und Nofretete gemeinsam mit mehreren Halskragen belohnt wird, mit dem so genannten Ehrengold.

Ejes Gemahlin war Ti, über die wir sehr wenig wissen, außer dass sie ebenfalls von Echnaton und Nofretete mit Ehrengold belohnt wurde – eine einzigartige Ehrung für eine Frau. Wir wissen auch, dass sie die 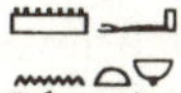, möglicherweise Pflegemutter, von Nofretete war. Die Identität Nofretetes war schon Gegenstand zahlreicher Debatten. Aber im Grab von Eje und Ti in Tell el-Amarna wird deren Tochter Mutnedjemet erwähnt und auch abgebildet. Mutnedjemet ist häufig in Szenen mit der Königsfamilie zu sehen, die in die Beamtengräber in Tell el-Amarna eingemeißelt wurden. Sie ist stets in Gesellschaft von zwei Zwergen dargestellt, aber ein Ehemann wird nirgendwo erwähnt. Außerdem kümmert sie sich stets um die sechs Königstöchter und wird in Inschriften immer als »die Schwester der Großen Königsgemahlin« bezeichnet. Von Nofretete selbst heißt es in Texten wie den Grenzstelen: »Die große Erbprinzessin im Palast, die Schöne und Herrliche mit der Federkrone, groß an Freude ... man jubelt, wenn man ihre Stimme hört, Herrin der Lieblichkeit, groß an Beliebtheit, mit deren Wesen der Herr der beiden Länder zufrieden ist.«* Diese Titel lassen darauf schließen, dass sie sehr vornehmer Abstammung war, und die Verbindung mit Mutnedjemet, ihrer Schwester, hätte nicht eindeutiger sein können. Zusätzlich haben wir für Eje noch den Titel 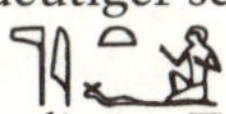, »Gottesvater«, der, wie wir bereits gesehen haben, zu dieser Zeit »Schwiegervater des Königs« bedeutete – das heißt, seine Tochter heiratete einen König.

Angesichts all dieser Tatsachen kann man kaum mit gutem Grund daran zweifeln, dass Nofretete Ejes Tochter, Tejes Nichte und folglich Echnatons Cousine war. Das würde auch sehr gut ins Bild passen, denn wie wir wissen, bestanden bereits enge Verbindungen zwischen den beiden Familien. Ebenso sicher können wir sein, dass Ejes Gemahlin Ti nicht Nofretetes Mutter war. Der Titel 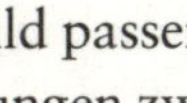 bedeutet, wie schon erläutert, Pflegemutter. Vermutlich wurde Nofretete von einer anderen Mutter geboren. Aber wenn Ti sie als Säuling gestillt hatte, wie das Determinativ mit der weiblichen Brust impliziert, hätte sie in der ägyptischen Gesellschaft praktisch als ihre Tochter gegolten, nur hätte Ti keinen Anspruch auf die Ehrungen gehabt, die der Mutter einer Großen Königsgemahlin eines Königs zustanden.

Wir können also das Netz langsam zusammenziehen. Wenn wir mit Echnatons Geburtsdatum richtig liegen, dann wäre er im Jahr 27, als er zum König gekrönt wurde, etwa sechzehn oder siebzehn Jahre alt gewesen – wiederum eine vernünftige Annahme und ein idealer Zeitpunkt für eine Krönung zum Mitregenten. Wir können auch annehmen, dass Nofretete etwa genauso alt war wie ihr Gemahl. Zum ersten Mal seit mehreren Generationen hatte Ägypten damit einen gekrönten König und eine Königin, die keine Kinder mehr waren und daher nicht davon abhängig waren, dass andere sie leiteten. Von den *talatat*-Blöcken im Gempaaton im Tempel von Karnak wissen wir, dass das Paar im Jahr 30 der Regierungszeit von Amenophis III. Nebmaatre und im Jahr 3 Echnatons bereits von seiner ersten Tochter, Meritaton, begleitet erscheint. Da die zweite Tochter, Maketaton, in Jahr 4 auftaucht, müssen wir angesichts der Schwangerschaftsdauer annehmen, dass die erste Prinzessin schon vor Jahr 3 geboren wurde, sodass Nofretete und Echnaton vermutlich zum Zeitpunkt seiner Krönung verheiratet wurden und Nofretete auch gleichzeitig, wie es üblich war, zur Großen Königsgemahlin erwählt wurde. Wir wissen, dass der junge König nach seiner Krönung Richtung Süden, nach Nubien, ging, aber dort wird nirgendwo eine Große Königsgemahlin erwähnt, sodass sie wahrscheinlich in Luxor geblieben war. Das könnte gut einer der Gründe gewesen sein, die ihren Gemahl bewogen, sich nicht in Nubien niederzulassen, sondern nach Norden zurückzukehren, sie mitzunehmen und einen Ort zu suchen, der für ihr Familienleben besser geeignet war.

Jetzt haben wir also ein Familienbild. Und was für eine Familie! Da ist Teje, hochintelligent und durchaus fähig, Staatsgeschäfte in die Hand zu nehmen, eine Frau, die die Pflichten gegenüber ihrem Land über die Belastungen stellt, die ihr Gemahl ihr mit seiner Lebensweise zumutet; Eje, wiederum außerordentlich intelligent und seinem Schwiegersohn und seiner Tochter in großer Loyalität ergeben; und dann noch Nofretete selbst. Es scheint, als hätte sie die ganze Intelligenz und den Ehrgeiz ihrer

Familie geerbt und noch eine extra Portion dazu. Denn auf den *talatat*-Blöcken, die bisher aus den Bauwerken Haremhabs geborgen wurden, zeigen mehr als 60 Prozent aller Szenen Nofretete statt ihren königlichen Gemahl, und im 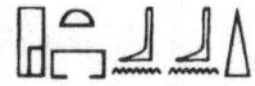, dem offenen Tempel für den Aton in Karnak, zeigt praktisch jede Szene Nofretete und bisher nur zwei ihren Gemahl. Auf mehreren dieser Darstellungen trägt sie statt der Krone mit den Doppelfedern, die der Gottesgemahlin des Amun zukommt, oder der oben flachen Krone, die wir an ihr kennen, die Krone des Königs von Ägypten.

Es wird häufig gesagt, die Krone von Ägypten sei die Doppelkrone gewesen, die Kombination der weißen Krone Oberägyptens und der roten Krone Unterägyptens. Aber das trifft nicht zu. Die Doppelkrone, die auf den meisten alten Abbildungen ägyptischer Insignien aus der Zeit der Vereinigung zu sehen ist, bestand nicht aus zwei ursprünglich separaten Kronen, sondern war von vornherein eine Einheit. Dass dem so ist, wird ersichtlich, wenn man die Krone von der Seite betrachtet, denn dann ist deutlich das *Udjat*-Auge zu sehen, das geheilte Auge des Horus. Dadurch werden Bezüge auf die magische Kraft der Doppelkrone in den Pyramidentexten verständlich. In einem 1982 veröffentlichten Text hat W. V. Davies, heute Konservator der ägyptischen Altertümer am Britischen Museum, den Ursprung der *Chepresch*-Krone, die gewöhnlich (fälschlicherweise) als Kriegshelm oder Blaue Krone bezeichnet wird, bis zur eng am Kopf anliegenden Kappe das Ptah in Memphis zurückverfolgt. Weil Ptah, auf den die *Chepresch*-Krone zurückgeht, traditionellerweise seit der Gründung von Memphis in der Frühzeit der ägyptischen Geschichte die führende Figur bei den Krönungsfeierlichkeiten war, erscheint es nur logisch, dass diese *Chepresch*-Krone die Monarchie an sich repräsentiert, während die Doppelkrone lediglich die politische Einheit der Beiden Länder repräsentiert. Davies erklärt, es gebe eine ganze Reihe stichhaltiger Belege für die Ansicht, dass die *Chepresch*-Krone in ihrer voll entwickelten Form als Blaue Krone als Symbol für die Krönung und somit auch für die legitime Thronfolge fungierte.

Diese Aussage ist eindeutig, und die Bilder Nofretetes aus dem 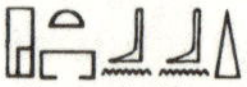 in Karnak, auf denen sie die Blaue Krone trägt, sind ebenfalls eindeutig. Nofretete zeigt sich als gekrönte Herrscherin des Landes. Dies wird noch weiter untermauert durch mehrere rekonstruierte Szenen auf *talatat*-Blöcken, in denen sie mit einer Keule in der Hand und in der typischen Haltung eines Pharaos beim Niederschlagen von Feinden dargestellt ist. In einer anderen Szene thront Nofretete auf einem Podest und eine Reihe aneinander gefesselter ausländischer Frauen, Nubierinnen und Asiatinnen, wird ihr gebracht, wie männliche Gefangene üblicherweise den Königen gebracht werden.

Jetzt ändert sich das Bild dieser Königsfamilie erstmals dramatisch. War das der Grund dafür, dass Echnaton Nofretete im Jahr 12 verstieß? Ließ sie sich in diesen Szenen in einer Position darstellen, die ihr nicht zukam? Unterstützte ihr Gemahl ihren Ehrgeiz? Oder tat sie das alles ohne seine Zustimmung?

Wo immer Nofretete in Tell el-Amarna abgebildet ist, sieht man sie in Gesellschaft ihres königlichen Gemahls und ihrer Töchter. Nirgendwo wird je ein Sohn erwähnt. Das ist schwer mit dem bisher vorgestellten Material in Einklang zu bringen. Wenn Tutanchamun und Semenchkare Brüder waren, und wenn Tutanchamun um das Jahr 12 von Echnatons Regierungszeit geboren wurde, während sein Bruder im gleichen Jahr alt genug war, der Liebhaber des Pharaos zu werden, dann muss Semenchkare mindestens zu Beginn von Echnatons Regierungszeit geboren worden sein, wenn nicht schon vorher. Dann müsste aber Semenchkare Echnatons und Nofretetes erstes Kind gewesen sein; und als Kronprinz und Thronerbe wäre er gewiss auf Bildern dargestellt worden, wenn schon seine Schwester Meritaton in Darstellungen ihrer Eltern so augenfällig präsentiert wurde. Wenn Nofretete, die ja bei der Krönung ihres Gemahls zur Großen Königsgemahlin gemacht wurde, Semenchkares Mutter gewesen wäre, müssten wir davon ausgehen, dass sie in den ersten vier Jahren ihrer Ehe nicht zwei, sondern drei Kinder geboren hätte. Dann wäre Semenchkare zur Zeit von Nofretetes Sturz elf Jahre alt gewesen.

Jetzt wird diese Rekonstruktion allmählich völlig unhaltbar. Es ist, wie ich bereits in einem früheren Kapitel gesagt habe: Wenn man lügt, wird man ertappt. Bei einer falschen Hypothese kommt früher oder später der Zeitpunkt, an dem nichts mehr zusammenpasst, sodass man die ganze Theorie noch einmal auseinander nehmen muss, um möglichst die Stelle zu finden, ab der alles schief ging. An dieser Stelle sind wir jetzt.

Bilder aus den frühen Jahren in Tell el-Amarna zeigen, dass Nofretete ihrem Gemahl eine Reihe von Töchtern geboren hat. Es ist schwer zu sagen, zu welchem Zeitpunkt ihr Gemahl begann, sich Sorgen zu machen oder ob er das überhaupt je tat, weil er keinen männlichen Erben hatte. Jedenfalls sind die Bilder sehr informativ. Von allem Anfang an ist Meritaton an zeremoniellen und staatlichen Auftritten ihrer Eltern aktiv beteiligt, während ihre kleinen Schwestern mehr im Hintergrund stehen und häufig von ihrer Tante, Mutnedjemet, beaufsichtigt werden. Es gibt Szenen, in denen die kleinen Mädchen in eigenen Wagen die Hauptstraße von Tell el-Amarna entlangfahren, und in Tutanchamuns Grab fanden sich Schreibpaletten, die Meritaton und ihrer jüngeren Schwester Maketaton gehört hatten. Es sieht so aus, als hätten der König und die Königin bemerkenswerterweise ihre Kinder so erzogen, dass sie in jeder Weise einem Sohn ebenbürtig waren, da sie Dinge erlernten, zu denen Mädchen normalerweise keinen Zugang hatten. Nie zuvor war eine Frau dabei abgebildet worden, wie sie selbst einen Wagen lenkte, und schon gar nicht eine Gruppe von Prinzessinnen in Begleitung ihrer Eltern, die in einem Grab dabei zu sehen sind, wie sie sich in ihrem Wagen auf der Hauptstraße öffentlich küssen, während ihre Töchter den Wagen hinter ihnen fahren. Gleichzeitig wird Meritaton, die einen höheren Status hat, zur Thronerbin herangebildet.

Die ganze Geschichte ist sehr ungewöhnlich. Auf den Reliefs

sieht es so aus, als gebe es Semenchkare und Tutanchamun überhaupt nicht, während überall sechs Mädchen im Vordergrund stehen. Und dann änderte sich alles ganz plötzlich und dramatisch.

Das Königsgrab in Tell el-Amarna liegt weit oben in einem Wadi, einem ausgetrockneten Flussbett, hinter der Ebene von Tell el-Amarna (s. S. 263). Seine Form weist viele Ähnlichkeiten mit dem Grab von Tutanchamun auf, ist aber größer. Der Eingangskorridor fiel schräg ab zu einer zweiten Tür. In diesem Korridor wurden fünfundzwanzig Bruchstücke von *Uschebti*-Figuren gefunden, die alle den Namenszug Echnatons trugen, alle im normalen, konservativen Stil der 18. Dynastie. Zwischen den beiden Türen führt eine Türöffnung in der Seite zu einer separaten Reihe von Gängen und Kammern, die, wie Geoffrey Martin erläutert hat, in Größe und Anzahl dem Hauptkomplex des Grabes entsprechen. In den Kammern am Ende dieses Seitenteils wurden Stücke eines Sarkophags mit den Titeln der Königin gefunden. Allem Anschein nach legte man das Grab in zwei nebeneinander gelegenen, aber gleichen Trakten an, wobei der erste, der Haupttrakt für den König vorgesehen war, der Seitentrakt für die Königsgemahlin.

Neben der zweiten Tür im Hauptkorridor ist noch eine weitere, sehr kleine Gruppe von Räumen, die Archäologen a, b und g genannt haben. Die heute stark beschädigten Reliefs an den Wänden dieser Räume waren Gegenstand endloser wissenschaftlicher Debatten. In Raum g ist der Leichnam Maketatons auf einer Bahre zu sehen, davor bemerkenswerterweise ihre Mutter und ihr Vater, die aneinander Halt suchen und bitterlich weinen. Hinter ihnen sinken Hofleute zu Boden und recken die Arme in die Höhe, ein Bild des Jammers. Dieses Bild ist einzigartig. Nichts anderes, das je sonst in Ägypten gemeißelt wurde, kommt der Dramatik dieser Szene nahe. Geoffrey Martin lenkte die Aufmerksamkeit auf eine Gestalt, die hinter den trauernden Eltern steht und ein Baby im Arm hält. Er ist der Meinung, Maketaton sei bei der Geburt eines Kindes gestorben. Da der einzige plausible Kandidat für die Rolle des Vaters ihr eigener Vater Echnaton war, meinte Martin, wie Sitamun mit ihrem Vater Amenophis III. Nebmaatre verheiratet worden sei, so sei auch Maketaton mit ihrem Vater Echnaton »vermählt« worden, dann sei sie schwanger geworden und habe ein Kind geboren. Offenkundig starb sie bei der Geburt des Kindes, und da das Datum passt, meint Martin, dieses Kind sei Tutanchamun. Aber es gibt ein Problem. Wenn, wie alle Zeugnisse zu implizieren scheinen, Maketaton im Jahr 4 geboren wurde (und zwei der Grenzstelen aus dem Jahr 4 zeigen sie noch nicht, also muss sie spät im Jahr 4 zur Welt gekommen sein), kann sie bei ihrem Tod erst siebeneinhalb Jahre alt gewesen sein, allerhöchstens acht. Wenn das Kind am Leben gelieben ist, was nach dem Bild offenbar der Fall war (und wenn es Tutanchamun war, trifft das natürlich auch zu), dann könnte sie, bei einem Minimum von acht Monaten Schwangerschaftsdauer für einen lebensfähigen Säugling, erst sechseinhalb oder sieben Jahre alt gewesen sein, als sie ihren Vater »heiratete« und das Kind empfing. Das ist natürlich völlig unmöglich, ein Mädchen dieses Alters kann beim besten Willen noch nicht in die Pubertät gekommen sein. Tatsächlich ist das Baby auch nirgendwo identifiziert, und da wir wissen, dass Nofretete selbst bis zum Jahr 12 Kinder gebar, gibt es keinen Grund, dass das Kind nicht Maketatons kleinste Schwester Setpenre sein sollte. Wir wissen aus Nennungen im Grab von Amenophis III. Nebmaatre im Tal der Könige, dass Maketaton zum Zeitpunkt seiner Bestattung noch lebte, denn Maketaton ist auf einem im Grab gefundenen Fragment genannt, und zwar ohne die übliche Endung  – wahr an Stimme – die gezeigt hätte, dass sie tot war. Es hat daher den Anschein, als seien ganz kurz nacheinander zuerst Echnatons Vater und dann seine zweite Tochter gestorben. Die Welt des Königs muss zusammengebrochen sein, und da er jetzt allein war und vom abgelegenen Tell el-Amarna aus allein über Ägypten herrschte, muss er die Notwendigkeit gesehen haben, den Thron für die nächste Generation zu sichern. Daher wählte er Semenchkare. Der junge Mann saß nach seiner

Erwählung offen an Echnatons Seite, legt den Arm um seine Schulter und wird von ihm liebkost (Stele des Pasi). Um seinen Thronanspruch für die Zukunft zu sichern und um die Peinlichkeit zu verschleiern, verheiratete ihn Echnaton mit seiner ältesten noch lebenden Tochter Meritaton.

Auf den Inschriften aus dem Nordpalast wird am häufigsten der Name Nofretetes genannt. Daraus wurde geschlossen, dass die Königin dorthin übersiedelte, als sie verbannt wurde. Was muss ihr Vater, Eje, von all dem gehalten haben? Wie muss er sich bei der öffentlichen Demütigung seiner Tochter gefühlt haben, vor der einst eine so glanzvolle Zukunft lag? Hatte Eje ihren Ehrgeiz in Karnak gefördert? Handelte es sich um eine fehlgeschlagene Verschwörung zwischen Vater und Tochter, die die Macht für sich wollten? Sah Echnaton, welche Ziele Nofretete offenkundig mit der Erziehung ihrer Töchter verfolgte, und zwar die Begründung einer Linie weiblicher Pharaonen? Und was war mit Teje? Ihr Name ist auf Grabbeigaben ihres Gemahls zu finden, sodass sie ihren Gemahl eindeutig überlebt hat. Wie stand sie zur Verbannung ihrer Nichte zugunsten Semenchkares, wer immer er war?

Über die letzten Lebensjahre Echnatons haben wir relativ wenige Informationen. Es gibt kaum Erwähnungen der letzten beiden Töchter der Königin, Neferneferure und Setpenre. Vielleicht starben sie bald nach der Geburt. Ebenso verschwindet Neferneferuaton Tascherit (die Jüngere) von der Bildfläche. Ihr Name wurde auf einem Gegenstand in Byblos gefunden, und manche meinen, man habe sie dorthin geschickt, um eine diplomatische Allianz mit Ägypten zu festigen, weil die Armee der Hethiter heranrückte. Das ist aber unwahrscheinlich. Zur Zeit von Amenophis III. Nebmaatre hatte ein ausländischer König den ägyptischen König gebeten, ihm eine Tochter zur Frau zu geben, aber Amenophis weigerte sich: »Von alters her ist keine Königstochter von Ägypten jemandem als Braut gegeben worden.« Diese Politik dürfte schwerlich geändert worden sein, selbst nicht bei den radikal neuen Ansichten Echnatons. Höchstwahrscheinlich starb Neferneferuaton Tascherit früh. Wir wissen, wiederum aus ausländischen Briefen, dass in dieser Zeit im Mittleren Osten die Pest wütete. Es ist möglich, dass mehrere Mitglieder der Königsfamilie kurz nacheinander einer Epidemie erlegen sind.

Am Ende von Echnatons Regierungszeit waren nur noch zwei Töchter am Leben: Meritaton, die mit Semenchkare verheiratet war, und Anchesenpaaton. Ein in Hermopolis gefundener Block nennt ein Kind, 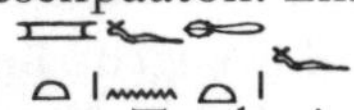 »von ihm geliebt, von seinem Leibe, Anchesenpaaton Tascherit«. Auch in diesem Fall wurde wieder die Möglichkeit einer inzestuösen Ehe zwischen Echnaton und seiner dritten Tochter erörtert. Aber es gibt keine Belege dafür. Das Beiwort  heißt einfach »das kleine Mädchen«. Vielleicht war es ein Beiwort für Anchesenpaaton selbst, nachdem ihre Schwestern gestorben waren, sodass sie die jüngste noch lebende Tochter war.

Und so starb Echnaton nach siebzehn schweren und ereignisreichen Jahren auf dem Thron. Genau um diese Zeit hat General Haremhab seinen ersten großen Auftritt auf der innenpolitischen Bühne. Über seinen Hintergrund wissen wir sehr wenig. Solange er noch General war und in der Armee Tutanchamuns und später Ejes diente, ließ er sich in Sakkara ein schönes Grab anlegen. Es wurde erst 1974 vom gemeinsamen Team des Museums Leiden und der Egypt Exploration Society wieder entdeckt, obwohl es schon die Preußische Expedition unter Lepsius gefunden und Blöcke und Statuen daraus entfernt hatte. In diesem Grab gibt es keinerlei Hinweise auf seine Abstammung, man stellte lediglich fest, dass seine erste Frau Amenia hieß. Offenbar verschwand sie kurz vor dem Zeitpunkt, zu dem Tutanchamun König wurde, und wurde durch Mutnedjemet, Nofretetes Schwester, ersetzt. Das war ziemlich eindeutig ein Schachzug Haremhabs zur Sicherung eines gewissen Anspruchs auf den Thron. Versuchte er nach dem Tod Echnatons den Thron an sich zu bringen? Wir haben keine Zeugnisse dafür. Aber Semenchkare und Meritaton, die den Thron erbten, regierten lediglich für etwa drei Jahre, ehe auch sie irgendwann gleichzeitig verschwanden. Das ist fast zu viel des Zufalls. Es erscheint mir mehr als wahrscheinlich, dass sie beseitigt wurden.

In Tell el-Amarna gehörte das Grab Nr. 24 einem Mann namens Paatonemhab, dem Sohn eines der treuesten Anhänger Echnatons neben Eje, Ptahmai. Paatonemhab trägt die Titel: »Königlicher Schreiber, Vorsteher aller Arbeiten in Achetaton, Befehlshaber des Heeres des Königs von Ober- und Unterägypten.« Diese Titel erinnern stark an diejenigen, die später Haremhab trägt. Auf einer Statuengruppe von Haremhab und Mutnedjemet als König und Königin, die heute im Museum von Turin steht, heißt es in einer langen Inschrift auf dem Rückenpfeiler:

> Das Herz des Königs war zufrieden mit seinen Plänen, jubelnd über seine Wahl. Er machte ihn zum Obersten Mund des Landes, um die Gesetze der beiden Länder zu lenken als Regent des ganzen Landes. Einziger war er, ohnegleichen; die Angelegenheiten der beiden Länder waren unter seiner Hand. Das ganze Land jubelte bei seinem Ausspruch, wenn man ihn vor den Souverän rief. War der Palast im Begriff zu wüten, so öffnete er seinen Mund und antwortete dem König.*

Wäre das eine mögliche Lösung? Dass Haremhab tatsächlich Paatonemhab war, Sohn von Echnatons Freund Ptahmay, der mit dem König diskutierte? Die Titel der beiden Männer sind sehr ähnlich. Ersetzt man »Paaton« in seinem Namen durch »Hor« (ägyptisch für »Horus«), dann könnte aus Paatonemhab tatsächlich Haremhab geworden sein, der den Palast wegen eines größeren Problems verließ. Auch die Inschrift auf der Statue ist einzigartig, wie so viele Aspekte dieser ganzen Geschichte. Bei keiner anderen Gelegenheit wird jemals die Gemütsverfassung des Königs erwähnt oder auch nur angedeutet. Was hat diesen Streit hervorgerufen? War er der Grund für Haremhabs Hass auf die Königsfamilie?

Bei Grabungen im Jahr 1975 in Haremhabs Grab in Memphis

stieß man auf eine Kammer mit Fragmenten eines Sarges mit dem Namen und den Titeln Mutnedjemets sowie einen Teil ihrer sterblichen Überreste. Zu ihnen gehörte auch ein Teil ihres Beckengürtels. Die Untersuchung durch Pathologen im Jahr 1976 ergab, dass er stark gekerbt war. Das zeigte nach Ansicht der Forscher, dass sie mehrmals schwanger war, aber offenbar Fehlgeburten hatte, da Haremhab kinderlos starb. Eine besonders tiefe Narbe deutet darauf hin, dass sie vielleicht bei einer Geburt starb.

Es stimmt einen traurig, wenn man bedenkt, dass sie erst einen Großteil ihrer Jugend damit zubrachte, sich um die Kinder ihrer Schwester zu kümmern, und dann einen Mann heiratete, der sie in erster Linie wegen der Legitimierung des Thronanspruchs für sich und ihre gemeinsamen Kinder haben wollte. Die Statue der beiden im Museum von Turin zeigt, dass sie nach dem Tod ihrer Schwester Nofretete lange genug lebte, um nun als Gattin Haremhabs selbst den Titel der Großen Königsgemahlin zu tragen. Aber anders als ihre Vorgängerinnen Teje und Nofretete wird sie auf der Statue ihres Gemahls nicht mit liebreichen Worten bedacht. Als sie dann starb, ohne ihm das Kind geboren zu haben, das er so dringend brauchte, ließ er sie in dem Grab beisetzen, das er als Soldat für sich hatte anlegen lassen, ehe er König wurde. Nachdem er die Krone an sich gebracht hatte, ließ er für sich ein Grab im Tal der Könige anlegen. Dort wurde die Frau, die ihn enttäuscht hatte, nicht einmal erwähnt. Sie bekam keine königliche, aber eine stattliche Beisetzung, Hunderte von Kilometern von dort entfernt, wo ihr Gemahl einst ruhen würde.

Inzwischen haben wir so viele Widersprüche in unserer Rekonstruktion der historischen Ereignisse, die zum Leben Tutanchamuns hinführen, dass die ganze Geschichte keinerlei Sinn mehr macht. Irgendwo ist etwas gründlich schief gegangen. Es ist nur noch ein Element in der Geschichte übrig, das wir untersuchen müssen: Semenchkare, der Bruder Tutanchamuns. Ihm müssen wir jetzt unsere Aufmerksamkeit zuwenden. Wäre er nicht gewesen, wäre der Junge niemals König geworden. Oder vielleicht doch?

KAPITEL NEUN

Der schattenhafte Semenchkare

Die historischen Zeugnisse, die wir bisher über die drei Generationen vor Tutanchamun zusammengetragen haben, sind selbst bei der sorgfältigsten Analyse noch wenig aufschlussreich. Man kann die Anordnungen im Stammbaum drehen, wie man will, es deutet immer alles darauf hin, dass Echnaton völlig degeneriert war. Wenn Echnaton und seine ganze Familie *tatsächlich* so degeneriert war, wäre es geradezu eine Überraschung, wenn der Widerstand, den sie weckte, nicht irgendwann zu einem Mord geführt hätte. Aber dafür gibt es keinerlei Anhaltspunkte, die über reine Spekulation hinausgehen.

Wir wissen, dass Echnaton ungefähr in seinem Regierungsjahr 17 starb, aber wir wissen nicht, wie er starb. Aus den fragmentarischen Resten im Königsgrab können wir schließen, dass er ein Staatsbegräbnis bekam, an dem zumindest die paar Tausend Menschen teilnahmen, die in Tell el-Amarna lebten. Wenn bei Echnatons Tod Machenschaften im Spiel waren, dann wurde das so gut verborgen, dass wir ohne seine Mumie als Zeugnis nicht darauf hoffen können, das zu entdecken.

Wir wissen, dass nach seinem Tod Semenchkare und Meritaton den Thron erbten, dass sie nur kurze Zeit herrschten und dann beide verschwanden. Als Anchesenpaaton, die dritte Tochter Echnatons und Nofretetes, Tutanchaton heiratete, hat sie, wie die Logik nahe legt, wohl ein Recht auf den Thron gehabt, das sie ihrem Gemahl übertragen konnte – mit anderen Worten muss sie die älteste, wenn nicht die einzige noch lebende Tochter des Königs gewesen sein. Daraus folgt, dass ihre Schwester Meritaton tot gewesen sein muss. Wir wissen, dass Meritaton um das Jahr 2 der Regierungszeit ihres Vaters geboren wurde, sodass sie ungefähr fünfzehn war, als ihr Vater starb und ihr Gemahl auf den Thron kam. Wenn Semenchkare etwa ein Jahr herrschte, war sie sechzehn, als sie verschwand. Dieses frühe Verschwinden, und dann noch zur gleichen Zeit wie Semenchkare, kommt uns verdächtig vor. Das Grab Meritatons wurde nie gefunden, und auch in ihrem Fall lässt sich ohne die Mumie nichts beweisen.

Aber wir haben natürlich die Mumie Tutanchamuns, und die Untersuchung im Jahr 1968 ergab eine dünne Stelle im Schädelknochen hinter dem linken Ohr, die, wie Harrison meinte, die Folge eines Schlages auf den Kopf gewesen sein könnte. Wurde er also ermordet? Das wurde häufig vermutet. Aber um es zu belegen, brauchen wir drei Dinge: eindeutige forensische Beweise, ein Motiv und einen Mörder. Was erstere angeht, so werden wir im letzten Kapitel noch genauer auf die Ergebnisse der medizinischen Untersuchungen eingehen. Das Motiv haben wir vielleicht im Hintergrund der ganzen Ära gefunden. Aber wer war der Mörder? Wenn Semenchkare und Meritaton tatsächlich ermordet wurden, dann war es vielleicht beide Male dieselbe Person. Aber wenn jemand Semenchkare und Meritaton ermordet hatte, warum ließ er dann Tutanchamun so lange leben, dass er den Thron erben konnte, nur um neun Jahre später ein zweites Mal zuzuschlagen?

Wir müssen mehr über Semenchkare herausfinden. Bisher wissen wir über ihn nur, dass er der ältere Bruder Tutanchamuns ist. Da der Block in Hermopolis (s. S. 195) zeigt, dass Tutanchamun ein Königssohn war, muss das logischerweise auch für Semenchkare zutreffen. Und ganz gleich, welcher König sein Vater war, stehen wir hier wieder vor dem alten, fast unüberwindlichen Problem, denn er kann nur Echnatons Bruder oder Sohn gewesen sein.

Die Veröffentlichung der ersten Grammatik ägyptischer Hieroglyphen von Jean François Champollion (1790–1832) durch seinen Bruder Jacques-Joseph in den Jahren 1836–1841 eröffnete einen neuen Zugang für das Studium des alten Ägypten. Dieser ältere Bruder hatte bei der Expedition Napoleons nach Ägypten im Jahr 1798 mitgehen wollen, wurde aber aus noch immer ungeklärten Gründen abgelehnt. Offenbar hat er seine Leidenschaft für alles Ägyptische an Jean François weitergegeben, der bis heute als derjenige gilt, der als erster die Hieroglyphen entschlüsselt hat.

Aber diese Auszeichnung ist nicht ganz zutreffend. Zwar publizierte Champollion die erste Grammatik und das erste Wörterbuch, aber das Verdienst der Erkenntnis, dass die Hieroglyphen keine mystischen und symbolischen Zeichen, sondern Buchstaben sind, die Laute repräsentieren, muss Thomas Young aus Milverton in Somerset zuerkannt werden. Young veröffentlichte seinen ersten Kommentar der Inschriften des Steins von Rosette und die Entzifferung der darauf in Hieroglyphen geschriebenen Königsnamen im Jahr 1815 – zwanzig Jahre vor der Veröffentlichung von Champollions Grammatik. Nachdem Young acht Jahre später, 1823, mit Champollion korrespondiert hatte, veröffentlichte er sein Werk *Hieroglyphical Literature and Egyptian Antiquities, including the author's original alphabet as extended by M. Champollion*. Dieses Werk wurde zwar alles andere als ein Bestseller und ist bis heute nur wenig bekannt, aber es hatte einen weit reichenden Einfluss auf viele Wissenschaftler.

Einer von ihnen, der Mathematiker George Butler, wurde 1805 mit einunddreißig Jahren zum Schulleiter von Harrow ernannt. Er studierte bei Young Hieroglyphen, und die beiden wurden gute Freunde. Butler war von Youngs Arbeit über Hieroglyphen fasziniert und begeistert und reichte sie seinerseits an viele seiner Schüler in Harrow weiter. Unter ihnen war der damals sechzehnjährige John Gardner Wilkinson, der 1813 in Harrow aufgenommen wurde. Butler brachte Wilkinson alles bei, was er selbst gelernt hatte. 1821 reiste Wilkinson, der finanziell unabhängig war und in seiner Liebe zum Ägyptischen von mehreren Freunden unterstützt wurde, nach Ägypten, kopierte Bilder und Inschriften, wo immer er hinkam, und blieb die nächsten zwölf Jahre dort.

Wilkinson besuchte 1824 zum ersten Mal Tell el-Amarna. Man weiß nicht, was ihn dorthin zog, denn es gab damals noch keinerlei Veröffentlichung über diesen abgelegenen Ort. Vielleicht kam er ganz zufällig hin. Aber er besichtigte mehrere der Beamtengräber, die schon erschlossen waren, und im Laufe der folgenden Jahre zeichnete er Kopien und machte »Abdrücke« auf Papier von den Szenen, die er dort vorfand. 1837 veröffentlichte er einige dieser Szenen in einer mittlerweile bekannten und beliebten Buchreihe mit dem Titel *Manners and Customs of the Ancient Egyptians*. Die ausgesprochen merkwürdigen Menschen, die in den Reliefs von Tell el-Amarna erscheinen, waren eine Offenbarung, und immer mehr Menschen wollten den Ort mit eigenen Augen sehen.

Dass Wilkinson bei Butler schon Hieroglyphen kennen gelernt hatte, erwies sich nun als äußerst nützlich. Es sieht so aus, als habe er allein durch das Kopieren und Studieren so vieler Inschriften gelernt, einen Großteil der altägyptischen Sprache zu lesen und zu verstehen, lange vor der Veröffentlichung der ersten Grammatik. 1828 veröffentlichte er seine *Materia Hieroglyphica,* eine Liste der wichtigsten Götter Ägyptens in Hieroglyphen und Übersetzung sowie der Könige in chronologischer Reihenfolge.

Vor Wilkinsons Buch war die einzige Liste der altägyptischen Könige, die Wissenschaftlern zur Verfügung stand, die von Manetho (s. S. 204) kopierte, in der die Namen der Könige in die griechische Schreibweise überführt worden waren. Wilkinson veröffentlichte die Namen nun erstmals in Altägyptisch. Es wurde sofort ersichtlich, dass die beiden Listen nur wenig Ähnlichkeit miteinander hatten. Er überließ es späteren Forschern, die beiden Listen so weit wie möglich miteinander in Einklang zu bringen, aber zumindest gab er den Wissenschaftlern erstmals eine Struktur der altägyptischen Geschichte an die Hand, mit der sie arbeiten konnten, und zwar in der Sprache der alten Ägypter.

Wilkinson war der erste, der den unbekannten König von Tell el-Amarna identifizierte. Er nannte ihn Chuenaten und seinen Nachfolger Smenchkara.

Einer der ersten Kopisten, die, angelockt von den Entdeckungen Wilkinsons, nach Tell el-Amarna gingen, war Nestor L'Hote, ein Zeichner, der zu den besten Freunden Champollions gehörte. Ihm folgte bald Achille Prisse-d'Avennes. Letzterer stellte Ähnlichkeiten zwischen den Bildern in Tell el-Amarna und den Reliefs am neunten Pylon in Karnak fest – dem von Haremhab erbauten Torturm, in dem Jahre später die vielen *talatat*-Blöcke als Füllmaterial entdeckt wurden. Karl Richard Lepsius, der Tell el-Amarna 1842 besuchte, erweiterte den Fundus verfügbarer Informationen in Gestalt von Kopien und Inschriften in seinem ab 1849 veröffentlichten Werk *Denkmäler aus Ägypten und Äthiopien.* Er fügte der Liste Wilkinsons Beispiele für die Namen des Königs und seiner Familienangehörigen bei und klärte die Thronfolge. Auf der Grundlage so vieler Informationen konnten sich die Wissenschaftler erstmals daran machen, die Inschriften zu analysieren, ohne dass sie nach Ägypten reisen mussten.

Zu dieser Zeit wusste man bereits, dass jeder König von Ägypten nicht nur einen, sondern fünf verschiedene Namen hatte, von denen jeder einen anderen Aspekt seines Königtums repräsentierte. Drei dieser Namen wurden selten gebraucht. Der 𓅭𓇳-Name, den er bei seiner Geburt erhielt, wurde zusammen mit dem Bild einer Spießente mit einer Sonne über dem Rücken (d.h. »Sohn der Sonne«) in einer Kartusche geschrieben, einer ovalen Seilschleife, die am Ende verknotet ist. Mit diesem Namen hatten die meisten Menschen den jeweiligen König bereits zu identifizieren begonnen. So waren etwa Ramses, Sethos und Amenophis allesamt Geburtsnamen oder 𓅭𓇳 und der Öffentlichkeit bereits bekannt. In der Wissenschaft fügte man dann, um verschiedene Könige mit demselben Namen unterscheiden zu können, Nummern hinzu – wie z. B. Amenophis III. –, obwohl die Ägypter selbst das niemals taten.

Der 𓅭𓇳-Name wurde zwar regelmäßig in die Standardtitel mit aufgenommen, wurde aber abgelegt, wenn sein Träger König wurde. Bei der Krönung erhielt er einen anderen Namen, einzigartig und nur ihm allein zugehörig. Dieser Name, der in einer Kartusche unter einer Binse und einer Biene geschrieben wurde, heißt *nesu biti*. Er erscheint einem heutigen Leser oft sehr kompliziert, aber es war der Name, unter dem die Ägypter ihre Könige kannten. So war etwa der *nesu biti*-Name von Ramses II. Usermaatre Setepenre – fast ein Zungenbrecher.

Wir wissen heute wenig darüber, wie das Altägyptische ausgesprochen wurde – die Information über diesen Aspekt der Sprache ist uns weitgehend verloren gegangen. Die Auslandskorrespondenz wurde aber in Tell el-Amarna nicht in Hieroglyphen geschrieben, sondern in Keilschrift, die in feuchte Tontafeln eingedrückt wurde, die man anschließend trocknete. Aber der Begriff »Keilschrift« bezieht sich lediglich auf die Form der Zeichen und nicht auf eine Sprache (so wie heute die kyrillische Schrift für verschiedene slawische Sprachen gilt). Die Sprache, in der die Briefe abgefasst waren, war das Akkadische – die Sprache von Akkad in Syrien. Die ägyptischen Schreiber mussten in Briefen die Namen schreiben, wie sie sie hörten und nicht, wie sie buchstabiert wurden. So wird etwa Amenophis III., dessen *nesu biti*-Name Nebmaatre war, in den Briefen als »Nimmuria« bezeichnet, Amenophis IV. (Nefercheprure Waenre) als »Niphuria« und Tutanchamun (Nebcheprure) als »Nibchuria«.

Als gegen Ende des 19. Jahrhunderts das öffentliche Interesse an Altägypten stärker wurde, begannen die Übersetzer die 𓅭𓇳-Namen der Könige zu verwenden. Hatten sie beispielsweise eine Inschrift in einer Kartusche mit dem Namen »Nebcheprure« vor sich, dann stand in der Veröffentlichung dafür meist »Tutanchamun«. Das entsprach zwar nicht der Bezeichnung in

Hieroglyphen, aber der Gedanke dahinter war, dass der Durchschnittsleser sich den Namen »Tutanchamun« schneller merken kann als den Namen »Nebcheprure«. In allen Büchern heißt es, Carter habe Tutanchamuns Grab aufgrund der Siegel auf der äußeren, mit Mörtel verschlossenen Tür identifiziert, auf denen sein Name stand. Tatsächlich stand darauf der Name »Nebcheprure«. Aber solange wir sicher sein können, dass sich die beiden Namen auf denselben König beziehen, spielt diese Unkorrektheit keine große Rolle.

Dasselbe gilt für Ortsnamen. So wissen wir etwa, dass die Stadt, die Echnaton baute, Achetaton hieß. Vertrauter ist uns der heutige Name Tell el-Amarna für diesen Ort, obwohl der Name aus einem Missverständnis entstand und ein solcher Ort eigentlich gar nicht existiert. Wenn eine Inschrift in Hieroglyphen  lautet, wird sie in einem Buch normalerweise als Tell el-Amarna wiedergegeben, nicht als Achetaton.

Diese schlechte Gewohnheit ist auch heute noch gang und gäbe. Sie werden bemerkt haben, dass ich meist beide Namen eines jeden Königs nenne. Das ist zwar ein wenig umständlich, aber dafür eine genauere Form der Benennung. Zumindest stellt die Angabe beider Namen eindeutig klar, von wem die Rede ist, während die Nennung nur eines Namens irreführend sein kann und die Verwirrung, die mitunter aus der Veröffentlichung nur eines Namens entsteht, kann eine Menge Unheil stiften.

Zu Beginn des 20. Jahrhunderts war die Existenz der Amarnakönige bereits gut bezeugt, der Name »Chuenaten« war zu »Echnaton« korrigiert und die Abfolge dieser Könige auf dem Thron festgestellt worden. Bekannt war damals auch schon der Name von Echnatons Gemahlin, Nofretete, obwohl ihr Name in Tell el-Amarna meistens entweder als Neferneferuaton Meri Waenre oder als Neferneferuaton Meri Echnaton geschrieben wurde, wobei Meri »geliebt von« heißt. Offenbar bekam sie den Namen »Neferneferuaton« zu dem Zeitpunkt, an dem sich ihr Gemahl »Echnaton« nannte, nämlich beim Umzug nach Tell el-Amarna. Korrekterweise müssten wir daher sagen, dass Nofretete mit Amenophis IV. Nefercheprure Waenre verheiratet war, während Echnaton mit Neferneferuaton Meri Waenre vermählt war. Waenre, ein Teil des *nesu biti*-Namens Echnatons, war der Name, der gewöhnlich in der Stadt und ihrem Umkreis für den König gebraucht wurde.

Es war also, und das ist auch heute noch vielen Menschen nicht klar, der Geburtsname, den der König geändert hat, und nicht der Thronname. Und von der Änderung seines Geburtsnamens haben die meisten seiner Zeitgenossen wahrscheinlich gar nichts erfahren. Sein Thronname, Nefercheprure Waenre, blieb dagegen während der gesamten Regierungszeit des Königs unverändert. Angesichts der Annahme, dass er alle anderen Götter verbannt und den Aton zum einzigen Gott erkoren haben soll, ist es interessant, sich vor Augen zu führen, dass seine Namen Neferchepru*re* Waen*re* lauteten und dass seine letzten beiden Töchter mit Nofretete Neferneferu*re* und Setpen*re* genannt wurden. Das spricht nicht eben für die Monotheismustheorie.

Weiterhin hatte man entdeckt, dass der König und die Königin sechs Töchter hatten. Vor den Namen einer jeden schrieb man routinemäßig »Königstochter, von seinem Leibe, von ihm geliebt«, manchmal mit dem Zusatz »geboren von der Großen Königsgemahlin Nofretete Neferneferuaton, geliebt von Waenre«. Die Töchter erscheinen nach und nach in einer Reihenfolge, die leicht nachzuvollziehen ist. Die älteste war Meritaton, gefolgt von Maketaton, Anchesenpaaton, Neferneferuaton Tascherit, Neferneferure und Setpenre. Semenchkare erhielt, als er im Jahr 12 von Echnaton zum Mitregenten gekrönt wurde, den Thronnamen Djoserchepure. Nach dem Tod Echnatons, als er Alleinherrscher wurde, fügte man noch einen weiteren Namen hinzu – Anchcheprure. Beide Namen erscheinen mit dem Zusatz »Meri Nefercheprure« – »geliebt von Nefercheprure« (Echnaton).

Am Anfang gab es nur spärliche Hinweise darauf, dass es Semenchkare überhaupt gegeben hatte. Seine Rolle im Drama von Tell el-Amarna wurde erst Stück um Stück im Laufe vieler Jahrzehnte zu einem Bild rekonstruiert, das wir heute als alarmierend empfinden. Sehen wir uns die Zeugnisse in chronologischer Reihenfolge an.

Die meisten Reliefs in den Beamtengräbern von Tell el-Amarna beschränkten sich auf Darstellungen der Königsfamilie, deren Leben in der Stadt und auf Abbildungen der Stadt selbst. Aber es gab einige ungewöhnliche Szenen. Im Grab von Merire II (Grab Nr. 2, s. S. 263) kopierten beispielsweise sowohl Nestor L'Hote als auch Achille Prisse-d'Avennes dasselbe Relief in der Hauptkammer. Es ist zwar stark beschädigt, zeigt aber einen König und eine Königin, deren Kartuschen allerdings zerstört wurden. Untersuchungen von Wissenschaftlern in jüngerer Zeit haben ergeben, dass sie ursprünglich lauteten »Semenchkare Djosercheprure« und »die Große Königsgemahlin Meritaton«. Als später die britischen Inschriftenkundler Nina und Norman de Garis Davies die Darstellungen getreulich von den Grabwänden kopierten, setzten sie diese Kartuschen in einer Ecke der Abbildung wieder ein. Aus diesem Bild wurde geschlossen, dass Meritaton den jungen »Semenchkare« geheiratet hatte, da sie nebeneinander standen und ihre Namen in Kartuschen eingeschlossen waren. Aus dem Stil der Namen schloss man, dass die beiden zum Zeitpunkt seines Aufstiegs zum Mitregenten heirateten. Da sie den Titel »Große Königsgemahlin« trug, muss ihr Gemahl König gewesen sein und daraus schloss man weiter, dass Semenchkare der direkte Nachfolger von Echnaton gewesen sein muss. Aber es war klar, dass dieser Semenchkare kein Mitglied der königlichen Kernfamilie war. Er muss aber eine wichtige Persönlichkeit gewesen sein, wenn Echnaton ihm seine älteste Tochter zur Gemahlin gab und ihn für die Thronfolge ausersah. Das Bild stützte damals auch die Auffassung der Wissenschaft, dass das Recht auf den Thron offenbar durch die älteste Tochter weitergegeben wurde, sodass ihr Gemahl die Krone von Ägypten bekam, ganz gleich, wen sie heiratete.

Andere Szenen in den Gräbern zeigten häufig Echnatons Mutter, die Große Königsgemahlin Teje, die unter den Strahlen des Aton gleichberechtigt neben König und Königsgemahlin dargestellt wurde. Man »wusste« bereits, dass sie eine »Bürgerliche« war. Auf der Restaurationsstele Tutanchamuns heißt es, dass bei seiner Thronbesteigung die Götter Ägypten den Rücken gekehrt hatten. Das wiederum deutet darauf hin, dass die Religion seines mittelbaren Vorgängers, Echnaton, das Gleichgewicht der Gesellschaft gestört hatte. Die Vorstellungen vom Aton waren angeblich sehr unterschiedlich zu denen von den alten Göttern. Dennoch stellten die Archäologen damals Echnaton als missgestaltet und schwächlich im Geiste hin. Die Menschen begannen sich zu fragen, ob seine Ideen überhaupt von ihm selbst stammten oder ob sie ihm von außen vorgegeben wurden. Da Teje eine »Bürgerliche« war, meinten manche, sie hätte ihren Sohn die neue Religion gelehrt.

Als die Gelehrten des 19. Jahrhunderts begannen, Texte zu übersetzen, besonders den *Großen Hymnus an den Aton* oder *Sonnengesang Echnatons* (siehe Anhang E), der im Grab des Eje gefunden wurde, fing man an, Parallelen zwischen Echnaton, Mose und sogar Jesus zu ziehen. In der stark religiös geprägten Atmosphäre der akademischen Welt der damaligen Zeit wurde der König als erster Monotheist angesehen. Die Gelehrten wussten, dass die Einführung des Monotheismus oder jeder radikal anderen religiösen Theorie in der Geschichte oft zu heftigem Widerstand bis hin zur Verfolgung geführt hat. Echnaton hatte seine eigene Stadt gegründet. Also war es »offenkundig«, dass die Heiden ihn vertrieben hatten. Da seine Stadt später zerstört und sein Name gezielt von vielen Monumenten getilgt wurde, sprach man immer öfter von religiösem Eifer, der in »religiöser Verfolgung« gipfelte, was fraglos akzeptiert wurde. Echnaton wurde als ein Mann angesehen, der seiner Zeit voraus war und protochristliche Lehren in einer heidnischen, polytheistischen Gesellschaft propagierte, die nicht die nötige Reife dafür besaß. In der Vorstellung der Gelehrten wurde er zum Anstifter einer Häresie.

Außerdem fand man in Tell el-Amarna auch einzelne Objekte mit dem Namen eines kaum bekannten Königs namens Tutanchaton Nebcheprure. Zuerst war unklar, wer er war. Aus der Tatsache, dass sein Name in einer Kartusche stand, leiteten die Gelehrten ab, dass er ein König gewesen sein muss. Im Tempel von Luxor fand man wunderbare Reliefs, die in die Wand der Kolonnade gemeißelt und mit Namen und Titel Haremhabs versehen waren, allerdings stellte man bald fest, dass mit ihnen die Namen Tutanch*amun* Nebcheprures verdeckt worden waren. Die Reliefs zeigten die Feier eines großen Opetfestes, das von diesem König ausgerichtet wurde. Daraus schloss man flugs, dass dieser wenig bekannte König, der unter dem Zeichen der Atonreligion geboren wurde, aufwuchs und von ihr auch seinen Namen hatte, sich später von dieser Häresie abwandte und die Religion der alten Götter wieder herstellte.

Inzwischen hatte 1906 Kurt Sethe, Professor für Ägyptologie an der Universität Göttingen, eine hervorragende Textsammlung aus dieser Zeit herausgegeben: *Urkunden der 18. Dynastie*. Sie machte sämtliche bekannten Texte aus jener Zeit allen Forschern für Untersuchungen zugänglich, nicht nur die Texte, die zu bildlichen Darstellungen gehören. Jetzt war im Text der Restaurationsstele zu lesen, dass Tutanchaton, der mit Anchesenpaaton, der letzten noch lebenden Tochter Echnatons, verheiratet war (Semenchkare und Meritaton waren inzwischen verschwunden), bei seiner Krönung in Ägypten ein religiöses Chaos vorgefunden hatte. Die Gelehrten waren empört, aber nicht überrascht, als sie erfuhren, dass Tutanchamun die alten Götter wieder eingesetzt und dem Aton den Rücken gekehrt hatte. Jetzt konnte man mit Sicherheit sagen, dass Echnatons monotheistische Religion das ganze Land in Aufruhr versetzt hatte. Außerdem wurde jetzt erkennbar, dass Tutanchamun, wie vor ihm schon Semenchkare, den Thron durch eine Heirat mit der Königstochter geerbt hatte.

Aber dieser Tutanchamun war ein schwer fassbarer König. So stellte man etwa fest, dass in den Königslisten, die die Ramessidenkönige meißeln ließen, die Namen von Echnaton Nefercheprure Waenre, Semenchkare Djosercheprure, Tutanchamun Nebcheprure und Eje Chepercheprure allesamt fehlten. Nach diesen Listen war der Thron direkt von Amenophis III. Nebmaatre an Haremhab Djosercheprure Setpenre gegangen. Die Sache wurde immer rätselhafter. Man wusste, dass diese fehlenden Könige existiert hatten, aber aus irgendeinem Grund wurde ihre Existenz offiziell geleugnet. Wenn Haremhab alle diese Regierungszeiten zusammenzählen und seinen eigenen hinzurechnen konnte, war klar, dass Semenchkare und Tutanchamun jeweils nur sehr kurze Zeit regiert haben konnten. Da sie in der Stadt Tell el-Amarna unbekannt waren und nirgendwo mit der übrigen Königsfamilie abgebildet wurden, nahm man an, sie müssten verwandt gewesen sein, vermutlich Brüder, die beide den Thron aufgrund ihrer Eheschließung erbten.

Es muss an dieser Stelle jedoch betont werden, dass keine Inschrift jemals die beiden tatsächlich als Brüder bezeichnet. Welche Macht aber hatte Semenchkare dann über Echnaton, dass er einem Niemand erlaubte, nächster König von Ägypten zu werden? Man begann von finsteren Verschwörungsplänen zu munkeln.

Im Januar 1907 erhielt man ganz unerwartet weitere Informationen über die gesamte Zeit. Zuerst entdeckte Davis die Grube im Tal der Könige (s. S. 61) mit acht Gefäßen, auf deren oberer Wölbung jeweils der Name Nebcheprure (Tutanchamun) stand. Die Gegenstände waren unordentlich in die Grube gepackt, zwischen den Krügen steckten Knäuel von schmutzigem Leinen. In jedem Krug fanden sich die Reste einer Mahlzeit und ein mit Blüten, Samen und Beeren bestickter Papyruskragen. Davis war überzeugt, er habe das Grab Tutanchamuns gefunden. Kurz darauf stießen er und sein Team auf das Grab Haremhabs. Er ließ seine »Grabungsberichte« von den beiden Entdeckungen zusammen im Jahr 1909 veröffentlichen, aber die meisten Ägyptologen waren inzwischen schon fest davon überzeugt, dass er keineswegs das Grab Tutanchamuns gefunden hatte.

Nach Davis' Auffassung waren jetzt zwei weitere »unbekannte« Könige von seiner Liste fehlender Könige der 18. Dynastie »abgehakt« – Tutanchamun und Haremhab. Von Echnaton nahm man an, er sei in Tell el-Amarna beigesetzt worden, deshalb rechnete man nicht damit, dass er ein Grab in Luxor hatte. So musste also nur noch Semenchkare Djosercheprure gefunden werden. Die Entdeckung von Grab KV 55 nur sechs Tage nach dem Fund der Grube, genau gegenüber dem prächtigen Grab von Ramses VI. Nebmaatre Meriamun erregte noch größere Aufmerksamkeit. Von Anfang an war klar, dass Grab 55 etwa aus derselben Zeit stammte wie die Grube, die die Nummer 54 bekam, da die äußere, mit Mörtel bestrichene Tür die Siegel Nebcheprures (Tutanchamuns) trug. Innen, quer über den mit Schutt gefüllten Korridor, lagen zwei hölzerne Platten. Ayrton bemerkte, dass auf einer von ihnen, die dick vergoldet war, der Name von Königin Teje stand. Das genügte, um Davis davon zu überzeugen, dass er das Grab der berühmten Großen Königsgemahlin gefunden hatte. Der Künstler Harold Jones kopierte den Bildschmuck und die Inschriften von Hand. Davis hielt die Platten jedoch für wertlos, deshalb ließ er sie an Ort und Stelle liegen, sodass beim Betreten des Grabes jeder darüber ging und sie rasch zu Staub zerfielen. Der Korridor führte in eine Kammer, die in Form und Größe fast mit der in Grab KV 62, dem Grab Tutanchamun Nebcheprures, identisch war. Hier war jedoch im Laufe der Jahrhunderte Wasser eingedrungen und hatte großen Schaden angerichtet. In dem Grab wurde eine Mumie gefunden, die ursprünglich in einem Sarg gelegen hatte, der auf einer sehr niedrigen Bahre stand. Diese Bahren fanden sich regelmäßig in Sarkophagen, aber hier fehlte der Sarkophag und es fanden sich im Grab auch keine Bruchstücke davon. Der Boden war mit Schutt bedeckt. Man machte nur rasch ein paar oberflächliche Fotografien und einige handschriftliche Notizen. Davis' Interesse beschränkte sich darauf, Gräber zu finden und dann so schnell wie möglich auszuräumen, damit er zum nächsten weitergehen konnte. Da er nach seiner Konzession Anspruch auf einen großzügigen Anteil der Funde in einem jedem bereits beraubten Grab hatte, konnte er auf diese Weise einige Gegenstände wegnehmen und als Ausgleich für die Grabungskosten verkaufen. Zu den Stücken, die er nahm und vermutlich veräußerte, gehörte ein einzigartiger goldener Geierkragen, der um den Hals der Mumie in Grab 55 lag, denn dieser tauchte einige Wochen danach bei Händlern in Luxor auf.

Die Bahre war zusammengebrochen, der Sarg zu Boden gestürzt und der Deckel dabei ein Stück zur Seite gerutscht, sodass er den Blick auf die Mumie freigab. Das Vorhandensein des Geierkragens, der über die äußeren Binden gelegt worden war, weist darauf hin, dass zu diesem Zeitpunkt die Binden noch intakt waren. Man stellte fest, dass der Deckel des Sarges stark verändert worden war. Der untere Teil des Deckels war eindeutig für ein Mitglied der Königsfamilie, denn er war über und über mit dem bekannten *rishi*- oder Federmuster bemalt. Aber der obere Teil, das Gesicht des Deckels, sah eher weiblich aus und stammte deutlich von einem ganz anderen Sarg. Er war irgendwo anders abgeschnitten worden, der untere Teil der Perücke fehlte, wodurch der Deckel fünf bis sieben Zentimeter kürzer wurde. Ein falscher Bart und ein Uräus – die aufgerichtete Kobra, die Könige und Königinnen an der Vorderseite ihrer Kopfbedeckung trugen – waren angefügt worden. Rätselhafterweise war auf der Vorderseite des Sargdeckels, dort, wo der Name hätte stehen sollen, nur ein akkurat ausgeschnittenes Rechteck im Holz zu sehen, an dem man das Gold absichtlich entfernt hatte. Entsprechend waren auch am Fußende rechteckige Stücke Gold herausgeschnitten worden. Aus irgendeinem Grunde sollte die Identität der Person in dem Sarg offenbar verborgen bleiben.

Bei der Untersuchung der Mumie wurden grobe Fehler gemacht. Aus den erhalten gebliebenen Notizen geht hervor, dass zu der Zeit, als die Mumie zur Untersuchung in Kairo eintraf, die Binden schon weitgehend entfernt und der Körper selbst bereits stark beschädigt war. Davis hatte diese Mumie über Weigall in der Annahme nach Kairo geschickt, es handle sich um die sterblichen Überreste von Königin Teje. Nach kurzer Zeit schrieb der Pathologe Elliot Smith einen Brief an Davis, in dem er erklärte, die Mumie sei nicht die einer alten Frau, sondern die eines jungen Mannes. Bei seinem Tod sei er schätzungsweise zwanzig Jahre alt gewesen.

Die Gelehrten wollten so schnell wie möglich das Rätsel lösen und herausfinden, wer der Sarginhaber war. Keiner der Gegenstände im Grab war dabei eine große Hilfe. Ein Satz Kanopenkrüge mit den Eingeweiden des oder der Verstorbenen hatte Deckel in Form von Köpfen, die weiblich aussahen, aber keine Namen aufwiesen. Auf vier Ziegeln stand der Name Neferchepruге Waenre. Man fand zwei Krüge, einen grünlichen mit den Titeln von Amenophis III. Nebmaatre und einen aus Obsidian mit dem Namen desselben Königs und der Königsgemahlin Teje. Tejes Name stand auch auf den Holzplatten sowie auf einem hölzernen Bruchstück. Das Grab insgesamt war eindeutig von Tutanchamun gefüllt und dann versiegelt worden, denn sein Name stand auf den äußeren Siegeln. Da es sich um den Leichnam eines jungen Menschen, offenbar eines Mannes handelte, konnte es nicht der Tejes sein. Es konnte auch nicht der von Amenophis III. Nebmaatre sein, denn dieser hatte neununddreißig Jahre lang regiert. Es konnte auch nicht der Echnatons sein, denn er herrschte siebzehn Jahre lang, hatte kurz nach seiner Krönung geheiratet und war Vater geworden; allerdings meinen einige Forscher bis auf den heutigen Tag, es sei doch der Leichnam Echnatons. Davis weigerte sich bis zu seinem Tode, den Bericht des Pathologen anzuerkennen und hielt in seinem Grabungsbericht daran fest, dass er Teje gefunden habe. Jedenfalls wurde inzwischen die Mumie einer älteren Dame, die im Grab von Amenophis II. gefunden wurde, anhand der Haarlocke in Tutanchamuns Grab als die Tejes identifiziert.

Damit haben wir also noch eine Mumie und das Grab eines jungen Mannes aus der Zeit Tutanchamuns übrig, dessen Identität bewusst vertuscht wurde. Durch ein logisches Ausschlussverfahren kam man zu dem Ergebnis, es könne sich nur um eine einzige Person handeln, nämlich Semenchkare. Obwohl sein Name nirgendwo im Grab oder seiner Umgebung gefunden wurde, waren sich die Forscher in ihrem Urteil nahezu einig. Die Tilgung des Namens auf dem Sargdeckel lieferte ebenfalls Stoff für hitzige Debatten. Klar war, dass es sich nicht um eine Erstbestattung, sondern um eine Wiederbestattung handelte, da so wenige, dazu armselige und kunterbunt gemischte Objekte in dem Grab gefunden wurden, außerdem musste diese Wiederbestattung während der Regierungszeit Tutanchamuns stattgefunden haben. Das machte Sinn, wenn es sich um seinen Bruder handelte. Aber warum dann seine Identität verschleiern? Offenkundig musste Tutanchamun etwas Beschämendes verbergen. Offenbar hatte der Kindkönig seinen Bruder bestattet und wollte, dass seine Mumie in Sicherheit war, fürchtete aber aus irgendeinem Grund, sie könnte zerstört werden, wenn man sie identifizieren konnte. Alles deutete darauf hin, das Tutanchamun ihn schützen wollte, weil Semenchkare etwas getan hatte, was die Öffentlichkeit gegen ihn aufbrachte.

Vor diesem Hintergrund war es unvermeidlich, dass es, als Ludwig Borchardt 1911 die ersten größeren Grabungen in Tell el-Amarna vornahm, eine allgemeine Erwartungshaltung in Bezug auf das gab, was dort zu finden war. Man wollte mehr Informationen über Semenchkare haben und besonders darüber, was in seinem Nachfolger solche Schamgefühle geweckt haben könnte. Aber der Erste Weltkrieg setzte Borchardts Arbeit ein vorzeitiges Ende. Eine seiner wichtigsten Entdeckungen war die Werkstatt eines Bildhauers namens Thutmosis. Er fand dort mehrere Köpfe, darunter das Meisterwerk des Bildhauers: den bemalten Kopf, der heute in Berlin steht und als Nofretete identifiziert wurde. Da ich aber an so vielen Stellen betone, wie notwendig große Sorgfalt bei der Benennung von Funden in Ägypten ist, sei darauf hingewiesen, dass der Kopf nicht mit einem Namen versehen ist. Zwar entspricht die Kopfbedeckung derjenigen, die Nofretete getragen hat, aber wir müssen vorsichtshalber anfügen, dass wir nicht sagen können, ob sie ausschließlich von ihr getragen wurde. Da beispielsweise Meritaton alle Rollen ihrer Mutter in Tell el-Amarna erbte, ist es auch möglich, dass der Kopf ein Bildnis von ihr ist. In derselben Werkstatt fand man auch eine Reihe von mysteriösen »Masken« aus Gips, die an lebenden Personen modelliert waren. Da sie in der Werkstatt des

Bildhauers gefunden wurden, der Statuen von der Königsfamilie anfertigte, vermutete man, es müsse sich um Modelle nach Masken handeln, die der Königsfamilie abgenommen wurden. Der Bildhauer verwendete sie, um ein realistisches Bild zu erzielen, wenn seine Modelle nicht für ihn »sitzen« konnten. Die Gelehrten identifizierten sie auch rasch: Eine ältere Frau »musste« Teje sein, ein Individuum mit einem langen Kinn »musste« Echnaton selbst sein, ein älterer Mann »musste« Eje sein und ein blass wirkender Jüngling »musste« Semenchkare sein – das wäre das erste Bildnis des jungen Mannes.

Damit erreichen wir das Jahr 1921 und den Beginn umfangreicher Grabungen der Egypt Exploration Society in Tell el-Amarna (s. S. 263). In der Saison 1921/22 wurde intensiv im Maruaton, dem Südpalast, gegraben, wo in den Gärten hinter dem Haupthaus mit Säulengang Fragmente aus Quarzit gefunden wurden, Überreste kleiner Kioske, die in Hieroglyphen als »Sonnenschatten« bezeichnet wurden und in kleine Stücke zerschlagen waren. Viele dieser Fragmente trugen keine Inschriften und waren relativ uninteressant. Aber einige hatten eine Geschichte zu erzählen. Blackman schrieb in seinem Grabungsbericht:

> Die Persönlichkeit Echnatons hat in der modernen Zeit ein so starkes Interesse gefunden, dass keine neue Information über ihn als unwichtig angesehen werden kann. Und aus den Ruinen von el-Hawata (Maruaton) konnten wir nicht nur ein lebendiges Bild davon rekonstruieren, wie der fromme König sich vergnügte, sondern auch einen neuen und unerwarteten Einblick in sein häusliches Leben gewinnen, das er so unermüdlich zur Schau stellte.
>
> Wie an anderen Orten sind die Inschriften ebenso wie die Reliefszenen von monotoner Einförmigkeit; die Titel des Aton und des Königs werden mitsamt den konventionellen Beiwörtern und Lobsprüchen bis zum Erbrechen wiederholt, und auf allen Monumenten war Königin Nofretete bei der aktiven Mitwirkung beim Atongottesdienst dargestellt,

nachgeordnet lediglich dem königlichen Hauptakteur. Aber wie sonst nirgendwo, ist hier der Name der Königin in fast allen Fällen sorgfältig getilgt und der ihrer ältesten Tochter als Palimpsest auf den Stein geschrieben worden. Ihre charakteristischen Gesichtszüge wurden mit Zement überdeckt, zu einem neuen Gesicht gemeißelt und ihr Kopf zum übertrieben langen Schädel der Kronprinzessin vergrößert. Am gründlichsten nahm man diese Änderung im Fall des kleinen Tempels und der Kioske auf der Insel vor – einer Gruppe von Gebäuden, die offenbar »Der Schatten des Re« [d.h. Sonnenschatten] genannt wurden. In der Eingangshalle beschränkt sie sich auf die auffälligeren Stellen, aber die Intention ist dieselbe. Der Besitz dieses Bereiches oder die Schirmherrschaft über ihn ging von der Mutter an die Tochter über, entweder noch zu Lebzeiten der Mutter oder bei ihrem Tod. Aber Nofretete wäre wohl zu Lebzeiten kaum mit einem so öffentlichen Affront einverstanden gewesen, und ihr Tod wäre von ihrem so treu liebenden Gemahl sicherlich kaum als Gelegenheit genutzt worden, ihr Andenken zu tilgen. Müssen wir daher annehmen, dass die Situation im Königshaus nicht so glücklich war, wie sie aussah, und dass ein Streit, der so schwerwiegend war, dass er die Königin ihre Position kostete, eine Idylle beendete, die lange Zeit das Standardthema der Hofkünstler war?

Die Entdeckung zahlreicher Inschriften mit dem Namen Nofretetes im Nordpalast besiegelte diesen Verdacht. Name und Titel Semenchkares wurden nach Jahr 12 gefunden. Der ungeheuerliche Streit im Königshaus, den die Palimpsest-Inschriften auf den Fragmenten im Maruaton vermuten ließen, hatte tatsächlich stattgefunden. Die viel geliebte Nofretete war hinausgeworfen und durch ihre Tochter Meritaton ersetzt worden. Meritaton war Teil der Verschwörung, da sie später Semenchkare heiratete; und da es von Semenchkare hieß, er sei Meri Waenre, geliebt von Waenre, brauchte man nicht lange, um zwei und zwei zusammenzuzählen. Semenchkare und Echnaton waren offenkundig ein Liebespaar. Echnaton hatte mit Nofretete gestritten, die daraufhin in den Nordpalast geflohen war. Da man nie mehr etwas von ihr hörte, war sie offensichtlich gestorben. Dann ersetzte Meritaton, sei es freiwillig oder unter Zwang, zuerst ihre Mutter im Königspalast und heiratete dann Semenchkare, um die Fehltritte ihres Vaters so gut wie möglich zu vertuschen. Semenchkare hatte seinen kleinen Bruder mit in den Palast gebracht. Nach Echnatons Tod ging der Thron für kurze Zeit an Semenchkare und Meritaton, dann wurden sie beseitigt. Anchesenpaaton war die einzige, die noch von der Königsfamilie übrig war, deshalb wurde sie gezwungen, Tutanchaton zu heiraten, der dadurch den Thron erbte. Später kehrte er nach Luxor zurück, setzte die alte Religion wieder ein und änderte seinen Namen in Tutanchamun um. Dann sorgte er dafür, dass der Leichnam seines Bruders ins Tal der Könige umgebettet wurde. Angesichts der Natur von Semenchkares Beziehung zu Echnaton ließ Tutanchamun die Identität seines Bruders sorgsam verbergen, weil er fürchtete, jemand könnte die Mumie finden, erkennen und dann zerstören.

Da man nun die Tatsachen kannte, suchte man nach weiteren Belegen für diese Thesen. Man fand sie bald. Eine Stele des Offiziers Pasi im Berliner Museum zeigte das saft- und kraftlose Paar zusammen; einer schenkt dem anderen Wein ein, und die beiden liebkosen einander zärtlich. Eine Statue im Louvre, die stilistisch deutlich nach Amarna gehört, aber keine Ähnlichkeit mit irgendjemandem aus der Königsfamilie besitzt, wurde ebenfalls als Darstellung Semenchkares identifiziert. Weitere Zuschreibungen folgten. In Kairo identifizierte man die Personen auf einem farbigen Ostrakon (einer Ton- oder Kalksteinscherbe mit Zeichnung oder Schrift), eine männliche Figur im Amarnastil, die sich auf einen Stab stützt, und eine weibliche Figur, die ihm eine Lotusblüte reicht, definitiv als Semenchkare und Meritaton. Im Zeitraum weniger Jahre wurde jedes Kunstwerk aus der Amarnazeit, ob Wandbild, Relief oder Statue, das man nicht sofort als eine der erkennbaren Figuren dieser Periode identifizieren konnte, mit der Beschriftung »wahrscheinlich Semenchkare« versehen.

So langsam ordnete sich alles und ergab einen Sinn. Nachdem diese Fakten von den Forschern zusammengetragen worden waren, erregte die Entdeckung des Grabes von Tutanchamun im Jahr 1922 nicht wegen des Goldes ein so großes Interesse bei der Fachwelt, sondern wegen der Erkenntnisse, die nun vielleicht – aufgrund neuer Informationen – über seine Identität gewonnen werden konnten und somit auch über die Identität Semenchkares. Aber es gab keine Informationen. Die Fachleute waren enttäuscht, und obwohl die seltsamsten Theorien vorgebracht wurden, hatten die Experten das Gefühl, die Spur sei verloren gegangen.

1961 tauchten ganz unerwartet neue Informationen auf. In seinem klassischen Werk *Geschichte des alten Ägypten* schrieb Sir Alan Gardiner in einer Anmerkung:

> Auf erst kürzlich veröffentlichten Vasen aus dem Metropolitan Museum of Art und dem Britischen Museum findet sich der Name einer Kija, die als »große geliebte Gemahlin« von König Achenaten bezeichnet ist... Dies sind die ersten eindeutigen Belege dafür, dass der Ketzerkönig neben seiner offiziell anerkannten Gemahlin Nofretete eine Nebenfrau hatte, die vermutlich eine von vielen war.*

Das hätte natürlich jedem klar sein müssen. Merire II wird überall in seinem Amarnagrab als »Vorsteher des königlichen Harems der Großen Königsgemahlin Nofretete« bezeichnet, und Bilder in den Gräbern und Ausgrabungen im Königspalast hatten ausgedehnte Haremsgebäude gezeigt. Selbstverständlich hatte jeder König von Ägypten zahlreiche Gemahlinnen und viele von ihnen wurden wahrscheinlich auf Bildern dargestellt, aber wenn man sie nicht identifizieren konnte, blieben sie anonym. Warum sollte Echnaton nicht viele Gemahlinnen gehabt haben? Das war niemandem als potentielles Forschungsgebiet in den Sinn gekommen, weil die Liebe zwischen Echnaton und Nofretete so stark schien und überall so explizit hervorgehoben wurde, bis Semenchkare auf der Bildfläche erschien. Jetzt begannen die Fachleute tiefer zu graben. Ab 1971 erschienen zahlreiche Zeitschriftenartikel darüber und es zeigte sich, dass der Name, die Titel und auch Bilder von Kija zahlreicher waren als bisher angenommen. Man stellte fest, dass sie als 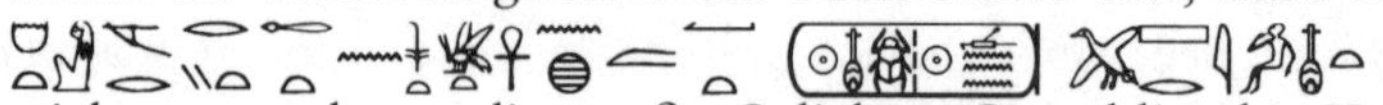 bezeichnet wurde – »die große Geliebte, Gemahlin des Königs, der in der Wahrheit lebt, Nefercheprure Waenre, Kija, das prächtige Kind«. Jetzt fand man auch Bilder von ihr. Sie war an einer charakteristischen Perücke zu erkennen, die zwar kurz war, aber zu beiden Seiten ihres Gesichtes in langen Spitzen auslief, häufig trug sie auch erkennbar große Ohrringe.

Unter Fachleuten führte die Entdeckung einer zweiten Gemahlin und vermutlich noch weiterer Frauen im Harem zu Fragen nach Echnatons Neigungen. Die Spur begann und endete bei Semenchkare. Plötzlich wurde man misstrauisch. Wenn Sie jetzt rasch noch einmal auf das früher in diesem Kapitel präsentierte Material zurückschauen, werden Sie immer wieder auf die Worte »daraus schloss man« stoßen. Tatsächlich wurde fast die ganze Geschichte Semenchkares auf einer Reihe von Implikationen aufgebaut. Jede einzelne für sich genommen war durchaus plausibel, aber insgesamt ruhte die ganze Geschichte mehr auf Annahmen als auf Erkenntnissen der Archäologie. Als die Ägyptologen allmählich skeptischer wurden und handfeste Beweise statt aufgebauschter Rhetorik verlangten, schienen sich in der Archäologie der Amarnazeit plötzlich mehr Fragen als Antworten aufzutun.

1973 waren sowohl John Harris als auch Julia Samson Semenchkare archäologisch dicht auf den Fersen. Beispiele von Abbildungen, die Semenchkare mit Echnaton zeigten, wurden jetzt genauer untersucht, und Harris veröffentlichte daraufhin unwiderlegbare Beweise dafür, dass die Gestalt neben Echnaton auf der Stele des Pasi nicht Semenchkare sein konnte. Zwar waren den beiden Figuren keine Namen zugeordnet, aber bis zur Entdeckung der Palimpseste im Maruaton hatte man sie für Echnaton und Nofretete gehalten. Erst später, als die Gelehrten schon auf der Suche nach Semenchkare waren, änderte man die Zuschreibung. Harris weist auch darauf hin, dass der Name eines Königs stets in zwei Kartuschen geschrieben wurde, während der Name der Großen Königsgemahlin in nur einer Kartusche steht. Auf der Stele des Pasi gab es drei leere Kartuschen, was bewies, dass es sich um einen König und eine Königsgemahlin handelte und nicht um zwei Könige, denn dann hätten vier Kartuschen vorhanden sein müssen. Bei anderen Reliefs und Bildern war es genauso. Am Ende trug kein einziges Bild von Semenchkare auch tatsächlich einen Namen, und aus unterschiedlichen Gründen wurden die namenlosen Bildnisse, die man bisher eindeutig Semenchkare zugeschrieben hatte, als unzuverlässig eingestuft. 1974 gab es keine einzige Darstellung mehr, die definitiv als Bildnis von Semenchkare identifiziert werden konnte.

Als nächstes wandte sich die Aufmerksamkeit den Inschriften zu. Samson wies darauf hin, dass die Ägyptologen angenommen hatten, dass nach dem Jahr 12 von Echnatons Regierungszeit, dem Jahr, in dem Nofretete aus allen Dokumenten verschwand, Semenchkare ihren Titel Neferneferuaton Meri Waenre übernommen habe. Da Nofretete im Jahr 12 verschwunden war, hatte man gefolgert, dass die Namen nicht mehr ihre sein konnten und daher Semenchkare gegeben worden seien, der sie ersetzte. Wo immer man also in den letzten Jahren der Regierungszeit Echnatons die Titel Neferneferuaton Meri Waenre fand, wurde er von Wissenschaftlern als »Semenchkare« veröffentlicht, obwohl es der anerkannte Name Nofretetes war. Aber der tatsächliche Name »Semenchkare« erscheint nur äußerst selten in Inschriften. So erläuterte Samson beispielsweise, dass auf den gesamten 45 000 *talatat*-Blöcken aus Hermopolis und Karnak der Name »Semenchkare« nicht ein einziges Mal erwähnt wurde. Dafür gab es zahlreiche Beispiele für »Anchcheprure«, den Namen, den Semenchkare bei seiner Krönung als

Alleinherrscher nach dem Tod Echnatons annahm. In vielen dieser Fälle war der Name tatsächlich »Anchetcheprure« geschrieben – was merkwürdig ist, weil das »t« darauf hinweist, dass es sich um den Namen einer Frau handelte. Bei Manetho (s. S. 204) heißt es, dass ein König, der auf »Oros« folgte (der als Amenophis III. identifiziert wurde) »Achencheres« hieß und dessen Tochter war. Die Wissenschaftler hatten angenommen, das müsse »Achenaton« (Echnaton) heißen und hatten das weibliche Geschlecht den verweiblichten Abbildungen von ihm zugeschrieben. Aber vielleicht war »Achencheres« in Wahrheit »Anchetcheprure« und vielleicht war das eine Frau.

Im Lichte dieser Spekulationen muss man nun die Inschriften im Grab Tutanchamuns auf einem Teil einer Truhe noch einmal unter die Lupe nehmen. Dort erscheint »Anchcheprure Meri Nefercheprure« in einer Kartusche, »Neferneferuaton Meri Waenre« in einer zweiten und »Große Königsgemahlin Meritaton« in einer dritten. Die Gelehrten erklärten, Semenchkare Anchcheprure müsse ein Mann sein, wenn »er« eine Große Königsgemahlin hatte; die Mumie in Grab KV 55 sei eindeutig die eines jungen Mannes, der als Semenchkare zu identifizieren sei, und der Sarg in diesem Grab sei zwar für eine Frau gemacht, dann aber durch das Hinzufügen eines falschen Bartes und des Uräus »maskulinisiert« worden. Keines dieser Argumente hält angesichts der Zeugnisse stand. Viele Könige des Neuen Reiches ernannten ihre Töchter zu Großen Königsgemahlinnen, ohne je mit ihnen die Ehe zu vollziehen. Wie bereits erläutert, brachte die Rolle der Großen Königsgemahlin in erster Linie Aufgaben im öffentlichen Leben mit sich. Ein König brauchte eine Große Königsgemahlin für die Kulte der Göttinnen, und selbst wenn der König eine Frau war, brauchte er noch immer eine Große Königsgemahlin. Das Bild im Grab von Merire II wurde, wie wir gesehen haben, als Beleg dafür angesehen, dass Semenchkare und Meritaton miteinander verheiratet waren, aber die bloße Tatsache, dass sie gemeinsam abgebildet wurden, reicht nicht als Beleg. Auf den rekonstruierten *talatat*-Blöcken aus Karnak steht fast auf allen Bildern Meritaton hinter Nofretete und niemand kommt deshalb auf die Idee, sie könnten verheiratet gewesen sein. Die Mumie in Grab KV 55 wurde durch ein Ausschlussverfahren als Semenchkare identifiziert, nicht durch positive Identifizierung, und die Vorstellung, dass nur Männer des Königshauses den falschen Bart trugen, ist falsch – beispielsweise wird Hatschepsut häufig mit einem falschen Bart abgebildet, und trotz der männlichen Darstellungsweise war sie eindeutig eine Frau.

Es trifft also zu, was Julia Samson schrieb: »Bis jetzt gibt es noch keine gültigen Beweise dafür, dass es einen Jüngling namens Semenchkare jemals gab.« Alle archäologischen Zeugnisse deuteten nun immer stärker darauf hin, dass Semenchkare Anch(et)-cheprure niemand anders war als Nofretete selbst. Schließlich waren die Namen »Neferneferuaton Meri Waenre« zunächst klar die ihren, und man nahm lediglich an, sie seien nach Jahr 12 Semenchkare gegeben worden, weil Nofretete verschwunden war. Und eben dieses Verschwinden verwirrt die Wissenschaftler bis zum heutigen Tag. Alle möglichen Erklärungen werden bemüht, um mit dem Problem fertig zu werden, und auch ernst zu nehmende Fachleute sind noch immer geneigt, zu akzeptieren, dass es Semenchkare gab, nur weil Nofretete verschwand und weil in Grab KV 55 eine passende Mumie gefunden wurde. Aber schließlich war das Verschwinden Nofretetes durch die Fragmente mit den Palimpsest-Inschriften in den »Sonnenschatten« im Maruaton bewiesen worden, wie aus dem Grabungsbericht hervorging. Wieder war man offenbar auf der falschen Spur.

1976 arbeitete ich als Praktikantin im Museum in Bolton und katalogisierte dort das Material aus Amarna. Was dort in alter Zeit geschehen war, faszinierte mich, und ich brachte in Bolton und anderen Museen viele Monate damit zu, selbst die winzigsten Bruchstücke von Steinen und Keramik zu studieren, um festzustellen, ob etwas übersehen worden war. Das Museum in Bolton hatte die Egypt Exploration Society bei ihren Grabungen in

Tell el-Amarna in den zwanziger und dreißiger Jahren finanziell kräftig unterstützt und hatte im Gegenzug einen Anteil an den Funden zugewiesen bekommen, als diese erst einmal sicher in England eingetroffen waren. Da Institutionen in aller Welt die Society unterstützt hatten, war die Verteilung der Funde eine diffizile Angelegenheit, da die Society dafür sorgen musste, dass jeder Geldgeber einen seiner Spende angemessenen Anteil an den Funden erhielt.

Wie ich schon am Anfang dieses Buches berichtet habe, hatte man das entsprechende Material in Bolton im Tagebuch unter »Gemischte Objekte: Tell el-Amarna« eingetragen, und es war seither nicht mehr angerührt worden. Das war nichts Ungewöhnliches. Museen leiden an einem chronischen Personalmangel und manchmal vergehen Jahre, ehe ein Spezialist mit so viel Sachkenntnis kommt, dass er die Objekte korrekt identifizieren kann. Ich stand also vor einer gewaltigen Aufgabe, musste die Objekte nummerieren, jedes einzelne Stück messen und so präzise beschreiben, dass es später jeder andere Interessent zweifelsfrei wieder erkannte, was mich manchmal fast verzweifeln ließ und mir die Grenzen der Sprache vor Augen führte. Im Ganzen war es eine mühsame und langweilige Arbeit, die nur gelegentlich durch eine kleine Entdeckung erleichtert wurde, die die Mühe lohnte. Gebrannte Terrakotta-Modelle, die man benutzte, um Trauben für die Ausschmückung des Palastes herzustellen, kamen dutzendweise zum Vorschein. Ab und zu war eines mit einem Fingerabdruck versehen und weckte sofort meine romantische Ader. Schließlich ist jeder Fingerabdruck einmalig, und einen Augenblick lang stand die Zeit still und ich fühlte mich einem mir unbekannten Menschen verbunden, der ein paar tausend Jahre vor meiner Geburt gestorben war.

Ich erwartete daher nicht mehr viel, als ich auf dem Boden der Kiste auf jenen Berg rötlicher Fragmente stieß, die, wie ich schon erwähnte, eigentlich für das Museum in Boston, USA, vorgesehen waren und nur durch ein Versehen in Lancashire gelandet waren, wo sie ein halbes Jahrhundert lang vor sich hin gestaubt hatten. Es waren kleine Bruchstücke von zertrümmertem Stein, das größte nicht mehr als siebeneinhalb Zentimeter lang. Jedes Fragment war zumindest auf einer Seite irgendwie bearbeitet, und einige, die wohl von einer Ecke stammten, wiesen Spuren von Dekorationen auf beiden Seiten auf. Die meisten der einundsechzig Fragmente waren Teil eines größeren Bildes und zeigten ein Stück von einem Ärmel, einem Fuß oder einer Hand. Aber auf einigen wenigen waren auch Hieroglyphen. Wenn bei einer Grabung Stücke mit Hieroglyphen gefunden werden, schenkt ihnen der Ausgräber besondere Aufmerksamkeit. Normalerweise werden sie kopiert und publiziert, also sollten diese Fragmente leicht im Grabungsbericht zu finden sein.

Ich wurde nicht enttäuscht. Zehn der Fragmente wiesen Palimpsest-Inschriften auf. Und nicht nur das: Nach und nach erkannte ich, dass es sich just um die Fragmente handelte, die man in den »Sonnenschatten« beim Maruaton gefunden hatte und auf denen die ganze Theorie von der Vertreibung Nofretetes beruhte.

Als ich die Palimpseste las, hatte ich einen Augenblick lang das Gefühl, mir würde das Herz stehen bleiben: Name und Titel an der Oberfläche waren die der Königstochter Meritaton, »von ihm geliebt, von seinem Leibe«. Aber die Namen und Titel darunter waren nicht die von Nofretete. Es waren die von Kija. Hier hatte ich das deutlichste Beispiel vor Augen, das bisher von Namen und Titel Kijas gefunden worden war, der »Großen Geliebten« () des Königs. Die Zeit stand still, als ich die Ungeheuerlichkeit dessen begriff, was ich zufällig entdeckt hatte. Fünfzig Jahre lang müssen sich Wissenschaftler, wenn sie diese Fragmente untersuchen wollten – die das Herzstück der Identität Semenchkares bildeten –, an das Museum in Boston gewandt haben, wo sie natürlich niemand finden konnte. Und jetzt hatte ich sie vor mir – und mit ihnen den Beweis, falls ihn jemand gesucht hatte, dass Nofretete im Jahr 12 nicht verbannt worden war. Die Frau, die verschwand und durch Meritaton ersetzt wurde, war Kija.

Die Bedeutung dieser Inschriften macht jede weitere Diskussion überflüssig. Der Mythos von Nofretetes Verstoßung beruhte ausschließlich auf diesen wenigen Palimpsesten. Im ursprünglichen Grabungsbericht hatte der zuständige Archäologe etwas getan, was nicht seine Aufgabe war: Statt die Funde einfach aufzulisten und zu beschreiben, die Analyse aber auf später zu verschieben, hatte er nach Beweisen dafür gesucht, dass Semenchkare an die Macht gekommen war. Weil er danach suchte, nahm er an, er habe sie gefunden. In den zwanziger Jahren machten die Bedingungen auf einer Grabung es unmöglich, die Palimpseste sorgfältig zu untersuchen, und außerdem ging man davon aus, Echnaton hätte nur eine Gemahlin gehabt. Der Titel »Königsgemahlin« war eindeutig – man sah es als selbstverständlich an, dass das Nofretete war.

Jetzt lag die ganze Abfolge von Missverständnissen klar auf der Hand. Der Name Semenchkare hatte die Archäologen zu der Annahme verleitet, es habe einen männlichen Mitregenten gegeben; dann hatten sie nach Bildnissen geforscht und bald geglaubt, gefunden zu haben, was sie suchten; sie hatten fälschlicherweise Namen als »Semenchkare« veröffentlicht, die nicht so hießen; dann lieferten ihnen die Palimpseste Anhaltspunkte dafür, dass die Königin in Ungnade gefallen war, sodass die Identifizierung der Mumie in Grab KV 55 diskussionslos akzeptiert werden konnte.

Aber wie wir jetzt wissen, sah die Wirklichkeit ganz anders aus. Im Jahr 12 verschwand Kija, und man hörte nie wieder von ihr. Vermutlich starb sie und ihr Platz wurde in staatlichen Belangen von Meritaton eingenommen. Etwa um dieselbe Zeit starb auch Amenophis III. Nebmaatre und ließ Echnaton, der für die Rolle gänzlich ungeeignet war, als Alleinherrscher zurück. Da er Tell el-Amarna, wo er sich behaglich eingerichtet hatte, nicht verlassen wollte, ließ er seine geliebte Nofretete Neferneferuaton Meri Waenre zum Mitregenten krönen und gab ihr den Namen Semenchkare Djosercheprure. Dann war sie nach Karnak und wahrscheinlich auch Memphis gereist, um die königliche Autorität wieder herzustellen, wo es nötig war. Bildnisse aus Karnak zeigen, dass sie ihre älteste Tochter zur Großen Königsgemahlin gemacht hatte und somit zu ihrer anerkannten Erbin. In Tell el-Amarna wandte inzwischen Echnaton seine Aufmerksamkeit der »Großen Geliebten Kija« zu, die bald darauf starb. Nach Echnatons Tod übernahm Nofretete den Thron unter dem Namen Anchetcheprure und rechnete damit, dass ihre Tochter später ihre Erbin werden würde.

Jetzt können wir Echnaton zum ersten Mal so sehen, wie er wirklich war. Semenchkare (als Mann) hat es nie gegeben. Nofretete wurde nie verstoßen. Echnaton hatte vielmehr die Liebe seines Lebens, Nofretete, zur höchsten Macht emporgehoben – wie man durchaus hätte erwarten können. Damit trat sie in die Fußstapfen der großen Königinnen der 18. Dynastie – Tetischeri, Ahmose-Nefertari, Ahhotep und Hatschepsut.

Jetzt können wir uns allmählich auch dem Rätsel um Tutanchamun zuwenden. Er war in der Tat königlichen Geblütes und Sohn Echnatons, da er nirgendwo als »Bruder des Königs« bezeichnet wird, was sicherlich der Fall gewesen wäre, wäre er der Sohn von Amenophis III. Nebmaatre gewesen. Das gab ihm einen unanfechtbaren Anspruch auf den Thron, als kein anderer Thronanwärter mehr am Leben war. Das erklärt auch, warum es nirgendwo in seinem Grab Hinweise auf seine Eltern, seine Geburt, seine Kindheit oder seinen »Bruder« gibt. Seine Abstammung wurde als selbstverständlich angesehen, da er der Sohn des vorhergehenden Königs, Echnaton, war. Die Restaurationsstele war im wörtlichen Sinne zutreffend: Er kam tatsächlich auf den Thron seines Vaters. Und Semenchkare wurde nirgendwo erwähnt, weil Tutanchamun nichts mit Nofretete zu tun hatte.

Wer war aber dann seine Mutter? Und vor allem, wessen Mumie fand man in Grab 55?

Teil Drei

DER WIRKLICHE TUTANCHAMUN

KAPITEL ZEHN

Das Leben Tutanchamuns

Unsere Suche nach den Wurzeln des Kindkönigs war unerwartet – und in hohem Maße – erfolgreich: Wir besitzen jetzt unanfechtbare archäologische Beweise für die wahre Geschichte Tutanchamuns und können die Umstände seines Lebens und Todes rekonstruieren.

Aber zuerst müssen wir uns noch einmal die Zeit von Thutmosis IV. vergegenwärtigen. Nach seinen eigenen Worten war er Kronprinz, der älteste Sohn des Königs Amenophis II. Wie wir gesehen haben, ging er kurz vor seiner Krönung in Gise auf die Jagd, fiel dort im Schatten des Sphinx in einen tiefen Schlaf und hatte einen Traum. In diesem Traum hatte er eine Vision des Göttlichen. Ein Gott erschien ihm und beklagte sich über den Sand, der sich um ihn angehäuft hatte. Dieser Gott gab sich als Re-Horemachet (griech. Harmachis) zu erkennen, als Aspekt der Sonne. Als Thutmosis erwachte, konnte er kaum glauben, was geschehen war. Er kehrte in den Palast zurück und »bewahrte das Geheimnis in seinem Herzen«, bis er später in der Lage war, sein Versprechen zu erfüllen, und den Sand um den Sphinx wegschaffen ließ. Nachdem er zum König gekrönt worden war, förderte er die Verehrung der Sonne und führte einmal sogar sein Heer mit dem Symbol der Sonne auf der Standarte in die Schlacht. In seinen Aufzeichnungen heißt es, er ging »mit dem Aton voraus«.

Die dramatische göttliche Offenbarung auf dem Plateau von Gise hinterließ einen tiefen Eindruck beim König. Offenbar fühlte er sich »wieder geboren« oder als »Sohn der Sonne«, um die

Worte seines Sohnes und seines Enkels zu benutzen. Schließlich hatte Re-Horemachet zu ihm gesagt: »Sieh mich an, blicke auf mich, mein Sohn Thutmosis. Ich bin dein Vater.« Höchstwahrscheinlich fasste Thutmosis das als buchstäblich wahr auf. Einige Zeit nach seiner Krönung besuchte er eine seiner Nebengemahlinnen, Mutemwia. Wir können zwar nicht ganz sicher sein, aber es ist gut möglich, dass sie aus einer prominenten Familie aus Achmim in Mittelägypten stammte. In jener Nacht empfing sie ein Kind. Als es Zeit war, gebar sie einen Sohn, dem später ohne Zweifel Thutmosis von Zeit zu Zeit die Geschichte der Offenbarung erzählte. Da wir über Königin Mutemwia nach der Geburt ihres Sohnes nicht mehr viel hören, starb sie vielleicht entweder bei der Geburt oder bald danach. Wie viele Königskinder wurde auch Prinz Amenophis von anderen versorgt und aufgezogen. Unter den Personen am Hof, die sich um ihn kümmerten, spielten Juja und Tuja eine herausragende Rolle. Juja war für die Pferde des Königs zuständig, Tuja könnte ihren Titeln nach eine der Nebenfrauen von Amenophis II. gewesen sein, die nach seinem Tod wieder geheiratet hatte.

Während seiner Kindheit muss Prinz Amenophis abwechselnd in einem der zahlreichen Königspaläste in ganz Ägypten gelebt haben. Zwar verbrachte die Königsfamilie die meiste Zeit in Memphis, aber in einer Phase von Amenophis' Kindheit lebte sie auch in Deir el-Ballas, das gegenüber von Koptos auf der anderen Nilseite lag. Dort stand der Tempel des Min, an dem Juja die täglichen religiösen Zeremonien vollzog. Als Junge wurde Amenophis wahrscheinlich von seinem Vater dorthin mitgenommen. Deir el-Ballas war in erster Linie eine militärischen Zwecken dienende Festung, der »Vorposten«, den seine Vorfahren in der Zeit der Besetzung durch die Hyksos zweihundert Jahre früher gebaut hatten. Das Gebäude war noch stabil, aber die Wohnräume des Königs waren schon alt und in keinem gutem Zustand.

Juja und Tuja hatten mehrere Kinder, mit denen Prinz Amenophis regelmäßig in Kontakt kam, wenn er dort war, ob er nun mit ihnen verwandt war oder nicht. Von den beiden Söhnen Eje und Anen war der erste intelligent und ehrgeizig. Anen wurde später zum Vierten »Priester« des Amun in Karnak erhoben und stieg am Ende seines Lebens noch zum Zweiten »Priester« oder Propheten des Amun auf. Angesichts seiner verwandtschaftlichen Nähe zum Thron ist das überraschend. Diesen Rang konnte im Prinzip jeder Beamte erreichen, von einem Verwandten des Königs würde man doch erwarten, dass er in den höchsten Rang aufsteigt. Dass dem nicht so war, ist vielleicht ein Zeichen dafür, dass er weniger zielstrebig war als seine Geschwister Eje und Teje.

Wenn die vermeintliche Mumie von Thutmosis IV. korrekt zugeordnet ist, haben wir noch keine klaren Anhaltspunkte dafür, wie dieser König starb, aber auf alle Fälle wirkt er ausgezehrt. Die Könige von Ägypten hatten einen reich gedeckten Tisch; falls er also nicht gerade an Magersucht litt (und es gibt keine Hinweise darauf, dass es diese Krankheit im Altertum gab), hatte er vielleicht irgendeine Krankheit, die ihn auszehrte, schwächte und ihm beim Essen Schmerzen oder Schwierigkeiten machte. Seine Auszehrung lässt einen auch an eine religiös motivierte Askese denken, aber damit liest man erheblich mehr in die Situation hinein, als die Zeugnisse hergeben.

Prinz Amenophis bestieg den Thron, als er allerhöchstens sieben Jahre alt war. Innerhalb kurzer Zeit – vielleicht sogar schon bei der Krönung – wurde Teje mit dem König verheiratet und in den Rang der Großen Königsgemahlin erhoben. In der ersten Serie von »Nachrichtenskarabäen«, die zu Beginn der Regierungszeit von Amenophis III. herausgegeben wurde, sind auch die Namen von Tejes Eltern aufgeführt – ein Zeichen dafür, dass sie hinter der Heirat ihrer Tochter mit dem König standen. Da die beiden noch so klein waren, heirateten sie mit ziemlicher Sicherheit nicht aus Liebe, sondern weil Juja und Tuja das eingefädelt hatten. Wie keine anderen Schwiegereltern eines Königs im alten Ägypten vor oder nach ihnen wurden sie konsequent in jeder Inschrift aufgeführt, in der ihre Tochter erwähnt wurde, was ihnen Unsterblichkeit und nach ihrem Tod eine prunkvolle Beisetzung im Tal der Könige einbrachte. Aber es gibt keinen Hinweis darauf, dass diese Ehe erzwungen oder schlecht war. Die beiden Beteiligten hatten sich seit Kindertagen gekannt und hielten offenbar bis zu ihrem Tod fest zusammen.

Der kleine Amenophis III. Nebmaatre war reicher als jeder andere König vor ihm und jeder andere König seiner Zeit. Er herrschte über ein riesiges Reich, das er von seinen Vorfahren geerbt hatte, die unterworfenen fremden Völker blieben loyal und friedlich, zumindest in der Frühzeit seiner Regierung. Viele große Männer dienten im treu, darunter eines der großen Genies von Ägypten, an das Legenden noch Jahrhunderte nach seinem Tod erinnerten. Dieser Mann war Amenophis, Sohn des Hapu, in Gräbern oft mit seinem Spitznamen »Huj« bezeichnet. Er war für die Bauvorhaben des Königs zuständig, die sich als sehr umfangreich entpuppten. Zum ersten Mal seit Jahrzehnten schickte man große Trupps von Arbeitskräften in fast alle Steinbrüche des Reiches, um Material zu holen – in Assuan Granit, in Hatnub Alabaster-Kalzit, in Tura besonders dichten Kalkstein, anderswo normalen Kalkstein. Der Tempel von Karnak wurde durch den Bau von zwei neuen Pylonen verschönert. Wahrscheinlich als Dank für seine glückliche Ehe baute Amenophis den exquisiten Tempel von Luxor, eine Meile südlich von Karnak, in dem dann die heilige Hochzeit zwischen Amun und Mut gefeiert wurde. Drinnen zeigen Reliefs Amun mit erigiertem Penis, in der so genannten ithyphallischen Form, in der der Gott Min von Koptos dargestellt wird. Koptos war Tejes Heimatstadt.

Direkt gegenüber von diesem prächtigen »Hochzeitspalast« Amuns, auf der anderen Seite des Nils, ließ der König einen ersten *maru* oder Aussichtspalast errichten. Es ist nicht mehr genug von diesem ersten Gebäude übrig, um erkennen zu lassen, wie es genau ausgesehen hat, aber wenn es wie andere *maru* in Ägypten war, dann war es vermutlich ein kompakter, aber verschwenderisch geschmückter Palast mit freier Aussicht auf Gärten, Felder und über den Fluss zum neuen Tempel auf der anderen Seite. Alle diese Gebäude waren ursprünglich mit kräftigen, leuchtenden

Primärfarben bemalt. Luxor muss um diese Zeit eine herrliche Farbenpracht geboten haben, die leider nicht erhalten blieb. Dieser *maru* wurde ständig erweitert, bis daraus die Palaststadt Malkata wurde. Sie beherbergte eigene Paläste für den König, die Große Königsgemahlin, seine Nebenfrauen und seine Kinder. Zu jedem Palast gehörten große Güter, die von zahlreichen hoch bezahlten Beamten verwaltet wurden, die – nach den Bildern in ihren Gräbern zu schließen – ein Leben voll rauschender Feste führten.

Vom Beginn der Regierungszeit des Königs an wurden Vorbereitungen für sein Leben im Jenseits getroffen. Fast sofort nahm man die Arbeiten für sein Grab auf und begann wahrscheinlich auch ein kleineres für seine Große Königsgemahlin in einem angrenzenden Tal anzulegen – das Grab, das dann zu unserem Grab KV 55 wurde. Amenophis III. Nebmaatre gab auch Anweisungen, mit der Errichtung eines Gebäudes anzufangen, in dem nach seinem Tod die Opfergaben dargebracht werden sollten, des so genannten »Tempels der Millionen Jahre«. Heute bezeichnen wir diese Bauten als Totentempel. Nach den Beschreibungen war dieser Tempel verschwenderisch mit Gold und Edelsteinen ausgestattet, und seine ungeheuer hohen Tore, vor denen Kolossalstatuen des Königs standen, dominierten das gesamte Westufer.

Als Teje die Pubertät erreicht hatte, wenn nicht schon vorher, wurde die Ehe der beiden auch vollzogen, und Teje begann Amenophis eine Reihe gesunder Söhne und Töchter zu gebären. Ganz gleich, welche Probleme zu bewältigen waren, Teje blieb ihrem Gemahl und Ägypten bis zum Ende ihres Lebens loyal verbunden. Den Kindern hat man mit Sicherheit von der göttlichen Offenbarung erzählt, die ihr Großvater erlebt hatte, aber wie die Einzelnen die Geschichte aufnahmen, kann man unmöglich einschätzen. Amenophis III. Nebmaatre schuf sich sein eigenes Andenken an das Ereignis. Im neuen Tempel in Karnak ließ er Reliefs anfertigen, die seine Zeugung darstellten, bei der sein Vater, beseelt vom Geist des Gottes, seine Mutter besuchte und ihn dadurch im wörtlichen Sinne zum Sohn des Gottes machte. Er unterließ es, Bildnisse des Sonnengottes meißeln zu lassen, den er selbst im Tempel von Karnak verehrte, aber er ließ einen großen Ring aus über 600 Statuen von Sachmet, der göttlichen Gefährtin des Sonnengottes, um den Tempel der Mut am Ostufer herum errichten, nur ein wenig südlich von Karnak. Seine Loyalität gegenüber dem Sonnengott wuchs, und er berief sich immer häufiger auf den Namen des Aton, des mächtigsten Aspektes der Sonne, nämlich ihren höchsten Stand am Himmel. Er benannte sogar seinen neuen Palast nach dem Gott. Er vergaß jedoch nicht seine staatlichen Verpflichtungen gegenüber Maat und sorgte dafür, dass auch alle anderen Schutzgötter von Ägypten gebührend verehrt wurden.

Der König führte noch immer die von ihm verlangten Rituale im Tempel des Amun durch. Im Herzen des Tempels von Karnak ließ er ein neues Heiligtum als Wohnstätte für die Statue Amuns bauen, in der er täglich geheime Riten vollzog, die das Erste Mal, den Zeitpunkt der Schöpfung, wieder erstehen ließen – Riten, die die Sicherheit Ägyptens und das Fortwirken der Maat gewährleisteten.

Wir wissen noch nichts über seinen älteren Sohn, Prinz Thutmosis, außer dass er von seinen Eltern als Thronerbe vorgesehen war. Er wurde von zu Hause weggeschickt, als er noch sehr jung war, um im Haus des Re in Heliopolis unterwiesen zu werden. Während er dort war, starb er völlig unerwartet und wurde vermutlich in Memphis beigesetzt. Sein Grab hat man noch nicht gefunden. Sein jüngerer Bruder Amenophis war jetzt der nächste Thronerbe und könnte durchaus der einzige noch lebende Sohn von Amenophis III. Nebmaatre gewesen sein, da wir keine Hinweise auf weitere Söhne haben. Dieser Junge hatte offenbar eine besondere Vorliebe für den Aton seines Großvaters und Vaters entwickelt, aber wie die weiteren Ereignisse zeigen sollten, war er den Anforderungen des Königtums nicht gewachsen. Aber der König und die Große Königsgemahlin hatten in diesem Punkt offenbar keine Wahl.

Im Jahr 10 seiner Regierung beschloss Amenophis III. Nebmaatre, Herr über das reichste Land im östlichen Mittelmeerraum, ein Mann, der alles haben konnte, was er wollte, seinen Harem zu erweitern und eine ausländische Prinzessin aus Mitanni zu heiraten. Darin folgte er dem Beispiel seines Vaters, der dauerhaften Frieden und Einheit mit seinen nördlichen Landesteilen durch Heirat erzielt hatte. Prinzessin Giluchepa traf bald darauf in Ägypten ein, nachdem man offiziell Brautgeschenke ausgetauscht hatte. Sie brachte ein großes Gefolge von Dienerinnen mit, von denen zweifellos viele dem Beispiel ihrer Herrin folgten und den König heirateten. Der König war inzwischen ein großer Frauenliebhaber geworden und Briefe zeigen, dass er nach schönen Frauen Ausschau hielt, wo immer sie zu finden waren; bei einigen bezahlte er sogar dafür, dass sie zu ihm kamen.

Obwohl es in Ägypten gang und gäbe war, dass die Könige eine große Anzahl von Gemahlinnen hatten, sieht es so aus, als sei seine Große Königsgemahlin im Jahr nach Giluchepas Ankunft unruhig geworden. Ein Nachrichtenskarabäus aus dem Jahr 11 berichtet, dass ihr königlicher Gemahl die Aushebung eines riesigen Vergnügungssees für sie nahe ihrer Heimatstadt in Mittelägypten angeordnet hatte. Einige Tage später fuhr sie in der königlichen Barke darauf spazieren, die wiederum den Namen des Aton, des persönlichen und privaten Gottes des Königs, trug.

Prinz Amenophis muss ein intelligenter und charismatischer Junge gewesen sein. Viele Menschen fühlten sich eindeutig von seinen Ideen angezogen, sei es wegen des Eifers des Jungen oder wegen seines Charakters – oder vielleicht eher, weil sie wussten, dass er eines Tages König werden und sie in hohe Positionen erheben würde, wenn sie ihm in seinen jungen Jahren Loyalität bekundeten. Zu seinen getreuesten Anhängern gehörte sein Onkel Eje, der Bruder seiner Mutter. Es ist gut möglich, dass Eje den Jungen wirklich gern hatte und mit seinen Gedanken über den Aton einverstanden war, genau wie 2000 Jahre später Abu Bekr *seinem* Neffen, dem Propheten Mohammed, anhing. Eje und seine Gemahlin Ti hatten mehrere Kinder, aber möglicherweise war Eje vorher schon einmal verheiratet. Seine erste Frau hatte ihm offenbar eine Tochter geboren, muss aber bei der Geburt gestorben sein, weil Teje als Stiefmutter des Mädchens geführt wird. Eje und Ti bekamen dann noch eine Tochter, Mutnedjemet. Die beiden Mädchen, Nofretete und Mutnedjemet standen einander sehr nahe und sahen einander als echte Schwestern an. Anscheinend war Nofretete die schönere der beiden und hatte den Ehrgeiz ihres Vaters und seiner Familie geerbt. Die beiden müssen viel Zeit mit ihren Cousins und Cousinen, den Kindern ihrer Tante Teje und des Königs, verbracht haben. Nofretete entwickelte eine Neigung für den jungen Prinzen Amenophis. Ob das anfangs das Ergebnis einer Einflussnahme der Familie war, ist schwer zu sagen. In Ägypten werden bis auf den heutigen Tag Freundschaften zwischen Cousins und Cousinen in der Hoffnung gefördert, dass sie eines Tages heiraten werden. Aber es ist klar, dass diese beeindruckende junge Frau mehr angeborenen Ehrgeiz hatte als der Prinz, dessen Geist mehr von der Religion gefesselt war. Wenn irgendwelche Entscheidungen zu treffen waren, übernahm sie vermutlich die Führung. Teilweise von ihrer mächtigen Tante Teje erzogen, hatte sie ein gutes Beispiel einer starken Frau vor Augen, der sie nacheifern konnte. Bedenkt man, wie sie später mit ihren Töchtern umging, dann besteht durchaus die Möglichkeit, dass sie von ihrer Familie eine formelle Erziehung erhielt, was für ein Mädchen im alten Ägypten eine große Ausnahme war.

Im Jahr 27 seiner Regierungszeit stellte Amenophis III. Nebmaatre seinen Sohn Amenophis im Tempel von Karnak den Göttern zur Anerkennung als Mitregent vor. Der junge König bekam den Thronnamen Nefercheprure Waenre, der offenbar »Niphuria« ausgesprochen wurde. Wir wissen nicht, ob er seine Cousine Nofretete schon vor seiner Krönung geheiratet hatte. Belege für Eheschließungen gibt es in Zeugnissen aus dem alten Ägypten generell so gut wie gar nicht. Die beiden jungen Menschen waren sichtlich füreinander bestimmt, da sie eine große Liebe verband, die sie öffentlich demonstrierten. Bei der Krönung wurde Nofretete zur neuen Großen Königsgemahlin erhoben.

Inschriften aus den thebanischen Gräbern dieser Zeit (s. unten) belegen, dass der alte und der neue König sich der Spaltungen bewusst waren, zu denen eine gemeinsame Herrschaft in einer Stadt führen konnte, und sich daher vernünftigerweise dazu entschlossen, zwei getrennte Herrschaftsbereiche einzurichten: Oberägypten wurde wie zuvor von Luxor aus von Amenophis III. regiert, Unterägypten sollte von einem anderen Ort aus von Amenophis IV. Nefercheprure Waenre regiert werden. Im Hinblick darauf wurden Beamte entweder für den einen oder für den anderen Hof ernannt, und einige wurden auch ermächtigt, zwischen den beiden Höfen zu pendeln. Zwei Wesire wurden ernannt, einer für Oberägypten, der andere für Unterägypten. Etwa um dieselbe Zeit wurde Nofretete mit ihrer ersten Tochter schwanger.

Sehr bald nach seiner Krönung wurde der junge König zur Vorbereitung des herannahenden Jubiläumsfestes seines Vaters in den Süden, nach Nubien, geschickt. Im Jahr 30 wollte Amenophis III. Nebmaatre sein dreißigjähriges Thronjubiläum feiern und sein jüngerer Mitregent wurde offenbar ermächtigt, dieses große Ereignis dokumentieren zu lassen. Amenophis IV. besuchte die Tempel seiner Eltern in Soleb und Sedeinga und gründete in der Nähe bei Gebel Sese eine kleine Siedlung, in der er mit seinen Männern wohnen konnte. Sie ist heute unter dem Namen Sesebi bekannt. Hier hatte er zum ersten Mal die Freiheit, alles selbst zu bestimmen und seiner tiefen Verehrung für den Aton Ausdruck zu verleihen. Im Gegensatz zu seinem Vater, der nichts unternahm, um den öffentlichen Status quo zu verändern und seine persönlichen religiösen Neigungen weitgehend für sich behielt, sah der junge König keine Notwendigkeit für eine solche Zurückhaltung. In Nubien hatte er freie Hand, seine Ideen zu entwickeln und Re-Harachte in Gestalt des Aton zu erhöhen. Seine theologischen Gedanken waren noch nicht völlig ausgereift. Er ließ die Kunsthandwerker in seiner neuen Stadt den

Aton als die falkenköpfige Figur darstellen, die seit Anbeginn der ägyptischen Geschichte das traditionelle Bild einer Sonnengottheit gewesen war. Der Aton wurde auch als statusgleich mit den anderen Hauptgöttern von Ägypten gezeigt.

Wann genau seine Theologie sich weiter entwickelte und ob er darin von den Beamten in seinem Umkreis unterstützt wurde oder nicht, können wir aufgrund der vorhandenen Zeugnisse unmöglich sagen. Wir wissen nicht, ob er auf seiner Reise von seinem Onkel Eje begleitet wurde, aber da er der selbst ernannte Beschützer des jungen Königs und Tejes Bruder war, wäre es erstaunlich gewesen, wenn er nicht mitgegangen wäre.

Nach einiger Zeit kehrte Amenophis IV. Nefercheprure Waenre nach Luxor zu seiner Gemahlin Nofretete zurück und fand dort wahrscheinlich auch sein erstes Kind, Prinzessin Meritaton, vor – »seine geliebte Tochter, von seinem Leibe«. Der König war offenkundig ein sehr stolzer Vater. Er hatte schon beschlossen, dasselbe zu tun wie sein Vater und sich an einem neuen Ort einen eigenen Palast zu bauen. Er beabsichtigte, diesen Ort dem einzigen Gott zu weihen, der sich je den Menschen offenbart hatte, dem Aton. Dafür musste er einen Ort finden, der keinem anderen Gott geweiht war. Inzwischen fand im Jahr 30 das Jubiläumsfest seines Vaters statt, das mehrere Monate lang Anlass zu Freudenfesten und Feierlichkeiten aller Art bot, an denen er ausgiebig teilnahm. In dieser Zeit führte der junge König im Tempel von Karnak am Ostufer des Nils umfangreiche Bauarbeiten für seinen Vater durch. Dass er seine Eltern bereits davon in Kenntnis gesetzt hatte, dass er weggehen wollte und dass Teje beschlossen hatte, ihn zu begleiten, kann man daran ablesen, dass Amenophis III. Nebmaatre zur Zeit des Jubiläumsfestes seine Tochter Sitamun in die Position der Großen Königsgemahlin erhob, was ihr erlaubte, deren öffentliche Aufgaben zu erfüllen, wenn ihre Mutter nicht mehr da war. Wahrscheinlich wurden diese Entscheidungen von König und Königin gemeinsam getroffen und sie beschlossen, dass die hochintelligente Teje und ihr Bruder Eje an der Seite des Sohnes bleiben sollten, um ihn zu leiten und zu schützen. Wahrscheinlich begann Teje um diese Zeit, sich auch um außenpolitische Belange zu kümmern, falls sie das nicht schon vorher getan hatte.

Sobald die Feierlichkeiten zum Jubiläum im Jahr 30 vorbei waren, fuhr Amenophis IV. Neferchepprure Waenre, der jetzt in seinem vierten Regierungsjahr war, mit dem Schiff nach Norden, um einen geeigneten Ort für seine geplante neue Palaststadt zu finden. Auf seiner Reise wurde er von einigen seiner Getreuen begleitet und unterstützt, zu denen an erster Stelle sein Onkel, Tejes Bruder Eje, gehörte. Außerdem müssen auch seine Baumeister Bek und Men dabei gewesen sein, außerdem die beiden Zwillingsbrüder und Künstler Suti und Hor. Sie alle dokumentierten, der König habe sie persönlich unterwiesen. Dieser schwor, er wolle »in der Wahrheit leben«, und leitete die Künstler zu einem neuen Stil an, der auf einem Gitternetz von zwanzig Quadraten beruhte. Zuerst wirkten die Reliefs und Wandbilder nach den neuen Vorgaben verzerrt, beinahe wie Karikaturen. Sie betonten persönliche Merkmale, die der junge König zweifellos hatte, aber in übertriebenem Maße.

Als der König ein Stück weit über die Heimatstadt seiner Mutter hinaus nach Norden gefahren war, erreichte er eine leere, von steilen Felsklippen ringförmig eingefasste Ebene am Ostufer des Nils, gegenüber der alten Stadt Aschmunein. Hier gelobte er am ersten Morgen, eine prächtige Stadt zu bauen, die nach modernsten Prinzipien angelegt werden sollte. Er beteiligte sich am Entwurf der Stadt und an der Planung der Gebäude. Priorität hatte für ihn natürlich der Bau des Haupttempels, der dem Aton geweiht wurde, und den er in Anlehnung an den Tempel des Re in Heliopolis gestaltete. Nachdem er den Bauplatz für sein Wohnhaus und die offiziellen Palastgebäude gewählt hatte, bekamen seine Beamten die besten Bauplätze, die dann noch übrig waren. Er ernannte einen ganzen Stab, der die Bauarbeiten leiten und überwachen sollte, und wies zweifellos auch Befehlshaber des Heeres an, für das Brechen der Steine und deren Transport zu sorgen. Da er wollte, dass die Arbeiten so schnell wir nur irgend möglich vorangingen, beschloss er, die Steine für die Bauten ungewöhnlich kleinformatig zuschneiden zu lassen, damit jeder Stein von einem Mann allein getragen werden konnte. Zweifellos spielte Haremhab, was immer er damals für einen Rang hatte, eine wichtige Rolle bei diesen Bauarbeiten. Der König ließ im hinteren Teil der Ebene ein Arbeiterdorf anlegen, wo die ständig anwesenden Bauleute, Steinmetze und Zimmerleute wohnen konnten. Er beschloss, im Jahr darauf zum Jahrestag seines Aufbruchs wiederzukommen, und er wollte dann die Stadt weit genug fortgeschritten sehen, dass er einziehen konnte. Das war ein äußerst ehrgeiziges Ziel.

Darauf kehrte der König für einige Zeit nach Luxor zurück, um allen zu berichten, was er gefunden hatte und was er plante. Am Ort seiner neuen Stadt musste so ungeheuerlich viel gebaut werden, dass ein Großteil der jährlichen Zwangsarbeit, die alle männlichen Ägypter zu leisten hatten, in jenem Jahr in irgendeiner Form dem Bau oder dessen Zulieferung gedient haben muss. Niemandem hätte zu dieser Zeit entgehen können, was der König vorhatte. Im Laufe des Jahres, in dem das Königspaar darauf wartete, nach Norden umziehen zu können, wurde Nofretete wieder schwanger und gebar ihr zweites Kind, wiederum eine Tochter, die sie Maketaton nannten.

Welcher Art das politische Arrangement zwischen den beiden Königen war, ist ungewiss. Mitregentschaften waren in der gesamten ägyptischen Geschichte immer für beide Beteiligte schwierig. Hofleute konnten nur einem der Könige dienen, nicht beiden, und folglich gab es Rivalitäten um Positionen, die ohne Zweifel oft von Drohungen begleitet waren. Interessanterweise lässt sich aber an den Inschriften in den Gräbern vieler Beamter dieser Zeit feststellen, dass diese Männer von sich selbst entweder im Bezug auf den »König von Oberägypten« oder den »König von Unterägypten« sprachen – was ein Hinweis darauf ist, dass es dabei um zwei verschiedene Personen ging und nicht nur um eine. So nennt sich etwa Kamose, der Sohn eines Mannes namens Maja und nach seinen Titeln zu urteilen der Vater von

Maja, Chef der Sicherheitskräfte in Tell el-Amarna, »Führer des Regiments Nebmaatre – der Aton leuchtet ... königlicher Gesandter und Siegelträger des Königs von Unterägypten«. Userhet (bestattet im thebanischen Grab TT 47) sagt von sich selbst, er sei »... zuverlässig gegenüber dem König von Oberägypten, ehrlich gegenüber dem König von Unterägypten« und außerdem »der Erbprinz und Adelige, den der König von Oberägypten liebt und den der König von Unterägypten liebt«. Das thebanische Grab TT 226 gehört einem ungenannten *mn'y* (Wächter) 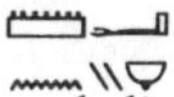, der sich selbst »die Augen des Königs von Oberägypten und die Ohren des Königs von Unterägypten« nennt. Ähnliche Inschriften wurden in vielen Gräbern aus dieser Zeit am Westufer des Nils in Luxor gefunden. Könnten sie nicht möglicherweise etwas Wahres dokumentieren? Dass nämlich das Reich buchstäblich in zwei Teile gespalten war, wobei Amenophis III. Nebmaatre die Kontrolle über Oberägypten hatte, während sein Sohn, der im Norden lebte, nicht nur Unterägypten kontrollierte, sondern auch alle außenpolitischen Angelegenheiten regelte. Das wäre natürlich auch sinnvoll, da er für die nördliche Küste zuständig war.

Der Grund dafür, dass Teje ihren Sohn begleitete, könnte demnach ausschließlich politischer statt persönlicher Natur gewesen sein. Ihr Gemahl, Amenophis III. Nebmaatre, ging allen Schwierigkeiten aus dem Weg, indem er die Einrichtung zweier selbständiger Höfe erlaubte, die zwei verschiedene Gebiete kontrollierten, wobei seine Gemahlin ihn am anderen Hof repräsentierte und die Außenpolitik leitete. Als Briefe von bedrängten Vasallen, denen ein Angriff der Hethiter drohte, immer zahlreicher in Ägypten eintrafen, war Amenophis IV. Nefercheprure Waenre vielleicht gar nicht für die Antwort zuständig. Wenn die Außenpolitik tatsächlich in Tejes Händen lag, dann wäre sie dafür verantwortlich gewesen, das Heer zu mobilisieren.

Als der König in seiner neuen Stadt ankam, änderte er als Erstes seinen Geburtsnamen in Echnaton. Sein Thronname, unter dem die Ägypter ihn kannten, blieb jedoch unverändert. Seine

Gemahlin änderte ihren Namen in Neferneferuaton. Außerdem gab er dem Aton einen vollen Königstitel, schrieb seine Namen in eine Doppelkartusche und erhob ihn somit zum König der Stadt. Da der König sich als den Sohn Gottes ansah, erfüllte er damit wahre Sohnespflicht. Bald nach der Ankunft der Familie gebar die Königin ihr drittes Kind, wieder ein Mädchen, das Anchesenpaaton genannt wurde. Machten sie sich allmählich Sorgen, dass sie nie einen Sohn bekommen würden?

Es ist unklar, welche Gefühle das übrige Ägypten für dieses radikal anders auftretende Paar hegte. In manchen Kreisen weckte es gewiss Feindseligkeit. Auf jeden Fall fühlte sich das junge Paar selbst in der scheinbaren Sicherheit seiner neuen Stadt bedroht, denn die ständige Präsenz zahlreicher Leibwächter ist in allen bildlichen Darstellungen zu sehen. Vor wem fürchteten sich die beiden? Ein möglicher Kandidat war der Oberbefehlshaber des Heeres, Haremhab, der zu den mächtigsten Männern Ägyptens gehörte. Als professioneller Militär, der in Memphis stationiert war, war er sicherlich darauf erpicht, seine Soldaten gegen die Hethiter im Norden zu führen, weil er zweifellos Ruhm für sich und sein Heer erwerben wollte. Aber Echnaton lebte nur für den Frieden und die Brüderlichkeit, und Teje gab vermutlich keinen Marschbefehl. Die einzige Arbeit des Heeres in dieser Zeit, auf die es eindeutige Hinweise gibt, war das Brechen und Transportieren von Steinen. Das muss angesichts der militärischen Herausforderungen sehr ehrverletzend gewesen sein. Da es in Tell el-Amarna keine direkte Erwähnung Haremhabs gibt (falls er nicht Ptahmais Sohn Paatonemhab war), müssen wir annehmen, dass er ständig in Memphis lebte. Aber dank seiner Position muss er den jungen König persönlich gekannt und die Stadt Tell el-Amarna regelmäßig besucht haben. Nach seinen eigenen Worten auf einer Statuengruppe im Museum von Turin »wütete« der Palast bei zumindest einer Gelegenheit. Ging es dabei um militärische Inaktivität? Nach seinem späteren Handeln zu urteilen, war Haremhab ein leidenschaftlicher Patriot und Verfechter von Recht und Ordnung. Es ist sehr wahrscheinlich, dass er Echnatons Tatenlosigkeit als Landesverrat angesehen hat. Auf jeden Fall hielt es der König für nötig, sich und seine Familie ständig zu schützen.

Bald nach dem Umzug in die neue Stadt begann der König sogar, die geschriebene Sprache zu reformieren. Die gesprochene Sprache der Ägypter hatte sich weit von der altmodischen Schriftsprache entfernt. Echnaton hat offenbar befohlen, dass die Sprache genau so niedergeschrieben wurde, wie man sie sprach, denn wir finden aus dieser Zeit die ersten Beispiele für eine Sprache, die wir heute »Spätägyptisch« nennen. Anscheinend starben um diese Zeit Juja und Tuja, seine Großeltern mütterlicherseits, aber wir wissen nicht, wer zuerst starb. Aufgrund ihrer engen Verbindung zum Königshaus ordnete Amenophis III. Nebmaatre an, dass ein Grab im Tal der Könige für sie bereitgemacht werden sollte. Beide Große Königsgemahlinnen, nämlich ihre Tochter Teje und ihre Enkelin Sitamun wohnten ihrer Bestattung bei und gaben ihnen üppige Geschenke mit ins Grab.

Wir wissen aus Briefen, dass gegen Ende der Regierungszeit von Amenophis III. Nebmaatre die Pest in den Ländern nördlich von Ägypten wütete. Wir wissen auch, dass genau um diese Zeit Amenophis III. Nebmaatre mehrere Gesandtschaften nach Mitanni schickte, die um die Hand von Giluchepas Nichte Taduchepa anhalten sollten. Wurde auf diese Weise die Pest nach Ägypten eingeschleppt? Denn im traumatischen Jahr 12 der Regierungszeit Echnatons, dem Jahr 39 von Amenophis III. Nebmaatre, starb zuerst der alte König, und auf einigen seiner Grabbeigaben erscheint der Name von Prinzessin Maketaton, aber bald darauf starb auch die kleine Prinzessin mit etwa acht oder neun Jahren. Vermutlich wurde sie in der Kammer des Königsgrabes in Tell el-Amarna beigesetzt, in der sie auch bildlich dargestellt ist, obwohl man dort keine Überreste von ihrem Leichnam fand.

Jetzt war Echnaton zum ersten Mal Alleinherrscher über Ägypten. Zwar lebte seine Mutter noch und stand ihm bei, aber die Verantwortung für das Königsamt trug er allein. Jetzt war es dringend notwendig, dass der König in den beiden traditionellen

Zentren Luxor und Memphis Präsenz zeigte. Achetaton war viel zu weit abgelegen, um als Regierungssitz zu taugen. Welche Gründe Echnaton hatte, nicht selbst zu gehen, wissen wir nicht. Der Druck, seine Stadt zu verlassen, muss aber ungeheuer groß gewesen sein. Selbst wenn sonst nichts in seinem Leben seine Untauglichkeit für die Rolle gezeigt hätte, die er geerbt hatte, so zeigte sie sich nun an seiner Weigerung, so zu reagieren, wie Ägypten es brauchte.

Welche Gründe Echnaton auch gehabt haben mag, er beschloss, zu bleiben, wo er war. Dafür erhob er seine Gemahlin in den Rang des Mitregenten und ordnete ihr seine älteste Tochter Meritaton als Große Königsgemahlin zu. Die beiden gingen weg, um die Autorität des Königs im übrigen Ägypten wieder herzustellen.

Ohne Zweifel geschah es um diese Zeit, dass die jüngeren Gemahlinnen aus dem Harem Amenophis III. Nebmaatres in den königlichen Haushalt in Tell el-Amarna eingegliedert wurden. Bilder von den Palastgebäuden zeigen, dass es dort bereits Haremsbereiche gegeben haben muss, aber es gibt keine Hinweise darauf, dass Echnaton je von einer anderen als seiner Großen Königsgemahlin Notiz nahm, mit der ihn, wie bildliche Darstellungen und Inschriften zeigen, eine tiefe Liebe verband. Aber jetzt kommt die Große Geliebte des Königs, Kija, ins Spiel. Wer war sie? Bildnisse, die inzwischen eindeutig als die ihren identifiziert sind, zeigen sie mit einem spitz zulaufenden Gesicht, einer charakteristischen Perücke, die zu beiden Seiten ihres Gesichtes in lange Zipfel ausläuft, und mit riesigen Ohrringen. Es gibt zwei Möglichkeiten. In Gesprächen, die ich kurz vor seinem Tod mit dem Ägyptologen Cyril Aldred führte, erläuterte er mir, dass der Name Kija eine Menge mit den Namen der Familie aus Achmim gemeinsam hatte – Jej, Juja, Tuja, Eje und Teje. Er hielt es für möglich, dass Kija eine Cousine der Königsfamilie war. Die andere, ich glaube wahrscheinlichere Möglichkeit ist, dass sie keine andere als Taduchepa war. »Kija« konnte gut eine Abkürzung ihres Namens sein, der nach dem Zeugnis der Amarnabriefe für die Aussprache von Namen wahrscheinlich Tadukija ausgesprochen wurde. Es gibt zwei kleine, aber signifikante Hinweise, die diese Annahme stützen. Im Grab Tutanchamuns gibt es zwei Fundstücke – einen Dolch mit einer Eisenklinge (s. S. 149) und ein Armband, in das ein großer Skarabäus aus Amethyst eingelassen ist – die nördlicher und nicht ägyptischer Herkunft sind. Beide sind mit Goldgranulat verziert, für das es in Ägypten selbst keine Beispiele gibt, und scheinen aus Mitanni, der Heimat Taduchepas, zu stammen. Die goldene Scheide des Dolches ist mit eindeutig nichtägyptischen Reliefs von Jagdszenen geschmückt. Beide Stücke sind zu kostbar, um einfache Handelsartikel zu sein. Höchstwahrscheinlich waren sie Teil einer Mitgift aus Mitanni. Tutanchamun hatte dem Anschein nach keine Verbindung zu Giluchepa, aber wir wissen aus Briefen, dass Taduchepa nach dem Tod des alten Königs eintraf und statt seiner Echnaton genau zu der Zeit heiratete, zu der Tutanchamun geboren wurde, sodass zumindest diese Daten zusammenpassen.

Der Knabe Tutanchaton wurde geboren, als seine Großmutter Teje noch lebte. Über die Szene mit dem Tode Maketatons in Raum g im Königsgrab von Tell el-Amarna haben wir bereits gesprochen. Aber in dem Raum direkt neben dem Korridor, Raum a, gibt es noch eine weitere Sterbeszene, die eine andere Frau zeigt, nicht Maketaton. Diese Frau steht in einer charakteristischen Laube in der Art eines Gartenpavillons, deren Säulen von windenähnlichen Blumen umrankt sind. Dieser Bau ist, wie Jac und Rosalind Janssen erklärt haben, als typische ägyptische Geburtslaube erkennbar. Also hat diese Frau soeben ein Kind geboren und ist dann gestorben. Objekte, die in diesem Raum gefunden wurden, tragen den Namen Kijas, und anhand dieser Objekte stellten die Wissenschaftler später überhaupt erst fest, dass es Kija gegeben hatte. Das Kind in den Armen einer Hofdame in Raum g könnte also in der Tat Tutanchaton sein, wie er zunächst genannt wurde, aber da seine Mutter nicht Maketaton sein konnte, die noch zu jung war, war es vermutlich Kija.

Wenn das zutrifft, wurde Taduchepa bzw. Kija nach dem Weggang von Nofretete und ihrer ältesten Tochter die Große Geliebte des Königs, wie ihr Titel sie nennt. Sie gebar dem König einen Sohn, Tutanchaton, aber starb kurz darauf. Also verlor Tutanchaton seine Mutter gleich bei der Geburt. Fast wie zur Bestätigung fanden sich in einem Grab, das 1998 Alain Zivie in Sakkara entdeckte, die Titel einer Dame namens Maja, die als 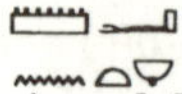 Tutanchatons bezeichnet wird. Ob sie nach dem Tod seiner Mutter wirklich seine Amme war, ist schwer zu sagen, der Titel kann auch »Pflegemutter« oder »Vormund« heißen.

Eines ist sicher. Nofretete Neferneferuaton hatte jetzt einen Rivalen für ihre Töchter. Bisher war sie nicht nur davon ausgegangen, dass sie nun die rechtmäßige Erbin des Thrones ihres Gemahls war, da sie ja zum Mitregenten erhoben worden war, sondern hatte bereits entschieden, dass ihre eigene Erbin ihre Tochter Meritaton sein sollte. Sie hatte sogar noch eine weitere Tochter in Reserve: Anchesenpaaton. Sie war schon im Begriff, eine weibliche Erbfolge für den Pharaonenthron einzuführen. Es hatte zwar schon früher weibliche Könige gegeben, aber die meisten hatten einfach ein zeitliches Vakuum zwischen dem Tod eines Königs und der Ernennung eines anerkannten männlichen Erben überbrückt. Nur Hatschepsut war eine Ausnahme gewesen, sie hatte den Thron als Frau übernommen, aber proklamieren lassen, sie sei ein Mann. In vielen ihrer Titel machte Nofretete Neferneferuaton Meri Waenre genau dasselbe: Sie bezeichnete sich mit einem männlichen Namen und verwirrte damit jahrelang die Archäologen. Aber der Gempaaton in Karnak, der zum Jubiläum Amenophis' III. im Jahr 30 erbaut wurde, macht klar, dass sie keinen Unterschied zwischen männlich und weiblich sah und dass sie durchaus vorhatte, die Monarchie hinfort zu einer Domäne des Weiblichen zu machen.

Haremhab, der patriotische Berufssoldat, hatte jetzt Grund zu höchster Besorgnis. Zuerst weigerte sich Teje, der Armee einen Marschbefehl gegen die Feinde Ägyptens zu geben. Jetzt besteht angesichts von Nofretetes Ehrgeiz Aussicht auf eine lange Reihe weiblicher Könige. Zu diesem Zeitpunkt werden seine eigenen langfristigen Absichten klar. Er heiratet Mutnedjemet, Nofretetes Schwester und Tejes Nichte, und verbindet sich dadurch mit der Königsfamilie, in der Hoffnung, einen Erben zu bekommen, der den weiblichen König verdrängen könnte.

Aber was war mit Tutanchaton? Er wurde geboren, nachdem Nofretete gekrönt worden und weggegangen war, und stellte für sie im Moment keine direkte Bedrohung dar. Er war jedoch Echnatons Sohn und Erbe, und wenn Echnaton starb, hatte er nach seinem Tod einen größeren Anspruch auf den Thron als Nofretete. Seine Existenz stellte eine unmittelbare Bedrohung ihrer Absicht dar, ihre Tochter als Nachfolgerin zu krönen. Jemand musste den Jungen beschützen. Aus seinem Grab kommen zwei Hinweise. Erstens zeigt der geflochtene Haarstrang seiner Großmutter Teje, dass er ihr als Kind sicher sehr nahe stand. Sie starb vor ihm, und ihr Haar war ein bewegendes Andenken, sodass er sie als Kind gekannt haben muss, sonst hätte kein Anlass bestanden, ihm dieses Haar mit ins Grab zu geben. Zweitens haben wir eine Serie von fünf *Uschebti*-Figuren mit dem Namen des Nachtmin. Auf einer der Statuen des Nachtmin, heute im Museum in Kairo, bezeichnet er sich als »Erbprinz, Adeliger, Siegelträger des Königs von Unterägypten, groß an Gunst im Königspalast … der königliche Schreiber, Befehlshaber des Heeres, Nachtmin … für den *ka* seiner Mutter, der Dienerin des Min, der Musikantin der Isis, Juj«. Nachtmin war nicht nur ein Kollege Haremhabs beim Heer, sondern höchstwahrscheinlich auch ein weiterer Verwandter von Eje und Teje, denn seine Titel und der Name seiner Mutter weisen genau die gleiche Form auf wie die aller anderen Familienmitglieder. Die Namen im Grab Tutanchamuns zeigen, dass Eje und Teje dem Knaben beide sehr nahe standen. Man kann sich keine besseren Beschützer und Förderer für das Kind vorstellen als Teje und ihren Bruder Eje, unterstützt von einem weiteren Verwandten, Nachtmin. Interessant ist, dass um die Zeit von Tutanchatons Geburt die Arbeiten am für Eje vorgesehenen Grab in Tell el-Amarna eingestellt wurden. Dafür hat man mehrere Gründe vermutet. Aber höchstwahrscheinlich hatte die Geburt eines Sohnes und Erben Echnatons dazu geführt, dass Eje nicht mehr seine ehrgeizige Tochter unterstützte, sondern Tutanchaton. Vielleicht sah er voraus, dass der Tag kommen würde, an dem er zusammen mit dem kleinen Jungen in das Herz des Geschehens, nach Memphis und Luxor, zurückkehren würde, sodass die Vollendung seines Grabes in Tell el-Amarna nicht mehr wichtig war.

Ein Block, auf dem Tutanchaton als Königssohn bezeichnet wird, fand sich in Hermopolis, während er auf den *talatat*-Blöcken in Karnak nirgendwo auftauchte. Das deutet darauf hin, dass er von Teje und Ejes Verwandten in Tell el-Amarna großgezogen und anerkannt und von Nofretete und Meritaton in Karnak ferngehalten wurde. Aber schon allein seine Existenz muss eine ständige Bedrohung für ihre ehrgeizigen Pläne gewesen sein.

Die Schreibpaletten, die in Tutanchatons Grab gefunden wurden, lassen vermuten, dass er einige Dinge benutzte, die seinen abwesenden älteren Halbschwestern Meritaton und Maketaton gehörten. Aber wie wir gesehen haben, sind die Paletten so gut wie unbenutzt. Die große Anzahl an Bogen, Stöcken und Wurfhölzern sowie die Wagen, die Jagdhandschuhe und die Darstellung auf den Fächerhalterungen, auf denen er mit seinem Hund auf der Straußenjagd zu sehen ist, deuten darauf hin, dass er ein aktiver Jüngling war, der mehr Interesse an der Jagd als an Buchwissen hatte. Er glich wohl eher seinem Großvater Amenophis III. Nebmaatre und seinem Urgroßvater Thutmosis IV. als seinem Vater. Solange er in der scharf bewachten Stadt seines Vaters blieb, war er sicher. Aber als Echnaton in seinem Regierungsjahr 17 starb und Tutanchaton als Kind von fünf Jahren zurückließ, muss das Reich in eine labile Lage gekommen sein. Aus den Inschriften geht klar hervor, dass Nofretete Neferneferuaton den Thron unter dem Namen Anch(et)cheprure Djosercheprure für sich beanspruchte und ihre älteste Tochter an ihrer Seite hatte. Aber ihr Sieg war nur von kurzer Dauer: beide verschwanden zur gleichen Zeit.

Ohne ihr Grab kann jede Überlegung, was mit ihnen geschehen sein könnte, nur Spekulation sein. Die Tatsache, dass hier zwei Menschen plötzlich und zur selben Zeit verschwanden, ist jedoch höchst verdächtig. Sehr wahrscheinlich wurden sie vom Thron gestoßen, vielleicht sogar ermordet. Falls das zutrifft, dann wurden sie nicht wegen Ketzerei beseitigt, sondern weil sie die Absicht verkündet hatten, den Thron von Ägypten in eine weibliche Erbfolge zu überführen. Jetzt lag das Schicksal Ägyptens in den Händen zweier durchtriebener, ehrgeiziger und machthungriger alter Männer. Eje im Süden, Beschützer des kleinen Jungen, der die letzte Hoffnung seiner Familie war, und Haremhab, Oberbefehlshaber des Heeres mit der Armee und Nofretetes Schwester als Gemahlin hinter sich im Norden. Der kleine Junge wurde eine politische Schachfigur in den Händen mächtiger Spieler.

Nach dem Verschwinden von Nofretete Anch(et)cheprure Djosercheprure und der Großen Königsgemahlin und Erbprinzessin Meritaton wurde Tutanchaton unter Begleitschutz nach Luxor in den Tempel von Karnak gebracht, um dort zum König gekrönt zu werden, wie sein Königstitel beweist. Aber der Tempel von Karnak war noch immer von dem großen Atontempel im hinteren Bereich beherrscht, wie die erhaltenen *talatat*-Blöcke zeigen. Die Zerstörung dieser Gebäude fand erst nach der Krönung Haremhabs statt, und da das Opetfest erst wieder eingeführt wurde, nachdem Tutanchaton seinen Namen geändert hatte, was einige Jahre später geschah, fand die Krönung in einer ungeordneten Umgebung statt, wie Haremhab auf der Restaurationsstele wahrheitsgemäß schilderte. Die Krönung selbst wurde ohne Zweifel von den beiden alten Männern inszeniert. Nach der Krönung des Jungen schlossen die beiden eine unheilige Allianz und reduzierten die Rolle Tutanchatons auf die einer Galionsfigur, während Eje den Titel eines Regenten von Oberägypten mit Sitz in Luxor annahm und Haremhab den des Regenten von Unterägypten mit Sitz in Memphis. Es sieht so aus, als seien die beiden alten Männer, die politisch Welten trennten – der eine war der Beschützer des Königs, der andere sein eingeschworener

Feind –, übereingekommen, die Macht zwischen sich aufzuteilen. Anlässlich der Krönung erklärt Tutanchaton Nebcheprure auf der Restaurationsstele die Absicht, die Unordnung im Land zu beenden und den Kult der Reichsgötter wieder zu beleben. Aber das konnten natürlich weder seine eigenen Absichten, noch seine Worte gewesen sein. Dieser kleine Junge, der erst sechs oder sieben Jahre alt war, interessierte sich zweifellos mehr für die Jagd als für politische und religiöse Fragen. Selbst wenn er ein bisschen etwas über das Problem erfuhr, beinhaltete seine Erziehung, dass er vom alten Gott Amun überhaupt nichts wusste, der nun den Tempel von Karnak »wieder in Besitz nahm«, nachdem dieser nach der Erbauung des Gempaaton dem Aton gewidmet worden war. Der kleine Junge muss von all dem genauso verwirrt gewesen sein wie alle anderen auch.

Ganz offensichtlich hatte jemand anders die Fäden in der Hand. Die Worte und Absichten auf der Restaurationsstele waren allesamt die Haremhabs. Später, als Haremhab die Macht an sich riss und König wurde, nahm er die Worte auf der Stele gleichsam wieder selbst in Besitz, indem er seinen eigenen Namen über den Tutanchatons meißeln ließ. Die Absichten waren ganz eindeutig die *seinen,* nicht die Ejes. Eje war nicht nur der Bruder der verstorbenen Großen Königsgemahlin Teje und hatte sie durch all ihre Probleme an den Höfen von Luxor und Tell el-Amarna hindurch begleitet, sondern er war auch Echnatons wortgewaltigster und hoch gelobter Anhänger gewesen. Bildnisse aus der Stadt und aus seinem Grab zeigen, wie ihm eine Ehrung nach der anderen zuteil wird und wie er mit Ehrengold beladen dasteht, mit dem ihn Echnaton überhäuft. Das euphorische Selbstzeugnis in seinem Grab und die Einmeißelung des gesamten langen Sonnengesanges Echnatons an Aton in seine Grabwände zeigen mehr als deutlich seine Gefühle für Echnaton. Er war vermutlich mindestens dreißig Jahre lang mit im Zentrum der Königsfamilie gestanden und hatte die Familie auch in ihren dunkelsten Stunden unterstützt. Seine Villa, seine Güter und sein Grab in Tell el-Amarna bezeugen, dass er nach dem König einer der prominentesten Bewohner der Stadt war. Entweder war er ein hinterlistiger und machtgieriger Heuchler und hat über drei Jahrzehnte lang Lippenbekenntnisse abgelegt und etwas ganz anderes gedacht, oder er war der treueste Beschützer der ganzen Königsfamilie, was nach allem, was wir von ihm wissen, wahrscheinlicher ist.

Bei Tutanchatons Krönung teilten also die beiden Männer das Land unter sich auf. Das war ein geschickter Schachzug Ejes. War der Junge erst einmal gekrönt, war er durch die Transformation der Macht geschützt, die die Krone für ihren Träger bedeutete. Als gekrönter König war das Kind in Sicherheit. Eje musste dafür sorgen, dass Tutanchaton tatsächlich gekrönt wurde und dass Haremhab mit seinen höheren Titeln und seinem legitimen Anspruch durch seine Gemahlin nicht zuerst zugriff. Haremhab war eine tödliche Bedrohung für die Thronfolge. Durch ein augenscheinliches Bündnis mit dem General und die Bereitschaft, die Macht mit ihm zu teilen, konnte der geschickte Eje dessen Zustimmung zur Krönung des Jungen gewinnen und entwaffnete ihn damit. Schwor Haremhab erst einmal, Regent für den Kindkönig zu sein, dann erklärte er sich zugleich bereit, ihn vor Unheil zu schützen.

Auf der Restaurationsstele heißt es, der junge König habe nach seiner Krönung versprochen, die Statuen der alten Götter wieder einzusetzen, als er »im Palast, der sich in [der Anlage des Aacheperkare] befindet«, war. Gay Robins hat diesen Ort als Palast des Thutmosis I. in Memphis identifiziert. Das legt nahe, dass die Restaurationsstele dort abgefasst wurde. Es könnte auch bedeuten, dass Haremhab den Jungen für einige Zeit nach Memphis mitnahm. Andererseits könnte es auch lediglich heißen, dass die Stele dort verfasst wurde, dafür musste Tutanchaton nicht persönlich anwesend sein. Memphis war die Heimatstadt Haremhabs. Selbst wenn er Tutanchaton dorthin geholt hätte, wäre er doch sicher gewesen: Haremhab hätte ihn beschützt wie jeder andere loyale Adelige den gekrönten König von Ägypten beschützt hätte.

Bald nach der Krönung ist Tutanchaton wohl aus Sicherheitsgründen nach Tell el-Amarna zurückgebracht worden, vermutlich von Eje, denn wir haben eine große Anzahl datierter Inschriften aus seinen Regierungsjahren 1 und 2. In dieser Zeit machte er Anchesenpaaton zu seiner Großen Königsgemahlin, wie auf einer der Truhen und dem goldenen Thron zu lesen ist. Etwa im zweiten Jahr, als er ungefähr acht Jahre alt war – für unser Verständnis also noch ein richtiges Kind, aber im alten Ägypten doch schon alt genug, um langsam etwas zu verstehen – begann ihm allmählich seine Verantwortung zu dämmern. Daher verließ er nun endgültig die Stadt seines Vaters, das einzige Zuhause, das seine Gemahlin seit ihrer Geburt gekannt hatte. Zusammen fuhren sie, begleitet von Gefolgsleuten, nach Luxor, wo Tutanchaton mit der Hilfe des Regenten Eje das Opetfest und die Verehrung des Amun in Karnak wieder einsetzte. Er zerstörte den großen Tempel seines Vaters, der mit seiner Größe den Tempel von Karnak verdoppelte, *nicht*. Aber seine Herrschaftsinsignien zeigen, dass er ausgewogen war: Er setzte die alten Götter wieder ein, ohne den Aton völlig zu verbannen. Vermutlich aufgrund eines Vorschlags von Eje, der Öffentlichkeit einen Gefallen zu tun, änderte er seinen Namen in Tutanchamun und den seiner Gemahlin in Anchesenamun. Für die Menschen in Luxor muss die Erneuerung des Opetfestes, bei dem sie großzügig mit Essen und Trinken bewirtet wurden, eine große Freude gewesen sein. So hatte der junge König auf einen Streich beide Seiten besänftigt.

Sobald Tutanchamun und Anchesenamun Tell el-Amarna verlassen hatten, hörte das Herz dieser Stadt offenbar für immer auf zu schlagen. Die Wiedereinsetzung des Opetfestes signalisierte deutlich, dass der König nie mehr in seinen Exilpalast zurückkehren würde. Daher gingen die Bewohner der Stadt einfach weg. Manche kehrten wohl nach Luxor zurück, einige verließen vermutlich das Land. Was aus all den frommen Atonanhängern wurde, die von der charismatischen Ausstrahlung Echnatons angezogen worden waren, wissen wir nicht. Sie verschwinden einfach von der Bildfläche. Fachleute meinen, dass sie in ihre ursprünglichen Heimatorte zurückkehrten und sich wieder der alten Religion zuwandten. Aber das scheint mir allzu einfach. Wenn Menschen im Laufe der Geschichte irgendwo einer charismatischen religiösen Führungsfigur folgten, fanden sie es selten leicht, einfach alles zu vergessen und zu dem zurückzukehren, wovon sie sich abgewandt hatten.

Jetzt erfreuten sich der junge König und die junge Königsgemahlin der allgemeinen Gunst und sie konnten das Leben unbeschwert und frei genießen. Wir wissen nicht, wo sie in Luxor gewohnt haben, aber ohne Zweifel müssen die Palastgebäude von Malkata für sie einladend und auch in gutem Zustand gewesen sein. Tutanchamun ließ sich einen Totentempel neben dem seines Großvaters Amenophis III. Nebmaatre am Westufer bauen. Erhalten gebliebene Statuen daraus lassen den Schluss zu, dass dieser Tempel ein ebenso prächtiges Bauwerk war wie der seines Großvaters. Inschriften aus Gurob zeigen, dass die junge Königsgemahlin sich wahrscheinlich dort aufgehalten hat, während ihr Gemahl, wie seine Vorfahren vor ihm, im Faijum auf die Jagd ging. Wir können nicht wissen, ob er einen großen Harem hatte und wie treu er seiner Gemahlin war. Als er in die Jünglingsjahre kam, hatte er höchstwahrscheinlich, wie es damals üblich war, zahlreiche Gemahlinnen.

Irgendwann um die Mitte seiner Regierungszeit gab Tutanchamun dem »Aufseher der Arbeiten am Ort der Ewigkeit« (d.h. dem Aufseher der Gräber im Tal der Könige) Maja den Auftrag, eine Umbettung vorzubereiten. Wahrscheinlich wählte er das Grab, das für seine Großmutter Teje ausgehauen worden war. Da ihr Leichnam später im Grab von Amenophis II. gefunden wurde, ist es möglich, dass Tutanchamun sie zum Zeitpunkt der Umbettung heimlich dorthin bringen ließ. Aber wo immer er den Leichnam zunächst hinbrachte, am Ende landete er in diesem Grab. Der Leichnam, der in ihrem Grab zum zweiten Mal bestattet wurde, wurde vermutlich ganz im Geheimen ins Tal der Könige gebracht, mit wenig oder ganz ohne Zeremoniell. Da der

König fürchtete, der Tote könnte identifiziert werden, ordnete er an, dass die Namen auf dem Sarg und auf den Grabbeigaben sorgfältig herausgeschnitten werden sollten.

Die Attribute in den Inschriften auf der Vorderseite des Sargdeckels und am Fußende des Sarges, die in Grab KV 55 gefunden wurden, können sich ihrem Charakter nach nur auf eine einzige Person bezogen haben, auch wenn der Name entfernt wurde: Kija. Sogar die Lücken, die beim sorgfältigen Herausschneiden des Namens entstanden sind, können vorher nur einen so kurzen Namen wie »Kija« enthalten haben. Der Sargdeckel wurde geändert, Uräus und Bart angefügt, um den königlichen Status der Toten anzuzeigen. Aber bei der pathologischen Untersuchung im Jahr 1907 und auch 1968 wurden die Gebeine zu denen eines »jungen Mannes« erklärt. 1978 schrieb Pedro Costa einen Artikel, in dem er die Maße der Stirnhöhle des Leichnams in Grab 55 mit den statistischen Ergebnissen der Messung anderer Leichname verglich. Er vermaß sowohl normale Schädel auch solche von Menschen, die an Akromegalie litten, und zwar männliche und weibliche. Er kam zwar letztlich zu dem Schluss, dass der Leichnam tatsächlich männlich war, aber die Zahlen zeigen, dass das nicht zwingend ist – die Höhe der Stirnhöhle lag genau zwischen den durchschnittlichen Werten eines normalen Mannes und einer an Akromegalie leidenden Frau. Als man die Röntgenaufnahmen des Schädels mit denen vom Schädel Tutanchamuns verglich, erwiesen sie sich als in jeder Hinsicht identisch. Außerdem hatten die Toten genau dieselbe Blutgruppe: A2, MN. Es gibt keinen Zweifel daran, dass sie eng verwandt waren. Aber der Schädel Tutanchamuns hat alles andere als eine normale Form. Es besteht also durchaus die Möglichkeit, dass hier eine Akromegalie vorliegt, und wenn das der Fall ist, dann wäre der Leichnam in Grab KV 55 weiblich. ^Es gibt noch ein Indiz, das dafür spricht. Der Beiname Kijas war 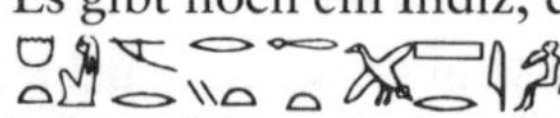. Die letzten beiden Worte »das Kind« sind im altägyptischen Original männlich. Das könnte bedeuten, dass Kija eine maskulin aussehende Frau war. Wäre das der Fall, dann wäre das Problem gelöst.

Die Identität des Leichnams in Grab 55 könnte ein für alle Mal gelöst werden, wenn Material für eine DNS-Analyse entnommen und untersucht würde, das in den Zähnen und den Röhrenknochen noch vorhanden ist. Wenn die Chromosomen sich als die einer Frau erweisen, dann ist der Leichnam wahrscheinlich der Kijas. Wenn sie hingegen die eines Mannes sind, dann muss das Problem erst noch gelöst werden. Aber ein Leichnam eines jungen Mannes fehlt uns immer noch, der von Thutmosis, dem älteren Bruder von Echnaton. Vielleicht ist es dessen Leichnam. Es ist auch unklar, warum er die Identität seiner Mutter zu verschleiern suchte, falls ihn nicht die öffentliche Meinung dazu zwang. Welchen Grund das gehabt haben könnte, bleibt ein Rätsel.

Aber selbst wenn uns die Identität dieses Menschen verborgen bleibt, so wusste doch Tutanchamun, wer er war, und wenn es tatsächlich seine Mutter war, dann wäre das gut nachvollziehbar. Die Könige von Ägypten bestatteten ihre Mütter traditionell in ihrer Nähe, statt sie mit ihrem Gemahl beisetzen zu lassen. Das würde den Befehl verständlich machen, sein eigenes Grab neben dem seiner Mutter anzulegen. Das Grab Tutanchamuns liegt nur ein paar Schritte vom Grab KV 55 entfernt. Trotz allem, was so oft in Büchern geschrieben wurde, gibt es keinen Hinweis darauf, dass das Grab je für jemand anderen vorgesehen war. Ganz im Gegenteil deutet seine Lage darauf hin, dass es genau an der Stelle liegt, die Tutanchamun am liebsten war, nämlich neben der letzten Ruhestätte seiner Mutter. Nirgendwo im Grab oder auf den Grabbeigaben gibt es einen Hinweis darauf, dass das Grab für Eje gedacht war. Vor seiner Krönung hätte er sein Grab wohl bei den Gräbern der Adeligen in dem Berghang angelegt, der zum Nil hin schaut. Tatsächlich war seine letzte Ruhestätte nahe der seines Schwagers Amenophis III. Nebmaatre, und auch dort gibt es keinen Hinweis darauf, dass dieses Grab ursprünglich für Tutanchamun vorgesehen war.

Ägypten atmete auf und suchte nach so vielen Jahren endlich wieder ins Gleichgewicht zu kommen. Aber die schweren Zeiten waren noch nicht vorbei. Es gibt keinerlei klare Belege dafür, dass der junge König irgendwelche Feldzüge ins Ausland anführte, aber im Grab Haremhabs in Memphis, das der Oberbefehlshaber des Heeres und Vizekönig anlegen ließ, als er Tutanchamun diente, ist der General dabei zu sehen, wie er verschiedene nubische und asiatische Gefangene vor den König bringt. Hat Tutanchamun diese Kriegszüge befohlen? Oder traf Haremhab inzwischen seine Entscheidungen selbst? Auf alle Fälle gewannen die Hethiter im Norden täglich Boden auf Kosten der Ägypter, und das brachte Haremhab, nach den Reliefs in seinem Grab in Memphis zu urteilen, sehr in Harnisch.

Als Tutanchamun die mittleren Teenagerjahre erreicht hatte, war es in Ägypten wahrscheinlich sehr unruhig. Eine Stele Majas, die heute in der Universität Liverpool steht, berichtet, dass Maja, der für die Umbettung des Leichnams in Grab 55 und die Anlage eines Grabes für seinen königlichen Herrn verantwortlich war, in Tutanchamuns Regierungsjahr 8 »von Elephantine ins Delta« geschickt wurde, um im Namen des Königs Steuern einzutreiben. War das ein Zeichen für wachsende Unruhe? Oder sammelte der König eher Geld für einen Feldzug nach Norden? In jedem Fall zeigt die Stele, dass der große Reichtum, auf den sein Großvater Amenophis III. Nebmaatre so stolz gewesen war, in den Jahren der Krise aufgebraucht worden war und dass Tutanchamun seine Schatzkammer relativ leer vorgefunden hatte.

Was immer der Grund für die Besteuerung war, ein Feldzug kam nicht zustande. Nur wenige Monate später war der König tot und Ägypten stand wieder am Rande des Abgrunds. Jetzt drohte tatsächlich das Chaos, denn es gab keinen rechtmäßigen Thronerben außer der verwitweten Königin, der letzten noch lebenden Tochter Echnatons. Und eines steht fest. Königin Anchesenamun hatte keine Chance, gekrönt zu werden, wenn Haremhab ein Wort mitzureden hatte.

KAPITEL ELF

Der Tod Tutanchamuns

Wir haben das Leben des Königs anhand der erhalten gebliebenen Zeugnisse nachgezeichnet. Aber warum starb er so jung und so plötzlich? Dass der Tod des Königs völlig unerwartet kam, zeigt sich zumindest an seiner armseligen und äußerst hastigen Beisetzung. Das Grab sieht nicht so aus, wie es bei einem König der 18. Dynastie zu erwarten wäre.

Nach seinem Tod war niemand mehr da, der den Thron erben konnte. Er hatte keine Kinder, die ihn überlebten. Die Thronfolge war daher ungeklärt und für Bewerber offen. Die beiden wichtigsten Männer im Reich während der kurzen Regierungszeit des Königs und nach seinem Tod waren seine beiden Regenten, Eje und Haremhab. Angesichts Ejes Verbindungen zum Königshaus überrascht es, dass Haremhab seinen Titeln nach der Ranghöhere war. Außerdem hatte er den Oberbefehl über die gesamten ägyptischen Streitkräfte. Es war nicht jenseits des Vorstellbaren, dass er seinen Rang und seine Macht über die Armee benutzen würde, um die Herrschaft an sich zu reißen.

Seit langem wird immer wieder behauptet, Tutanchamun sei ermordet worden. Nach Harrison legte die Röntgenaufnahme von seinem Schädel, die bei der Autopsie im Jahr 1968 gemacht wurde, diesen Schluss nahe. Das Motiv für den Mord war deutlich ein doppeltes – Verzweiflung über den Zustand des Landes und rücksichtsloser politischer Ehrgeiz. Aber wer könnte die Tat durchgeführt haben?

Eines ist sicher. Wäre es Haremhab gewesen, dann hätte er danach den Thron an sich gerissen. Als der Mann mit der Armee hinter sich und Titeln, die höher waren als die aller anderen, hätte Eje keine Chance gehabt, falls Haremhab tatsächlich den König getötet hätte.

Aber Haremhab war nicht der Nächste auf dem Thron. Eje wurde der nächste König. Hat also vielleicht Eje den König ermordet? Ein angeblich verlorener Ring, von dem man seit langem weiß, dass er sich in Berlin befindet, soll ein Beweis dafür sein, dass er es tat. Auf dem Ring sind die Namen von Eje und der verwitweten Anchesenamun miteinander verbunden, was darauf hinweist, dass Eje nach dem Tod Tutanchamuns seine Witwe heiratete und so durch sie den Thron erbte. Aber dieser Ring wurde nicht bei einer Grabung gefunden. Er ist ein Unikat und stammt aus einer sehr dubiosen Quelle, nämlich von einem Händler, der in Ägyptologenkreisen als Lieferant vieler Stücke von fraglicher Echtheit gilt.

Aus Ejes Zeit in Tell el-Amarna weiß man, dass er mit Ti verheiratet war, und in seinem Königsgrab im Tal der Könige ist dieselbe Ti noch immer treu an seiner Seite zu sehen. Bob Brier meint, das sei ein Zeichen dafür, dass der alte Mann die verwitwete Anchesenamun zu einer politischen Heirat zwang, sie dann beseitigte und zu seiner Gemahlin Ti zurückkehrte. Aber wo es an Beweisen mangelt, kann nichts behauptet werden. Angesichts der zweifelhaften Echtheit des Ringes ist es viel wahrscheinlicher, dass eine solche »Heirat« gar nicht erst zustande kam. Für die Herstellung eines solchen Ringes hätte man Modelle fertigen müssen. Es ist völlig undenkbar, dass von diesem Ring nur ein einziges Exemplar hergestellt wurde und dass dieses eine Exemplar zufällig einem solchen Händler in die Hände gefallen sein soll. Schließlich hat man in den letzten hundert Jahren außerordentlich hartnäckig nach Zeugnissen für diese komplexe Zeit gesucht. Ringe mit den Namen von Königen sind ab dem Neuen Reich relativ verbreitet. Es ist unvorstellbar, dass bisher nicht einmal ein zerbrochenes Exemplar desselben Rings gefunden wurde, wenn es weitere gibt. Als Beweisstück können wir diesen Ring getrost ignorieren.

Als die Bergfeste Boghazkoi ausgegraben wurde, fand man im Archiv der Hethiter ein Dokument aus der Zeit von Mursilis II. Der Hethiterkönig bezog sich darin auf einen Brief, den sein Vater bekommen hatte. Offenbar war er von der verwitweten Königin Anchesenamun in Ägypten und lautete: »Mein Gemahl ist tot, und ich habe keinen Sohn. Aber man sagt mir, dass du viele Söhne hast. Wenn du mir einen deiner Söhne schickst, könnte er mein Gemahl werden.«* Verständlicherweise scheint Mursilis' Vater im Hinblick auf die Feindschaft zwischen Ägypten und den Hethitern dieser Bitte misstraut zu haben. Laut Mursilis schickte er einen Gesandten, der Erkundigungen einziehen sollte. Die Witwe schrieb ein zweites Mal: »Hätte ich einen Sohn, hätte ich mich dann ... an ein fremdes Land gewandt? ... Mein Gemahl ist gestorben. Einen Sohn habe ich nicht. Niemals werde ich einen meiner Diener zum Ehemann nehmen! ... Es heißt, du habest viele Söhne: Also gib mir einen von deinen! Mir wird er Gemahl sein, aber in Ägypten König.«* Dieses Angebot war so verlockend, dass es unwiderstehlich war. Nach den Aufzeichnungen der Hethiter wurde nun Prinz Zannanza mit einem Gefolge auf den Weg geschickt. Aber er kam nie an. An der Nordgrenze Ägyptens lauerte man den Reisenden auf und brachte sie allesamt um.

In jüngster Zeit gibt man sich skeptischer, und es ist Mode geworden, diese Zeugnisse als aus zweiter Hand, nicht vertrauenswürdig und daher wahrscheinlich falsch abzutun. Aber Mursilis hatte keinen Grund, in den offiziellen Aufzeichnungen der Hethiter zu lügen, als er über die Beziehungen zwischen seinem Land und Ägypten schrieb, die im Laufe der 19. Dynastie immer schlechter wurden. Wahrscheinlich waren die Briefe sogar noch vorhanden. Wir müssen den Bericht daher wörtlich nehmen. Nach der Schilderung bedrohte jemand die Königin, jemand, den sie fürchtete und den sie als »Diener« bezeichnete. Aufgrund des Ringes haben viele behauptet, es habe sich dabei um Eje gehandelt. Aber die Königin schreibt ausdrücklich: »Ich will keinen Diener heiraten!« Dieses Wort ist abwertend und bezieht sich auf jemanden aus der niedrigsten sozialen Schicht. Bob Brier erläutert nirgendwo genau, wer Eje eigentlich war, aber wir wissen, dass er Anchesenamuns Großvater war. Ist es wahrscheinlich, dass sie in einer solchen Weise von ihrem eigenen Großvater sprechen würde? Tatsächlich kommt doch logisch gesehen nur ein einziger Mann in Frage, den sie einen »Diener« oder »Bürgerlichen« nennen würde – Haremhab. Aber da Haremhab offensichtlich den König *nicht* ermordete, da er dann auf den Thron gekommen wäre, sind wir anscheinend wieder so klug wie zuvor.

Jetzt müssen wir fragen, ob der König *überhaupt* ermordet wurde. Betrachten wir die Ergebnisse der Autopsie. Die Untersuchung, die Harrison 1968 durchführte, war die erste, bei der überhaupt Hinweise auf den Tod des Königs gefunden wurden. Bei der ursprünglichen Untersuchung im Jahr 1925 hatte man bereits festgestellt, dass der Kopf des Königs rasiert worden war, aber es gab kein äußeres Anzeichen für eine Verletzung. Die Röntgenaufnahme offenbarte nun, dass der Schädelknochen hinter dem linken Ohr dünner war. Von einer Fraktur war nichts zu sehen, aber wie bereits erwähnt, schien sich im Schädelinneren ein kleines Stückchen Knochen zu befinden. Harrison erklärte nirgendwo, woher dieser Knochensplitter seiner Ansicht nach stammte, aber alle Pathologen, die weitere Untersuchungen vornahmen, waren sich einig, dass er wahrscheinlich erst nach dem Tod irgendwo abgebrochen war. Jedenfalls stammt er nicht von der Stelle hinter dem linken Ohr, denn dort war der Knochen intakt. Die Verdünnung des Schädelknochens konnte nur durch Druck von innen zustande gekommen sein – vielleicht durch ein subdurales Hämatom, also einen Bluterguss oder etwas Ähnliches.

Eine Schädigung dieser Art entsteht im Schädel eines fast erwachsenen jungen Mannes von sechzehn oder siebzehn Jahren nicht in kurzer Zeit. Auf Neurologie spezialisierte Pathologen sind sich einig, dass es nach einem Schlag drei oder vier Monate, wenn nicht noch länger, dauern würde, bis der Schädel eines so weit gereiften jungen Mannes so dünn geworden wäre. Ein Hämatom an dieser Stelle hätte nicht unbedingt zur Bewusstlosigkeit geführt. Ein Mensch, der hinter das linke Ohr geschlagen wurde, hätte an Anfällen von Schwindel und Übelkeit gelitten, mit Unterbrechungen auftretende, aber lang anhaltende Kopfschmerzen gehabt und wahrscheinlich auch Sehstörungen, vielleicht in Form von Lichtblitzen, bis schließlich der Druck zur Bewusstlosigkeit geführt hätte.

Wenden wir dieses Wissen nun auf den vorliegenden Fall an. Wenn wir den Gedanken erwägen, Tutanchamun könnte ermordet worden sein, dann setzt das vier Dinge voraus. Erstens muss der Mörder sein Opfer auf eine Stelle geschlagen haben, die schwer zu treffen ist, nämlich hinter das Ohr, und nicht, wie zu erwarten wäre, auf den Oberkopf. Zweitens kann der Schlag nicht stark genug gewesen sein, um das Opfer zu töten, dennoch ging der Angreifer weg, ohne seine Aufgabe zu Ende zu bringen, weder gleich noch später. Da das Opfer überlebte, bestand drittens eine gute Chance, dass es den Angreifer gesehen hatte und ihn unter Anklage stellen konnte. Und viertens bedeutet das, dass das Opfer nicht nur den Schlag überlebte, sondern danach noch eine ganze Weile weiterlebte. Alles in allem wäre das Ganze ausgesprochen stümperhaft durchgeführt worden, und da das Opfer noch so lange lebte und das medizinische Wissen im alten Ägypten nicht sehr groß war, darf bezweifelt werden, dass man die beiden Tatsachen – den Schlag auf den Kopf und den Tod – überhaupt miteinander in Verbindung gebracht hätte. Es ist also äußerst zweifelhaft, ob sein Tod, selbst wenn der König absichtlich auf den Hinterkopf geschlagen wurde, überhaupt als Mord erkannt worden wäre.

Also kommt Mord nicht in Frage. Niemand hätte einen solchen Anschlag auf das Leben des Königs verüben und zulassen können, dass er überlebte, ohne dass es gewaltige Wellen schlug. Könnte der König dann an einem zufälligen Schlag auf den Kopf gestorben sein? Wir wissen, dass er die Jagd liebte. Hätte ein Treffer, sagen wir, mit einem Wurfholz, die Verletzung verursachen können?

An dieser Stelle muss ich auf eine unbedeutend scheinende Kleinigkeit hinweisen, die bei dieser Debatte bisher nur selten angesprochen wurde. Der Kopf des Königs war völlig kahl rasiert und die winzigen Haarstoppeln, die man fand, waren nach seinem Tod gewachsen. Im Edwin Smith-Papyrus, häufig fälschlich als »Chirurgie-Papyrus« bezeichnet, wird über die Behandlung traumatischer Verletzungen und Brüche gesprochen. Es werden dort mehrere Arten von Kopfverletzungen unterschieden, und Prognose sowie Behandlung hingen fast vollständig davon ab, ob eine Wunde »offen« oder »geschlossen« war. Heute wissen wir, dass ein Schädelbruch ein Schädelbruch ist, ob offen oder geschlossen. Aber im alten Ägypten hatte nach dem Edwin Smith-Papyrus ein Arzt gelernt, angesichts einer offenen Wunde zu sagen: »Das ist ein Leiden, gegen das ich kämpfen werde.« War die Haut unverletzt, so sagte er: »Das ist ein Leiden, das ich nicht behandeln kann«, und schickte den Patienten weg, vermutlich oft in den Tod.

Wenn also Tutanchamun einen Schlag auf den Kopf erhalten hatte, ob absichtlich oder versehentlich, dann bemühten sich die Ärzte als Erstes darum, die Natur der Verletzung festzustellen. Sie rasierten seinen Kopf, um festzustellen, ob es eine offene Wunde gab und wenn ja, an welcher Stelle. Wenn sie äußerlich nichts fanden – und wie wir wissen, war das der Fall – dann konnten sie nichts weiter tun.

War der König zum Zeitpunkt der Untersuchung bei Bewusstsein, so konnte er den Ärzten die genaue Stelle am Kopf zeigen, an der er verletzt worden war. Dann hätte man nicht den ganzen Kopf rasieren müssen. Daher deutet die Tatsache, dass der ganze Kopf kahl rasiert war, darauf hin, dass der König bewusstlos war und nicht selbst zeigen konnte, wo er verletzt worden war. Nachdem die Ärzte ihn kahl geschoren und festgestellt hatten, dass er keine offene Wunde hatte, hätten sie ihn nie wieder zu rasieren brauchen. Man rasiert einem König nicht regelmäßig den Kopf kahl, ohne einen guten Grund zu haben. Wenn beim ersten Mal keine offene Wunde sichtbar war, dann hätte in den folgenden

Wochen, in denen der König noch lebte, keine Notwendigkeit bestanden, den Kopf noch einmal zu rasieren – die Diagnose einer offenen oder geschlossenen Wunde hätte sich nicht mehr geändert.

Im Übrigen war bei allen anderen Mumien von Königen und Königinnen das Haar unangetastet, nur wurde es manchmal oben schon dünn. In einem Fall wurde für eine Königin, die nur noch wenige Haare hatte, eine Art Perücke aus gefärbten Fäden hergestellt, die ihre Frisur ersetzen sollte. Dass Tutanchamuns Kopf kahl rasiert wurde, ist einer der wichtigsten Hinweise auf seine Todesursache, die wir besitzen, und es gibt nur eine Erklärung dafür: Der König wurde in bewusstlosem Zustand von Ärzten untersucht und starb fast sofort darauf. Vielleicht war es sogar schon zu spät, als das Haar geschoren wurde.

Beim König muss sich hinter dem linken Ohr unter dem Schädelknochen irgendeine Schwellung entwickelt haben. Die Verdünnung des Schädels war höchstwahrscheinlich die Folge irgendeiner Art von Tumor. Als die Schwellung größer wurde, hat sie vielleicht nicht nur Druck auf den Schädelknochen ausgeübt, der dünner wurde, sondern auch auf das Gehirn. Zuerst hätte Tutanchamun nichts davon bemerkt. Aber im Laufe der Wochen, als der Druck zunahm, muss er Kopfschmerzen bekommen haben, stark genug, dass er sich darüber beklagte, und seine Bewegungsfreiheit mag von Zeit zu Zeit beeinträchtigt gewesen sein. Die Menschen in seiner Umgebung müssen von seinen Kopfschmerzen gewusst haben, sodass, als er schließlich bewusstlos wurde, klar war, wo man ihn untersuchen musste. Aber das führte zu nichts, weil äußerlich nichts zu sehen war. War er erst einmal bewusstlos, gab es kaum noch Hoffnung auf Genesung. Sein rasierter Kopf beweist, dass er innerhalb von Minuten, höchstens einer Stunde, nach Beginn der Untersuchung gestorben sein muss. Tutanchamun starb, ohne jeden Zweifel, plötzlich und eines natürlichen Todes.

Der Inhalt der Grube mit der Nummer KV 54, die Davis für das Grab des Königs hielt, ist sehr aufschlussreich. Das verschmutzte Leinen, das auf dem Grund der Grube gefunden wurde und Rückstände von Harzen aufweist, sowie die Säckchen mit Natron zeigen, dass diese Dinge bei der Mumifizierung verwendet wurden. Die Mumifizierung wurde natürlich nicht in dieser Grube durchgeführt. Aber sie muss irgendwo in der Nähe stattgefunden haben, wenn man die Reste dort deponierte. Das ist beispiellos. Nach dem Tod eines Mitglieds der Königsfamilie oder eines reichen Adeligen wurde der Leichnam zuerst sehr rasch in das 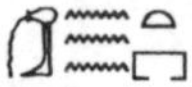, das »Haus der Reinigung«, gebracht. Die Blumen im Grab und auf den Blütenkragen in den Krügen in der Grube zeigen, dass Tutanchamun etwa im März oder April starb. In Ägypten fängt es um diese Zeit an, heiß zu werden, und die Verwesung setzt sehr rasch ein, daher war schnelles Handeln geboten. Der Entwässerungsprozess, zu dem die Entfernung des Gehirns und sämtlicher Eingeweide sowie das Trocknen des Leichnams in Natron gehörte, ist eine unsaubere und äußerst unappetitliche Prozedur. Sie wurde daher meist weit entfernt von menschlichen Behausungen durchgeführt, dafür aber in der Nähe von Totentempeln auf der Nilseite, auf der die Hügel liegen, die das Tal der Könige bergen. Kein ähnliches Versteck mit Mumifizierungsmaterial wurde je im Tal der Könige gefunden. Wir wissen von 62 Gräbern und eines von ihnen, Grab 5, enthielt höchstwahrscheinlich Hunderte von Leichen, sodass gute Chancen bestanden hätten, mehr solches Material zu finden, wenn es welches gab. Aber die einzigen Reste einer Mumifizierung, die im Tal der Könige gefunden wurden, waren die von Tutanchamun.

War das Herausnehmen der Eingeweide und das Austrocknen des Leichnams beendet, wurde er in das 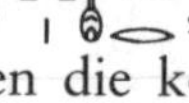, das »Haus der Verschönerung«, gebracht. Dort wurden die kostbaren Harze aufgebracht, der Leichnam in speziell präparierte Binden gewickelt und die Amulette dazwischen gesteckt, dazu die entsprechenden Rituale vollzogen. Das war mit Sicherheit eine halböffentliche Angelegenheit, zu der zumindest Verwandte oder hochrangige Adelige Geschenke mitbringen konnten. An den Riten waren viele Menschen unmittelbar beteiligt. Die Vorstellung, dass ein solcher Prozess in der abgelegenen und staubigen Wüste im Tal der Könige durchgeführt wurde, ist völlig abwegig.

Wäre all das noch nicht Beweis genug für eine heimliche Mumifizierung des Königs, so zeigen die Röntgenaufnahmen vom Schädel Tutanchamuns, dass bei der Durchführung des letzten Schrittes der Prozedur, bei dem heiße, geschmolzene Harze über Kopf und Körper des Königs gegossen wurden, ein Teil davon durch die Nase eindrang und in den Hohlraum lief, aus dem das Gehirn entfernt worden war. Das ist nicht selten. Ein größeres Problem im Falle Tutanchamuns ist, wie wir gesehen haben, dass die Harze beim Abkühlen in seinem Schädel zwei verschiedene Ebenen bildeten. Die erste verläuft logischerweise parallel zum Hinterhaupt. Diese Harzansammlung bildete sich, als der König waagrecht auf einem Tisch lag. Unerklärlicherweise bildet die zweite Harzansammlung einen rechten Winkel zur ersten und verläuft parallel zur Schädeldecke. Das kann nur bedeuten, dass der Leichnam des Königs zu irgendeinem Zeitpunkt lange genug mit dem Kopf nach unten an den Füßen aufgehängt wurde, dass die Harze hart werden konnten, oder auch, dass sein Hals beim Trocknungsverfahren noch weich war, sodass sein Kopf über den Rand des Tisches nach hinten fiel. Ich neige eher zur zweiten Erklärung.

All dieses bedeutet, dass die Mumifizierung des Königs und das Einwickeln in Binden sowohl heimlich als auch sehr hastig vonstatten ging. Der erste Prozess, das Austrocknen, konnte noch kaum begonnen haben, wenn der Kopf beim Einbringen der Harze hintenüber fallen konnte. Die acht Krüge, die in der Grube KV 54 gefunden wurden, von denen jeder die Reste eines Leichenschmauses für eine Person enthielt, weisen darauf hin, dass bei der Beisetzung nur acht Personen anwesend waren. Im Grab ist die Wand zur »Schatzkammer« hin mit der Begräbnisprozession bemalt, bei der zwölf Personen zu sehen sind, von denen zwei die damaligen Wesire sind. Geschenke im Grab weisen darauf hin, dass Eje, der Regent, Maja, der Aufseher der Arbei-

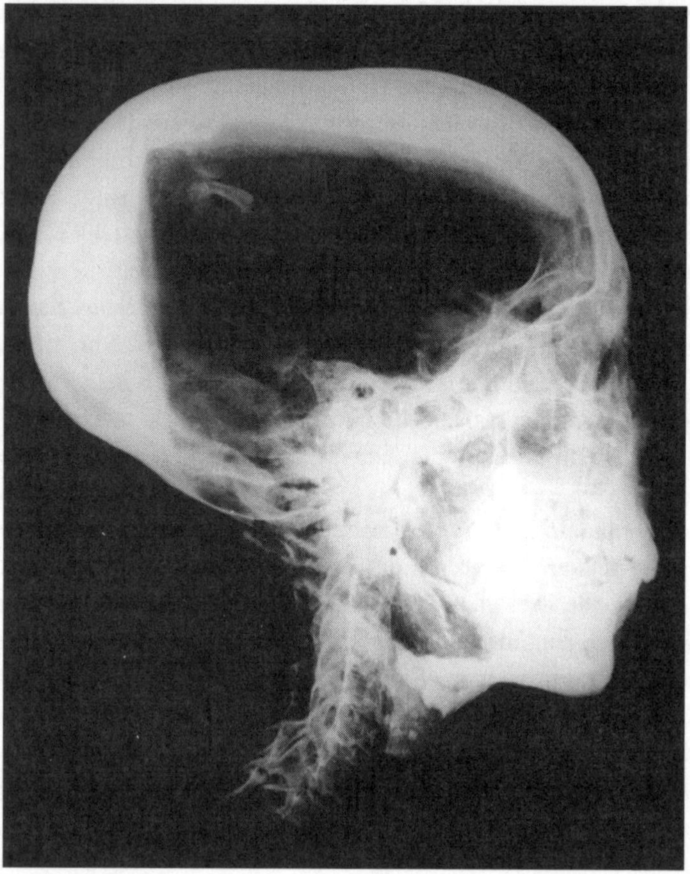

Die Röntgenaufnahme vom Schädel Tutanchamuns, aufgenommen bei der Autopsie im Jahr 1968, zeigt den Bereich hinter dem linken Ohr, wo der Knochen extrem dünn ist, was durch anhaltenden Druck von innen her verursacht wurde. Gut sichtbar sind auch die beiden Ebenen des Harzes, die merkwürdigerweise im Hinterkopf einen scharfen rechten Winkel bilden.

ten im Tal der Könige, und Nachtmin, der mit Teje und Eje verwandte General, ebenfalls anwesend gewesen sei müssen. Sowohl im Bezug auf die Mumifizierung als auch auf die Beisetzung weisen die Zeugnisse keineswegs auf die glanzvollen, rituellen Vorbereitungen und einen öffentlichen Leichenzug hin, die man bei einem König erwarten könnte. Bedenkt man, dass von den Grabbeigaben viele entweder zerbrochen (die Möbelstücke) oder überaltert (der Wein) oder falsch zusammengesetzt (die Totenbahren und die vergoldeten Schreine) oder geliehen (der Sarkophag, die Deckel der Kanopengefäße und die goldenen Miniatursärge darin) waren, dann sieht das alles keineswegs nach der normalen Beisetzung eines relativ unbedeutenden Königs aus, sondern nach einer gezielten Vertuschung.

Wir wollen versuchen, die Situation beim Tod Tutanchamuns zu verstehen. Als der junge König plötzlich und unerwartet ohne einen Erben im Palast von Luxor starb, drohte eine politische Krise. Es gab zwei starke Männer, die um den Thron konkurrierten, beide nicht königlichen Geblütes, aber doch mit Ansprüchen auf den Thron. Der eine war Eje in Luxor, der andere Haremhab in Memphis. In Ägypten verbreiten sich Nachrichten in Windeseile. Selbst wenn Haremhab nicht offiziell vom Tod Tutanchamuns benachrichtigt wurde, so wurde er ihm mit Sicherheit sehr schnell zugetragen. Wir wissen, dass nach Tutanchamun Eje auf den Thron kam. Das bedeutet, dass Eje Haremhab, der der ranghöhere Anwärter war, so lange wie möglich fern halten musste. Was wir über die Mumifizierung wissen, dürfte bestätigen, dass genau dies geschah.

Alles deutet also darauf hin, dass Eje befahl, den Tod des Königs so lange wie möglich geheim zu halten. Um zu verhindern, dass die Kunde von der Mumifizierung des Königs nach Norden drang, nahm man die Mumifizierung heimlich im Tal der Könige vor. Da alles außerordentlich schnell gehen musste, war keine Zeit, den Leichnam des Königs vollständig zu mumifizieren. Der Prozess der Austrocknung wurde abgekürzt, sodass der Leichnam des Königs noch nicht hart war, als er mit Harzen übergossen und eingewickelt wurde.

Dann musste das Grab gefüllt werden. Wie konnte Eje das bewerkstelligen, ohne dass sein Kollege im Norden davon erfuhr? Offenbar hat er zunächst einmal Stücke genommen, die niemand vermissen würde – zum Beispiel Möbel aus der Kinderzeit des

Königs. Sodann kleine Gegenstände, die sich relativ leicht transportieren ließen – der persönliche Schmuck des Königs, seine Kleidung, Wurfhölzer, Bogen und Pfeile –, ohne dass es auffiel. Die großen Stücke waren problematischer.

Wir haben oben erläutert, dass der Sarkophag für die Särge des Königs zu klein war – dass sie am Fußende abgenommen werden mussten, damit sie in den Sarkophag passten. Dieser war deutlich geborgt. Marianne Eaton-Krauss hat nachgewiesen, dass die Inschriften darin überschrieben waren: der ursprüngliche Name war Neferneferuaton. Es ist klar, dass dieser Sarkophag nicht zur Zeit von Tutanchamuns Tod aus dem Königsgrab in Tell el-Amarna ins Tal der Könige geholt worden sein kann. Vielmehr stammt er aus Grab KV 55. Die Bahre, auf der der Sarg stand, wurde in der Grabkammer gefunden, aber der Sarkophag fehlte, und es gab keine Hinweise darauf, dass er zerstört worden war. Eine Messung der Länge des Sargdeckels aus Grab 55 ergab, dass er perfekt in den Sarkophag in Tutanchamuns Grab gepasst hätte. Die vergoldeten Holzplatten vom abgebauten Schrein Tejes, die auf dem Schutt im Eingangskorridor von Grab 55 gefunden wurden, wären ideale »Schlitten« für den Sarkophag und andere schwere Stücke gewesen, die herausgeholt und in das benachbarte Grab Tutanchamuns gebracht werden sollten. Der Sarkophagdeckel, der bereits einen Sprung hatte, wurde zweifellos irgendwo in der Nähe herrenlos gefunden und in dem vergeblichen Versuch, ihn dem Unterteil besser anzupassen, mit Farbe bemalt. Aufgrund der ursprünglichen Namen auf dem Sarkophag muss man annehmen, dass bei der Umbettung der Mumie Kijas von Tell el-Amarna in das Grab KV 55 im Tal der Könige, die Tutanchamun befohlen hatte – falls es sich tatsächlich um Kija handelt –, entweder Kijas Sarkophag nicht auffindbar oder beschädigt war, sodass die mit der Umbettung Beauftragten stattdessen einen mitnahmen, der für Neferneferuaton Nofretete gefertigt worden war. Ist es nicht eine Ironie des Schicksals, dass Tutanchamuns Leichnam daher für alle Ewigkeit, zumindest bis die Archäologen seine Ruhe störten, im

Sarkophag der Frau ruhen sollte, die einst sein Recht auf die Thronfolge angefochten haben könnte?

Wahrscheinlich wurden bei dieser Umbettung auch die beiden mumifizierten Körper der kleinen Mädchen in das Grab Tutanchamuns gebracht, die dort gefunden wurden. Bis jetzt gibt es keine schlüssigen Beweise dafür, dass sie die Kinder des Königs waren. Tatsächlich spricht vieles dagegen, da es äußerst unwahrscheinlich ist, dass man die Mumien solcher Kinder aufgehoben hätte, bis eines Tages der König starb. Hingegen ist es gut möglich, dass sie die Prinzessinnen Neferneferure und Setpenre sind, die Halbschwestern Tutanchamuns und Töchter Nofretetes. Es gibt keine Anhaltspunkte dafür, dass sie ihre Geburt lange überlebten. Zwar existieren Bildnisse von ihnen, aber in der ägyptischen Kunst wurden Säuglinge oft als Kleinkinder dargestellt. Es ist daher möglich, dass die mit der Umbettung Beauftragten, als sie nach Tell el-Amarna kamen, die beiden winzigen Mumien mitnahmen, die sie im Königsgrab vorfanden. Als die Gegenstände von Grab KV 55 in das Grab Tutanchamuns gebracht wurden, verlegte man sie mit.

Reeves hat inzwischen bewiesen, dass die Deckel der Kanopengefäße, die in Tutanchamuns Grab gefunden wurden, ihm jedoch nicht ähnlich sahen, tatsächlich für Kija angefertigt wurden, deren Name jedoch sorgfältig getilgt wurde, als die Deckel für Tutanchamun verwendet wurden. Auch die goldenen Miniatursärge waren die ihren. Alle diese Gegenstände müssen für Tutanchamuns Beisetzung aus Grab 55 genommen worden sein. Interessanterweise war aber noch ein Satz Kanopengefäße mit Deckeln in Grab 55, als es gefunden wurde. Sie hatten die Form von Köpfen, deren Gesicht jeweils das eines sehr jungen Mädchens ist – vermutlich Meritaton. Anscheinend brachte die ins Königsgrab von Tell el-Amarna entsandte Gruppe alles mit, was sie fand, ganz gleich, für wen es ursprünglich gemacht wurde.

Die Entfernung der Königsmaske und der Särge muss jedoch Verdacht geweckt haben. Nun ließ sich der Tod des Königs nicht länger verheimlichen. Man sollte erwarten, dass sich Haremhab jetzt eiligst auf den Weg nach Süden gemacht hätte, um sicherzustellen, dass er eintraf, bevor sich Eje krönen lassen konnte. Wir wissen, dass er zu spät kam, denn Eje bekam den Thron. Wie das zuging, erklärt sich zum Teil aus der Sargkammer Tutanchamuns. Auf die Längswand gegenüber dem Eingang ist eine einzigartige Szene gemalt. Sie zeigt, wie Eje die Mundöffnungszeremonie durchführt. Es wurde immer wieder erklärt, dass er diese Aufgabe ebenso vollzog wie Horus für seinen Vater Osiris und sich dadurch zum Thronerben machte. Aber das ist falsch. Denn Eje ist nicht nur mit der Königskrone und dem Uräus abgebildet, sondern sein Name über seinem Kopf ist in zwei Kartuschen geschrieben. Er hat die Zeremonie nicht durchgeführt, um den Thron zu erben – er vollzog sie als nächster König, der schon gekrönt war. Das ist höchst erstaunlich. Tutanchamuns Grab ist das einzige Königsgrab, in dem der Nachfolger bereits gekrönt und mit Thronnamen erscheint. Traditionell konnte der nächste König Ägyptens erst gekrönt werden, wenn sein Vorgänger in sein Grab gebettet und der Eingang mit seinem königlichen Siegel verschlossen war, das man bei dieser Gelegenheit zum letzten Mal benutzte. Eje hatte diese Tradition durchbrochen und sich schon krönen lassen, als noch nicht einmal die Sargkammer in Tutanchamuns Grab ausgemalt war. Noch mehr Zeugnisse brauchen wir nicht für den schlüssigen Beweis, dass Eje für eine heimliche Bestattung Tutanchamuns sorgte, um seine Nachfolge sicherzustellen.

Nach Tutanchamuns Tod sorgte also Eje dafür, dass der König schnell und heimlich im Tal der Könige mumifiziert wurde, wo niemand Verdacht schöpfen würde, während den Hofleuten offiziell vermutlich mitgeteilt wurde, der König sei erkrankt. In dieser Zeit sammelte Eje kleinere Stücke und ließ sie ins Grab bringen. Aber die Nachricht, dass man die Maske und die Särge für den toten König von ihrem Aufbewahrungsort entfernt hatte, muss sich wie ein Lauffeuer am Nil entlang verbreitet haben, bis hinauf nach Memphis. Der Leichnam des Königs wurde in die Särge gelegt und in Anwesenheit von lediglich acht ranghohen Beamten ins Grab gebracht. Und während man die Grabbeigaben hineintrug, versuchten Maler, Szenen an die Wand der Sargkammer zu malen, so eilig, dass sie die Figuren nicht in den richtigen Proportionen darstellen konnten, die deshalb gestaucht wirken, und dass ihnen keine Zeit blieb, herabrinnende Farbtropfen oder die Rußspuren ihrer Lampen zu entfernen. Während das geschah, wurde Eje heimlich gekrönt, wahrscheinlich in Karnak. Um Haremhab – und die Nachwelt – wissen zu lassen, dass seine Position zum Zeitpunkt der Beisetzung Tutanchamuns bereits gesichert war, ließ er den Beweis an die Wand der Sargkammer malen.

Und was tat inzwischen Haremhab? Was hielt ihn so lange fern, dass Eje die Möglichkeit hatte, all das durchzuführen? Ohne Zweifel hatte er nach einiger Zeit vom Tod Tutanchamuns erfahren. Aber nach der Tradition konnte kein König von Ägypten gekrönt werden, ehe sein Vorgänger bestattet und sein Grab versiegelt war. Das gab ihm Zeit.

Die Briefe, die offenbar von der verwitweten Königin Anchesenamun an die Hethiter geschrieben wurden, erscheinen völlig unverständlich, da die beiden Länder um diese Zeit miteinander verfeindet waren. Es wäre undenkbar gewesen, einen hethitischen Prinzen zum König von Ägypten zu machen. Und doch schien sie eben dies vorzuschlagen. Die einzige Entschuldigung für die Briefe ist, dass sie sich von jemandem bedroht fühlte. Haremhab, Oberbefehlshaber des Heeres und Regent von Unterägypten, konnte es nicht entgehen, wenn etwas aus dem Land ins Ausland geschafft wurde. Ohne Zweifel hat er alle Post abgefangen. Die Tatsache, dass der hethitische Prinz mit seinem Gefolge in Ägypten erwartet wurde, dass man ihm dann auflauerte und alle tötete, beweist, dass Haremhab als Oberbefehlshaber der Streitkräfte über die Korrespondenz Bescheid wusste und genau unterrichtet war, wann der Prinz an welchem Ort eintreffen würde. Als die Nachricht vom Tod Tutanchamuns offiziell bekannt gegeben wurde, hätte er eigentlich in Luxor sein und sein

Recht als Nachfolger geltend machen müssen. Aber just in dem Augenblick, in dem ihm Eje auf unrechtmäßigem Weg die Krone wegschnappte, wurde Haremhab auf eine Mission nach Norden geschickt, mit der er angeblich verhindern sollte, dass die Hethiter sein geliebtes Ägypten übernahmen.

Wenn aber Haremhab der »Diener« war, den Anchesenamun fürchtete und wenn er jede ihrer Bewegungen überwachte, warum schrieb sie dann ihren Brief? Wenn sie bedroht wurde, dann wäre es Wahnsinn gewesen, gerade dem König des Volkes zu schreiben, das ihrem Verfolger besonders verhasst war, und ihn dazu aufzufordern, ihr einen Sohn als König für Ägypten zu schicken. Sie musste doch genau wissen, dass Haremhab dafür sorgen würde, dass dieser Prinz nie in Ägypten eintraf. Das hätte doch ihre Position gegenüber Haremhab noch weiter verschlechtert. Sie hätte eine schwere Strafe für einen solchen Verrat befürchten müssen. Tatsächlich sind die Briefe so ungewöhnlich, dass ich bezweifle, dass Anchesenamun sie überhaupt geschrieben hat und falls doch, dass sie ihre eigene Idee waren. Ich meine, die ganze Sache war eine List von Eje, die er gezielt einfädelte, um sich die Zeit zu verschaffen, die er brauchte.

Seine List funktionierte offensichtlich gut. Unten in Luxor präsentierte sich Eje im Tempel von Karnak und ließ sich zum Pharao krönen, während am anderen Nilufer noch die Vorbereitungen für die geheime Bestattung Tutanchamuns liefen. Indem er die Krone an sich brachte, schützte er den Thron bis zu seinem letzten Atemzug für die Familie, der er sein ganzes Leben lang gedient hatte. Es ist zu vermuten, dass Anchesenamun zum Zeitpunkt der Beisetzung ihres Gemahls schon nicht mehr am Leben war, sonst hätte sie die nächste Herrscherin werden können. Auf jeden Fall hätte ihr Großvater Eje wohl kaum seiner letzten noch lebenden Enkelin etwas angetan.

Während also dieser äußerst gerissene alte Mann im Geheimen die letzten Riten an seinem Großneffen vollzog, täuschte er seinem Rivalen geschickt vor, dass Ägypten Gefahr drohe. Haremhab ritt nach Norden, um die Gruppe der Hethiter abzufangen. Bis er endlich in Luxor eintraf, war dann schon alles zu spät. Das Grab Tutanchamuns war bereits verschlossen und versiegelt, Eje bereits gekrönt.

Und damit war für Haremhab alles vorbei. Loyal und patriotisch, wie er war, konnte er nicht den lebenden König angreifen, denn das wäre ein Schlag gegen Maat gewesen. Stattdessen wartete er einfach ab, denn er wusste genau, dass Eje nicht mehr sehr lange leben konnte. Tatsächlich starb er schon nach vier Jahren und blieb den Ideen seines Schwiegersohnes bis zuletzt treu. Er unternahm nichts, um den Atontempel in Karnak zu schließen, vielleicht hat er sogar darin Riten vollzogen.

Als Eje schließlich starb, verschwendete Haremhab keine Zeit und setzte sich endlich die Krone aufs Haupt. Von der alten Amarnafamilie lebte jetzt niemand mehr, und Haremhab begann dafür zu sorgen, dass sie rasch vergessen wurde. Obwohl das eine ungeheuerliche Aufgabe war, riss er die Gebäude in Karnak und die große Stadt Achetaton so weit ab, dass »kein Stein auf dem anderen blieb«. Er und sein Waffengefährte, der zukünftige Ramses I. (wahrscheinlich identisch mit einem Mann namens Rames, der nach Angaben in Haremhabs Grab in Memphis während Tutanchamuns Regierungszeit seine rechte Hand war), beschlossen, dass niemand aus dieser Familie je wieder beim Namen genannt werden sollte. Die Namen aller – Echnaton, Nofretete, Tutanchamun und Eje – wurden aus den offiziellen Aufzeichnungen getilgt. Und darin liegt, falls das noch nötig ist, der letzte Beweis, dass Eje niemals denjenigen hätte umbringen können, den er zu beschützen suchte. Hätte Eje tatsächlich ein Mitglied der vorhergehenden Königsfamilie beseitigt, dann hätte er damit die Gunst und die Unterstützung Haremhabs und Ramses' gewonnen, die diese Familie aus der Geschichte streichen wollten. Und dann wäre Ejes Name nicht nur nicht ausgelassen worden, sondern man hätte ihn voller Stolz in die Wände mit den Königslisten eingemeißelt.

Vom Zeitpunkt seiner Krönung an zerstörte Haremhab zielstrebig alles, was mit der alten Königsfamilie zu tun hatte. Er war es wohl auch, der später die Zerstörung des Grabes von Eje, seinem verhassten Gegner, befahl. Der Leichnam Ejes wurde nie gefunden. Vielleicht wurde auch er zerstört.

Und so war alles, was von der turbulenten Zeit und der Familie in ihrem Mittelpunkt zeugte, für immer dahin. Die Nachwelt würde nie etwas von ihrer Existenz erfahren. Aber Haremhab übersah etwas: das verlorene Grab Tutanchamuns. Wir wissen, dass er die Namen Tutanchamuns in seinem Totentempel und auf seinen Statuen mit seinen eigenen überschrieb. Warum hat er dann nicht auch sein Grab zerstört? Dann wäre die Vernichtung vollkommen gewesen, und dieses Buch hätte nie geschrieben werden können.

Das Grab Tutanchamuns war, vermutlich innerhalb weniger Monate nach seiner Versiegelung, zweimal von Grabräubern heimgesucht worden. Für die Wiederversiegelung war der Mann verantwortlich, der das Grab angelegt hatte, der Aufseher der Arbeiten im Haus der Ewigkeit, Maja. Wir wissen auch, dass Maja bei der geheimen Beisetzung dabei war, als eine der acht Personen, die nach der Vollendung des Grabes eine letzte, einsame Mahlzeit zu Ehren des Königs in dem stillen Tal einnahmen, ehe die Reste ihres traurigen Leichenschmauses für immer in der Grube KV 54 versenkt wurden. Im Grab Tutanchamuns trug eine kleine hölzerne Statue des toten Jünglings den Namen Majas; sie war ein Abschiedsgeschenk dieses Mannes an den König, der ihm die Aufgabe anvertraut hatte, ein Grab für ihn anzulegen.

Im sechsten Jahr von Haremhabs Regierungszeit war derselbe Maja noch immer als Aufseher der Königsgräber im Amt. Ein Graffito, das er in die Wand des Grabes von Thutmosis IV. geritzt hat, zeigt, dass König Haremhab ihm befohlen hatte, das Grab zu überprüfen und neu zu versiegeln, vermutlich, nachdem Grabräuber eingebrochen waren. Maja war der Einzige, der die genaue Stelle wusste, an der Tutanchamun bestattet war, und er diente just dem Mann, der diese Stelle gerne gewusst hätte, um das Grab zu zerstören, wie er alles andere aus dieser Zeit zerstört hatte. Aber Maja gab das Geheimnis nie preis. Gegen jede Wahrscheinlichkeit blieb das einfache Grab Tutanchamuns bis 1922 unangetastet erhalten, also fast 3500 Jahre seit seiner letzten Versiegelung durch Maja.

Tutanchamun hatte still im Dunkeln geruht, während die griechische und die römische Zivilisation kamen und gingen, während die Araber kamen und Ägypten zum Islam bekehrten, während Ägypten sich Eroberer nach Eroberer beugte. Als das Grab schließlich seine Geheimnisse preisgab, legte es nicht nur Zeugnis für einen König sondern auch für eine Freundschaft ab. Denn Maja, der Mann, dem Tutanchamun vertraut hatte, nahm sein Geheimnis mit ins Grab.

ANHANG

ANHANG A

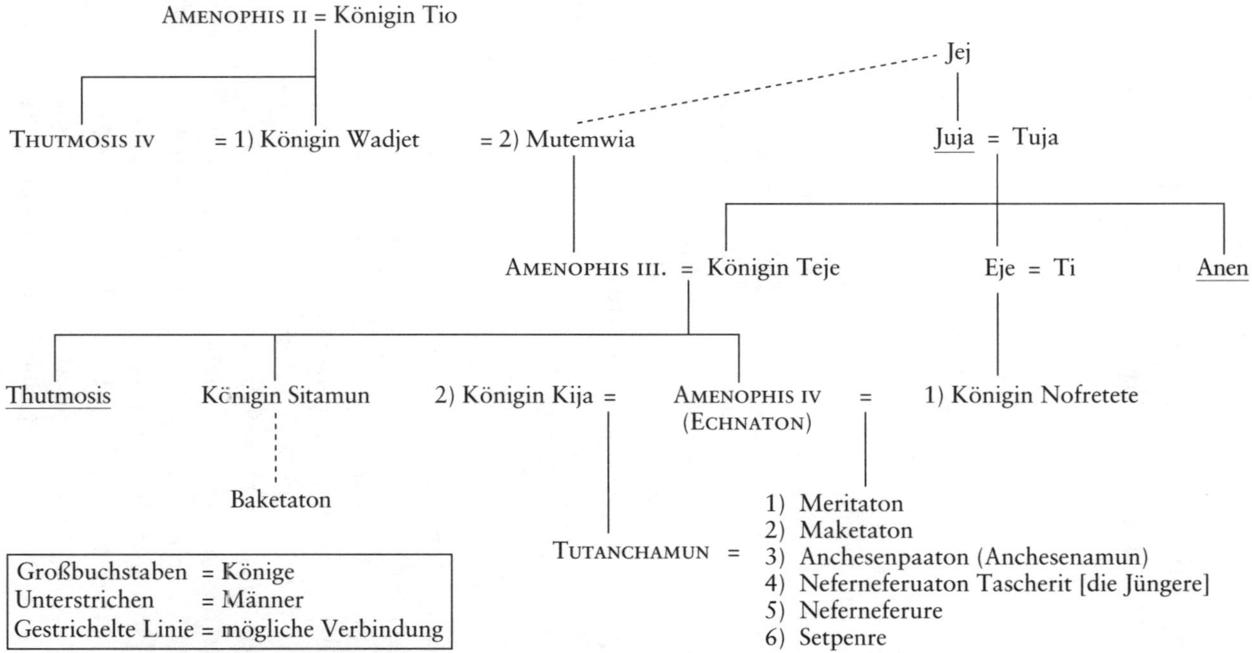

REGIERUNGSZEITEN DER KÖNIGE
THUTMOSIS IV = ETWA 8 JAHRE
AMENOPHIS III = 39 JAHRE
ECHNATON = 17 JAHRE
SEMENCHKARE = ETWA 2 JAHRE
TUTANCHAMUN = ETWA 9 JAHRE

ANHANG B

Die Restaurationsstele des Königs Tutanchamun

Jahr 1, 4. Achet, 19. Tag unter der Majestät des Horus »Starker Stier, schön an Geburten«, der beiden Herrinnen »mit schönen Gesetzen, der die beiden Länder beruhigt«, Goldhorus, »der die Kronen erhebt und die Götter befriedigt«, des Königs von Ober- und Unterägypten [Nebcheprure, später überschrieben mit: Djosercheprure Setepenre], Sohn des Re [Tutanchamun; Herrscher des südlichen Heliopolis, später überschrieben mit: Haremhab, geliebt von Amun], dem Leben wie Re gegeben werde in alle Ewigkeit, geliebt von Amonre, Herrn der Throne der beiden Länder vor Karnak; Atum, dem Herrn der beiden Länder, dem Heliopolitaner; Reharachte; Ptah, südlich seiner Mauer, dem Herrn von »Leben beider Länder«, und Thot, dem Herrn der Gottesworte; erschienen auf dem Horusthron der Lebenden wie der Vater Re täglich. Der gute Gott, Sohn des Amun, Kind des Stieres seiner Mutter; nützlicher Same; herrliches Ei, das Amun selbst geschaffen hat; Vater der beiden Länder, der schuf den, der ihn schuf, und bildete den, der ihn bildete. Versammelt waren die Seelen von Heliopolis, um ihn zu schaffen, um einen König für die Ewigkeit zu machen, einen Horus, der in Unendlichkeit dauert. Ein guter Herrscher, der Nützliches tut für den Vater aller Götter. Er festigte, was verfallen war unter den Denkmälern bis an die Grenzen der Ewigkeit. Er vertrieb das Sündige im ganzen Land, indem die Wahrheit auf ihrem Platz bleibt. Er lässt die Lüge ein Abscheu sein, indem das Land wie in seiner Urzeit ist.

Es bestieg aber Seine Majestät den Thron als König, als die Tempel der Götter und Göttinnen von Elephantine bis zu den Marschen des Deltas im Begriffe waren, vergessen zu werden, und ihre Heiligtümer anfingen zu vergehen, indem sie Schutthügel wurden, mit Kraut bewachsen, und ihre Allerheiligsten waren, als seien sie nie gewesen, und ihre Gebäude ein Fußweg. So machte das Land eine Krankheit durch, und die Götter vernachlässigten dieses Land. Wenn man Soldaten nach Syrien schickte, um die Grenzen Ägyptens zu erweitern, so geschah kein irgendwie gearteter Erfolg durch sie. Wenn man einen Gott anflehte, um von ihm etwas zu erbitten, so kam er nicht her; und wenn man ebenso eine Göttin anging, so kam sie nicht her. Ihre Herzen waren schwach in ihnen und sie hörten auf zu schaffen.

Nachdem nun die Tage darüber vergangen waren, da erschien Seine Majestät auf dem Thron des Vaters. Er beherrschte die Ufer des Horus, indem Ägypten und die Wüste unter seiner Gewalt waren. Jedes Land war in Verbeugung vor seiner Macht. Seine Majestät war aber im Palast, der sich in [der Anlage des Aacheperkare] befindet, wie Re im Inneren des Himmels. Da machte Seine Majestät die Pläne dieses Landes und den täglichen Bedarf. Da bedachte sich Seine Majestät mit seinem Herzen und suchte allerlei Prächtiges und kümmerte sich um Nützliches für seinen Vater Amun, in dem er sein heiliges Ebenbild aus echtem Elektrum bildete. Er gab ihm mehr als seit Anfang gemacht worden war. Er bildete seinen Vater Amun auf 13 Tragstangen, indem sein herrliches Ebenbild aus Elektrum, Lapislazuli, Türkis und allerlei Edelsteinen war. Früher war aber die Majestät dieses heiligen Gottes nur auf 11 Tragstangen gewesen. Er bildete Ptah, südlich seiner Mauer, den Herrn von »Leben-der-beiden-Länder«, indem sein heiliges Abbild aus Elektrum auf 11 Tragstangen war und sein herrliches Ebenbild aus Elektrum, Lapislazuli, Türkis und allerlei Edelsteinen gefertigt war. Früher aber war dieser heilige Gott nur auf 7 Tragstangen gewesen.

Es machte Seine Majestät Denkmäler für die Götter, indem er ihre Götterbilder aus echtem Elektrum vom Besten der Fremdländer bildete und ihre Allerheiligsten neu schuf als Denkmäler bis an die Grenzen der Ewigkeit, trefflich eingerichtet mit Bedarf bis in die Unendlichkeit, und indem er ihnen Gottesopfer stiftete als tägliche reguläre Opfer und ihre Versorgung auf Erden ausstattete. Er gab mehr als früher war; er überschritt, was seit der Zeit der Vorfahren getan worden war. Er führte Web-Priester ein und Propheten von den Kindern der Beamten ihrer Stadt, als Sohn eines bekannten Mannes, dessen Name bekannt ist. Er vermehrte ihre Altäre aus Gold, Silber, Bronze und Kupfer, ohne dass ein Ende war an allen Dingen. Er füllte ihre Arbeitshäuser mit Sklaven und Sklavinnen von den Lieferungen aus der Beute Seiner Majestät. Er vergrößerte alle Abgaben für die Tempel, verdoppelt, verdreifacht und vervierfacht an Silber, Gold, Lapislazuli, Türkis und allerlei Edelsteinen, königlichem Leinen, weißem Leinen, buntem Leinen, Geschirr, Harz, Fett, ... Weihrauch, Räucherwerk, Myrrhen, ohne das es eine Grenze für alle guten Dinge gab.

Es zimmerte Seine Majestät (Leben, Heil, Gesundheit) ihre Barken auf dem Nil aus neuem Zedernholz vom Besten des Libanon, vom Ausgewählten von Negau, beschlagen mit Gold vom Besten der Fremdländer, sodass sie den Nil erhellen. Es reinigte Seine Majestät (Leben, Heil, Gesundheit) Sklaven und Sklavinnen, Sängerinnen und Tänzerinnen, die vorher Mahlsklavinnen im Königshaus gewesen waren, indem ihre Arbeit für den Palast verrechnet wurde und für das Schatzhaus des Herrn der beiden Länder. Ich ließ sie geschützt und befreit sein für die Väter, alle Götter, mit dem Wunsch, sie zu befriedigen dadurch, dass man tut, was deren Ka wünscht, indem sie das Land Ägypten schützen.

Die Götter und Göttinnen, die sich in diesem Lande befinden, ihre Herzen waren in Freude, und die Herren der Heiligtümer waren in Jubel; die Lande jubelten und jauchzten, Lachen war durch das ganze Land, da schöne Dinge geschehen waren. Die Neunheit im Sanktuar, ihre Arme waren in Verehrung, indem ihre Hände gefüllt waren mit Sedfesten in alle Ewigkeit.

Alles Leben und Heil bei ihnen war an der Nase des starken Königs, des Horus, der die Geburten wiederholt, des geliebten Sohnes des Vaters Amonre, des Königs der Götter, der ihn gezeugt hatte, damit er gebildet werde, des Königs von Ober- und Unterägypten... des Geliebten des Amun, seines wahrhaft ältesten geliebten Sohnes, der den Vater, der ihn gezeugt hat, schützt, dessen Königtum das Königtum seines Vaters Osiris ist, des Sohnes des Re... des Sohnes, der für den, der ihn erzeugt hat, nützlich ist, des Denkmalsreichen, mit vielen wunderbaren Dingen, der Denkmäler herstellt in Rechtschaffenheit für seinen Vater Amun, schön an Geburten, des Souveräns, der Ägypten gründete.

ANHANG C

Die Gedenkskarabäen Amenophis' III.

Serie 1

Es lebe Horus »Starker Stier, erschienen in Wahrheit«, die beiden Herrinnen, »der die Gesetze festigt und die beiden Länder beruhigt«, Goldhorus, »Groß an Kraft, der die Asiaten schlägt«, König von Ober- und Unterägypten, Nebmaatre, Sohn des Re Amenhotep Herrscher-von-Theben, dem Leben gegeben werde. Die große königliche Gemahlin Teje, sie lebe. Der Name ihres Vaters ist Juja, der Name ihrer Mutter ist Tuja. Sie ist die Gemahlin des starken Königs, dessen südliche Grenze bis Karoi reicht, dessen nördliche bis Naharina.

Serie 2

Jahr 2 unter der Majestät des [Titel wie in Serie 1]. Die große königliche Gemahlin Teje, sie lebe wie Re.

Ein Wunder, das Seiner Majestät geschah: Man kam, um Seiner Majestät zu melden: Es befinden sich Wildstiere in der Wüste im Bezirk des Fajjums. Fahren Seiner Majestät nach Norden im Königsschiff »Erschienen in Wahrheit« am Abend. Einen schönen Weg Einschlagen. In Frieden Ankommen im Gebiet des Fajjum am Morgen. Erscheinen Seiner Majestät auf dem Pferde, indem das ganze Heer in seiner Begleitung war. Aufbieten der Beamten und Soldaten in ihrer Gesamtheit, dazu die Rekruten, um diese Wildstiere zu beobachten. Da befahl Seine Majestät, diese Wildstiere einzuzäunen mit Mauer und Graben. Da zog Seine Majestät aus gegen alle diese Wildstiere. Liste davon: 170 Wildstiere. Liste der Beute Seiner Majestät bei der Jagd an diesem Tag: 56 Wildstiere. Da verbrachte Seine Majestät 4 Tage, ohne seinen Pferden Ruhe zu gönnen. Erscheinen seiner Majestät zu Pferde.

Liste dieser Wildstiere, die er bei der Jagd erbeutete: 40 Wildstiere. Summe: 94 Wildstiere.

Serie 3

[Titel wie in Serie 1] Liste der Löwen, die Seine Majestät selbst bei seiner Jagd erbeutete vom Jahre 1 bis zum Jahre 10: wilde Löwen 102.

Serie 4

Jahr 10 unter der Majestät [Titel wie in Serie 1]. Die große königliche Gemahlin Teje, sie lebe. Der Name ihres Vaters ist Juja, der Name ihrer Mutter ist Tuja. Ein Wunder, gebracht Seiner Majestät (Leben, Heil, Gesundheit): die Tochter des Fürsten von Naharina, Sutarna (namens) Giluchepa, und die Besten ihres Harims, 317 Frauen.

Serie 5

Jahr 11, 3. Achet [Überschwemmung], Tag 1 unter der Majestät [Titel wie in Serie 1]. Die große königliche Gemahlin Teje, sie lebe. Es befahl Seine Majestät, einen See für die große königliche Gemahlin Teje herzustellen in der Stadt Djarucha, dessen Länge 3700 Ellen und dessen Breite 600 Ellen war. Es vollzog seine Majestät das Fest der Öffnung des Sees am 16. des 3. Achet, indem man Seine Majestät im Königsschiff »Aton leuchtet« auf ihm ruderte.

ANHANG D

Die Traumstele oder Sphinx-Stele Thutmosis' IV.

Darstellung: Rechts:

»Der König von Ober- und Unterägypten, Mencheprure Thutmosis, dem Leben gegeben werde« »macht eine Weihrauchräucherung« vor »Horus im Horizont«.

Der Sphinx sagt: »Worte sprechen: Ich habe Leben und Heil dem Herrn der beiden Länder Thutmosis gegeben.«

Links:

»Darbringen aus dem *nemeset*-Gefäß.«

Rede des Sphingen: »Worte Sprechen: Ich habe Kraft gegeben dem Herrn der beiden Länder, Thutmosis.«

Zwischen den Darstellungen:

»Worte sprechen: Ich habe Mencheprure erscheinen lassen auf dem Thron des Geb, Thutmosis im Amt des Atum.«

Inschrift:

Jahr 1, 3. Monat Achet, 19. Tag unter der Majestät des Horus »Starker Stier, vollkommen an Kronen«, die beiden Herrinnen »Dauernd an Königtum wie Atum«, Goldhorus »Stark an Kraft, der die Neunbogen abwehrt«, König von Ober- und Unterägypten Mencheprure, Sohn des Re Thutmosis, geliebt von [Horus-im-Horizont], dem Leben, Dauer, Heil wie Re ewiglich gegeben werde.

Es lebe der gute Gott, Sohn des Atum, Schützer des Harachte, lebendes Abbild des Allherrn; Herrscher, von Re geschaffen, trefflicher Erbe des Chepri, mit vollkommenem Gesicht wie sein Vater, der hervorkam, vollendet und ausgestattet mit seiner Gestalt des Horus als sein Erstgeborener; König von Ober- und Unterägypten, [Geliebter] der Götter, [Herr] der Beliebtheit unter der Neunheit; der Heliopolis reinigt und Re zufrieden stellt; der den Tempel des Ptah restauriert; der die Maat dem Atum darbringt und sie dem »Südlich seiner Mauer« aufsteigen lässt; der Denkmäler herstellt als tägliche Opfer für den Herrn, der alles, was besteht, geschaffen hat; der Nützliches für die Götter von Ober- und Unterägypten sucht und ihre Tempel aus Kalkstein errichtet sowie alle ihre Opfer erneuert; der leibliche Sohn des Atum, Thutmosis, wie Re, Erbe des Horus auf seinem Thron Mencheprure, dem Leben gegeben sei.

Seine Majestät war noch ein Junge wie Harpokrates in Chemmis, indem seine Schönheit wie die dessen, der seinen Vater schützt, war, indem man ihn anblickte wie den Gott selbst, wobei das Heer in Liebe zu ihm jubelte und die Königskinder und alle Beamten durch seine Kraft und seine Frische lebten, nachdem er sich verjüngt hatte und seine Kraft die des Sohnes der Nut war.

Er trieb nun Sport, indem er sich vergnügte auf der Wüste von Memphis auf ihrer südlichen und nördlichen Seite und auf die Kupferscheibe schoss, sowie Löwen und Wüstenwild jagte und mit seinem Wagen fuhr, wobei seine Pferde schneller als der Wind waren, nur mit einem von seinen Begleitern, ohne dass es jemand wusste. Nun war es aber seine Stunde, um seinem Begleiter Ruhe zu gönnen bei der Sehenswürdigkeit des Horus-im-Horizont, neben Sokar im Friedhof Renenutet in Tamut im Pyramidengebiet, Mut, der [Herrin der] nördlichen [Mauer] und der südlichen Mauer, Sachmet vor der Wüste, Seth, der älteste Zauber, am geheiligten Platz der Urzeit, in der Nähe des Herrn von Cheraha auf dem göttlichen Weg der Götter zum westlichen Horizont von Heliopolis. Es ruhte aber das Abbild des Chepri, das sehr große, an diesem Platz, groß an Macht, geheiligt an Eindruck, indem der Schatten des Re darauf gefallen war, wobei die Anlagen von Memphis und jede Stadt, die auf beiden Seiten vor ihm liegt, zu ihm kommen, indem ihre Arme vor ihm im Gebet erhoben sind mit sehr großen Opfergaben für seinen Ka.

An einem dieser Tage geschah es nun, dass der Königssohn Thutmosis kam, um sich am Mittag zu ergehen. Er schlief ein im Schatten dieses großen Gottes. Da ergriff ihn der Schlaf zu der Zeit, als die Sonne im Zenit stand. Er fand die Majestät dieses heiligen Gottes mit eigenem Munde reden, wie ein Vater zu seinem Sohn spricht: »Sieh mich an, blicke auf mich, mein Sohn Thutmosis! Ich bin dein Vater Horus-im-Horizont-Re-Atum, der dir das Königtum auf Erden vor den Lebenden geben wird.

Du wirst die weiße und die rote Krone tragen auf dem Thron des Geb, des Leiters. Dir gehört dann die Erde in ihrer Länge und Breite, (alles,) was das Auge des Allherrn erhellt. Die Speise gehört dir vom Inneren der beiden Länder und große Lieferungen jedes Fremdlandes, eine Lebenszeit mit großer Zeitdauer an Jahren. Mein Gesicht ist dir (zugewendet), mein Herz ist dir (zugewendet). Du bist mein. Siehe, mein Zustand ist wie der eines, der in Not ist, indem jedes Glied sich auflöst. Der Wüstensand, der, auf dem ich mich befinde, der nähert sich mir, doch ich habe gewartet, um dich das tun zu lassen, das in meinem Herzen war, denn ich weiß, dass du mein Sohn und mein Schützer bist. [Nähere] dich, denn ich bin mit dir; ich führe dich.« (So) beendigte er diese Rede. Da blickte dieser Königssohn staunend, weil er diese Worte gehört hatte [...], weil er die Worte dieses Gottes verstand. Doch gab er Schweigen in sein Herz, [indem er sagte]: ... Kommt, wir wollen zu unserem Haus in der Stadt gehen und wollen diesem Gott Opfer weihen, die wir ihm bringen, Rinder, Blumen und allerlei Kraut, und wollen anbeten die, die [vor] (uns) waren.

ANHANG E

Der große Hymnus an den Aton oder Sonnengesang Echnatons

Schön erscheinst du
im Horizonte des Himmels,
du lebendige Sonne,
die das Leben bestimmt!
Du bist aufgegangen im Osthorizont
und hast jedes Land mit deiner Schönheit erfüllt.
Schön bist du, groß und strahlend,
hoch über allem Land.
Deine Strahlen umfassen die Länder
bis ans Ende von allem, was du geschaffen hast.
Du bist Re, wenn du ihre Grenzen erreichst
und sie niederbeugst für deinen geliebten Sohn.
Fern bist du, doch deine Strahlen sind auf Erden;
du bist in ihrem Angesicht, doch unerforschlich ist dein Lauf.

Gehst du unter im Westhorizont,
so ist die Welt in Finsternis,
in der Verfassung des Todes.
Die Schläfer sind in der Kammer,
verhüllten Hauptes, kein Auge sieht das andere.
Raubt man alle ihre Habe, die unter ihren Köpfen ist –
sie merken es nicht.
Jedes Raubtier ist aus seiner Höhle gekommen,
und alle Schlangen beißen.
Die Finsternis ist ein Grab,
die Erde liegt erstarrt,

ist doch ihr Schöpfer untergegangen in seinem Horizont.
Am Morgen aber bist du aufgegangen im Horizont
und leuchtest als Sonne am Tage;
du vertreibst die Finsternis und schenkst deine Strahlen.
Die Beiden Länder sind täglich im Fest,
die Menschen sind erwacht
und stehen auf den Füßen, du hast sie aufgerichtet.
Rein ist ihr Leib, sie haben Kleider angelegt,
und ihre Arme sind in Anbetung bei deinem Erscheinen,
das ganze Land tut seine Arbeit.
Alles Vieh ist zufrieden mit seinem Kraut,
Bäume und Kräuter grünen.
Die Vögel sind aus ihren Nestern aufgeflogen,
ihre Schwingen preisen deinen Ka.
Alles Wild hüpft auf den Füßen,
alles, was fliegt und flattert, lebt,
wenn du für sie aufgegangen bist.
Die Lastschiffe fahren stromab
und wieder stromauf,
jeder Weg ist offen durch dein Erscheinen.
Die Fische im Strom springen vor deinem Angesicht,
deine Strahlen sind im Innern des Meeres.

Der du den Samen sich entwickeln läßt in den Frauen,
der du »Wasser« zu Menschen machst,
der du den Sohn am Leben erhältst im Leib seiner Mutter
und ihn beruhigst, sodass seine Tränen versiegen –
du Amme im Mutterleib! –
der du Atem spendest,
um alle Geschöpfe am Leben zu erhalten.
Kommt (das Kind) aus dem Mutterleib heraus,
um zu atmen am Tag seiner Geburt,
dann öffnest du seinen Mund vollkommen
und sorgst für seine Bedürfnisse.
Das Küken im Ei,

das schon in der Schale redet –
du gibst ihm Luft darinnen, um es zu beleben.
Du hast ihm seine Frist gesetzt,
(die Schale) zu zerbrechen im Ei;
es geht hervor aus dem Ei,
um zu sprechen zu seiner Frist,
es läuft schon auf den Füßen, wenn es herauskommt aus ihm.

Wie zahlreich sind deine Werke,
die dem Angesicht verborgen sind,
du einziger Gott, dessengleichen nicht ist!
Du hast die Erde geschaffen nach deinem Wunsch, ganz allein,
mit Menschen, Vieh und allem Getier,
mit allem, was auf der Erde ist,
was auf den Füßen umherläuft
und allem, was in der Höhe ist und mit seinen Flügeln fliegt.
Die Fremdländer von Syrien und Nubien,
dazu das Land Ägypten –
jeden stellst du an seinen Platz und sorgst für seine Bedürfnisse,
ein jeder hat seine Nahrung, seine Lebenszeit ist bestimmt.
Die Zungen sind verschieden im Reden,
ebenso ihre Wesenszüge;
ihre Hautfarbe ist verschieden, denn du unterscheidest die
  Völker.
Du schaffst den Nil in der Unterwelt
und bringst ihn herauf nach deinem Willen,
die Menschen am Leben zu erhalten, da du sie geschaffen hast.
Du bist ihrer aller Herr, der sich abmüht an ihnen,
du Herr aller Lande, der für sie aufgeht,
du Sonne des Tages, gewaltig an Hoheit!
Selbst alle fernen Fremdländer erhältst du am Leben,
hast du doch einen Nil an den Himmel gesetzt,
dass er zu ihnen herabkomme
und Wellen schlage auf den Bergen, wie das Meer,
um ihre Felder zu befeuchten mit dem, was sie brauchen.

Wie wirksam sind deine Pläne, du Herr der Ewigkeit!
Den Nil am Himmel, den gibst du den Fremdvölkern
und allem Wild der Wüste, das auf Füßen läuft;
aber der wahre Nil kommt aus der Unterwelt nach Ägypten.

Deine Strahlen säugen alle Felder –
wenn du aufgehst, leben sie und wachsen für dich.
Du schaffst die Jahreszeiten, um alle deine Geschöpfe sich entwickeln zu lassen –
den Winter, um sie zu kühlen,
die Sommerglut, damit sie dich spüren.
Du hast den Himmel fern gemacht, um an ihm aufzugehen
und alles zu schauen, was du geschaffen hast.
Einzig bist du, wenn du aufgegangen bist,
in all deinen Erscheinungsformen als lebendiger Aton,
der erscheint und erglänzt,
sich entfernt und sich nähert;
du schaffst Millionen von Gestalten aus dir allein –
Städte, Dörfer und Äcker,
Wege und Strom.
Alle Augen sehen sich dir gegenüber,
wenn du als Sonne des Tages über dem Land bist.
Wenn du gegangen bist, dein Auge nicht mehr da ist,
das du um ihretwillen geschaffen hast,
damit du nicht dich selber siehst als Einziges, was du geschaffen hast –
auch dann bleibst du in meinem Herzen,
und kein anderer ist, der dich kennt,
außer deinem Sohne Nefercheperure Uanre,
den du dein Wesen und deine Macht erkennen lässt.
Die Welt entsteht auf deinen Wink, wie du sie geschaffen hast.
Bist du aufgegangen, so leben sie,
gehst du unter, so sterben sie;
du bist die Lebenszeit selbst, man lebt durch dich.
Die Augen ruhen auf Schönheit, bis du untergehst,

alle Arbeit wird niedergelegt, wenn du untergehst im Westen.
Der Aufgehende stärkt alle Arme für den König,
und Eile ist in jedem Fuß.
Seit du die Welt gegründet hast, erhebst du sie
für deinen Sohn, der aus deinem Leib hervorgegangen ist,
den König Beider Ägypten, Nefercheperure Uanre,
den Sohn des Re, der von Maat lebt,
den Herrn der Diademe, Echnaton, groß in seiner Lebenszeit,
und die Große Königsgemahlin, die er liebt,
die Herrin Beider Länder, Nofretete,
die lebendig und verjüngt ist
für immer und ewig.

Bibliographie

In die Bibliographie der deutschen Übersetzung wurden einige in deutscher Sprache erschienene Bücher zusätzlich aufgenommen. Sehr umfassend und für weiter reichendes Interesse hilfreich ist Hermann A. Schlögls Übersicht *Echnaton – Tutanchamun, Daten, Fakten, Literatur,* Wiesbaden 1993.

Aldred, C., *Echnaton, Gott und Pharao Ägyptens,* Bergisch Gladbach 1968 (1988 engl. Neuausgabe: *Akhenaten, King of Egypt,* London).

Brackman, A. C., *Sie fanden den goldenen Gott,* Bergisch Gladbach 1988.

Carter, H./Mace, A., *Tut-ench-Amun. Ein ägyptisches Königsgrab,* drei Bände, Leipzig 1924–1934.

Carter, H., *Das Grab des Tut-ench-Amun,* Wiesbaden 1973. (Kurzfassung des vorigen Werkes in einem Band mit dem vollständigen Text Carters, aber nicht mit allen Artikeln anderer Autoren in der Originalausgabe; noch im Buchhandel erhältlich, daher für die Zitatnachweise verwendet, A.d.Ü.)

Cooney, J. D., *Amarna Reliefs from Heliopolis in American Collections,* Brooklyn 1965.

Davis, T., *The Tomb of Harmhabi and Toutankhamanou,* London 1912.

Desroches-Noblecourt, Ch., *Leben und Tod eines Pharao. Tut-Ench-Amun,* Berlin/Frankfurt/Wien 1963.

Edwards, I. E. S., *Tutanchamun. Das Grab und seine Schätze,* Bergisch Gladbach 1976.

Gardiner, A., *Geschichte des alten Ägypten,* Stuttgart 1965.

Gohary, J., *Akhenaten's Sed-festival at Karnak,* London 1990.

Hornung, E., *Echnaton. Die Religion des Lichtes,* Zürich 1995

Hoving, T., *Der Goldene Pharao. Tut-ench-Amun,* Bern/München 1978.

James, T. G. H., *Howard Carter. The Path to Tutankhamun,* London 1992.

Kemp, B. et al., *Amarna Reports,* Egypt Exploration Society, London ab 1980.

Khouly, A./Martin, G. T., *Excavations in the Royal Necropolis at El-Amarna,* Kairo 1987.

Martin, G. T., *The Hidden Tombs of Memphis,* London 1990.

Martin, G. T., *The Memphite Tomb of Horemheb,* Egypt Exploration Society, London ab 1980.

Müller, H. W./Thiem E., *Die Schätze der Pharaonen,* Augsburg 1998.
Murnane, W., *Ancient Egyptian Coregencies,* Chicago 1977.
Peet, Woolley et al., *The City of Akhenaten,* drei Bände, Egypt Exploration Society ab 1923.
Perepelkin, I., *The Secret of the God Coffin,* Moskau 1978.
Petrie, W. M. F., *Tell el Amarna,* London 1894.
Redford, D. B., *Akhenaten: the heretic king,* Princeton 1984.
Reeves, C. N., *The Complete Tutankhamen: the king, the tomb, the royal treasure,* London 1990.
Samson, J., *Amarna, city of Akhenaten and Nefertiti: Nefertiti as Pharao,* Warminster 1978.
Schlögl, H. A., *Amenophis IV. Echnaton,* Reinbek 1986.
Schlögl, H. A., *Echnaton – Tutanchamun, Daten, Fakten, Literatur,* Wiesbaden 1993.
Smith, R./Redford, D., *The Akhenaten Temple Project,* London 1976.
Tyldesley, J., *Ägyptens Sonnenkönigin. Biographie der Nofretete,* München 1999.
Vandenberg, P., *Nofretete,* Bern und München 1975.
Vandenberg, P., *Nofretete, Echnaton und ihre Zeit,* Bern/München 1976

Fotonachweis

Seite: 53 Hulton Getty; 85 Griffiths Institute, Oxford; 91, 94, 97, 107 Hulton Getty; 141, 144, 150, 165 Griffiths Institute, Oxford; 313 David Couling; 406 Department of Anatomy & Cell Biology, University of Liverpool.

Farbtafeln: S. 1 AKG London/Luxor Museum, Foto François Guenet; 2 (oben) Trustees of the British Museum (unten) e. t. archive/Ägyptisches Museum, Kairo; 3 e. t. archive/Ägyptisches Museum, Kairo; 4 (oben) AKG London/Luxor Museum (unten) AKG London/Ägyptisches Museum, Berlin; 5 e. t. archive/Ägyptisches Museum, Kairo; 6 (oben) Christine el Mahdy (unten) e. t. archive/Ägyptisches Museum, Kairo; 7 (oben) AKG London/Ägyptisches Museum, Berlin (unten) AKG London/Luxor Museum; 8 e. t. archive/Ägyptisches Museum, Kairo; 9 Werner Forman Archive/Ägyptisches Museum, Kairo; 10 (oben) e. t. archive/Ägyptisches Museum, Kairo (unten) Werner Forman Archive; 11 AKG London, Foto François Guenet; 12 (oben) Trustees of the British Museum (unten) e. t. archive/Ägyptisches Museum, Kairo; 13 Werner Forman Archive, Foto E. Strouhal; 14 Christine el Mahdy; 15 AKG London/Nationalmuseum Kairo, Foto Erich Lessing; 16 AKG London/Rijksmuseum van Oudheden, Leiden, Foto Erich Lessing.

Quellenangaben für Zitate aus deutschen Übersetzungen

S. 62 f. Leider aber…, Aldred, C., *Echnaton, Gott und Pharao Ägyptens,* Bergisch Gladbach 1968, S. 153.

S. 78 Es bestieg aber…, Auszug aus der Restaurationsstele Tutanchamuns, übersetzt in Helck, W., *Urkunden der 18. Dynastie,* Übersetzung zu den Heften 17–22, Berlin 1961, S. 365 f. [Diese Übersetzung ist sehr wissenschaftlich und enthält Namen und ägyptische Wörter ohne Vokale, die um der besseren Lesbarkeit willen an die lateinische Schreibweise der Königsnamen und sonstigen Wörter angeglichen wurden. A.d.Ü.]

S. 83 Noch hatte ich Hoffnung…, Carter, H., *Das Grab des Tutanchamun,* Wiesbaden 1973, S. 32.

S. 88 HABE ENDLICH…, ebenda, S. 36.

S. 90 Als Lord Carnarvon die Ungewissheit…, ebenda, S. 39.

S. 91 Als meine Augen sich aber…, ebenda, S. 39.

S. 92 Und doch bemerken wir…, ebenda, S. 42.

S. 124 Einen Sohn habe ich nicht…, Brier, B., *Der Mordfall Tutanchamun,* München, Zürich 2000, S. 260.

S. 206 Die die Halle…, Helck, W., *Urkunden der 18. Dynastie,* Übersetzung zu den Heften 17–22, Berlin 1961, S. 250.

S. 211 Die große königliche Gemahlin…, ebenda, S. 235.

S. 211 Erbprinzessin, groß an Gunst…, ebenda, S. 249.

S. 219 Es befahl Seine Majestät…, ebenda, S. 211.

S. 219 [Er ist geschmückt]…, ebenda, S. 204.

S. 223 Jahr 5, 3. Monat der Achet-Jahreszeit…, ebenda, S. 203.

S. 223 Da bot man das Heer…, ebenda, S. 200.

S. 229 f. Er befahl seinem Sohn…, ebenda, S. 229 f.

S. 231 Für deinen Ka einen Strauß…, ebenda, S. 254.

S. 245 Daher verehrten…, Tyldesley, J., *Hatschepsut. Der weibliche Pharao,* München 1997, S. 51.

S. 251 An diesem Tag…, Helck, W., *Urkunden,* S. 345.

S. 275 Der Regent Haremhab…, ebenda, S. 395.

S. 279 »…trefflicher Erbe des Chepri…, ebenda, S. 140 f.

S. 291 ...das Bild eines äußerst hässlichen Menschen..., Gardiner, A., *Geschichte des alten Ägypten,* Stuttgart 1965, S. 235.

S. 293 »...der Vorsteher der Arbeiten..., Tyldesley, J., *Ägyptens Sonnenkönigin. Biographie der Nofretete,* München 1999, S. 143.

S. 326 Der Wedelträger zur Rechten..., Helck, W., *Urkunden,* S. 351.

S. 326 Ich bin der Gelobte..., ebenda.

S. 326 O, ein jeder..., ebenda.

S. 327 Die große Erbprinzessin..., ebenda, S. 338.

S. 336 Das Herz des Königs..., ebenda, S. 405.

S. 357 Auf erst kürzlich veröffentlichten Vasen..., Gardiner, A., *Geschichte des alten Ägypten,* Stuttgart 1965, Anm. S. 483 unten.

S. 399 Mein Gemahl ist tot..., Schlögl, H. A., *Echnaton, Tutanchamun, Daten, Fakten, Literatur,* Wiesbaden 1993, S. 68

S. 399 Hätte ich einen Sohn..., Brier, B., *Der Mordfall Tutanchamun,* München, Zürich 2000, S. 259 f.

Texte des Anhangs

Anhang B: Helck, W., *Urkunden der 18. Dynastie,* Übersetzung zu den Heften 17–22, Berlin 1961, S. 365 ff.

Anhang C: Ebenda, S. 234 f.

Anhang D: Ebenda, S. 140–143.

Anhang E: Hornung, E., *Echnaton, die Religion des Lichtes,* Düsseldorf/Zürich 1995, S. 88–93.

Register